L'IDÉALISME ALLEMAND

DU MÊME AUTEUR

L'idéalisme de Fichte, Paris, P.U.F., 1968, Vrin, 1995

La pensée politique de Hegel, Paris, P.U.F., 1969

Hegel à Francfort, ou Judaïsme, Christianisme, Hégélianisme, Paris, Vrin, 1970

Le droit naturel de Hegel, Commentaire, Paris, Vrin, 1986

Philosophie et droits de l'homme, Paris, P.U.F., 1990

Eternité et historicité de l'esprit selon Hegel, Paris, Vrin, 1991

Etudes hégéliennes (raison et décision), Paris, P.U.F., 1992

La philosophie allemande classique, Paris, P.U.F., 1995

HEGEL : *Des manières de traiter scientifiquement du droit naturel,* traduction et notes, Paris, Vrin, 1972

HEGEL : *Textes pédagogiques,* présentation et traduction, Paris, Vrin, 1978

HEGEL : *Encyclopédie des sciences philosophiques, I. La science de la logique,* présentation, traduction et notes, Paris, Vrin, 1970

HEGEL : *Encyclopédie des sciences philosophiques, III, Philosophie de l'esprit,* présentation, traduction et notes, Paris, Vrin, 1988

HEGEL : *Concept Préliminaire de l'Encyclopédie des sciences philosophiques*, introduction, traduction (allemand en vis-à-vis), commentaire et notes, Paris, Vrin, 1994

HEGEL : *Préface, Introduction de la Phénoménologie de l'esprit,* traduction (allemand en vis-à-vis) et commentaire précédé de *Sens et intention de la Phénoménologie de l'esprit*, Paris, Vrin, 1997

BIBLIOTHÈQUE D'HISTOIRE DE LA PHILOSOPHIE

NOUVELLE SÉRIE

Fondateur : Henri GOUHIER Directeur : Jean-François COURTINE

L'IDÉALISME ALLEMAND

ALTERNATIVES ET PROGRÈS

par

Bernard BOURGEOIS

PARIS

LIBRAIRIE PHILOSOPHIQUE J. VRIN

6, Place de la Sorbonne, V^e^

—

2000

A ma fille Marie

Imprimé en France
ISSN 0249-7980
ISBN 2-7116-1427-1

AVANT-PROPOS

PARLER DE L'IDÉALISME ALLEMAND ?

Les grands commentateurs de l'exceptionnel – voire unique par sa densité – mouvement de pensée de Kant à Hegel, qu'il s'agisse d'Ernst Cassirer (*Le problème de la connaissance dans la philosophie et la science des temps modernes*), de Richard Kroner (*De Kant à Hegel*) ou de Nicolaï Hartmann (*La philosophie de l'idéalisme allemand*), ont tous souligné en lui, à travers la diversité nuancée de l'articulation qu'ils en présentent, deux caractères opposés : d'une part son explosive et perdurante différence d'avec soi, d'autre part sa profonde identité avec soi. Caractéristique contradictoire qui explique qu'on ait pu aussi bien rejeter que proposer, à son sujet, l'expression unitaire d'*idéalisme allemand*.

D'une part, faisant droit, d'ailleurs, en cela, aux protestations d'originarité absolue les plus énergiques de leurs auteurs, on a reconnu la discontinuité en quelque sorte naturelle entre des œuvres qui ont voulu être des systèmes, c'est-à-dire des touts comme tels exclusifs les uns des autres. Kant dénonça bien l'arrogante mainmise fichtéenne sur l'esprit de sa philosophie, Fichte et Schelling se condamnèrent réciproquement avec la dernière véhémence, Hegel – à qui Schelling s'employa, en lui survivant, à rendre la monnaie de sa pièce – renvoya les uns et les autres, en dépit de leurs révolutions prétendues, dans un passé auquel lui-même proclama avoir mis un terme par l'élévation enfin effective de la philosophie à la scientificité. Comment, dans ces conditions, ne pas mettre en question la pertinence du rassemblement forcé de penseurs si jaloux de leur originalité à chaque fois, pour chacun d'eux, inauguratrice d'une pensée à la nouveauté copernicienne, sous le titre commode, mais qui serait sans vérité, d'idéalisme allemand ?

Mais, d'autre part, c'est une genèse continue qui, dans l'intimité de leurs oppositions structurelles, préside au surgissement de systèmes soumettant leur contenu, certes originellement ancré dans une expérience culturelle particulière du monde, à une forme philosophante commune d'abord illustrée par Kant. Cette forme, configuration ou organisation nouvelle du discours philosophique ne lui fait accueillir en lui un contenu qu'autant qu'il est pensé comme pensé, c'est-à-dire comme une détermination du penser requise par la réflexion en soi ou identité vivante à soi – le Je ou le Moi – en laquelle ce penser se saisit comme l'*être* à l'origine de tout sens, comme ce qui pense tout être en se pensant soi-même. Désormais, l'être qui a un sens pour le philosophe est ce sens fait être, la réalisation de ce qui est d'abord une idée, et une telle conscience idéaliste de l'être devient, dans l'idéalisme allemand, consciente d'elle-même, en son identité réflexive à soi par là même prototypique de tout être affirmé, comme origine subjective ou spirituelle de l'être naturel ou objectif. La philosophie – qui s'est d'abord voulue ontologie – se veut dès lors la conscience de soi réfléchie de l'ontologie première qu'est naïvement la subjectivité pensante donnant sens à ce qui lui apparaît comme un être ou un objet. L'être vrai n'est pas seulement l'être dit, mais au moins le dire de l'être qu'est le Moi, le sujet ou l'esprit, un dire qui pourra s'approfondir dans et comme le se-dire de l'être lui-même en son absoluité, et dont, dans tous les cas, il s'agit d'élever la présence à soi vivante à la représentation conceptuelle, philosophique, d'elle-même. Assurément, tant pour ce qui concerne le statut que pour ce qui concerne le contenu de cette ontologie qu'est le sujet se réfléchissant philosophiquement – qu'elle s'expose comme ontologie relative et finie ou comme ontologie absolue, celle-ci même se présentant comme ontologie absolue naturalisée ou comme ontologie de l'esprit absolu… –, les réponses systématisées divergent largement, mais l'enracinement de la réflexion philosophique dans l'auto-réflexion de la vie ontologique sous-jacente d'un même sujet réel parlant dans chaque philosophe fait se rattacher, à chaque fois, l'expression ultérieure de celle-là à son expression antérieure comme un approfondissement ou une radicalisation de ce qu'elle s'évertue d'abord à combattre et à réfuter.

Toujours, alors, la poursuite du développement répond à l'exigence de déterminer le sujet réel de façon que ce qui est dit de lui rende possible le dire même du sujet philosophant assuré de sa propre vérité comme adéquation de l'être qu'est pour lui le sujet dont il parle et de la pensée qui parle en lui : en ce sens, le devenir de l'idéalisme allemand est bien une progression continue. Mais, toujours aussi, la limitation de l'identification pensante, idéaliste, de la pensée et de la réalité peut, en se fixant dans un savoir philosophique qui se sait simple savoir ou savoir négatif, s'opposer à un développement qui ne la dépasserait qu'illusoirement et serait à ses yeux, quant à sa vérité, une régression et non pas une progression. Qu'il y ait continuité du développement quant au contenu ne signifie donc pas nécessairement que le statut de celui-ci soit marqué par un constant progrès en vérité. Si l'on veut, selon le sens même de l'équation du « Je pense » et du « C'est » constitutive de l'idéalisme allemand, aller au-delà de Kant, c'est bien à Fichte, puis à Schelling, enfin à Hegel que l'on passera, mais on peut parfaitement en rester à Kant et refuser de voir en celui-ci un simple moment anticipateur d'un hégélianisme érigé en vérité téléologique de tout le processus. Le parcours de Kant à Hegel est pleinement sensé, mais il n'est pas insensé de ne pas l'effectuer comme unique accès à la vérité, car l'affirmation de la finitude de la raison n'est pas en soi irrationnelle. C'est là du moins le double constat qui s'impose à l'historien de la philosophie.

Aussi bien, avons-nous tenu à encadrer par deux références, initiale et terminale, à la pensée de celui que Hegel, achevant l'idéalisme du sujet pensant, saluait comme son commencement héroïque, ce Descartes dont la générosité intellectuelle excluait qu'il se considérât comme un simple « moment » de pensée promis à sa prochaine résorption, deux séries d'études faisant droit, la première : « Duels », à l'opposition intérieure à l'idéalisme allemand, la seconde : « Parcours », à son développement continu, dont la poursuite se justifie pour elle-même comme un approfondissement accomplissant la réunion subjective du sujet et de l'objet, la réconciliation pensante de la pensée et de l'être, qui fut proclamée dans le renouvellement kantien du *cogito*.

Le premier duel envisagé, véritablement principiel pour l'idéalisme allemand, oppose les deux déploiements critiques du *cogito* encore dogmatiquement inséré dans l'être par Descartes : la philosophie kantienne du « Je pense » comme texte accompagnant originairement tout texte ayant sens pour l'esprit, et la philosophie fichtéenne du « Moi=Moi » comme texte produisant par son auto-analyse tout le contexte rationnellement justifié de la conscience de l'être. Ce duel se déroule sur fond de limitation du sujet pensant, sujet humain fixé en sa finitude, chez Kant, par la relation extérieure qu'il présuppose, comme entendement identifiant, à la différence dont la sensibilité le nourrit, ou, chez Fichte, par la relation encore extérieure, mais au sein même de la raison pensante, entre l'acte de la position du Moi par lui-même et celui de sa position du Non-Moi – opposition des deux premiers principes de la « Doctrine de la science » initiale, toujours maintenus, sous d'autres noms, dans les versions ultérieures de cette Doctrine. Le hégélianisme, qui veut absolutiser le penser dans sa parfaite intégration de l'être, relativise une telle pensée finie de l'esprit et conçoit celui-ci, même en sa manifestation proprement humaine, comme puissance pleinement réconciliatrice de tout l'être, d'abord naturel, qu'il se présuppose. Le duel alors significatif est celui qui oppose, dans le traitement de la question concrète posée par Kant : « Qu'est-ce-que l'homme ? », la réponse kantienne trop humaine, traduite dans une anthropologie abstraite, et la réponse fournie par l'anthropologie hégélienne, laquelle présente un homme total ayant vocation à être effectivement « Homme-Dieu ». Le grand écart de la philosophie idéaliste de l'esprit développe bien une telle opposition anthropologique native dans l'élévation rationnelle de l'homme en son accomplissement extérieur, politico-historique, et intérieur, religieux et philosophique. La richesse vivante, stimulatrice en ses tensions, de l'idéalisme allemand, s'aiguise ainsi dans l'alternative : ou bien Kant, ou bien Hegel, qui interdit aussi bien de faire violence à Kant pour voir en lui un simple pré-hégélien que de rabaisser Hegel à un post-kantien déviant.

Mais l'opposition du commencement et de la fin du devenir menant de Kant à Hegel, opposition réelle ou qualitative, n'est pas forcément occultée si l'on considère ce devenir comme un processus quantitatif continu dont la nécessité idéale est suspendue à la décision philosophique de tenir pour vraie la raison concrète réconciliant absolument en elle le rationnel et le réel. C'est pourquoi nous proposerons plusieurs « parcours » réitérés, de Kant à Hegel, sur des thèmes majeurs s'échelonnant du domaine du sens en général (en son développement systématique), à celui de l'être sensible s'élevant, à l'intérieur de lui-même, jusqu'au sens, à travers l'organisme vivant ou la beauté naturelle, puis au vaste champ de la création spirituelle du sens dans le monde objectif de la culture, de la vie juridique, sociale et politique, de l'histoire supra-nationale européenne et mondiale, et enfin à la sphère de l'intégration spirituelle accomplie philosophiquement de toute la réalité naturelle et culturelle. – Tout en fixant, à chaque fois, les différences entre les apports de Kant, Fichte, Schelling et Hegel, nous avons eu le souci de faire apparaître en sa signification commune le grand geste rationaliste qu'ils ont illustré chacun à leur manière et dont il nous semble qu'il peut et doit encore constituer pour nous une incitation exemplaire à faire face aux grands problèmes de l'heure en les pensant vraiment.

PREMIÈRE PARTIE

DUELS

CHAPITRE PREMIER

COGITO KANTIEN ET COGITO FICHTÉEN

Le *cogito* désigne la pensée – philosophique – du penser se pensant lui-même et, par cette réflexion originaire, s'affirmant comme un sujet que la réflexion dérivée du philosophe peut alors elle-même exprimer comme un « Je ». Une telle affirmation réflexive de la réflexion se saisit, dans l'identité absolue de l'affirmant et de l'affirmé, comme une affirmation certaine de son être vrai ; selon Descartes, cette affirmation est première par son contenu et prototypique par sa forme dans le discours philosophique. Néanmoins, le développement cartésien de celui-ci tire de l'affirmation du *cogito* – en tant qu'elle est, en son advenir, conditionnée négativement par l'imperfection du doute – la nécessité de l'affirmation du véritable absolu, du Dieu dont dépend l'affirmation fondée des autres objets de la méditation du philosophe ; chez Descartes, les acquis de cette méditation n'ont pas leur justification dans le seul *cogito*, dont l'analyse est, au demeurant, limitée. Ainsi, tout en privilégiant l'entendement dans l'inspection de l'essence des choses par l'esprit, Descartes ne s'attarde guère sur le rôle des différents modes de la pensée dans la réflexion par laquelle celle-ci s'assure de l'existence de l'être pensant : une chose qui pense est alors à ses yeux, indifféremment, « une chose qui doute, qui conçoit, qui affirme, qui nie, qui veut, qui ne veut pas, qui imagine aussi, et qui sent [1] ».

L'idéalisme allemand, notamment kantien et fichtéen, va, en se référant au grand commencement cartésien, constituer une promotion intensifiée du *cogito*. A travers la révolution qui lui fait fonder toute

1. Descartes, *Méditations*, éd. Alquié des *Œuvres philosophiques*, Paris, Garnier, 1967, p. 410-411.

affirmation d'un objet dans l'auto-affirmation du sujet, la pensée philosophique du « Je pense » comme représentation qui doit pouvoir accompagner toutes les représentations parce que lui seul – et ce positivement – les rend possibles, devient en soi le contenu majeur de la nouvelle philosophie. Si je ne peux penser quoi que ce soit que parce que j'ai à ma disposition la représentation « Je pense », c'est-à-dire que parce que je peux me penser, si, plus précisément la pensée « Je pense » *conditionne* toute pensée – c'est là au moins le thème kantien – ou si cette pensée « Je pense » rend nécessaires par son absoluité les autres pensées qui la rendent elle-même possible, si donc elle les *détermine* – jusque là va le thème fichtéen –, la philosophie doit s'attacher principiellement à analyser la teneur même du *cogito*. Mais, il est vrai, selon une insistance et une dimension qui sont mesurées par la différence, qui vient d'être évoquée, entre le rôle conditionnant et le rôle déterminant du « Je pense » dans l'économie totale de l'activité spirituelle dont Kant et Fichte font l'objet essentiel de la philosophie révolutionnée.

Pour Kant, penser quoi que ce soit, donner sens à quoi que ce soit en le déterminant ou différenciant au sein d'une totalité qui, comme identité du divers seul immédiatement donné, doit être construite, synthétisée, c'est toujours se penser soi-même, puisque l'unicité d'une telle synthèse totale la fait se réfléchir en elle-même, dans chacune de ses actualisations différentes, comme l'identité à soi d'un « Je ». Le « Je pense » doit nécessairement accompagner toutes mes représentations, du moins pouvoir les accompagner, car l'intensité variable propre à toute représentation fait qu'une pensée distraite s'accompagne d'un « Je pense » peu présent à lui-même, voire, à la limite (mais, il est vrai, seulement à la limite) non conscient de lui-même. Ainsi, la plus simple intuition, celle de l'espace ou du temps comme pure forme, n'a un sens pour moi, n'est pour moi, qu'autant que le contenu divers constitutif d'une telle forme est construit par la pensée se réfléchissant en son unicité comme « Je pense ». – Cependant, si penser toutes choses, c'est nécessairement se penser soi-même, inversement, se penser soi-même, ce n'est pas penser toutes choses. Car l'identification synthétique du contenu alors pensable, réfléchie en sa totalité ou unicité dans la représentation « Je pense », ne pose pas, mais seulement présuppose, reçoit donc sensiblement, le divers dont la présence l'occasionne et dont le contenu la nourrit : la conscience de soi conditionne en tant que forme originaire de toute représentation, mais ne détermine pas en son contenu, la conscience de quoi que ce soit. Pas même celle de son propre être, d'abord abstraitement pris comme la simple existence du « Je pense », du « Je » en tant que réflexion en soi de l'acte pensant !

La critique de la psychologie rationnelle établit que l'unité *logique* du sujet exprimé par le contenu « Je pense » ne peut prouver l'unité *métaphysique* substantielle qu'on a voulu lire dogmatiquement dans le « Je suis » qui lui est lié. La *conscience* pure – par son contenu visé – du « Je pense » ne peut se développer d'elle-même, en s'appliquant immédiatement les catégories en lesquelles ce « Je pense » se détermine, en une *connaissance* d'un Moi existant absolument, indépendamment du contexte de son appréhension, comme être seulement pensant. Il n'y a, en effet, de connaissance que de ce qui, pour nous, n'est pas seulement pensé, mais est rencontré – empiriquement – comme être dans une intuition de ce qui s'offre comme objet à la spontanéité pensante du sujet. Si, de la sorte, la connaissance consiste, pour nous, êtres pensants finis, dans la détermination catégorielle d'un contenu intuitif alors déterminable de façon déterminée, la conscience du Moi déterminant (sujet) – le « Je pense » – ne peut se concrétiser en une connaissance du Moi déterminable (objet) qu'autant qu'existe une intuition déterminée de celui-ci. Or, la seule intuition empirique déterminée du Moi humain étant sensible et, plus particulièrement, temporelle, toute connaissance métaphysique de ce Moi comme substance intellectuelle est rendue impossible ; et – puisque le temps lui-même ne fournit pas la permanence requise d'abord pour la saisie même de l'identité à soi d'un Moi sensible objectif – une connaissance phénoménale de lui-même excède aussi le contenu intérieur qui se réfléchit dans l'affirmation du « Je pense ».

D'ailleurs, peut-on ajouter, la connaissance de soi métaphysique qu'aurait un sujet purement intellectuel serait bien celle d'un « Je » absolument présent à lui-même – sa subjectivité (universelle) posant ses objets (particuliers) dans l'identité, en lui, de l'entendement et de l'intuition –, mais d'un « Je » qui ne pourrait réfléchir cette identité absolue à soi dans un « Je *pense* » : car la pensée proprement dite n'a de sens que dans sa différence discursive d'avec le donné intuitionné (Dieu ne « pense » pas !). Tandis que la connaissance que peut prendre de soi le « Je » sensible-intellectuel objective une pensée dont on comprend mal qu'elle puisse se dire alors comme un « *Je* pense » : en effet, la différence entre le sujet pensant et l'objet pensé en tant que d'abord intuitionné rend problématique l'attribution de celui-ci, comme Moi, au sujet même de la pensée.

Quoi qu'il en soit de l'essence d'une telle connaissance proprement dite, sous l'une ou l'autre forme, de l'être du Moi qui se saisit dans un

« Je pense », elle ne saurait exister comme une simple conséquence de celui-ci. La conscience de soi qui s'exprime dans le *cogito* ne saurait, à elle seule, fonder une connaissance de soi. Le *cogito* n'est pas, dans le kantisme, l'unique contenu de la connaissance même de l'esprit.

Cependant, la raison même qui empêche, selon Kant, la conscience de soi de *se* développer par elle-même en une connaissance de soi – c'est-à-dire la nécessité, pour la spontanéité pensante finie, de s'appliquer à une intuition chez l'homme toujours sensible, réceptive – n'affecte-t-elle pas cette conscience de soi elle-même, au point d'ajouter à l'impossibilité réelle d'une simple pensée de l'*être* pensant, celle d'une simple pensée de l'être *pensant*? L'effectuation de la simple pensée de la pensée n'excède-t-elle pas la pensée elle-même, dans un arrachement à soi du *cogito* qui lui fait perdre son privilège, originairement revendiqué, d'une identité à soi absolue, d'où il tirerait sa certitude exemplaire? La pensée de la pensée se réalise, en effet, selon Kant, en mobilisant, de façon essentielle, son Autre, une intuition dont le contenu n'a un sens déterminé qu'autant qu'elle est une intuition empirique sensible; c'est presque un leitmotiv que cette affirmation décisive de la *Critique de la raison pure :* « la proposition "Je pense" est une proposition empirique »[1].

Assurément, le sens visé dans cette proposition est une représentation purement intellectuelle, celle de la spontanéité pensante en tant que fonction logique unifiant le divers d'une intuition possible. Assurément encore, la possibilité d'un tel acte pensant est celle de sa pensée de lui-même comme indépendant du caractère ou sensible-réceptif (phénoménal) ou intellectuel-créateur (en soi) de l'intuition du divers en laquelle il doit s'actualiser. Par cet acte, « je me représente à moi-même non pas comme je suis, ni comme je m'apparais, mais je me pense seulement comme tout objet en général, en faisant abstraction du mode de l'intuition »[2]; et Kant d'y insister : « Je ne veux être conscient de moi que comme pensant; de quelque manière que le Soi qui est le mien soit donné dans l'intuition, je le laisse de côté, et il pourrait bien être pour moi, qui suis pensant, mais pas en tant que je pense, un simple phénomène; dans la conscience que je prends du Soi qui est le mien

1. Kant, *Kritik der reinen Vernunft* [*Critique de la raison pure*] – *KRV* –, I, 2,2, *in : Kants gesammelte Schriften* – *KGS* – éd. de l'Académie des sciences royale de Prusse, Berlin, 1902 et suiv., reprise *in : Kants Werke* – *KW* –, Bd III, Berlin, Walter de Gruyter, 1968, p. 275, note.

2. *Ibid.*, p. 279.

lorsque je ne fais que penser, je suis *l'être essentiel lui-même* »[1]. Mais il est vrai que Kant ajoute aussitôt : « de cet être essentiel, en vérité, rien n'est par là encore donné à destination de la pensée »[2]. En d'autres termes, la pensée immédiate purement pensante de la pensée ne pense rien, et donc ne pense pas réellement, n'est pas comme telle une pensée réelle : c'est, assurément, la première pensée possible, mais qui n'a de réalité que comme moment abstrait d'une pensée de soi réelle, qui n'est réelle qu'en tant qu'elle est plus que simple pensée de soi.

En effet, penser quelque chose, par exemple, la pensée de soi, le distinguer comme tel, requiert l'intervention de la faculté qui offre le déterminé, le différent, le divers, c'est-à-dire d'une intuition, ne serait-ce que celle qui livre à la pensée, pour la faire se déterminer, la particularité formelle de la présence à soi alors sensible – moyennant le sens interne – du sujet par là objectivable, mais encore indéterminé en son contenu. Ainsi, d'une part, « la proposition "Je pense", dans la mesure où elle dit la même chose que "J'existe pensant", n'est pas une simple fonction logique, mais elle détermine le sujet (qui est bien en même temps objet) eu égard à l'existence, et elle ne peut avoir lieu sans le sens interne »[3], en sorte qu'elle « prouve… que déjà une impression, qui, donc, appartient à la sensibilité, est au fondement de cette proposition existentielle »[4]. Il s'agit, certes, d'une « intuition empirique indéterminée », c'est-à-dire d'une « perception »[5]; à ce titre, elle est encore fort éloignée de l'« expérience » proprement dite, qui suppose la constitution catégorielle de l'objet intuitionné, et, par conséquent, comme condition de sa détermination par la catégorie, son être-déterminé intuitif. « Une perception indéterminée – déclare ainsi Kant – signifie ici seulement quelque chose de réel, qui est donné, et cela seulement en vue de la pensée, par conséquent non comme phénomène ni non plus comme chose en elle-même (noumène), mais comme quelque chose qui existe en fait et, dans la proposition "Je pense", est désigné comme tel »[6]. Au plus loin de tout mouvement discursif d'un « Je pense » à un « Je suis », la proposition « je pense » « renferme en

1. *Ibid.*
2. *bid.*
3. *Ibid.*.
4. *Ibid.*, p. 276, note.
5. *Ibid.*.
6. *Ibid.*

elle la proposition “J’existe” »[1] comme lui étant identique, en ce sens qu’elle signifie simplement : « J’*existe* pensant »[2].

En vérité, d’après Kant, la pensée de la pensée réfléchit en son existence même le conditionnement de l’actualisation de la pensée, de l’acte pensant, par la présence de l’intuition sensible interne : « Sans une quelconque représentation empirique, qui fournit le matériau à l’usage de la pensée, l’acte « Je pense » ne pourrait, de fait, avoir lieu »[3]. La spontanéité intellectuelle ne s’exerce jamais spontanément ! C’est parce que je suis réceptif ou sensible que j’agis et sais que j’agis intellectuellement. Et la pensée déterminée, directement en tant que véhicule des catégories où se modalise en lui-même son pouvoir unifiant, ou indirectement, en tant qu’elle unifie à leur propre niveau, sensible, les formes de l’intuition pour se les donner comme objectités dans des intuitions formelles (de l’espace ou du temps comme tels), ne s’actualise, et ne s’actualise pour elle-même, qu’en se réfléchissant à partir de et au sein de sa sensibilisation empirique. Le sens transcendantal ne se découvre donc à lui-même que dans et par son usage empirique, le sujet ne se saisit en ses déterminations immédiatement subjectives qu’à travers son objectivation, l’*a priori* ne se sait qu’*a posteriori*. Ainsi, la pensée, précisément parce qu’elle est pensée – ce qui veut dire : parce qu’elle n’est que pensée (unification logique, non créatrice, d’un Autre) –, ne peut même pas penser sa détermination interne : le fait que l’entendement humain soit un entendement fini interdit à la pensée philosophique de la pensée de développer son contenu en construisant le système articulé des pensées dans l’analyse de la pensée originaire qui s’exprime dans le « Je pense ». Celui-ci doit bien pouvoir accompagner toutes mes représentations, mais, en tant que lui-même, il ne peut en produire aucune, pas même la sienne propre. D’où le paradoxe que Lachièze-Rey regrettait dans le kantisme : « Comment admettre sans réserve cette thèse paradoxale selon laquelle, l’objet n’étant que par le sujet et ne pouvant être connu que par la conscience qu’a le sujet de sa loi de construction, ce dernier ne saurait se connaître lui-même ? »[4].

Singulier est bien le statut, dans le kantisme, de l’affirmation de soi du sujet. Quand il affirme *théoriquement*, dans le *cogito*, l’activité ou la

1. *Ibid.* p. 275, note.
2. *Ibid.* p. 274.
3. *Ibid.* p. 276, note.
4. P. Lachièze-Rey, *L’idéalisme kantien*, Paris, Alcan, 1932, 2e éd., Vrin, 1950, p. 58-59.

liberté qui lui fait organiser *intellectuellement* la nécessité objective d'abord reçue sensiblement, il vérifie l'*être* de cette activité ou liberté intellectuelle qui organise effectivement la nécessité empirique; mais en la saisissant alors comme être, il la méconnaît à tel point qu'il n'adhère pas sans de constantes difficultés au message d'ailleurs si tardif de la *Critique de la raison pure*. Quand, au contraire, il s'affirme *pratiquement* dans le *Ich soll* (« Je dois »), pour réaliser l'activité ou la liberté qui le fait s'arracher *rationnellement* à l'empire pathologique de la nature, alors c'est bien comme liberté que la liberté est proclamée, comme agir que l'agir est revendiqué, comme sujet que le sujet est voulu; mais, précisément, l'activité ou liberté rationnelle est affirmée telle qu'en elle-même seulement sur le mode du *devoir-être*, et non pas comme étant (nul n'est jamais sûr d'agir par pur devoir). Ou bien le sujet s'affirme dans l'être, mais pas comme sujet, ou bien il s'affirme comme sujet, mais pas dans l'être. Si, par suite, l'agir qui s'exprime dans le « Je pense » ne peut tenir son sens de celui-ci en tant qu'il est identique à un « Je suis », et s'il ne peut donc être originairement présent à lui-même – si la liberté ne peut naître proprement à elle-même – que dans la conscience morale, bref: si l'homme ne se dit en son humanité qu'à l'impératif, dans un « Je dois être » et non dans un « Je suis » – et telle est bien la leçon maîtresse, irremplaçable, du kantisme! –, comment l'équation posée par le *cogito* entre le « Je pense » et le « Je suis » peut-elle être pensée par une philosophie qui oppose, dans le sujet s'élevant philosophiquement à ce *cogito*, l'entendement par lequel il pense et l'intuition pour laquelle il est?

Si le Moi qui pense et le Moi qui est sont principiellement différents, comment peuvent-ils se vivre chacun comme un Moi, puisque tous deux, coexistant dans le même sujet, ne peuvent, en celui-ci, se présenter comme des Moi que parce que lui-même se réfléchit en chacun d'eux en tous ses pouvoirs, et fait se réfléchir ceux-ci l'un dans l'autre, dans l'existence originaire d'une intuition intellectuelle? Le problème de « la jonction des deux Moi », qui préoccupait tant le Fichte français (plus spécialement lyonnais!) dans son analyse du *cogito* kantien, devait, selon lui, se résoudre par la thèse d'une présence native du sujet à lui-même *comme sujet*. Mais cette thèse avait été la thèse de Fichte lui-même!

Si, pour Kant, « le "Je pense" est [...] le texte unique de la psychologie rationnelle »[1] , c'est-à-dire de la philosophie traditionnelle de l'esprit – qui sombre dans l'apparence parce qu'elle ne peut maîtriser l'ambiguïté, ignorée par elle, du *cogito* –, mais ne constitue que l'un des thèmes, alors traités en extériorité, de la nouvelle philosophie transcendantale d'un sujet qui ne croit alors, en effet, pouvoir se saisir que dans son objectivation, il devient le texte unique de l'accomplissement que Fichte dit opérer de cette philosophie transcendantale, en lui faisant vérifier d'abord dans sa méthode qu'elle est bien une doctrine de la science, du savoir ou de la conscience, c'est-à-dire en la développant comme une philosophie *subjective* du sujet.

Fichte ne se contente plus de discourir *aussi* sur le « Je pense » en affirmant de lui, alors extérieurement ou objectivement traité, qu'il doit pouvoir accompagner toute pensée ; car il identifie le geste philosophique à l'actualisation, par le philosophe, de la seule pensée « Je pense », et à l'analyse intérieure, subjective, de l'acte pensant par lequel il produit en lui cette pensée en produisant, comme ses conditions récapitulées en elle, toutes les pensées déployant en leur articulation le contenu total de l'expérience ou de la vie. Il ne réalise pas le primat de l'usage pratique de la raison relativement à son usage théorique en affirmant seulement que je pense et me pense parce que je veux et me veux ; il découvre en effet le *cogito* comme l'agir originaire de celui – le philosophe – qui parle de l'agir, un agir dont l'assomption vraie, à savoir dans la conscience immédiate de lui-même comme n'étant pas être, mais ayant à être, inaugure le parcours philosophique : « Pense-toi, construis le concept de toi-même, et observe comment tu le fais »[2].

Mais l'agir ne peut s'assumer comme tel dans la pensée de soi en se maîtrisant normativement à chaque étape du déploiement de celle-ci que s'il y est toujours présent totalement à lui-même comme « faire », au lieu de simplement s'y percevoir successivement comme « fait » objectivé temporellement. La présence à soi de la pensée, qui lui permet de s'affirmer comme un « Je » et, à travers une telle identité du pensé et du pensant, comme la certitude d'un « Je suis », est donc antérieure à la pensée sensiblement médiatisée d'elle-même, c'est-à-dire à ce que Kant présentait comme la synthèse de l'entendement (Je

1. Kant, *KRV*, I, 2,2, *KW*, III, p. 264.

2. Fichte, *Zweite Einleitung in die Wissenschaftslehre – ZE –, in :* Gesamtausgabe der Bayerischen Akademie der Wissenschaften – GA –, éd. R. Lauth, Gliwitsky, I/4, p. 213.

pense) et de l'intuition sensible (Je suis) constitutive de la conscience proprement dite comme subjectivité objectivante. Le pour-soi du « Je pense » ne s'exprime pas d'abord, nécessairement, dans un « Je suis » sensible : la pensée se présente immédiatement à elle-même en tant qu'un « Je pense », l'intellect se donne d'emblée à lui-même comme tel dans ce que Fichte peut bien alors appeler une « intuition intellectuelle ». La conscience d'un objet – et il peut s'agir du Moi comme objet – étant celle, pour le sujet, de son Autre, d'un Non-Moi, implique, pour que la négation ait un sens, qu'il se saisisse lui-même d'une manière propre ; mais, pour éviter la régression à l'infini qu'entraînerait la définition de cette saisie comme étant elle-même déjà objective, c'est-à-dire consciente, il faut bien admettre l'existence d'une conscience immédiate – comme telle, à vrai dire, une pseudo-conscience – par laquelle le sujet serait à lui-même objet *comme sujet,* donc « une conscience dans laquelle le subjectif et l'objectif ne peuvent absolument pas être séparés, mais sont un seul et même être »[1]. En deçà de la conscience proprement dite qui s'accomplit comme objectivation ou représentation [*Vor-stellung*], et constituant sa condition nécessaire, il y a une présence à soi du penser à lui-même, qui en fait aussitôt une *Ichheit.*

L'intuition intellectuelle, « conscience immédiate que j'agis et de ce que je fais dans cet agir »[2], saisit l'existence et l'essence, le sens, de tout agir, de l'agir corporel le plus extérieur à l'agir intérieur le plus originaire de la pensée. Voilà pourquoi le philosophe qui la mobilise en se pensant pensant saisit immédiatement, en les effectuant, les opérations déterminées dont l'articulation elle-même active vient se condenser dans la représentation « Je pense ». La spontanéité pensante n'a pas, pour se penser de façon déterminée, à se recevoir empiriquement à travers ses résultats ; bien loin que l'*a priori* soit appréhendé de façon *a posteriori,* l'*a posteriori* lui-même, en tant qu'il a un sens, se livre immédiatement à la pensée en tant qu'elle s'effectue sous une forme déterminée en le posant comme ce dont le contenu l'excède. Puisque de la sorte, 1) le *cogito* est immédiatement présent à lui-même dans l'agir déployant comme moments de toute l'expérience pensée ses conditions articulées systématiquement entre elles – et donc, par ce savoir analytique de lui-même, est libéré de la nécessité, à chaque étape de sa construction, de revenir à lui-même à partir de sa synthèse préalable avec son Autre –, et que, 2) le Moi philosophant ne fait que réactiver en

1. *Id.*, *Versuch einer neuen Darstellung der Wissenschaftslehre*, GA, I/4, p. 275.
2. *Id.*, *ZE*, *GA*, I/4, p. 217.

lui-même cette construction de soi immédiate du Moi réel originaire, le savoir philosophique de l'esprit, la doctrine de la conscience, du savoir ou de la science peut et doit procéder, en sa démarche générale, de manière synthétique, ostensive ou progressive, et non plus – comme c'est le cas, en fait, dans le kantisme – de manière analytique, apagogique ou régressive.

Régresser de l'œuvre à l'ouvrier, du fait au faire, des *cogitata* au *cogito,* c'est-à-dire de l'agir synthétisé avec l'être au seul agir, c'est présupposer que le tout se fonde sur l'un de ses moments, sur tel ou tel moment de lui-même, mais, en rester là, c'est se contenter d'une simple hypothèse. La vérification de celle-ci exige alors qu'en s'installant de façon pensante dans le « Je pense », on le voit se réaliser progressivement dans et comme tout ce qui est pensé. On ne peut poser comme thèse que l'objet est l'objectivation du sujet que si l'on vérifie, en s'actualisant en soi comme sujet – en satisfaisant au commandement du « pense-toi toi-même » –, que le sujet n'est tel pour lui-même – proposition absolument identique (penser, c'est se penser; un agir non présent à lui-même ne serait plus un agir, mais un mouvement subi) – que parce qu'il est aussi tel qu'il se pose comme objet – proposition qui bénéficie ainsi de l'absolue certitude de la première. Le « Je pense » ne peut se dire un « Je suis » au sens du contenu représentatif ou objectif d'une proposition empirique que parce qu'il peut d'abord se dire un « Je suis » au sens du contenu de la proposition intellectuelle qui exprime la présence à soi du « Je pense » lui-même.

Il est vrai que la ré-effectuation philosophique de l'activité pensante présente à elle-même dans le Moi se saisit dans un *cogito* absolument réfléchi en lui-même. La simple présence à soi du penser – l'intuition intellectuelle ou la *Ichheit – est* un *cogito*, elle ne l'*a* pas et ne peut pas l'objectiver comme un Moi; le Moi originaire constitue bien tout le contenu visé dans la représentation « Moi » (qu'il rend ainsi fondamentalement possible), mais il ne peut par lui seul susciter cette représentation comme pour-soi du pour-soi, présence à soi de la présence à soi, redoublement de cette présence à soi qui constitue précisément la représentation de soi. Pour que la pensée de soi *soit* pour elle-même, qu'elle ait ce qui peut alors lui apparaître comme *étant*, c'est-à-dire comme *autre* qu'elle, il faut bien que le penser, le Moi, se distancie radicalement de soi, s'oppose à soi comme un non-penser ou un Non-Moi, qu'il saisit en tant que tel dans une intuition alors sensible. Mais la réunion de la présence à soi du penser dans l'intuition intellectuelle et de sa distance d'avec soi dans l'intuition sensible constitue, selon Fichte, le concept, saisie du sens comme être que le

Moi peut désormais avoir et dire, en tant qu'il est proprement conscience de soi et – dans la mesure où cette conscience de soi a pour élément l'opposition surmontée de l'identité à soi du Moi et de son opposition à soi – en même temps conscience de tout le reste.

Or, la conscience philosophante, en effectuant en elle-même toutes ces opérations du Moi qu'elle se rend présentes à elle-même en leur genèse totalisée, concrètement unifiée, alors comprise par la répétition volontaire de la première d'entre elles (l'intuition intellectuelle), pense en son agir total le Moi qui est Moi pour lui-même, et se produit ainsi comme le *cogito* absolument présent à lui-même en tout son sens. Ce *cogito* peut aussi concevoir et dire comme telle l'intuition intellectuelle où il s'est rendu présente à lui-même la production du *cogito* proprement dit, explicite, c'est-à-dire de la conscience de soi originelle du *cogito* d'abord implicite de la présence à soi originaire du penser, dont le contenu inaugural rend possibles toutes les puissances supérieures de son expression. La philosophie fichtéenne expose ainsi, en mobilisant son actualisation absolue comme pensée de soi, tout le devenir du *cogito*, dont la présence originaire – absolument vraie – rend réelles et vraies toutes les déterminations ultérieures, y compris proprement philosophiques, qui rendent possibles son affirmation. Le *cogito* fichtéen semble donc élever à la parfaite compréhension et justification de soi, en entendant et concevant tout en un la médiation identifiant sa différence interne, l'affirmation immédiate, par l'inventeur philosophique du *cogito*, de l'identité du « Je pense » et du « Je suis ».

Cependant, la médiation opérée par Fichte n'est absolue que comme *finale*, à travers la *synthèse* de la thèse du Moi – l'intuition intellectuelle, l'être-*Moi* – et de l'antithèse du Non-Moi – l'intuition sensible, l'*être* du Moi –, de ce qui me fait dire « Je pense » et de ce qui me fait dire « Je suis », synthèse laborieuse dont la *Doctrine de la Science* se veut l'exposé. Mais l'unité ne peut être véritablement au terme – elle y est bien comme n'étant pas, c'est-à-dire dans l'indéfinité de la réalisation (éthique) de son sens pourtant absolument posé (philosophiquement) –, si elle n'est pas *à l'origine*. Or, la différence initiale de la position, par le même Moi, dans le premier Principe des textes de 1794, du Moi lui-même, *agir* présent à soi, et, dans ce qu'ils désignent précisément comme un deuxième Principe, de l'*être* du Moi, qui, comme opposition à soi de l'agir, est la position du Non-Moi, ne fait-elle pas que le Moi *dit* le même ne peut vraiment *se dire* le même, puisque, à partir de l'acte par lequel il se sait immédiatement un Moi, il ne peut poser l'acte par lequel seul il pourrait se savoir *comme* un Moi ?

Un tel « hiatus » qui, d'ailleurs, subsiste – sous des formes renouvelées – dans toutes les expositions ultérieures de la *Doctrine de la Science,* n'empêche-t-il pas la présence à soi de *se* développer en conscience de soi, et ne rend-il pas dès lors impossible la proposition « Je pense, donc je suis » ? Le fichtéanisme peut-il bien être tenu pour la confirmation « scientifique » de la grande affirmation cartésienne.

De Descartes à Fichte – qui inaugurent tous deux leurs métaphysiques par le *cogito* –, le statut philosophique de celui-ci présente un développement considérable, marqué en son centre par l'apport kantien. Chez Descartes, le *cogito* constitue la vérité première, mais le cours de la méditation lui *ajoute* d'autres vérités – d'abord celle de l'être divin – dont l'affirmation, eu égard à leur contenu, a un rapport *négatif* au contenu impliqué dans ce *cogito*. Si Kant part du savoir ou de la pensée – l'identité à soi – de l'être – la différence – en général, donc du jugement synthétique *a priori*, en sa vérité problématique, et non pas, en particulier, de l'absoluité de la pensée de soi ou du « Je pense », il en vient rapidement, pour rendre compte de la possibilité du jugement synthétique *a priori*, c'est-à-dire de l'expérience qu'il soustend, à affirmer que la pensée du sujet, le « Je pense », *conditionne* toute pensée objective, toute pensée de l'objet : penser, c'est toujours *aussi* se penser. Développant un tel conditionnement en une *détermination,* Fichte considère que penser, c'est toujours *d'abord* se penser, et identifie alors toute la philosophie, en tant que compréhension fondatrice de l'expérience, du monde, de la vie, à la pensée démonstrative, scientifique, du *cogito :* le discours philosophique veut ainsi se totaliser et se clore dans la preuve de l'affirmation quasi immédiate, par Descartes, de l'identité, dans le Moi, de la pensée et de l'être. Mais comment la pensée scientifique du *cogito* peut-elle vraiment totaliser la philosophie si, en son identification première, elle doit nécessairement se briser dans la différence originaire de sa pensée et de son être, posés par deux affirmations principielles opposées de ce qui, alors, ne doit guère pouvoir se poser comme un Moi ?

L'idéalisme allemand s'achève sur le constat qu'il y a bien un échec de la philosophie moderne comme philosophie du *cogito*. Selon Hegel, en effet, Fichte ne réussit pas à prouver ce que Descartes, en grand inaugurateur, n'avait pas cherché à prouver, à savoir l'identité des différences – la pensée et l'être – posées dans le *cogito :* la justification spéculative de celui-ci requiert la conception de l'identité originaire de l'identité à soi (du premier Principe) et de la différence d'avec soi (du deuxième Principe). Or, cette conception signifie que c'est parce que la pensée est identique à soi qu'elle se différencie de soi, ou que le Moi n'est tel pour lui-même qu'autant qu'il est l'aliénation de soi ou le sacrifice de soi, bref, qu'il ne peut se dire que dans la mesure où il ne le veut plus, où il renonce à se fixer à l'abstraction de sa position – alors consacrée en sa finitude, celle de l'esprit fini – comme Moi. C'est bien hégélianiser que de considérer par là que le *cogito* ne peut se justifier spéculativement que dans une philosophie qui ne doit plus être une philosophie du *cogito*, que *l'héroïsme* cartésien de l'affirmation *humaniste* du Moi a sa vérité dans la *sagesse* de l'assomption par l'esprit fini de la vie absolue ou *divine* de la pensée. Mais nul n'est tenu d'hégélianiser, c'est-à-dire de renier en une obstination dont la philosophie aurait à être le pardon final la libre affirmation d'une générosité qui, voilà bientôt quatre siècles, régénéra la philosophie !

CHAPITRE II

ANTHROPOLOGIE KANTIENNE ET ANTHROPOLOGIE HÉGÉLIENNE

Si l'on voulait distinguer de façon empirique extérieure, par le tempérament même de leurs auteurs, en quelque sorte anthropologiquement, l'anthropologie de Kant et celle de Hegel, on pourrait caractériser la première comme l'anthropologie d'un géographe (même s'il s'intéresse beaucoup à l'histoire de la Terre), et la seconde comme l'anthropologie d'un historien (même quand il insiste sur le conditionnement géographique du devenir humain). Kant resta toute sa vie un géographe et enseigna toujours conjointement la géographie physique et l'anthropologie; Hegel consacra son premier et son dernier texte publié à l'histoire politique, expression pour lui pléonastique. Et si, puisque, aussi bien, chez Hegel comme chez Kant, l'anthropologie est promue philosophiquement en recevant une place diverse mais insigne à l'intérieur de la philosophie, on passe, dans le nécessaire approfondissement de la recherche, de l'anthropologie de la philosophie à la philosophie de l'anthropologie, alors peut-on comprendre et justifier philosophiquement la relation de l'anthropologie, dans un cas, avec le passionné de géographie, et, dans l'autre cas, avec le secrétaire de l'histoire universelle, mais aussi, du même coup, pour ce qui est de leur œuvre anthropologique, le caractère spécifique de celle-ci. Kantisme et hégélianisme sont des philosophies de la liberté, mais, dans leur souci commun, constitutif de toute la démarche de l'idéalisme allemand, de toujours accorder le contenu de ce qui est su et la forme du savoir, affirment la liberté comme s'affirmant librement, c'est-à-dire sont des philosophies de la libération. Or, le renvoi, impliqué en celle-ci, de la liberté même à son Autre, la nature qu'elle maîtrise, revêt un sens bien différent suivant la manière dont est conçu le rapport entre cette liberté et cette nature, ou entre la raison et la sensibilité.

La raison philosophante kantienne entendant comme originaire leur dualité au niveau de l'être rationnel fini qu'est l'homme, la libération à laquelle s'ordonne celui-ci conserve à son milieu naturel la naturalité originelle, proprement naturelle, qui le caractérise comme milieu géographique. Au contraire, la raison philosophante hégélienne concevant l'identité originaire de la liberté rationnelle et de la nature sensible, le processus de libération qui porte l'homme est l'auto-négation du milieu naturel en milieu humain constitutive de l'histoire. L'anthropologie kantienne et l'anthropologie hégélienne sont bien toutes deux des anthropologies philosophiques rationalistes, mais fondées ainsi, l'une, dans l'affirmation de la raison militante, l'autre, dans celle de la raison triomphante. Cette fondation différente est au principe de leur différence, tant pour ce qui concerne leur *statut* que pour ce qui concerne leur *contenu*. Le fait que, pour le rationalisme kantien, la faculté supérieure de l'homme, la raison, reste un commandement par là même opposé, de façon trop humaine, à son Autre sensible, et que son auto-interrogation spéculative n'ait de sens déterminé que dans la question : « Qu'est-ce-que l'homme ? », tandis que le rationalisme hégélien se saisit en son infinité en concrétisant sa réponse sur l'être à travers la question : « Qu'est-ce-que l'Homme-Dieu ? », c'est-à-dire : « Qu'est-ce-que le sujet réel absolu ? », cela se traduit, en effet, tout en un, et dans les objectifs et dans l'objet assignés aux anthropologies qu'ils renferment. Il convient de confronter celles-ci selon ces deux dimensions.

On connaît le passage du *Cours de Logique* dans lequel Kant fait se récapituler les trois questions que, à travers le philosophe, l'homme en tant qu'être rationnel doit nécessairement se poser à son sujet comme être rationnel aussi sensible, en la question : « Qu'est-ce-que l'homme ? ». Ces trois questions : « Que puis-je savoir ? », « Que dois-je faire ? », « Que m'est-il permis d'espérer ? » sont au potentiel, puisque la raison qui les pose dans l'être rationnel fini est nécessairement une norme pour celui-ci en tant que fini ; les réponses possèdent donc, elles aussi, un sens – selon des modalités corrélativement diverses – normatif. L'humanisme kantien est bien un humanisme normatif, c'est-à-dire, au fond, « pratique ». Mais, si la réponse à la question « Qu'est-ce-que l'homme ? », c'est-à-dire l'anthropologie, est celle à laquelle « se rapportent » les trois réponses constitutives du discours rationnel, tel et par sa démarche de stricte et « scientifique » auto-fondation et par son contenu : l'homme déterminé en sa vérité, relativement à son moment vrai ou essentiel, la raison même qui le mesure, un tel « rapport » ne saurait faire de la réponse anthropologique, prise en elle-même, la synthèse des trois réponses rationnelles énoncées dans les trois grandes *Critiques* et leurs implications métaphysiques. Précisément parce que cette réponse est, ainsi que l'appelle la question, à l'indicatif, c'est-à-dire exprime l'essence normative de l'homme comme un être empirique.

Que l'anthropologie se propose de dire l'*être empirique* de l'homme exclut qu'elle soit un discours directement rationnel, selon la nouvelle rationalité « scientifique » inaugurée par Kant. Qu'elle veuille dire l'être empirique de l'*homme* lui interdit d'être un discours purement empirique, en fait naturaliste. Certes, il y a dans l'homme un moment sensible naturel, et une « anthropologie physiologique », spécification de la « géographie physique », est possible comme étude « de ce que la nature fait de l'homme », mais l'homme n'est pas comme tel ce que la nature fait de lui, puisqu'il est aussi une liberté se manifestant dans et comme la raison pratique. Assurément aussi, l'homme comprend le langage rationnel-normatif que la liberté s'adresse à elle-même, pourtant l'anthropologie comme étude de l'homme, être rationnel également sensible, ne peut dire que la traduction humaine d'un tel langage. Or, cette traduction humaine de la norme rationnelle à travers laquelle s'exprime la liberté en son sens pratique – l'autonomie –, c'est l'activité par laquelle son phénomène – le libre arbitre – ordonne la nature : la connaissance de ce que, ainsi, « l'homme, comme être agissant par liberté, fait ou peut et doit faire de lui-même » peut bien être désignée comme une « anthropologie pragmatique » [1].

La philosophie comme auto-justification spéculative de l'expérience rationnelle affirme que la conscience du devoir fait postuler le pouvoir : je dois, donc je peux, mais le discours anthropologique énonce cette possibilité comme une possibilité réelle, empirique, donnée à l'observation extérieure et intérieure, et qui identifie le faire et le devoir dans le pouvoir en quelque sorte constaté. Ce qui se fait et qui, en tant que tel, n'est ni immédiatement un simple être, ni, non plus, après toutes les médiations, un simple devoir-être, c'est ce qui peut, pour l'homme même, être fait par lui en tant qu'il a, en lui-même ou dans les autres, l'expérience de son libre arbitre. Le pratique – rationnel

1. Kant, *Anthropologie d'un point de vue pragmatique – APP –*, traduction A. Renaut, Paris, GF-Flammarion, 1993, p. 41.

– en sa manifestation empirique, c'est bien le pragmatique. De la sorte, déjà dans son discours propre, l'anthropologie kantienne est bien pragmatique. Ce discours n'est, en effet, ni un discours naturaliste se contentant de parler à l'indicatif, ni un discours authentiquement rationaliste prescrivant, selon les strictes exigences de la raison, c'est-à-dire de la liberté, contenues en chacune des synthèses méthodologiques des trois *Critiques*, l'actualisation idéalement objective de la raison finie dans le domaine de la connaissance, de l'action et du goût. Il est un discours proprement pragmatique qui exprime la maîtrise normative de la nature par la liberté comme le fait du pouvoir de celle-ci en celle-là. Ce qui doit se faire est dit comme ce qui peut se faire, et cette possibilité est elle-même dite comme un fait: ce que l'homme doit faire, il peut le faire, et cela, il le fait. C'est pourquoi le discours pragmatique se nourrit d'exemples, c'est-à-dire, en un sens, de réalisations singulières qui, en un autre sens du terme, poussent précisément à leur réalisation, et par là sont bien elles-mêmes exemplaires.

L'anthropologie pragmatique n'exprime, par conséquent, ni la (seule) nature, ni la (seule) liberté, mais ce que la liberté fait, en quelque sorte, naturellement, de la nature. Elle est par là l'expression essentiellement *culturelle* de la raison philosophique. Elle n'admet pas dans son champ ce qui, chez l'homme même compris psychologiquement en son phénomène interne, échappe à son libre arbitre. C'est le cas, par exemple, des représentations obscures, allant à l'infini, dont l'homme ne peut alors être que le jouet[1]; le cas, aussi, du sommeil, du rêve, du somnambulisme, dont la connaissance n'est pas exploitable là même où elle aurait une raison d'être, à savoir à leur propre niveau. Est donc exclu de l'anthropologie pragmatique tout fait anthropologique qui ne peut se reprendre dans un se-faire[2]. Tout autant, symétriquement et inversement, un tel se-faire ne doit pas, en tant qu'anthropologique, être exprimé comme devant son affirmation à la nécessité proprement pratique de l'auto-affirmation absolument justificatrice de la raison, principe de toute vérité dans la nouvelle métaphysique du sujet. Assurément, le commandement de la raison, qui est la motivation en fait – pour la raison philosophante – la plus forte, et donc le principe absolu de toute motivation humaine, ne peut pas ne pas intervenir dans les manifestations de celle-ci; néanmoins l'anthropologie ne peut exprimer un tel principe pratique que pragmatiquement. Lorsque, par

1. *Cf. ibid.*, p. 63.
2. *Cf. ibid.*, p. 134.

conséquent, l'anthropologue pragmatique expose l'identité du fait et de l'à-faire humains dans un langage, même énergiquement, impératif, la justification qu'il donne d'une telle forme impérative rabaisse immédiatement celle-ci à un simple « conseil » de la « prudence », moteur immanent de la « culture » ou, plus précisément, de la « civilisation ».

Ainsi, est-il proclamé que le jeune homme doit limiter sa jouissance dans le dessein épicurien de lui réserver un avenir illimité[1]; le plaisir cultivé est celui qui sait, en se restreignant, ne pas émousser sa capacité[2]; l'effort du travail est la meilleure façon de jouir de la vie[3], etc. Identification pragmatique du pratique que le discours pragmatique justifie, d'ailleurs, à l'intérieur de lui-même, en affirmant, cela comme un fait, sans une justification rationnelle ici déplacée, que la prudence, la culture, la civilisation confinent elles-mêmes à la moralité. Un tel thème, rapidement évoqué dans la *Critique de la raison pure*, absent de la *Critique de la raison pratique*, fait souvent retour dans l'*Anthropologie d'un point de vue pragmatique*. La condamnation absolue d'une passion y est rapportée à la conjonction de sa réprobation morale et de sa disqualification pragmatique[4]. Non seulement, si la vertu sociale est peut-être de la « petite monnaie », mieux vaut celle-ci que l'absence de moyens[5], mais la réunion, dans les relations avec autrui, du « bien-vivre » et de la « vertu » proprement dite est ce qui constitue cette « humanité » qu'on peut alors désigner comme ce en quoi l'homme réalise sa destination essentielle[6]; l'apparence même de la vertu chez autrui ne rend-elle pas son spectateur lui-même plus vertueux[7] et ne peut-elle pas conduire même le bienfaisant hypocrite, malgré lui, aux limites de la moralité[8]? C'est pourquoi, au demeurant, le goût, cette manifestation privilégiée de l'accord, idéel, de la raison et de la sensibilité, est un thème fort précieux pour l'anthropologie kantienne, laquelle voit bien, en lui, « la moralité dans sa manifestation extérieure »[9]... Bref, si, pour la philosophie spéculative, le pratique seul rend possible l'existence pragmatique de l'homme, l'anthropologie lui paie sa dette dans l'affirmation ainsi réitérée que le pragmatique,

1. *Cf. ibid.*, p. 102.
2. *Cf. ibid.*, p. 196.
3. *Cf. ibid.*, p. 190.
4. *Cf. ibid.*, p. 238.
5. *Cf. ibid.*, p. 85 *sq*.
6. *Cf. ibid.*, p. 252.
7. *Cf. ibid.*, p. 86.
8. *Cf. ibid.*, p. 289.
9. *Cf. ibid.*, p. 206.

pleinement cultivé, achemine au pratique. Ce qui pourrait empêcher une telle élévation, à savoir la présence, dans le pragmatique, de l'obstacle à la rationalité, c'est-à-dire le mal, se détruit lui-même en étant incapable de se fixer et consolider en un caractère [1], de telle sorte que le bien se développe à partir de ce mal. Telle est bien la leçon, notamment, du sort constaté des passions, faiblesses humaines, mais en elles-mêmes finalement si faibles face à l'essence rationnelle de l'homme [2]. Belle sagesse de la Providence!

On voit dès lors en quel sens la philosophie spéculative de Kant, en sa triple exposition, comme réponse aux trois grandes questions rationnellement formulées, peut «se rapporter» à sa conclusion anthropologique. Celle-ci ne compose pas, en se tenant à leur niveau – tel leur couronnement spéculatif – l'apport rationnel triplice de celles-là; elle est la retombée en elle-même non spéculative, populaire, de la spéculation kantienne. Cependant, elle fournit à la question de savoir ce qu'est l'homme, en tant que rapport factuel hiérarchisé intime, en lui-même, de la raison et de la sensibilité, de la liberté et de la nature – qui ne peuvent jamais ici exister empiriquement l'une sans l'autre –, une réponse qui ne peut véritablement se comprendre et justifier, en sa détermination pragmatique elle-même, qu'à partir des réponses rationnelles des œuvres spéculatives de Kant. L'anthropologie pragmatique présuppose donc la connaissance rationnelle de la liberté, de la nature et de leur rapport, connaissance théorique dont celle-là est ainsi la conséquence elle-même pragmatique, ou l'*application*. C'est pourquoi la nature et la liberté, dont le discours anthropologique dit ne pas vouloir traiter en leur essence pure pour ne considérer que leur rapport factuel, sont quand même présentes en lui. Il parle, assez longuement même, du tempérament qui est pourtant, en l'homme, ce que la nature fait de celui-ci [3], et, de même, à l'autre extrême, il rappelle les grandes déterminations de la raison, si bien que, d'une façon générale, les apports essentiels, en fait de résultats, des trois *Critiques* sont présentés selon leur ordonnance rationnelle originelle, même s'il s'agit, assurément, d'une présentation elle-même non rationnelle, simplement «historique» de la raison, comme il convient dans une application populaire de la philosophie transcendantale. Peut-être considérera-t-on que, envisagée dans une lecture «cosmique» de la philosophie kantienne, cette application apparaît comme étant en vérité le but

1. *Cf. ibid.*, p. 319.
2. *Cf. ibid.*, p. 245 *sq.*
3. *Cf. ibid.*, p. 270.

auquel tendait l'effort de Kant, telle une méthodologie générale pragmatique, pour l'usage de la vie, de la critique transcendantale des capacités et pouvoirs de l'esprit fini. Mais, du point de vue des conditions de possibilité de son élaboration, cette méthodologie pragmatique suppose en tout cas la réalisation, qui ne lui doit rien – sinon l'épreuve de l'unité même de la vie de l'esprit fini pris en sa tension originaire –, du concept « scolastique », méthodiquement rationnel, de la philosophie.

Tout autre est le statut philosophique de l'anthropologie hégélienne. Elle ne se situe pas au terme du *corpus* rationnel de la philosophie de l'esprit, et comme une application para-rationnelle de celle-ci, mais à l'origine même de la philosophie de l'esprit, et sans doute là où la raison à l'œuvre dans l'esprit manifeste sa force la plus intense, aussi bien dans l'objet même du discours philosophique que dans le sujet même, philosophant, de ce discours. Car l'anthropologie de Hegel exige du philosophe spéculatif qu'il retrouve la raison se construisant, selon une immanence totale, dans l'élément le plus opposé à elle-même, cette nature qui est bien son aliénation absolue. Hegel traite ici de l'« âme », cet « esprit-nature » qui est, comme esprit, la négation de la nature, mais, comme sa première, immédiate négation, la négation encore *naturelle* de la nature. C'est la nature même, auto-négation de l'Idée ou de la raison universelle, qui se nie elle-même en se posant comme esprit ou liberté. Bien loin, par conséquent, que l'anthropologie soit – comme chez Kant – la conscience de soi pragmatique précédemment justifiée de la maîtrise, empiriquement mise en œuvre, de la nature empirique par la liberté rationnelle, essentiellement différentes l'une de l'autre et de leur relation factuelle, elle est, chez Hegel, la conscience de soi spéculative de l'auto-production rationnelle de la liberté dans et comme la nature. L'anthropologie hégélienne est ainsi un moment privilégié du discours spéculatif.

Le sujet philosophant y vérifie exceptionnellement sa méthode constante – qui consiste, pour lui, à se poser dans son objet comme auto-négation subjective de lui-même – dans le contenu spécial de sa spéculation qui expose alors le processus par lequel l'esprit maîtrise la nature comme auto-négation spiritualisante de celle-ci. L'anthropologie pleinement spéculative de Hegel fait s'identifier la nature en son ultime affirmation, déjà spirituelle, et l'esprit en sa première affirmation, encore naturelle, c'est-à-dire l'identification naturelle et l'identification spirituelle de la nature et de l'esprit ainsi avérés l'un et l'autre en toute leur puissance; elle accomplit par là dans son discours totalisant l'unification rationnelle du sensible et du rationnel que l'anthropologie kantienne rapprochait dans la liaison extrinsèque de deux facteurs alors extériorisés chacun par rapport à soi-même dans un discours seulement pragmatique. Si l'anthropologie représente une détente pragmatique du kantisme, elle fait se tendre à l'extrême la spéculation hégélienne qui, en elle, à l'orée même de la philosophie de l'esprit, anticipe comme le devenir originaire de celui-ci – le processus d'auto-spiritualisation de la nature – le résultat ultime de celle-là, à savoir la proposition que l'esprit est naturalisation de soi, Dieu incarnation de lui-même.

Si l'âme ne fournit pas l'objet suprême de la spéculation, son étude constitue sans doute, opératoirement parlant, le moment le plus ardu de celle-ci. Le philosophe doit, en effet, comme anthropologue, réactualiser consciemment en lui, dans sa démarche ou sa vie spéculative même, le sacrifice en soi de l'esprit se faisant nature, en tant que ce sacrifice se redouble en étant manisfesté comme le mouvement par lequel, en l'esprit, c'est la nature elle-même qui se fait esprit ! L'élaboration de l'anthropologie comme une telle exposition de l'âme écartelée, à l'intérieur d'elle-même, entre la nature qui la tire en arrière et la liberté qui la pousse en avant, requiert alors le rappel constant de l'apport déjà là de la philosophie de la nature et l'anticipation non moins constante de l'apport encore à venir de la philosophie de l'esprit; mais aussi, qui plus est, la rétrospection spiritualisante du premier et l'anticipation naturalisante du second, c'est-à-dire, au total, la conciliation spéculative de deux démarches opposées entre elles ainsi d'abord opposées, chacune à elle-même, à l'intérieur d'elles-mêmes.

La difficulté exceptionnelle de l'anthropologie spéculative vient alors de ce que, plus précisément, les déterminations de l'esprit qui, d'une façon générale, à la différence des déterminations de la nature, étalées chacune pour elle-même spatialement, s'intègrent les unes dans les autres, les inférieures, abstraites, existant comme des moments simplement idéaux des supérieures, concrètes, seules réelles, sont elles-mêmes, en tant que déterminations de l'âme, d'emblée et toutes ensemble insérées au sein des déterminations ultérieures, « phénoménologiques » et « psychologiques ». C'est que l'esprit-nature, comme naturel, n'est pas encore en lui-même essentiellement temporel; c'est bien seulement en sa concrétisation finale dans l'habitude que l'âme se pose comme acquisition d'elle-même, donc comme processus. Or, quand, à travers cette habitude, seconde nature posée par elle-même, l'âme a reconquis comme sien en se naturalisant elle-même son contenu naturel premier, elle peut et doit diriger son activité ou négativité contre une telle totalisation naturelle d'elle-même, se l'opposer, en tant qu'elle se fait conscience, comme un monde objectif, et se vivre ainsi elle-même comme un sujet alors ouvert à la différenciation subjective qu'est le temps. L'insertion de l'âme dans la conscience spirituelle rend dès lors possible la séparation réalisante de ce qui est, en sa vérité propre, un moment idéal, intemporel, de cette conscience. Cela, pour autant que celle-ci peut abstraire d'elle-même et faire exister en elle, face à elle-même en tant que spiritualité objectivante, son Autre anthropologique qu'est l'âme en son moment médian. Un tel moment, par essence différenciant, définit « l'âme ressentante » qui se vit, non thétiquement certes, pré-conscientiellement donc, comme subjectivité identique à elle-même en son contenu substantiel particulier : anticipant par là la conscience accomplie dans l'entendement, lui faisant en quelque sorte concurrence, elle peut être libérée régressivement par cette conscience, en elle-même contre elle-même. Telle est, par exemple, la folie, libération pathologique aliénante, dans et par la conscience spirituelle plus concrète s'abstrayant d'elle-même, de ce qui, normalement, devrait rester un simple moment intégré d'elle-même. Mais, alors, la venue à l'existence pour elles-mêmes des déterminations anthropologiques est méta-anthropologique et doit, par conséquent, comme pathologique, inciter l'anthropologue à les reconstruire idéalement, en leur sens positif vrai, à partir de leur réalisation négative. On n'est plus dans la différenciation spatiale de la nature, on n'est pas encore dans la différenciation temporelle normale de l'esprit : la connaissance déterminée de l'esprit-nature exige donc une reconstruction essentiellement conceptuelle de l'existence immédiatement sensible – naturelle – du concept réalisé de l'esprit.

Comprendre l'âme, c'est ainsi, pour l'anthropologue spéculatif, s'identifier, comme savoir ou esprit absolu, c'est-à-dire absolument spiritualisé, à son Autre absolu, l'esprit absolument naturalisé, et par là répéter dans sa démarche, comme détermination ultime de l'esprit, la vie même de son objet, identification concrète originaire du sujet et de l'objet, de l'esprit et de la nature. C'est bien là l'illustration achevée du thème central de l'idéalisme allemand, selon lequel la philosophie n'est rien d'autre que le savoir de soi de la vie même qu'elle prend pour objet. L'opposition en leur statut de l'anthropologie kantienne et de l'anthropologie hégélienne reflète l'opposition même de l'homme qu'elles nous présentent comme leur contenu.

Le contenu de l'anthropologie pragmatique de Kant, c'est tout l'homme, de son animalité, déjà humaine puisque, en elle, en sa structure spécifique native – la forme et l'organisation de la main par exemple[1] –, est déjà dessinée la capacité technique de l'être raisonnable, jusqu'à sa cime morale, puisque – comme nous l'avons vu – la disposition pragmatique à la culture et civilisation est présentée comme l'enveloppe extérieure de la disposition morale.

L'unité supra-raciale de l'espèce humaine traduit originellement l'identité à soi de la raison en tous les hommes, et celle-ci s'accomplit dans le cosmopolitisme de la raison pratique. L'anthropologie kantienne est bien une anthropologie humaniste, inutile est-il de le souligner. Cependant, si l'humanité (*Humanitas*) s'inscrit, comme disposition, dans l'animalité humaine première, le dualisme essentiel originaire de l'homme en tant qu'être raisonnable sensible oppose, dans l'animalité humaine, sa disposition proprement humaine et sa réalité proprement animale : la réalisation de celle-là, l'éducation toujours absolument nécessaire, est négation du dynamisme proprement animal ou naturel. La sensibilité est affectée par une sensibilisation de la raison qui la nie en son énergie propre : la philosophie « pratique » oppose bien le respect au désir « pathologique ». Ce qui signifie qu'il y a dans la nature un moment que la liberté ne peut s'assimiler ou qui ne peut se faire lui-même liberté. Kant, ainsi que Hegel, justement, le lui reprochera, traduit anthropologiquement cette altérité ou extériorité essentielle, définitive, de la nature et de la liberté, qui rabaisse la première, prise dans une telle relation d'extériorité subsistante dans la hiérarchie, au statut, au plus, de simple instrument, rétif, de la seconde.

Les exemples en sont multiples et variés. Ce qui est manifeste dans la théorie kantienne du mariage, la conception instrumentaliste de la sexualité humaine, transparaît dans l'analyse anthropologique de la pudeur comme traduction vécue de l'opposition entre l'humanité et une sexualité dont est soulignée la quasi-identité à elle-même (la « si grande proximité »[2]) dans l'animalité absolue de la bête et dans l'animalité mise en relation, chez l'homme, avec la raison. C'est la même conception de l'opposition dynamique entre animalité et humanité, nature et liberté, qui s'exprime dans le jugement négatif porté par Kant sur l'habitude. Celle-ci est, selon lui, comparable à un « instinct », cette répétitivité naturelle d'un comportement négateur du libre arbitre à travers lequel se phénoménalise la liberté; « en l'homme, elle fait surgir bien trop visiblement l'animal », de telle sorte « qu'il court ainsi le risque d'en venir à ne former avec la bête qu'une seule et même

1. *Cf. ibid.*, p. 312.
2. *Ibid.*, p. 64.

classe », si bien que, « en règle générale, toute habitude est mauvaise » [1]. On sait combien Kant voit, au contraire, dans la variété distrayante de l'imagination, que favorisent la conversation et le jeu en société, la stimulation de toute vitalité spirituelle ! Ce rejet du naturalisme promptement soupçonné chez l'homme enveloppe dans une même condamnation cette fixation rationnelle – dans une parodie formelle de la raison, certes ! – de l'inclination naturelle qu'est la *passion*. Evoquant l'affirmation selon laquelle « jamais rien de grand n'a été accompli dans le monde sans passion violente », Kant la dénonce comme anti-philosophique, car fondamentalement contraire au véritable respect de la raison [2]. Mais de portée universellement significative est bien, telle que Kant l'interprète, la première manifestation de l'animal humain : le cri de l'enfant nouveau-né traduirait essentiellement le caractère négatif de la relation *contraignante*, pour l'homme, de son humanité à sa naturalité éprouvée, dans la colère, comme un enchaînement qui lui retire sa liberté » [3]. Une telle relation négative originaire entre la sensibilité et la raison, qui limite la réalisation pragmatique du primat de celle-ci en faisant courir toujours à l'homme le danger d'une animalisation de lui-même – la nature révélant sa fermeture sur soi –, explique aussi l'impuissance à agir sur un trouble ou une maladie de la raison, dont le désordre est livré à lui-même dans la perte du sens commun. D'où le pessimisme pragmatique de Kant au sujet des graves maladies de l'esprit, la seule intervention adéquate de l'anthropologie étant ici de dire qu'on ne peut intervenir [4] !

Au fond, le projet même de l'anthropologie pragmatique : armer l'effort de la liberté pour faire quelque chose de son Autre, la nature, se heurte à la présupposition philosophiquement établie de leur séparation qui les livre à elles-mêmes dans leur négativité propre. Alors que l'idée d'une vraie contradiction – différenciation d'une identité sous-jacente – entre elles libérerait une tentative en vue de surmonter leur négativité interne respective dans l'exploitation de leur totalisation réconciliatrice d'elle-même à travers chacun de ses moments. L'anthropologie saisit bien tout l'homme, mais jamais comme un tout véritable.

Il en va inversement de l'anthropologie hégélienne : elle conçoit l'homme comme un tout sans prétendre appréhender en ce tout humain

1. *Ibid.*, p. 81.
2. *Cf. ibid.*, p. 239.
3. *Ibid.*, p. 316 note ; *cf.* p. 240 *sq.*
4. *Cf. ibid.*, p. 167.

tout l'homme. Puisque l'objet et le sujet, la nature et l'esprit, résultent de l'auto-différenciation même d'une unité essentiellement subjective et spirituelle, ils sont, en leur différence même l'un d'avec l'autre – en ce qui concerne, par exemple, le rythme de leur développement respectif –, liés intimement l'un à l'autre. L'être naturel, corporel, de l'homme n'a donc rien à voir avec le corps de l'animal, parce qu'il constitue une unité immanente avec une âme qui, comme humaine, a un tout autre élément – l'esprit – que « l'âme » animale, auto-négation seulement naturelle de la nature. Hegel souligne bien que « l'humanité animale est tout à fait quelque chose d'autre que l'animalité »[1]. Déjà, « le sentir extérieur de l'homme… se différencie plus ou moins de celui des animaux »[2], puisque l'esprit, en tant que milieu ontologique de l'existence humaine, imprègne toutes les déterminations naturelles qui, présupposées essentiellement par lui, sont existentiellement re-posées dans et par lui. La nature ne peut résister à son investissement spirituel. Lors même qu'elle se donne comme altérité pour l'esprit, c'est parce qu'il la pose lui-même comme telle. Et cette libéralité de l'esprit à l'égard de « sa » nature est absolument justifiée par la naturalisation de soi – l'« incarnation » – qu'il est bien en son activité ou négativité absolue. Ainsi, la nature ne détermine, ne limite pas l'esprit, qui, se limitant par lui-même, s'auto-déterminant en une liberté absolue, se fait seulement conditionner par elle, dans une maîtrise souveraine de leur relation.

C'est pourquoi, par exemple, les influences cosmiques, telluriques, géographiques… n'ont aucune importance décisive pour l'esprit. Plus fortement encore que Kant, Hegel, pour qui la race est une détermination de l'âme, pleinement anthropologique, et non pas une détermination du corps, simplement physique, fonde la disqualification absolue du racisme à laquelle tous deux s'attachent résolument. Le voudrait-il, l'homme ne peut, pour des raisons ontologiques, retomber à l'animalité proprement dite. D'où vient que les déterminations finales de la Philosophie de la nature, valables pour l'organisme simplement naturel, sont reprises au début de la Philosophie de l'esprit, dans l'Anthropologie, avec un contenu et un statut totalement différents, tenant à ce que le corps est, chez l'homme, immédiatement immergé dans un élément nouveau, celui même de l'esprit. C'est

1. Hegel, *Die Vernunft in der Geschichte* [*La raison dans l'histoire*] – *VG* –, éd. J. Hoffmeister, Hambourg, F. Meiner Verlag, 1955, p. 161.

2. *Id.*, *Encyclopédie des sciences philosophiques –Enc – III. Philosophie de l'esprit –Ph. E* –, éd. 1830, § 401, Addition, traduction B. Bourgeois, Paris, Vrin, 1988, p. 452.

d'ailleurs la raison pour laquelle Hegel critique la doctrine kantienne, lorsqu'elle traite, par exemple, de la sexualité – nous l'avons déjà évoquée –, ou encore des tempéraments : pour lui, une telle détermination, aux yeux de Kant lui-même, de l'anthropologie physiologique, ne peut être affirmée comme telle de l'âme humaine, qui présente bien plutôt le mélange des tempéraments[1].

Cette reprise spirituelle de la nature qu'est l'homme objet de l'anthropologie, en même temps qu'elle spiritualise la nature en manifestant la liberté de l'esprit, en elle, à l'égard d'elle-même, naturalise aussi cet esprit. Car la vraie liberté ne consiste pas, selon Hegel, à s'abstraire de l'Autre, mais à faire de cet Autre son « chez-soi », à se poser soi-même dans et comme lui. Voilà pourquoi l'anthropologie analyse les modalités de la naturalisation de soi de l'esprit, qui élève la première nature à cette seconde nature pénétrée – et sauvée alors – par l'esprit qu'est l'habitude. L'éloge hégélien de l'habitude, comme voie de la libération, tranche avec le jugement négatif qui la frappe dans l'anthropologie kantienne. Et, pour évoquer une autre cible de celle-ci, la passion, rappelons le traitement si positif qu'en fait Hegel en parlant notamment de son rôle dans l'histoire universelle. Toujours, la relation dialectique de la nature et de l'esprit en fait des moments non figés dont l'opposition, bien loin d'être une altérité absolue, est, comme expression de la contradiction interne, du sacrifice de soi qu'est l'absolu spirituel, tout au contraire la médiation même de leur unité plus concrète. Assurément, un tel concept de l'esprit, comme de ce qui *se* contredit, peut, en se réalisant dans l'être empirique des individus humains, se bloquer en un *être* contradictoire ; ce dont témoigne l'existence de la folie, à laquelle l'anthropologie hégélienne consacre une analyse approfondie. L'esprit comme conscience de soi, subjectivité identique à soi et se maîtrisant elle-même ainsi que le monde, peut bien, en faisant être plus solidement en elle le moment de l'âme rassemblant son milieu en son sentir immédiat, prêter sa force à cette emprise magique séductrice sur le monde et sombrer dans le délire. Mais la folie est alors comprise par Hegel de façon telle qu'elle peut être surmontée et guérie, ainsi que le montre l'entreprise de Pinel : l'identité à soi de l'esprit qui souffre de *se* contredire est par là même en soi restaurée, en-soi qui est la possibilité fondamentale de sa manifestation et réalisation empirique. Ce que l'esprit défait, il peut le refaire; plus précisément, il y a une spiritualisation de la nature parce que l'esprit se naturalise.

1. *Cf. ibid.*, § 395, Add., p. 428.

L'identité de la spiritualisation de soi de la nature et de la naturalisation de soi de l'esprit est, dans l'*idéalisme* hégélien – pour lequel l'identité du sujet et de l'objet est une identité subjective, un sujet absolu, l'identité de l'esprit et de la nature une identité spirituelle, un esprit absolu –, portée par la seconde, dans la souveraineté absolue de l'esprit. Une telle souveraineté s'annonce à elle-même dans le premier cri de l'enfant naissant, en lequel, à l'opposé de Kant, Hegel ne voit pas la négation colérique d'un obstacle, d'une limite, d'une impuissance, mais l'affirmation immédiatement sûre de soi de la puissance, la proclamation, dans le monde, de la maîtrise sur lui.

Cet optimisme de l'anthropologie hégélienne, qui saisit l'homme comme étant un tout en son existence la plus naturelle, apparemment la plus hostile à sa liberté essentielle, assure aussi l'affirmation, dans le développement post-anthropologique de la philosophie de l'esprit, de la réalisation absolue de cette liberté. Le savoir anthropologique, chez Hegel, vérifie, au sein même de l'expérience de l'esprit en son existence la plus naturelle, le préalable conceptuel de la spéculation sur l'homme; ce préalable fait saisir l'esprit comme le retour à soi naturalisé du sens infini commandant absolument sa réalisation et, par conséquent, justifie son auto-position vraie, à travers l'esprit simplement humain, développant l'esprit-nature, comme esprit divin ou absolu. Ce qui fait comprendre l'homme comme objet de l'anthropologie est donc ce qui le fait comprendre comme se fondant sur l'Homme-Dieu, et, puisque l'anthropologie conçoit l'homme comme une spiritualisation de la nature portée en vérité par la naturalisation de l'esprit, plus fondamentalement sur l'Incarnation même de Dieu, le Dieu-Homme. L'anthropologie hégélienne sait ainsi qu'elle se fonde, dans le processus spéculatif, sur une théologie dont le contenu, la divinisation de l'homme par l'humanisation de Dieu, absolutise son anticipation anthropologique. Une telle anthropologie ne dit pas tout ce qu'est l'homme, mais elle le dit comme un tout qui ne peut qu'être confirmé en sa concrétisation ultérieure, finalement théologique. Elle est vraiment le germe de toute la philosophie de l'esprit.

L'anthropologie kantienne et l'anthropologie hégélienne arrachent l'homme à ce qu'ont voulu en faire les sciences humaines, un être dont la positivité ne se démentirait pas en elle-même en s'assumant comme liberté, et qui, alors, pourrait être saisi par la simple observation empirique. La seconde, en sa visée directement théorique-spéculative, réinsère tous les phénomènes de l'esprit-nature dans une totalisation sensée en tant qu'elle est lue comme un processus de libération immanente, c'est-à-dire pensable, selon la terminologie hégélienne, conceptuellement. Or, il se trouve – nous semble-t-il – que cette démarche conceptuelle lui a fait devancer des interrogations et des réponses que les sciences de l'homme n'ont formulées que plus tard et de façon plus partielle et abstraite : songeons, par exemple, à ce qui concerne le sens du sens et du sentir. Ne peut-on pas penser que l'Anthropologie de l'*Encyclopédie des sciences philosophiques* est encore insuffisamment exploitée, et pour la connaissance, et pour la promotion de l'homme ? Vertu actuelle, à la fois positive et pratique, de l'effort spéculatif inouï déployé par Hegel dans son Anthropologie ! – Différemment, l'effort théorique de Kant a été engagé, lui, plus pour fonder rationnellement, voire – c'est plus problématique – pour rendre possible, que pour composer son anthropologie effective, l'anthropologie pragmatique. Celle-ci analyse et établit, au fond, l'efficience morale de la prudence; elle est une plaidoirie en quelque sorte mondaine en faveur de la moralité. Que peut-on bien attendre moralement ou « pratiquement » d'une anthropologie ainsi non pas strictement « pratique », mais seulement pragmatique ? Et cela, ajouterons-nous, dans un esprit strictement kantien, celui du penseur rigoureux des exigences et des pouvoirs de la raison ? Le souci prudent de la moralité ou de la vertu proprement dite, préoccupée de la mise en œuvre réelle de ses principes absolument préservés en leur priorité, ne se traduisait-il pas – dans les considérations d'anthropologie « pratique » présentes ici où là – par l'affirmation que l'impératif moral éthique, saisi en toute sa pureté, constitue la motivation la plus forte, absolue, de l'agir ? La meilleure motivation de la moralité, c'est elle-même, et, davantage encore, le respect strict de ses exigences est, au fond, ce qui satisfait aussi indirectement aux conseils de la prudence. Pourquoi le grand théoricien de la pédagogie, qui ne saurait être d'adaptation, semble-t-il oublier le grand réquisit de celle-là, qui est d'honorer assez ceux auxquels elle s'adresse pour les estimer capables de répondre au commandement de la raison pratique présenté en toute sa pureté et sa rigueur ? L'anthropologie pragmatique de Kant, énigmatique pour le moins, en son dessein, ne nous semble guère susceptible de faire s'élever les prudents au-dessus d'eux-mêmes, et, par là même, de les rendre, par surcroît, véritablement prudents; elle ne rappelle pas à l'homme, en s'adressant à lui comme elle le fait, qu'il n'est homme qu'en étant, en lui-même, plus grand que lui-même. Ce qui est pourtant le message essentiel de l'auteur de la *Critique de la raison pratique !*

CHAPITRE III

OU KANT OU HEGEL : CHOISIR EN PHILOSOPHIE (POLITIQUE)

1781 : Kant publie la *Critique de la raison pure* et présente comme la révolution copernicienne en philosophie la détermination et fixation, en une fois, une fois pour toutes, des conditions absolues du savoir : je pourrai, reconnaît-il alors, n'être pas compris, mais, assure-t-il tout autant, réfuté, je ne pomurrai l'être ! Jusqu'à maintenant, on pouvait tout au plus s'essayer à exercer une raison mal dégagée de la sensibilité pervertissante, apprendre à philosopher; désormais, on peut et on doit apprendre la philosophie, car elle existe comme savoir scientifique (systématique) et comme savoir scientifique définitif. Le kantisme naît comme tel en se proclamant la première philosophie proprement dite, mais aussi la dernière !

1806 : Hegel achève *La Phénoménologie de l'esprit*, dont la préface offre précisément, entre autres, une analyse de la révolution de tout un monde, en présentant l'œuvre comme le parcours complet des conditions du savoir absolu, un parcours qui se dit lui-même l'actualisation à la fois inaugurale – *La Phénoménologie de l'esprit* est l'« Introduction » au système de la science – et accomplie – elle est ce système en sa « première partie » – d'un tel savoir. Pour Hegel aussi, la révolution en philosophie est, chez lui, achevée aussitôt qu'annoncée !

1781-1806 : vingt-cinq ans séparent les deux grands textes qui, chacun, ont, en fait, absolument révolutionné la philosophie moderne. Mais quel quart de siècle que celui de leur intervalle ! Puisque c'est celui où leur monde réel a été lui-même bouleversé de fond en comble par la « grande Révolution » de 1789. La révolution politique, déclenchée un peu moins de dix ans après la révolution kantienne, « fixée » un peu moins de dix ans avant la révolution hégélienne, sépare ainsi les deux révolutions philosophiques des temps modernes.

Or, ce rapport – et c'est là, pour notre thème, l'essentiel – entre la politique et la philosophie constitue justement l'un des contenus novateurs de la philosophie kantienne et postkantienne, particulièrement hégélienne ! Cette philosophie sait le lien de la philosophie et de la politique. Qu'on songe, d'une part, à la préface de la *Critique de la raison pure,* où Kant parallélise son entreprise de constitution critique du savoir, par-delà le dogmatisme et sa conséquence sceptique, et la grande entreprise critique de son époque, juridico-politique, de « constitution » de la monarchie, par-delà l'absolutisme et sa conséquence anarchiste ! Et, d'autre part, au leitmotiv hégélien selon lequel la philosophie, c'est son temps et son monde – récapitulés politiquement – saisis dans la pensée ! Sachant un tel lien essentiel entre elle-même et la politique, la philosophie, chez Kant et chez Hegel, développe en son sein, et comme un moment ainsi fondamental, voire fondateur, d'elle-même, une *philosophie politique.* Car ne faut-il pas aller jusqu'à dire que, depuis Kant, et, donc, assurément, aussi, surtout, chez Hegel, la philosophie s'élabore comme le système de tous les réquisits théoriques justifiant la présentation, dans ce système, tel un lieu privilégié de lui-même, du contenu de sa philosophie politique ? Mais alors, rouvrir le débat entre Kant et Hegel à travers la confrontation particulière de leurs philosophies politiques n'aurait rien d'un artifice appauvrissant, ce serait au contraire le ressaisir au niveau de l'intention profonde qui a présidé à l'élaboration aussi bien de la rationalité kantienne que de la rationalité hégélienne.

Cependant, l'actualisation du thème kantien et hégélien du rapport de la philosophie et de la politique dans la confrontation des philosophies respectives de Kant et Hegel, c'est-à-dire la confrontation même de cette confrontation philosophique de Kant et de Hegel avec la politique réelle de leur époque – qui ferait caractériser la révolution kantienne comme la révolution prérévolutionnaire – d'où sa relativité ! – et la révolution hégélienne comme la révolution postrévolutionnaire – d'où son absoluité ! –, et qui inciterait à rapporter à une telle différence politique des situations la différence des contenus des deux philosophies, une telle actualisation serait déjà un parti pris en faveur de Hegel ! Car c'est Hegel – le postrévolutionnaire ! – qui peut, et il l'a fait, comprendre ainsi la divergence entre la révolution revendiquée par Kant et celle qu'il réalise lui-même ! C'est très consciemment que nous allons alors commencer par hégélianiser en rappelant le jugement de Hegel sur Kant et sur son propre rapport à Kant. Mais traiter ainsi d'abord : « Hegel et Kant » ne nous détournera pas de traiter « Kant et Hegel », le respect thématique de la succession historique devant manifester, de notre part, non pas, certes, la sotte prétention d'un (énième !) survol de deux redoutables massifs philosophiques, mais la volonté de maintenir, par-delà toute mise en perspective – séductrice mais réductrice ! – du kantisme sur le hégélianisme, la disjonction entre deux totalités de sens exceptionnellement cohérentes à l'intérieur d'elles-mêmes en leurs intentionnalités opposées, et qui peuvent par là même nourrir, en l'animant d'une façon incomparable, l'actuel débat de la philosophie politique avec elle-même.

De même que Kant, écrivant la *Critique de la raison pure,* s'affirme par elle, aux yeux du monde philosophique, face au penseur qui domine encore celui-ci, à avoir Leibniz, pris à partie, au cœur même de l'ouvrage, là où il est question des opérateurs conceptuels du discours philosophique (« Amphibologie des concepts réflexifs »), – de même, *mutatis mutandis,* Hegel oppose-t-il (c'est net dès l'ouverture du texte proprement dit de la *Phénoménologie,* celui de son Introduction) sa propédeutique phénoménologique au système de la science, à la propédeutique critique par laquelle Kant anticipait son système métaphysique. Le grand interlocuteur de Hegel a bien d'abord été Kant.

Le jeune professeur de Iéna entre techniquement en spéculation en rédigeant, avec la collaboration de Schelling, un *Journal critique de la philosophie* dont l'adversaire principal est la philosophie réflexive, c'est-à-dire d'inspiration kantienne. Citons seulement les deux articles majeurs qu'il y publie en 1802-1803, et dans lesquels le kantisme est vigoureusement dénoncé directement en son auteur : *Foi et savoir,* et *Des manières de traiter scientifiquement du droit naturel.* Assurément, la pensée kantienne cessera ultérieurement d'être la cible privilégiée des attaques hégéliennes. Encore fortement combattu dans la première édition de *l'Encyclopédie des sciences philosophiques,* en 1817, à l'aube de la « restauration », contre l'entendement diviseur, d'une existence totale, le kantisme régressera, comme objet de dénonciation, dans les éditions suivantes de l'ouvrage, en 1827 et 1830, derrière la tentative romantique-réactionnaire de réaliser la totalité, en soi rationnelle, dans l'irrationalisme théologico-politique du « savoir immédiat ». Mais ce déplacement de la polémique hégélienne ne signifie aucunement une réhabilitation du kantisme.

Ennemi principal ou non, celui-ci est présenté par Hegel comme une philosophie du passé, comme l'accomplissement réflexif de la culture passée. Il y a une volonté manifeste, chez Hegel, de creuser la distance entre Kant et lui-même. Examinant, dans le Concept préliminaire *[Vorbegriff]* de *l'Encyclopédie*, les grandes positions de la pensée face au problème de l'objectivité ou vérité, Hegel rapproche ainsi la philosophie critique et la philosophie même dont celle-ci s'est voulue la liquidation, à savoir l'empirisme : Kant, c'est encore Hume ! De même, déjà, *Foi et savoir* avait procédé à un tel amalgame en faisant de Kant un Locke plus systématique. Il n'y a guère qu'une différence de degré entre l'empirisme et le formalisme : le sensualisme est déjà un intellectualisme, et l'intellectualisme est encore un sensualisme, tant il est vrai qu'affirmer un opposé, c'est affirmer son Autre, de telle sorte que l'affirmation abstraite de la diversité et celle de l'identité ne font qu'un ! On voit donc, et non pas d'abord sans surprise, Hegel présenter le philosophe qui s'est évertué à distinguer radicalement l'*a priori* et l'*a posteriori*, la raison et la sensibilité, le « pratique » et le « pathologique », le principe de la liberté et celui du bonheur, comme le héraut ultime de l'eudémonisme moderne ; la liberté affirmée par Kant est encore celle que Rousseau célèbre en la confondant syncrétiquement avec la félicité ! Le seul apport de Kant est l'organisation conceptuelle du contenu doctrinal de la philosophie des Lumières. Aux yeux de Hegel, et du début à la fin de son débat avec lui, Kant, ainsi qu'il est dit dans les cours sur l'histoire de la philosophie, c'est seulement « l'*Aufklärung* rendue méthodique ». Bien loin de révolutionner cet ancien régime philosophique qui se veut la critique de l'Ancien Régime politique, le kantisme en est l'achèvement positif.

Cet ancien régime philosophique est celui auquel met un terme la révolution instaurant, enfin, le savoir vrai, absolu, qui se sait identifier le sujet – identique à soi – et l'objet – différent de soi – du savoir, c'est-à-dire réaliser en lui l'*identité* de l'identité et de la différence, de la rigueur et de la richesse, ou cette totalité sensée de l'être, dont la quête a toujours défini la *raison*. L'ère d'avant une telle réalisation de la raison est celle de *l'entendement*, ce pouvoir critique de discrimination ou de séparation qui affirme donc, bien plutôt, la *différence* de l'identité – serait-ce celle d'un savoir prétendant à la raison – et de la différence – en laquelle la réalité se montre toujours excéder l'idéalité. Assurément, en se posant comme sujet identique à soi, en cela absolu au moins formellement parlant, de son savoir ou de sa conscience, l'homme moderne libère sa certitude humaniste de lui-même de la vérité théologique en laquelle l'homme ancien se laissait déterminer par l'objet. Mais le formalisme d'une telle libération à l'égard de l'objet maintient le statut, extérieur par rapport à l'entendement qui se baptise volontiers raison, du contenu objectif désormais reçu de l'expérience immanente, humaine, proprement sensible, et non plus de la révélation divine transcendante. L'identification à soi raisonnée par laquelle l'existence humaine moderne justifie son institution, en particulier politique, consacre alors la présupposition empirique de la base originairement diverse, différenciée, atomisée, individualisée, d'une telle institution. La libre pensée philosophante moderne se dit bien dans une ontologie politique individualiste ou libérale, confirmée dans la thèse du contrat civil, que l'exercice du pouvoir issu de celui-ci soit libéral ou non. Le courant du droit naturel moderne en est l'illustration.

Tel est le « rationalisme », empirique quant à la forme générale, individualiste quant au contenu pratique, plus précisément politique, que Kant se trouve justement accomplir aux yeux de Hegel, en dépit de son intention de séparer radicalement la raison de l'empirie, la liberté de la nature, ou plutôt : du fait même de cette intention, puisque l'affirmation, toujours corrélative, des opposés, fait qu'exclure, rejeter, c'est toujours se laisser limiter, déterminer, par ce qui est exclu, rejeté, refoulé (un grand thème, à rendre aussi à Hegel !).

Kant a voulu arracher l'homme, défini par l'identité à soi ou universalité posée pour elle-même – telle est la *raison pure* ou la liberté –, à la différence d'avec soi, à l'extériorité réciproque, caractéristique de la nécessité naturelle. Mais la philosophie de la raison pure, comme *philosophie,* discours déterminé, n'est possible que comme philosophie d'une raison capable, en sa pureté même, de se déterminer, de se différencier en son identité principielle, donc, par là même, de reconstruire à partir d'elle-même le monde d'abord trouvé de la théorie et de la pratique. Et la raison comme une telle autodifférenciation de l'identité, c'est la raison en sa concréité ou totalité, c'est-à-dire en sa vérité, la raison proprement dite. Elle a bien été dite par Kant lui-même : à l'entendement qui *subsume* sous l'identité ou universalité du concept la différence ou particularité *présupposée* par lui, il oppose, dans la « Dialectique transcendantale », le pouvoir rationnel de l'Idée, dont l'identité ou universalité *pose* ou *détermine* la différence ou particularité. On doit saluer dans la philosophie théorique de Kant l'émergence positive d'une telle raison identifiant en elle le pouvoir de l'identification – l'entendement producteur des concepts – et la faculté de la différenciation ou diversification – l'intuition sensible : que l'on songe à la théorie du schématisme ! Mais le caractère formel de la différenciation ou détermination posée en elle-même par la spontanéité pensante sépare celle-ci de la réalité absolue du divers sensible, qui renvoie à une « chose en soi » rabaissant la raison théorique à un statut seulement subjectif. C'est dans l'usage pratique que la raison kantienne s'affirme capable d'une autodétermination complète, effective, d'elle-même : le domaine de la vie « morale », aussi bien « éthique » (la « morale » comme vertu, ou la « moralité ») que juridico-politique (la « morale » comme « droit »), peut être tout entier, selon Kant, déterminé par la réflexion en elle-même de la volonté libre. Mais, si Kant dit que la raison pratique est réellement une raison, il ne réalise pas ce dire en un discours pratique rationnel, et son dire, selon Hegel, se réduit à l'affirmation seulement principielle d'une raison ainsi seulement prétendue.

Constant est le rappel par Hegel de l'impuissance du principe pratique universel, prescrivant de vouloir la légalité de la maxime de l'agir, à organiser par son application critériologique un système des devoirs ; la formule de l'impératif catégorique peut, bien plutôt, consacrer comme devoir n'importe quel contenu pratique cohérent, ce qui signifie que la détermination du devoir relève de l'empirie, non de la raison ! Et, d'ailleurs, à supposer que la raison pratique puisse se donner elle-même sa détermination, celle-ci ne saurait se rendre elle-même effective, à titre de détermination du réel, la détermination réelle étant seule réellement une détermination (l'idéalité est l'être du seul universel), d'où le recours au *postulat,* aveu de la non-réalité de la raison prise pour elle-même. En vérité, la raison kantienne se reconnaît finie, subjective, extérieure à l'être, bref : elle se rabaisse à une conscience de soi limitée, donc singulière, dont le contenu total est la pseudo-totalité d'une identité à soi ayant hors d'elle la différence constitutive de la réalité. Tel est le verdict prononcé sur Kant par Hegel en ses cours d'histoire de la philosophie moderne, qui confirment son jugement constant du kantisme. La raison kantienne est la raison humaine, mais la raison en son sens vrai ou total est l'unité de la raison infinie et de la raison finie, une unité elle-même portée par la raison infinie. L'humanisme est la philosophie du simple entendement, et le kantisme est l'humanisme accompli. La philosophie kantienne est la philosophie achevée de l'entendement conscient de sa propre limite ou négativité, une philosophie qui a renoncé volontairement à réaliser une raison dont elle se savait pourtant posséder le principe. L'entendement définit bien, en sa finitude même, chez Kant, et la forme et le contenu de la philosophie, en particulier comme philosophie politique.

L'entendement kantien, en tant que philosophant, doit bien réunir l'identité « rationnelle » et la diversité empirique qu'il sépare en toute leur pureté ; mais identifier la différence maintenue de l'identité et de la différence, c'est établir entre celles-ci une relation de simple *causalité* ou, pratiquement parlant, de simple *domination,* l'identité ou universalité se soumettant la différence ou particularité qu'elle a ainsi désormais en elle-même, mais comme autre qu'elle. Au plus loin de toute belle (harmonieuse) unité immanente de la multiplicité, la *loi* seule, en sa puissance sublime, réduit celle-ci à l'unité. Hegel en souligne le rôle dans la philosophie théorique de Kant : l'heureuse anticipation de l'imagination comme unité originaire de l'entendement et de la sensibilité est vite recouverte par l'affirmation du rôle prioritaire de l'entendement qui schématise ou sensibilise – relativement – ses concepts pour mieux maîtriser la diversité intuitive : l'ordre relève bien du seul *jugement*. *A fortiori* en va-t-il ainsi dans le domaine pratique, et, de la façon la plus manifeste, dans la sphère du droit et de la politique qui en assure la réalisation effective, constante, « péremptoire », et où la philosophie kantienne, ainsi qu'on l'a souvent rappelé, est originellement chez elle. L'affirmation, par les individus, de leur essence universelle comme de ce qui seul peut médiatiser leur coexistence pacifique dans le droit, requiert d'eux-mêmes la constitution contractuelle d'un « être-commun » – l'État – à travers l'unité duquel ils contraignent réciproquement leurs arbitres singuliers, toujours naturellement inclinés vers leurs intérêts privés. La liberté ne se réalise politiquement qu'en s'annulant dans la répression exercée par la volonté universelle, aliénée dans l'État, sur la volonté individuelle, ancrée dans la particularité.

Ainsi, imprégnée de naturalité par son essence finie, la raison kantienne ne se fait exister dans le milieu naturel des individus que par l'unification forcée, violente, d'une nature en elle-même incapable de s'unifier de façon immanente. Aux yeux de Hegel, la philosophie (en particulier politique) de Kant, comme philosophie d'une raison encore naturelle, finie, trop humaine, non universelle, et, par là, corrélativement, non déjà à l'œuvre dans et comme la nature elle-même, n'est pas une philosophie de *la* raison, de l'absolu comme raison, une philosophie authentiquement rationnelle.

Une telle limitation du contenu se reflète dans la limitation de la forme même du discours philosophique kantien. La distinction matérielle de l'identité ou universalité et de la différence ou particularité se redouble dans la distinction formelle de l'idéalité et de la réalité. C'est bien dans une perspective normative, comme exposition d'un idéal, que le philosophe kantien s'adresse à l'État, à l'homme d'État. Son rejet de toute éventualité d'un philosophe-roi – destructrice de la liberté « rationnelle » prise au piège de l'autorité positive – justifie d'autant plus le salutaire conseil insistant du philosophe au responsable politique (pensons à l'« Article secret » du texte sur la paix perpétuelle !). Le discours politique kantien est un discours impératif, un discours moral. Mais, selon Hegel lisant Kant, le fait que la raison s'exprime, à travers la conscience philosophique d'elle-même, comme devant unifier la positivité politique, témoigne essentiellement de l'impuissance dans laquelle elle est prise : l'unité qui, simplement, doit être, c'est l'unité qui n'est pas ! La négativité de la raison kantienne est interprétée négativement par la raison hégélienne. Ainsi ressaisi, le kantisme ne fait donc bien qu'accomplir l'entendement moderne, qui oppose sans cesse et partout le « rationnel », comme simple idéal, à la réalité purement positive en sa particularité irrationnelle.

Comme on le sait, Hegel veut substituer, en particulier, à la philosophie politique de l'entendement, une philosophie politique de la raison. Une philosophie politique qui s'assigne, d'abord, un statut formel tout autre. Le philosophe doit comprendre l'activité même en quoi consiste l'être en son processus, transcrire la raison présente au cœur même de l'effectivité, aussi et surtout historique. Le Bien *est* tout autant – universellement – qu'il a à être *fait* – singulièrement. Il est ici inutile de rappeler longuement les célèbres formules de la préface des *Principes de la philosophie du droit* : « concevoir *ce qui est,* telle est la tâche de la philosophie, car *ce qui est,* c'est la raison », et, en effet, parce que celle-ci est la puissance absolue, « ce qui est rationnel est effectif », de telle sorte que, inversement, « ce qui est effectif est rationnel ». A une philosophie politique idéaliste appelant à vouloir – hors de tout engagement révolutionnaire, il est vrai – un État vrai qui n'est pas, qui n'est jamais à proprement parler, Hegel oppose une philosophie politique réaliste appelant à vouloir – hors de tout quiétisme empirique, il est vrai – un État qui se fait lui-même advenir en sa vérité dans le présent historique. Une telle philosophie non volontariste de la volonté politique se traduit naturellement, dans le contenu qu'elle donne à celle-ci, par une intégration de l'individu dans la totalité d'un État dont l'existence ne saurait reposer sur un contrat et sur une constitution alors artificiellement fabriquée. Si l'organisation rationnelle de la vie politique doit satisfaire aux exigences humanistes de l'entendement moderne, c'est dans le cadre de la restauration prioritaire de l'intuition antique de la totalité civique. Bref, c'est bien connu, l'État hégélien s'oppose à l'État kantien – confirmé dans l'État fichtéen – comme l'État de la raison à l'État de l'entendement.

Une opposition qui ne peut, toutefois, en tant que, précisément, elle veut procéder de la raison, avoir le sens abstrait d'un simple rejet : le hégélianisme prétend ressaisir le noyau vrai, comme tel à sauver dans l'État rationnel, de l'État pour lui erroné du kantisme, un État dont l'erreur a été clairement manifestée par le destin où s'est anéantie la construction que la Révolution française voulut bâtir sur son principe. L'État de l'entendement est, comme État politique, la transposition *civique* erronée de la *société civile* émancipée par le développement moderne de la rationalité, mais dont la nécessaire libération ne doit pas consister, pour elle, à vouloir se réaliser comme État politique négateur de l'ancien État qui la brimait socialement. L'État rationnel reconnaît et libère socialement en lui, mais en la maîtrisant politiquement, cette société animée par le jeu de l'initiative des individus, que Hegel désigne justement comme « l'État de l'entendement ». L'erreur de Kant, comme, avant lui, de Rousseau et des théoriciens contractualistes du droit naturel moderne, a été d'absolutiser comme État politique ce qui, de la sorte, n'a pas été reconnu et libéré comme le moment social, relatif, mais, comme tel, absolument nécessaire, de l'État vrai. L'État kantien ignore bien toute société autre que la société formellement politique – il méconnaît la positivité de la vie sociale proprement dite –, en tant même qu'il ignore le contenu proprement politique de l'État, puisqu'il coule dans la forme de celui-ci le contenu de la vie sociale ! Par là même, au lieu de libérer effectivement l'individu, dans le jeu de sa participation à deux formes heureusement différentes de l'existence collective, il le livre à l'unicité toute-puissante de celle-ci, qui, confondant en elle l'État et la société, ne peut réaliser ni l'autorité instaurée par l'État comme tel ni la liberté cultivée par la société en tant que telle. L'absolutisation politique – comme tout de l'État vrai – de la relativité sociale – comme moment de ce tout –, voilà, en fin de compte, développée concrètement, l'erreur absolue de la philosophie politique de Kant. Application de l'erreur logique-ontologique fondamentale du kantisme : avoir distingué formellement l'entendement et la raison pour consacrer par la raison, réduite à une simple forme, le contenu de l'entendement, lui-même non développé et réalisé en sa relativité.

Si une certaine vision hégélianisante de l'histoire de la philosophie a pu parfois faire lire le kantisme comme un préhégélianisme, dans l'exploitation unilatérale et simpliste du thème selon lequel toutes les philosophies du passé constituent les esquisses de plus en plus concrètement réalisées d'une seule et même philosophie accomplie consciemment comme telle dans la spéculation de Hegel, celui-ci n'est jamais tombé dans une telle facilité ! On vérifie, tout au contraire, dans le cas de la lecture par Hegel de son Autre le plus proche, en dépit de – ou plutôt, sans doute, en raison de – l'appréciation négative portée sur Kant, *l'exactitude générale* des propos de l'historien de la philosophie.

Même quand Hegel veut sauver le moment kantien de la pensée universelle en reprenant le sens vrai qui se dit faussement dans le texte de Kant, il restitue dans l'ensemble et pour l'essentiel la teneur des réponses littérales fournies par ce texte. Probablement allons-nous choquer, mais Hegel nous semble avoir été, chose assez rare chez les grands philosophes, aussi un grand historien de la philosophie!

Ainsi, que le kantisme, notamment dans sa dimension pratique, soit la philosophie d'une raison intimement finie, sensiblement affectée, et non pas l'affirmation en l'homme d'un dualisme ontique absolu de l'être raisonnable et de l'être sensible, Hegel l'a parfaitement vu, beaucoup mieux que tant d'interprètes de Kant qui oublient l'intention réaliste de la morale kantienne à cause du rigorisme présidant à la détermination idéale de son principe. La philosophie de Kant s'est bien constituée comme la réponse à l'unique question: « Qu'est-ce que l'homme? », et cette réponse établit clairement que, quel que soit le principe déterminant, rationnel ou sensible, pratique ou pathologique, de l'arbitre, il ne peut mobiliser effectivement celui-ci qu'en touchant tout son sujet, c'est-à-dire à la fois l'être raisonnable et l'être sensible en l'homme: à chaque fois, l'homme connaît et agit avec toute son âme. Voilà pourquoi sont si importantes, aux yeux de Kant, les inventions qui sont la raison d'être de la publication des deuxième et troisième Critiques, à savoir, d'une part, celle du respect, d'autre part, celle du goût, inventions de deux modalités de la sensibilisation même de la raison. D'où, également, le souci kantien de ce qui, sans être, assurément, un principe du devoir, doit pourtant constituer l'un de ses contenus pratiquement essentiels, à savoir le bonheur lui-même. La raison kantienne se plaît à lire dans la nature les signes faisant croire que celle-ci va, comme d'elle-même, au-devant des exigences propres de celle-là. La philosophie morale de Kant est bien présentée par Hegel de façon telle qu'elle justifie que soit possible, pour en confirmer l'intention, une philosophie proprement politique de la réalisation naturelle extérieure de la raison. Hegel a vu et dit l'essentiel sur la philosophie kantienne comme philosophie pratique ou comme « morale », en soulignant, déjà au niveau de son premier moment, la « moralité », objet de l'« éthique », ce qui exigeait qu'elle se traduisît également en un deuxième moment d'elle-même, celui du droit et de son application politique, dans le contexte d'une histoire dont la philosophie, strictement dépendante de la morale, n'est pas un moment surajouté, extérieur, voire antinomique, du kantisme.

La discrétion, le mutisme même, de Hegel au sujet de la philosophie de l'histoire kantienne témoigne assez de ce qu'il la juge parfaitement intégrée dans un système érigé sous le primat de la morale. Et il est vrai que, dans le kantisme, la foi pratique en la téléologie naturelle complice de la liberté ne peut sans se nier faire réaliser la nature en sujet de la liberté et une telle téléologie en une téléologie morale alors bien plutôt anéantie. Assurément, le mouvement de la nature humaine, exploitant, par exemple, l'« insociable sociabilité », peut amener l'intelligence calculatrice, cime de la nature en l'homme puisqu'elle est ordonnée à la poursuite de fins encore seulement naturelles, à décider une action extérieurement rationnelle : un peuple de démons, est-il dit dans un passage célèbre de l'article sur la paix perpétuelle, doit nécessairement se résoudre à l'institution de la forme républicaine de gouvernement ! Toutefois, si le droit, dont l'essence pratique ne requiert pas la pure volonté de lui-même, mais pour le moins la puissance du mobile pathologique de la crainte, peut exister extérieurement moyennant le jeu du mécanisme naturel, il n'est véritablement et solidement – car intérieurement – établi qu'en étant affirmé pour lui-même, en tant que *raison* extériorisée, c'est-à-dire qu'en étant l'objet d'un vouloir pleinement rationnel; la politique absolument efficace est la politique *morale*. Seule, la liberté peut faire vraiment régner la liberté, qui ne peut en elle-même être extorquée naturellement. On ne peut donc qu'approuver Hegel de ne pas découvrir, dans la philosophie de l'histoire de Kant, le lieu où le kantisme, comme philosophie unifiée par une « vision morale du monde », se nierait lui-même en anticipant contradictoirement le thème dialectique de l'autoposition naturelle de la raison dans l'histoire. A juste titre, l'anthropologie morale de Kant n'apparaît nullement à Hegel comme une esquisse de sa théologie dialectique d'une raison tellement immanente à l'histoire qu'elle pourrait, en sa puissance rusée, lui faire réaliser naturellement ses propres objectifs.

Mais le caractère moral que Hegel retient à bon droit du volontarisme réaliste affirmé par Kant dans le domaine historico-politique se distingue, dans le kantisme, en son intentionnalité profonde, par l'affirmation pratique de *l'objectivité* de la raison, qui pourrait, qui devrait le faire considérer, par le rationalisme objectif qu'est le hégélianisme, comme une étape importante en sa direction. Or, si l'on passe du thème de l'existence de l'État vrai à celui de son contenu essentiel, c'est-à-dire de la philosophie de l'histoire à la philosophie proprement dite du droit et de la politique, force est de constater que Hegel néglige l'affirmation kantienne de la présence originaire de la raison dans ce qu'elle constitue alors comme le « pratique » – à distinguer du « pragmatique », ou de l'agir en sa dynamique seulement naturelle – et qu'il maintient la plus grande distance entre Kant et lui-même, en refusant de reconnaître comme essentielle l'autodétermination de la philosophie juridico-politique de Kant. Rapprochant Kant de Rousseau, il minimise le renversement du pessimisme politique de Rousseau dans l'optimisme politique kantien, renversement lié au passage d'une philosophie du caractère dérivé, par là précaire, de l'affirmation rationnelle de l'universel, à une philosophie de son caractère originairement réel en l'homme. Hegel ne prend guère au sérieux la différence entre le statut de la volonté générale chez Rousseau, laquelle ne peut décoller ontologiquement des volontés singulières de tous, et celui que le rationalisme kantien lui assigne, d'exister d'une façon tellement originaire pour elle-même, comme son moment fondamental, en toute conscience singulière, qu'à la limite elle peut être dite par une seule conscience singulière, par exemple celle du despote éclairé, présenté plus d'une fois par Kant comme un bon républicain ! Selon Hegel, Kant s'attache ici à une différence qui n'en est pas vraiment une.

L'essentiel, pour Hegel ici juge de Kant, ce n'est pas le statut assigné au rationnel affirmé, et qui s'exprime dans la forme même du vouloir, aussi en son actualisation politique (ce que je veux, est-ce en moi une raison originairement transcendante par rapport à ma nature sensible et qui m'interpelle donc comme un devoir, ou est-ce cette nature même, toujours présente en sa force à travers sa rationalisation culturelle ?). C'est, bien plutôt, le contenu du rationnel en tant qu'il reflète le sujet substantiel de son affirmation, à savoir si ce sujet est le Soi individuel, pris en son identité à soi ou universalité abstraite, ou, au contraire, le Soi total de l'esprit d'un peuple s'organisant politiquement. L'universalité vraie, concrète, c'est-à-dire la totalité, ne peut être affirmée réellement que par un sujet lui-même vraiment universel, donc total : un « nous » ; native ou pas, la raison comme acte d'un sujet individuel, d'un « je », se renverse nécessairement, en sa négation purement formelle, dans la consécration réelle de la particularité empirique, et c'est pourquoi il n'y a pas de différence essentielle entre Rousseau et Kant, tous deux philosophes de l'entendement. C'est seulement négativement, par la contradiction intensifiée où la fait se détruire la position plus abstraite de son principe, que la philosophie politique de l'entendement peut, en son développement kantien, rendre plus prochain le règne de la philosophie rationnelle de l'État. Prise en sa positivité, la philosophie politique de Kant est bien, pour Hegel, antipodique de la sienne.

Une, pour lui, en sa structure principielle, elle est donc à rejeter totalement. Ou Kant ou Hegel : c'est bien comme une telle alternative que Hegel définit sa relation au kantisme. Aussi s'emploie-t-il constamment, de *Foi et savoir* à l'*Encyclopédie* en passant par *La Phénoménologie* – dans la critique des déplacements kantiens marquant le développement de la « vision morale du monde » –, à faire ressortir, dans le kantisme, sous de multiples formulations, une « nichée de contradictions » recelées, selon lui, par la réalisation, ainsi impossible pour l'esprit soucieux d'une existence totale, de l'humanisme moral caractéristique du rationalisme revendiqué par Kant. Mais Hegel, qui restitue en historien de la philosophie le contenu essentiel de la réponse kantienne, ne peut juger de la sorte cette réponse contradictoire qu'en la rapportant à une problématique qui n'est plus celle de Kant, mais déjà celle de Hegel lui-même ! C'est ainsi, par exemple, que, dans la discussion du formalisme de Kant proposée par le texte sur le droit naturel, il substitue, au problème moral kantien de la forme du vouloir, le problème éthico-politique hégélien du contenu de ce vouloir, et c'est seulement à ce prix qu'il peut refuser toute vertu discriminante au principe pratique suprême enjoignant de vouloir que la maxime de l'arbitre puisse être une loi du vouloir. Toute la philosophie juridico-politique de Kant, en particulier, est rejetée en raison de contradictions qui ne peuvent apparaître en elle que si l'on suppose à son principe une intention fondamentale qui n'est plus kantienne, mais hégélienne : en vérité, la critique de Kant par Hegel n'a pas d'autre portée que le constat que Hegel ne peut être kantien ! Cependant, pour nous, que peut bien signifier l'alternative entre le kantisme et le hégélianisme, notamment dans le champ politique, alternative dont nous croyons qu'elle exprime en toute sa profondeur la problématique mobilisant aujourd'hui l'intérêt de la philosophie politique ?

Les philosophies politiques de Kant et de Hegel sont, au sens fort et exigeant du terme, des *philosophies,* c'est-à-dire des théories justifiant l'existence et l'essence de l'organisation politique qu'elles proposent par sa mise en relation avec la destination de l'homme, laquelle est de s'accomplir en tant qu'être absolu, être dont le rapport à lui-même conditionne toute la vie, ou en tant qu'être *libre.* Le kantisme et le hégélianisme ordonnent bien l'État à la réalisation extérieure de la liberté de l'homme, qu'ils désignent également par le terme de « droit » : liberté, droit et État constituent, dans l'un et l'autre cas, une séquence insécable. Assurément, et nous ne pouvons ici guère faire plus que simplement le suggérer, le contenu que revêt cette identique destination formelle de l'État est très différent chez Kant et chez Hegel. Différence dans la définition de la liberté ; différence de l'articulation des diverses manifestations – éthique, juridique, politique… – de cette liberté : les termes mêmes n'ont pas le même sens, ainsi le mot « éthique » renvoie, chez Kant, à l'intériorité de la moralité personnelle, mais, chez Hegel, à l'extériorité communautaire des mœurs ; différence du rapport interne au droit, entre droit privé et droit public ; différence, au sein de ce dernier, dans la constitution et l'organisation des pouvoirs, etc. Pourtant la première et la dernière philosophie politique de l'idéalisme allemand font de la fondation de l'État celle d'une institution présentée comme la condition absolument nécessaire, irremplaçable et définitive, de la réalisation de la liberté de l'homme comme objectif absolu, c'est-à-dire aussi suprapolitique. L'État se voit ainsi reconnu d'autant plus d'autorité et de force que, dans ses sujets, qui ont par là, en tant que *citoyens,* de stricts *devoirs* envers lui, il reconnaît et promeut la liberté faisant qu'ils ont, en tant *qu'hommes,* des *droits* à faire valoir en lui.

Le kantisme et le hégélianisme proposent chacun une voie pour réaliser les deux exigences conjointes, qui sont toujours les nôtres, de l'autorité de l'État et de la liberté de l'individu, ou des devoirs du citoyen et des droits de l'homme. Dans l'un et l'autre cas, c'est la réalisation de l'autorité de l'État qui est jugée *garantir* celle de la liberté des individus : pour Kant et pour Hegel, c'est l'existence du citoyen qui assure celle de l'homme, on ne peut être homme que parce qu'on est citoyen. Mais, pour le premier, c'est l'affirmation, en l'individu, de sa libre humanité, qui *fonde* celle de l'État, tandis que, pour le second, le droit de l'État fonde celui de l'individu. La priorité ontologique revient bien à l'individu, pour la philosophie politique de l'entendement, mais au tout, pour la philosophie politique de la raison. En d'autres termes, chez Kant, le citoyen fait l'État, alors que, chez Hegel, l'État fait le citoyen.

La vie *civique,* selon Hegel, suppose, en effet, une participation réelle multiforme de l'individu à la vie concrète d'une totalité, d'un peuple, qui s'affirme en lui à travers un ensemble objectif de pratiques réglées, aussi d'abord infrapolitiques (la « constitution » au sens large, non purement juridique, du terme), et un sentiment (le « patriotisme ») riche d'implications aussi suprapolitiques, religieuses notamment – nous dirions aujourd'hui : culturelles ! De la sorte, c'est dans une véritable « vie éthique », au sens d'une seconde nature, communautaire, que s'ancre l'adhésion volontaire à l'État, ainsi arrachée à la fragilité du formalisme du contrat politique. Pour Kant, au contraire, c'est en se faisant citoyen dans le geste absolu du contrat originaire que l'individu amène à l'existence l'« être commun ». Dans un tel geste, absolument novateur, l'homme s'affirme en quelque sorte au-dessus de lui-même, dans l'obéissance à l'impératif rationnel qui lui prescrit de se réaliser en sa liberté extérieure en se réalisant comme citoyen. C'est bien un leitmotiv kantien que l'affirmation selon laquelle la conscience de l'obligation qui nourrit, entre autres, un tel acte de la citoyenneté, est la force la plus mobilisatrice qui soit. Nous retrouvons bien, au principe de la divergence entre Kant et Hegel, pour ce qui concerne la relation politique entre le tout et l'individu, l'appréciation différente du moment moral – primordial en tant qu'il enveloppe l'affirmation impérative d'une rationalité métaphysique, ou subordonné en tant qu'il confirme intérieurement l'auto-affirmation naturelle, physique, de la raison – dans l'assomption de la condition politique et des devoirs civiques.

C'est le même partage qui est au principe de la divergence entre Kant et Hegel quand il s'agit de l'affirmation des droits de *l'homme*. Pour le premier, l'affirmation de l'homme comme être libre, c'est-à-dire alors supranaturel, métaphysique, est, comme affirmation morale, au sein d'un impératif – libre, c'est non pas ce que je me sais être (conscience théorique impossible), mais ce que je veux être car je dois l'être –, une affirmation inconditionnée, donc absolue, dont la force n'a nul besoin, certes, d'un obstacle naturel, mais ne requiert pas davantage une confirmation empirique. Elle n'a, par conséquent, rien à craindre de l'affirmation immédiatement antagoniste de l'existence civique, ou des devoirs civiques, comme affirmation empiriquement vérifiée par la contrainte étatique : la conscience pratique de l'essence proprement humaine de l'individu ne saurait être dissoute dans la conscience de la réalisation civique subordonnée de cette essence. La pensée des droits de l'homme tient sa rigueur de son contenu rationnel-normatif, non de la réalisation factuelle de celui-ci. Au contraire, la méfiance hégélienne à l'égard du formalisme pratique, moral, dans la réalisation de la liberté, se traduit dans la concrétisation que sa philosophie politique opère de l'affirmation des droits de l'homme comme tel, c'est-à-dire en tant qu'il ne s'épuise pas dans le citoyen. En libérant en son sein une existence proprement sociale en laquelle l'individu peut s'affirmer positivement dans l'exercice d'une liberté ainsi empiriquement objectivée, l'État rationnel hégélien se renforce, dans la conscience civique de ses membres, par l'attachement à lui-même de ces derniers en tant qu'hommes réellement satisfaits à titre d'individus sociaux, et, par voie de conséquence, peut se comporter, en cette reconnaissance accrue de son autorité politique, d'une façon d'autant plus libérale sur le plan de la vie proprement sociale, c'est-à-dire concrètement humaine, des individus. Réalisés comme droits de l'individu social, les droits de l'homme sont libérés de l'indétermination métaphysique de leur contenu et de l'idéalité ou irréalité essentielle de leur revendication purement normative. Objet d'une affirmation ainsi doublement réelle, ils assurent l'homme dans le citoyen, et par là même font que celui-ci, *en tant que tel,* se sait n'avoir pas seulement des devoirs, mais aussi des droits. C'est seulement dans le contexte non humaniste d'une ontologie de l'État comme tout hiérarchisé originaire de l'existence de l'individu, que l'humanisme pratique peut voir toutes ses exigences effectivement réalisées. Ici encore, la conception « éthique » – au sens ancien, aristotélicien, du terme – de la liberté, comme liberté incarnée naturellement, s'oppose à la conception « morale » – au sens moderne, kantien, du mot – de celle-ci comme liberté métaphysique.

Cependant, la justification que nous venons de nous efforcer de donner, dans la double question des devoirs civiques (l'autorité de l'État) et des droits de l'homme (la liberté de l'individu), à la réponse kantienne et à la réponse hégélienne, manifeste que, à nos yeux, l'opposition entre le kantisme et le hégélianisme peut être traitée autrement que comme une alternative philosophique absolue, et même s'il est vrai que l'historien de la philosophie doit la lire comme telle. Des philosophies strictement opposées peuvent être reconnues toutes deux comme pouvant et devant nourrir substantiellement l'interrogation de l'esprit aujourd'hui en quête de la vérité, et ce au plus loin de toute tentation platement éclectique. La philosophie politique contemporaine ne peut que faire son profit, dans la question de la citoyenneté, à méditer la tension entre le rappel hégélien de la nécessité d'une naturalisation pratique préservant la liberté politique d'un formalisme de l'engagement civique, et le rappel kantien que rien ne saurait dispenser de l'acte absolu du libre engagement de l'arbitre, ainsi fixé métaphysiquement, dans la rationalité politique. Semblablement en va-t-il dans la question des droits de l'homme : Hegel a raison de vouloir en réaliser l'affirmation en en réalisant le contenu, par-delà toutes les déclamations vides et hypocrites ; mais le kantisme a tout autant raison de proclamer que l'homme, comme tel, ne se constate pas – n'en déplaise aux sciences « humaines » ! –, mais ne se dit, comme il ne vit, qu'à l'impératif. Là encore, féconde est la réflexion maintenue, en philosophie politique, sur cette redoutable et stimulante contradiction dans le développement d'une problématique qui est toujours la nôtre.

On comprend, dès lors, que la philosophie politique de notre temps, à travers certains de ses maîtres, ait pu être ainsi à la fois embarrassée et fascinée par le sentiment qu'il fallait être et kantien et hégélien, en quelque sorte lire Kant en hégélien, et Hegel en kantien ! Ne reconnaît-on pas là la démarche que tenta à de multiples reprises un Éric Weil ? Avant lui déjà, un grand admirateur, dans le domaine de la pensée politique précisément, et de Kant et de Hegel s'était ingénié à faire droit et au « raisonnement » politique hégélien, et au « jugement » politique kantien : nous voulons parler d'Alain. Lui aussi penchait alors plutôt en faveur d'un kantisme posthégélien : l'esprit, comme réveil, doit bien faire retour de Hegel à Kant, c'est-à-dire de son enchaînement régénérateur avec la nature à sa maîtrise vigilante de celle-ci : « Sachons dormir, nous saurons veiller ! »[1] Il faut, assurément, se méfier de tels projets, dont il ne doit peut-être rester que de provocantes formules. Sans doute, être hégélien en kantien, ou kantien en hégélien, n'est-ce être ni kantien ni hégélien ; et peut-être faut-il être aujourd'hui à nouveau véritablement kantien ou hégélien ? En tout cas, dans le contexte plus que jamais révolutionné de notre monde, kantisme et hégélianisme semblent bien constituer, par l'ampleur et la profondeur révolutionnaires où ils ont originellement inscrit le débat politique moderne, la double référence exceptionnelle à travers laquelle la philosophie politique, à l'aube de son réveil, peut et doit développer et élever la conscience de ses enjeux et de ses tâches.

1. Alain, *Esquisses de l'homme*, Paris, Gallimard, 1938, p. 70.

CHAPITRE IV

ART DE LA NATURE ET RUSE DE LA RAISON

On a pu voir dans le hégélianisme l'accomplissement d'une compréhension rétrospective de l'histoire de la philosophie qui, identifiant le commencement et la fin où il s'avérerait, voudrait découvrir l'après dans l'avant, sous la forme d'une anticipation faisant alors éclater en une contradiction l'identité à soi originale pourtant revendiquée par chaque discours philosophique. Ainsi, Hegel lui-même parle bien – lorsqu'il traite, dans ses cours sur l'histoire de la philosophie, du philosophe qui a le plus exalté l'impératif premier de la conséquence avec soi – de « la constante contradiction de la philosophie kantienne »[1]. Cependant, il entend par là une contradiction *objective*, qu'il ne peut attribuer au contenu kantien qu'en le saisissant dans son sens *en soi* reconstruit par lui-même à travers la lettre de l'œuvre de Kant et ce, parfois, au prix de certains infléchissements : il privilégie ainsi, dans cette œuvre, la *Critique du jugement* en tant qu'esquisse de la pensée spéculative. Mais il sait bien que Kant, *pour lui-même*, n'était pas ce qui pourrait plus tard le faire passer pour déjà hégélien, et qu'il ne vivait pas le contenu de sa pensée, en tant qu'ainsi hors d'elle-même, comme contradictoire. Aussi retenue et déférente n'est pas toujours l'imputation à Kant d'un pré-hégélianisme qu'on a cru découvrir en lui comme la teneur d'une pensée qu'il aurait accueillie, au moins à un certain moment, dans une tension, qui l'aurait fait hésiter, avec ce qu'il affirmait néanmoins comme sa pensée principale.

1. Hegel, *Vorlesungen über die Geschichte der Philosophie* [*Leçons sur l'histoire de la philosophie*] – *G. Ph.* –, *in : Sämtliche Werke* – *SW* –, éd. H. Glockner – G –, Stuttgart, Frommann Verlag, 1927-1939, Bd. 19, p. 606.

C'est dans sa philosophie de l'histoire – qui n'est guère évoquée, d'ailleurs, par Hegel lui-même – que le kantisme révélerait, et se révélerait à lui-même, sa tentation (ultérieurement désignée comme) hégélienne, opposant à son affirmation pratique-morale de la raison juridico-politique (à réaliser dans l'État républicain pacifique) une affirmation naturelle-historique de celle-ci moyennant le développement nécessaire de son Autre égoïste alors maîtrisé par un « art de la nature » bien proche de la « ruse de la raison » hégélienne. Certes, on le reconnaît, Kant fait bien conditionner la pensée d'une telle histoire par celle de la raison pratique, mais – et ce serait l'important – une telle subordination *formelle* de celle-là à celle-ci ne saurait masquer l'antithèse des *contenus* respectifs de ces pensées, dont l'un serait déjà hégélien. – Il convient donc d'examiner si, dans leur contenu même, le thème kantien de l'art de la nature et le thème hégélien de la ruse de la raison peuvent, pour l'essentiel, se recouvrir, de telle sorte que l'on puisse parler déjà, chez Kant, d'une ruse de la raison. – Au cas où – comme on peut le prévoir lorsqu'il s'agit de philosophies qui se présentent l'une et l'autre comme des systèmes ou des touts – il ne serait pas possible de retenir la thèse d'une continuité ou identité sectorielle entre elles dans leurs conceptions de l'histoire, il faudrait pourtant se demander si l'auto-affirmation de la raison comme sujet, qui est à leur principe, ne les engage pas toutes deux à relativiser son affirmation objective dans l'histoire : alors, le hégélianisme pourrait apparaître plus comme l'héritier du kantisme que le kantisme comme le précurseur du hégélianisme ! – Mais la relativisation de l'histoire, surtout comme histoire de la philosophie, à laquelle nous invitent aussi bien Hegel que Kant, conduit, par delà les deux unilatéralités abstraites constituées par une lecture hégélienne de Kant et une lecture kantienne de Hegel, à reconnaître le kantisme et le hégélianisme en leur geste absolu et, en particulier, à fixer en quel sens différent ils insèrent, comme un simple moment, dans l'essence de l'esprit s'affirmant en sa vérité souveraine, l'art de la nature ou la ruse de la raison.

Le premier grand texte kantien sur la philosophie de l'histoire : *Idée d'une histoire universelle dans une perspective cosmopolitique*, publié en 1784, présenterait, selon certains commentateurs[1], deux conceptions divergentes, exclusives, de la dynamique historique. Dans la sixième Proposition, Kant souligne, en effet, la difficulté majeure que

1. Voir, en particulier, Alain Renaut, *Le Système du droit : philosophie et droit dans la pensée de Fichte*, Paris, PUF, 1986, p. 60 *sq.*

le genre humain rencontre à résoudre le plus grand problème qui se pose à lui, celui de l'instauration d'une société civile (politique) conforme au droit : l'homme a besoin d'un maître pour limiter sa liberté dans le respect extérieur de celle des autres, et, ainsi, réaliser en lui la volonté universelle dont le droit définit les conditions objectives. Mais on ne peut éviter la régression infinie (le maître a lui-même besoin d'un maître, qui a lui-même…) que si un maître est maître *de lui-même*, donc mû intérieurement par une volonté bonne, dont l'Idée, cependant, ne peut être qu'un idéal que l'homme n'est jamais assuré de réaliser véritablement. Ici, Kant – dans la période même de l'élaboration de sa philosophie de l'usage pratique autonome de la raison – ferait reposer l'accomplissement juridico-politique de l'humanité, contenu essentiel de l'histoire, sur l'actualisation même de la liberté morale, actualisation dont le caractère nécessairement approché ne peut que condamner l'histoire à l'indéfinité. Mais un tel pessimisme pratique nierait en s'y encadrant un optimisme quasi théorique se nourrissant de l'hypothèse la plus plausible – développée avant et après la sixième Proposition – selon laquelle le cours nécessaire de l'histoire est conduit par une « intention de la nature »[1] vers la réalisation même du but juridico-politique de la raison. Déjouant les intentions, circonstancielles, des individus humains s'abandonnant immédiatement à l'égoïsme naturel qui est au principe de leur insociabilité, mais développant ce rapport naturel jusqu'à ses conséquences négatives – le conflit auto-destructeur – qui le font se nier lui-même, en chacun de ceux-là, dans la réalisation d'une sociabilité essentielle à l'homme en tant qu'être aussi (et d'abord) raisonnable, la puissance qui régit en fait l'histoire de l'humanité peut apparaître alors comme une Nature, par la fin qu'elle réalise, providentielle et, par le moyen même qu'elle utilise, artiste. C'est par cette double négation, cette négation confirmée, d'elle-même, que la nature s'affirme véritablement en affirmant la vérité constituée par la raison ou la liberté. En son contenu extérieurement réalisable, la société civile soumise au droit, la raison pratique vient nécessairement à l'existence en tant que résultant de l'accord pathologiquement extorqué aux hommes immédiatement égoïstes par la nature qui s'y médiatise avec elle-même en révélant alors tout son art. Par cet « art extorqué »[2] en fait à elle-

1. Kant, *Idee zu einer allgemeinen Geschichte in weltbürgerlicher Absicht* [*Idee d'une histoire universelle dans une perspective cosmopolitique*] – *IAG* –, *KW*, VIII, p. 18.

2. *Ibid.*, p. 25.

même, la nature, comme négation naturelle d'elle-même, pose nécessairement la liberté : la nature force ainsi l'homme à résoudre le plus grand problème qui se pose au genre humain, elle le force à être libre dans l'institution politique du droit (cinquième Proposition).

On a cru découvrir dans le texte – récapitulant toute la philosophie pratique de Kant – sur la paix perpétuelle, de 1795, la confirmation d'une telle thèse de la réalisation nécessaire, dans l'histoire, de la raison pratique. Dans l'Addition sur la « garantie de la paix perpétuelle », Kant y attribue ainsi à « la grande artiste Nature »[1] – puissance du destin, mais bonté providentielle – la production nécessaire du but extérieur de la liberté, l'instauration de la concorde humaine au sein de l'État de droit républicain. La nature fait par là de nous ce que nous devrions faire, mais ne faisons pas, de bons citoyens pacifiques, et cela en développant le mécanisme naturel du jeu conflictuel des égoïsmes : elle réussit à faire surgir, moyennant la discorde des hommes, la concorde entre eux-mêmes contre leur volonté[2]. A tel point que même un peuple de démons, animés par le seul égoïsme calculateur, donc au plus loin de tout vouloir du droit, serait contraint de se constituer en une république. Kant concrétise ici le thème général exprimé antérieurement, dans l'article de 1793 sur les rapports de la théorie et de la pratique, et qui présentait la position du positif ou du bien comme issue de l'auto-négation du négatif ou du mal : « c'est précisément l'opposition réciproque des penchants – dont naît le mal – qui ménage à la raison un libre jeu lui permettant de les assujettir en leur ensemble et, au lieu du mal, qui se détruit lui-même, de faire surgir le bien qui, une fois existant, se conserve ensuite de lui-même »[3]. Le bien, en son identité à soi, c'est-à-dire en son repos ou en son inertie, ne peut venir à l'être que par l'activité, le mouvement, la différence d'avec soi, la négativité même du négatif, qui est toujours le négatif de soi, le mal autodestructeur. Si nous venons de traduire le thème kantien en termes hégéliens, c'est justement parce qu'on a voulu discerner en lui l'anticipation même de l'affirmation par Hegel de la production *dialectique* du bien par le mal, de la raison par la déraison, dont le lieu privilégié est assurément l'histoire.

1. *Id.*, *Zum ewigen Frieden* [*Pour la paix perpétuelle*] – *ZEF* –, *KW*, VIII, p. 360.
2. *Ibid.*
3. *Id.*, *Über den Gemeinspruch : Das mag in der Theorie richtig sein, taugt aber nicht für die Praxis* [*Sur l'adage : cela peut bien être juste en théorie, mais ne convient pas en pratique*] – *TP* –, *KW*, VIII, p. 312.

La téléologie, détermination essentielle – si elle n'y est aucunement la détermination absolue – dans le hégélianisme comme dans le kantisme, fait du résultat de la dialectique de la nature livrée à elle-même son principe même. Elle voit dans l'effet – alors érigé en fin – la cause de sa cause – rabaissée à un simple moyen : le positif est ce qui se pose moyennant l'auto-négation du négatif. Et qu'il se pose ainsi absolument, par une activité qui, en tant qu'absolue, achève, c'est-à-dire d'abord nie en elle-même, l'activité comme négativité, et jouit alors d'elle-même dans l'identité à soi d'un pur repos sans dépense ni déperdition, en exploitant l'activité ou négativité du négatif, c'est là ce que Hegel appelle sa *ruse*. La Logique loge bien la ruse au cœur de la manifestation téléologique de la raison en tant que celle-ci, comme but subjectif, se laisse poser par l'usure intestine de l'objectivité (naturelle) dont elle use comme de son moyen. Écoutons Hegel : « la ruse consiste en général dans l'activité médiatisante qui, en laissant les objets, conformément à leur nature propre, agir les uns sur les autres et s'user au contact les uns des autres, sans s'immiscer immédiatement dans ce processus, ne fait pourtant qu'accomplir *son* but. On peut dire, dans ce sens, que la Providence divine, vis-à-vis du monde et de son processus, se comporte comme la ruse absolue. Dieu laisse faire les hommes avec leurs passions et intérêts particuliers, et ce qui se produit par là, c'est la réalisation de *ses* intentions, qui sont quelque chose d'autre que ce pour quoi s'employaient tout d'abord ceux dont il se sert en la circonstance »[1]. La philosophie de l'histoire concrétise cette définition logico-théologique en l'appliquant à l'action historique par excellence, celle des grands individus dont l'engagement passionné médiatise, par son énergie naturelle, la réalisation de l'Idée ou raison en sa liberté absolue. Relisons l'un des textes devenus les plus célèbres du hégélianisme : « Ce n'est pas l'Idée universelle qui s'engage dans l'opposition et le combat, qui se met en danger ; elle se tient, à l'arrière-plan, hors de toute attaque et de tout dommage. On peut désigner comme la *ruse de la raison* ce fait qu'elle laisse les passions agir pour elles-mêmes, tandis que ce moyennant quoi elle se pose dans l'existence éprouve perte et dommage… L'Idée ne paie pas le tribut de l'existence et de la caducité, de son être propre, mais avec les passions des individus »[2].

1. Hegel, *Encyclopédie des sciences philosophiques – Enc –, I. La science de la logique – SL –*, éd. 1830, § 209, Addition, traduction B. Bourgeois, Paris, Vrin, 1970, p. 614.

2. *Id.*, *VG*, p. 105.

Une telle ruse de la raison ne peut-elle pas aussi – prise en sa forme d'exploitation par la raison, pour se poser, de l'auto-négation de son Autre, la nature – caractériser l'art de la nature dont parle la philosophie de l'histoire kantienne? Kant dit bien, dans l'opuscule sur la paix perpétuelle, que le contenu de la raison théorique, le mécanisme de la nature, est utilisé comme un moyen par la raison, entendue en sa vérité pratique: «On peut voir que... le mécanisme de la nature, à travers des penchants égoïstes qui, de façon naturelle, agissent aussi extérieurement les uns contre les autres, peut être utilisé par la raison comme un moyen, afin de faire place au but propre qu'elle se donne, la prescription du droit»[1]. Si l'on fait abstraction de la différence des statuts respectifs, chez Kant, de l'affirmation de l'existence, dans l'histoire humaine, d'un art de la nature, et de celle de la raison pratique, pour ne considérer que leurs contenus et la relation téléologique posée entre ceux-ci, ne peut-on pas alors dire que cet art de la nature est lui aussi, tout autant, une ruse de la raison? Mieux : la raison kantienne ne semble-t-elle pas être elle-même encore plus rusée que la raison hégélienne, du fait même de son contenu? En effet, raison pratique en elle-même absolument négatrice de la nature, elle dissimulerait sa propre position derrière l'auto-négation d'une instance beaucoup plus éloignée d'elle que le mécanisme et le chimisme naturels ne le sont, chez Hegel, de la téléologie où, au sein même de ceux-ci, se fait advenir une raison pleinement immanente à eux comme à tout ce qui est! La difficulté, c'est que Kant ne caractérise pas comme rusée la raison qui se sert comme d'un moyen, dans l'histoire de l'espèce humaine, du mécanisme de la nature. Et, en vérité, il ne le fait pas parce qu'il ne peut pas le faire, en raison même des principes de sa philosophie.

Si, chez Kant, la nature en tant que finale ou providentielle conduit les hommes à la concorde, réalise leur sociabilité, qu'ils le veuillent ou non, par conséquent, au fond, contre leur volonté, c'est qu'ils identifient immédiatement celle-ci à leur penchant naturel égoïste, en consacrant par sa forme rationnelle le contenu de leur sensibilité. Mais l'insociabilité et la sociabilité ne sont pas, dans l'homme, au même niveau: la sociabilité est plus fondamentale que l'insociabilité. Si l'homme se caractérise par une «*insociable sociabilité*» et non par une «*sociable insociabilité*», c'est qu'il n'est pas un *animal* raisonnable, mais, tout au contraire, une *raison*, un être rationnel, dont la sensibilité

1. Kant, *ZEF*, *KW*, VIII, p. 336-367.

n'est qu'un prédicat ne l'empêchant aucunement de constituer un règne avec des êtres purement rationnels. Or, dire que l'homme est originairement, fondamentalement, raison, affirmation universelle de soi, c'est dire que, d'emblée, à travers même l'existence sensible qui permet la fixation égoïste, insociable, de son vouloir, il est, en celui-ci, plus profondément, volonté de l'universalité ou de l'unité, volonté de concorde humaine. Même confusément, car s'adressant à lui à travers une sensibilité qu'il n'a pas encore appris à séparer d'elle, la raison pratique lui fait entendre son exigence de réconciliation universelle de l'existence finie : « l'homme veut la concorde »[1]. La fin de la raison est, en soi, immédiatement *sa* fin, et c'est seulement parce que cette « volonté universelle fondée dans la raison est impuissante [immédiatement, en tant qu'elle est précisément immergée dans la sensibilité et, sensiblement, moins forte que ce qui est originellement sensible] pour la praxis »[2], que la nature providentielle aiguise l'égoïsme dans le conflit qui exige de chacun qu'il développe, pour l'emporter, toutes ses potentialités, et qui devient alors de plus en plus insupportable au fur et à mesure où son intensification empêche la jouissance de celle-ci : « L'homme veut la concorde, mais la nature sait mieux ce qui est bon pour le genre humain, elle veut la discorde »[3]. Ne voulant la discorde que comme un moyen en vue de la concorde, de ce que veut l'homme, la nature ne trompe pas vraiment, fondamentalement, celui-ci ; elle ne ruse pas vraiment, fondamentalement, avec lui, car elle le conduit là même où il veut, essentiellement, aller.

Or, non seulement le vouloir de l'homme est *en soi* celui de la fin rationnelle de la nature – l'État de droit républicain –, mais il faut nécessairement qu'il le devienne *pour soi*, qu'il veuille pour lui-même cet État de droit républicain, afin que l'existence de celui-ci, préparée par le concours bienfaisant de la nature exploitant l'égoïsme conflictuel contre lui-même, soit véritablement assurée. Des démons – ce que, d'ailleurs, les hommes ne seront jamais, eux qui ne peuvent nier la raison qu'en la reconnaissant – sont bien capables, eux aussi, de saisir par pur calcul que la république est le régime le plus utile, satisfaisant le mieux le désir de bonheur ; car il est vrai – comme Kant l'établit dans l'Appendice sur « la discordance de la morale et de la politique » inclus dans le texte sur la paix perpétuelle – que seule la « morale » (prise ici non pas en tant que détermination rationnelle, métaphysique, des

1. *Id.*, *IAG*, *KW*, VIII, p. 21.
2. *Id.*, *ZEF*, *KW*, VIII, p. 366.
3. *Id.*, *IAG*, *KW*, VIII, p. 21.

mœurs *intérieures*, des intentions – objet de l'éthique –, mais en tant que détermination rationnelle, métaphysique, des mœurs *extérieures*, des actions – objet du droit) peut réellement assurer une politique apportant le bonheur dans la paix : qui veut d'abord la paix et rabaisse le droit ne jouira pas de la paix, mais qui veut d'abord le droit et, par là seulement, la paix, a les meilleures chances de goûter celle-ci. Cependant, encore faut-il que le droit – et, plus concrètement, sa réalisation républicaine – soit voulu une fois, par le pouvoir, pour lui-même, dans un vouloir alors fixé à lui-même par l'absoluité du commandement de la raison pratique, pour que l'aide de la nature et tout son travail de préparation ne soient pas annulés, en la précarité qui les affecte tant qu'ils sont abandonnés à eux-mêmes; si la république ne doit naître que naturellement, cela ne peut se faire qu'« avec beaucoup d'inconvénients »[1], et son instauration est sans solidité. Une république ne peut subsister, c'est-à-dire vraiment exister, s'il n'y a pas en elle, pourvu qu'il détienne le pouvoir, au moins un vrai républicain (comme Frédéric II a pu l'être).

La nature aide, certes, à la réalisation de la liberté, mais la liberté ne se réalise de façon solide, « péremptoire », que librement, par un vouloir de la raison, qui, comme tel, en l'idée même selon laquelle il se vit, signifie un arrachement à la dynamique purement naturelle. Kant conclut bien son article sur les rapports de la théorie et de la pratique en soulignant que, pour la réalisation du droit parmi les hommes et les États, il se fie, d'abord à l'affirmation théorique de la raison pratique qui lit le pouvoir-être dans le devoir-être, et aussi à titre auxiliaire, « *in subsidium* », à la nature des choses, particulièrement à la nature humaine, en tant même que, « puisque, en elle, est encore toujours vivant un respect pour le droit et le devoir, je ne peux ni ne veux me tenir pour tellement plongé dans le mal que la raison moralement pratique ne doive pas, après de nombreuses tentatives, vouées à l'échec, l'emporter finalement sur lui »[2].

Une telle conjonction, mais hiérarchisée, de l'intervention, dans l'histoire, de la volonté du droit et du dynamisme naturel, est bien affirmée, pour l'essentiel, depuis le texte sur l'Idée d'une histoire universelle et jusqu'au texte sur la paix perpétuelle. Le premier texte ne nous semble donc nullement offrir une hésitation, une oscillation de Kant – lequel, au demeurant, n'est guère homme à publier une pensée qui serait encore, à ses yeux, ambiguë, et pécherait contre son principe

1. *Id.*, *ZEF*, *KW*, VIII, p. 367.
2. *Id.*, *TP*, *KW*, VIII, p. 313.

de la conséquence avec soi –, mais l'affirmation que la nature se fait complice (qu'a-t-elle de mieux à faire ?), dans la réalisation de la raison pratique juridico-politique, de la volonté morale. Il est clair que seule l'actualisation de celle-ci, d'une part, inaugure épistémologiquement la lecture finalisée du devenir de l'humanité ainsi unifié en une histoire, et, d'autre part, clôt ontologiquement, en le fixant alors en tout son sens de façon positive, le processus laborieux des efforts providentiels de la nature. Cette dernière force bien l'humanité à résoudre le problème de son unification juridico-politique, mais elle ne peut le résoudre, en vérité, par elle-même ; elle permet, certes, en épurant culturellement la conscience théorique que la raison prend d'elle-même aussi en sa fonction pratique, « de changer enfin un accord *pathologiquement* extorqué en vue d'une société en un tout *moral* »[1], mais la *condition* naturelle de l'actualisation extérieure de la liberté n'accomplit sa destination que par l'auto-affirmation de cette liberté. L'article sur la paix perpétuelle reprendra et développera ce thème en montrant que la nature, *à son propre niveau*, rend réellement possible – bien loin de la contredire, puisqu'elle est l'auto-négation d'elle-même en tant qu'opposée à l'exigence de la raison pratique – la réalisation du commandement, ainsi non chimérique, de celle-ci ; mais c'est là tout ce qu'elle peut faire : elle ne peut d'elle-même réaliser ce qu'elle rend possible, et son auto-négation ne saurait être par elle-même la position de la liberté, position qui ne peut être que libre. Bref, l'auto-négation du négatif (du mal) n'est pas, comme telle, dans le kantisme, la position du positif (du bien) : en d'autres termes, la pensée kantienne n'est pas une pensée déjà *dialectique*, au sens hégélien du mot.

C'est pourquoi, dans sa réflexion sur l'histoire, Kant maintient séparés, au sein de leur liaison hiérarchisée, ce qui, dans le devenir finalisé du genre humain, relève de la nature et ce qui relève de la liberté. L'histoire constitue le *sol* [*Boden*] commun de ces deux facteurs, mais leur *domaine* [*Gebiet*], pourrait-on dire[2], est, à jamais, pour nous, différent ; or, c'est cette différence des domaines qui importe : le domaine de la nature, même finalisée par l'intervention conditionnée, relative, de la raison alors seulement théorique, et le domaine de la liberté, se régissant par la raison en sa vérité absolue, c'est-à-dire par la raison pratique. Hegel, lui, donne pour contenu à sa philosophie spéculative l'auto-différenciation conceptuellement maîtrisée d'une

1. *Id.*, *IAG*, *KW*, VIII, p. 21.

2. Nous renvoyons ici à la distinction établie par Kant dans la *Critique du jugement*, Introduction, § II.

identité rationnelle ainsi, comme telle, pleinement immanente à chacune de ses manifestations, même prise en son altérité par rapport à elle. Ce qui fait que, pour lui, la raison est totalement dans l'histoire et qu'elle est, en tant que telle, le sujet, en ceci rusé, de l'auto-négation des déterminations immédiatement opposées à elle, qu'elle se présuppose pour se poser comme telle en les niant. Tout au contraire, la philosophie kantienne affirme sa limite dans son refus de prétendre connaître l'unité originaire de la raison et de la nature, et, par conséquent, elle maintient celles-ci séparées au sein de la relation de subordination qu'elles entretiennent dans (ce qui est condamné à rester simplement) le sol épistémologiquement et ontologiquement scindé de l'histoire. La différence de l'art de la nature et du commandement de la raison interdit leur identification dans l'habilité d'un pouvoir rationnel qui, en lui-même, se ferait affirmer à travers l'auto-négation de son Autre naturel, c'est-à-dire dans une ruse de la raison.

Ainsi, chez Kant, la subordination, sur le sol de l'histoire, de la nature (avec son développement culturel) comme moyen, à la raison comme fin, bien loin d'être l'expression encore extérieure, scindante, abstraite, de l'immanence concrète de celle-ci à celle-là, traduit justement leur différence et interdit donc d'identifier – et de réduire – la position de la raison à l'auto-négation de la nature. La raison kantienne ne peut donc être rusée au sens hégélien du terme. Son autorité se subordonne son Autre comme un moyen, mais se manifeste absolument dans son affirmation pure d'elle-même, qui, seule, finalement, réalise ce moyen en assurant sa force subordonnée ; la raison doit, pour ainsi dire, y mettre du sien, elle doit *se dépenser elle-même*, pour se poser à travers la mobilisation d'une nature soumise nécessairement comme moyen, un moyen qui cependant ne suffit pas, car il reste un moyen et ne peut se dépasser *de lui-même* en un but. Que la raison ne puisse être pleinement affirmée qu'en s'affirmant elle-même, c'est-à-dire que par une affirmation *elle-même rationnelle* d'elle-même, c'est là un réquisit absolu de son auto-détermination à travers le formalisme de l'autonomie. Mais si s'affirmer, pour la raison pratique, c'est s'affirmer comme s'affirmant, dans une identité absolue à elle-même qui la caractérise en sa vérité essentielle, loin de toute dialectique réalisant cette identité comme telle dans une différence d'elle-même d'avec elle-même, elle ne peut, par essence, s'affirmer comme être-affirmé (par un Autre), c'est-à-dire assumer une existence mensongère d'elle-même, ce qu'elle ferait en tant que raison rusée. Parce qu'elle est, au fond, un mensonge, la ruse peut bien être associée par Kant, lorsqu'il l'évoque, à cette violence en laquelle la raison pratique se renie elle-même[1]. La conception morale à travers laquelle le kantisme saisit la puissance de la raison ne pouvait, par conséquent, lui permettre de forger l'expression de « ruse de la raison » que Hegel devait rendre célèbre à tel point qu'on lit généralement en elle toute sa philosophie de l'histoire.

Et pourtant, si Kant ne voit dans l'art de la nature qu'un moyen de la réalisation de la raison, Hegel souligne, au contraire, que l'auto-négation du négatif est plus qu'un moyen de la position du positif. Selon lui, en effet, il y a entre elles deux, au-delà d'une simple subordination extérieure des principes originairement différents, une unité interne qui en fait de simples « moments »[2] de l'histoire comme manifestation auto-active de l'absolu. Les actions des individus ne sont pas absolument extérieures – comme de simple moyens – à la raison universelle, puisqu'elles sont l'extériorisation, la manifestation, le phénomène de celle-ci[3] qui, en tant que leur essence, n'existe, n'est réelle, que par et dans elles. Hegel affirme que les principes « ne valent pas immédiatement par eux-mêmes » : « L'activité qui les met en œuvre et les fait exister est le besoin, l'impulsion, l'inclination et la passion de l'homme »[4]. C'est l'identification passionnée de l'énergie de l'individu au but rationnel qui fait exister celui-ci à travers le sacrifice de la particularité : « L'intérêt particulier de la passion est donc inséparable de l'actualisation de l'universel, car c'est de l'être particulier et déterminé, ainsi que de sa négation, que résulte l'universel »[5]. L'affirmation de l'universel *est* l'auto-négation du particulier : elle est alors purement positive, sans la moindre perte, puisque le prix à payer pour toute position, effectuation ou action (qui, comme novation, est négatrice) est payé, à la place de l'universalité (elles sont identiques !) par la particularité. C'est précisément, on l'a vu, ce qui constitue la ruse de l'universalité ou de la raison.

Mais, parce que l'individu humain pense, il n'*est* pas simplement cette identité, pour lui négatrice, de sa particularité passionnée et de la raison universelle, elle est pour lui, il l'*a* ; et, puisque ce qu'il a, c'est cette identité présente en lui comme son *activité*, il la *veut*. Si le but rationnel ne peut être réalisé que pour autant que les agents,

1. *Cf.*, par exemple, Kant, *ZEF*, *KW*, VIII, p. 368.
2. Hegel, *Ph. G*, G, 11, p. 50.
3. *Cf. ibid.*, p. 47 *sq.*
4. *Ibid.*, p. 50.
5. *Ibid.*, p. 63.

nécessairement individuels, de sa réalisation y sont intéressés parce qu'en le servant ils servent leurs intérêts particuliers, inversement ils ne peuvent réussir une action satisfaisant ainsi ceux-ci que si elle est rendue possible par le cours général du monde, pour autant qu'elle réalise les exigences objectives de celui-ci. Tel est d'abord le cas de l'action des « grands individus de l'histoire universelle ». Ils ne logent pas leur intérêt personnel dans le contenu privé de leur bonheur – leur vie n'est guère heureuse –, mais dans la satisfaction formelle de leur vouloir héroïque d'un but universel, du but constitué en soi par l'exigence mondaine prochaine de la raison. Certes, ils ne sont pas des philosophes, car ils ne conçoivent pas ce but en son sens de détermination nécessaire de l'auto-développement de l'Idée, et c'est pourquoi ils réalisent un tel but, pris en son sens conceptuel ignoré d'eux, inconsciemment. Mais ces hommes « pratiques »[1], qui remplissent leur Moi de l'actualité générale, socio-politique, appréhendent de façon mondaine les exigences de la raison historique; ils discernent la nécessité de leur œuvre, parce que son temps est venu, parce qu'elle est l'universel qui attend à l'intérieur : « Ce fut leur affaire que de savoir cet universel, le degré nécessaire, suprême, de leur monde, que de se le donner pour but, et que de placer en lui leur énergie »[2]. Un « instinct »[3] quasi animal leur fait sentir, en leur intériorité accordée symbiotiquement à celle du monde, le but au service duquel ils mobilisent l'énergie formelle de leur vouloir. C'est donc en politique conscient que, par exemple, César s'emploie à réconcilier les institutions traditionnelles de la république romaine et l'autorité personnelle en son essor récent dans une unité impériale dont la justification spéculative, le concept, échappe à sa conscience non philosophique. En ce sens, les grands individus de l'histoire mondiale « sont à reconnaître comme les clairvoyants »[4] qui ont le mieux compris les exigences réelles de cette histoire. De la sorte, les plus grands instruments ou moyens dont se sert la raison rusée œuvrant historiquement sont ceux qui se comportent le moins comme de simples instruments ou moyens, dans la mesure où ils sont, dans le contenu concret de leur agir, les plus rationnels des acteurs de l'histoire.

C'est par conséquent elle-même que la raison universelle mobilise objectivement en eux. Ils font, certes, les frais de son entreprise, mais

1. *Ibid.*, p. 60.
2. *Ibid.*
3. *Ibid.*
4. *Ibid.*

en tant même qu'ils l'incarnent individuellement : elle ne se sacrifie pas en tant que raison *universelle*, mais, en leur individualité, c'est bien elle-même comme *raison* qui se sacrifie. Elle n'est ainsi rusée qu'en apparence, pour un regard d'*entendement*, encore extérieur, qui sépare en sa réalisation objective – dans l'élément, précisément, de l'objectivation, de l'opposition, de la séparation – son moment absolu ou divin et son moment particulier ou humain. L'expression, en vérité peu fréquente, en dépit de sa célébrité, de « ruse de la raison » a bien sa place, est bien à sa place, dans l'appréhension de soi encore « objective » de cette raison : il en est question, en effet, dans l'investigation logique du sens de l'absolu, à propos du sens absolu – l'Idée, le sujet – encore saisi en son aliénation, comme « objet ». Mais la raison en sa vérité est la raison se concevant rationnellement ; et, alors, elle ne peut être dite essentiellement rusée. Sur ce point, *mutatis mutandis*, le thème de l'auto-affirmation de la raison inauguré en son absoluité philosophique par l'idéalisme critique de Kant est bien maintenu dans le développement qu'en propose l'idéalisme spéculatif de Hegel.

L'esprit objectif, qui s'accomplit, selon le hégélianisme, comme l'« esprit du monde » rusant avec les individus et les peuples, n'est pas plus la vérité de l'esprit que le concept comme « objet » – lieu où est catégorisée, à travers la « téléologie », la détermination de la « ruse de la raison » – n'est la vérité du concept. Le sens « logique » et « spirituel » vrai de cette ruse de la raison ne peut donc être délivré que rétrospectivement, par la lecture absolue de l'esprit objectif, ou par le regard que l'Idée ménage sur ses présuppositions conceptuelles. L'esprit du monde, anticipation *objective* de l'esprit absolu, objective, c'est-à-dire oppose, celui-ci à lui-même, se représente son identité à travers sa différence alors privilégiée ; par là, l'esprit objectif ou objectivé est l'esprit qui se fait nature, qui aliène son identité originaire, s'actualisant dans la différenciation de soi, en une différence présupposée dont le processus consiste alors à identifier ses termes. La ruse de la raison doit être ainsi ressaisie comme l'expression aliénée de la raison se faisant nature, comme l'aliénation de la raison s'exprimant sous la forme d'un art de la nature ! La réunion – spirituelle – dans l'esprit objectivé ou naturé, de son moment universel et de son moment particulier ne peut dès lors surmonter leur différence ou extériorité originairement présupposée, et c'est pourquoi la raison objectivée, en toute sa ruse, ne peut véritablement se satisfaire en réconciliant ses deux moments ou ingrédients essentiels ; le « vieux cœur » du penseur berlinois, désolé par la poursuite des troubles politiques en 1830, ne peut oublier la nécessité d'une telle limite de l'esprit objectif : l'esprit qui se fait objet ou nature s'engage bien, à ce niveau, dans la « contradiction non résolue » ! La réconciliation vraie, plénière, de l'esprit avec lui-même exige que l'esprit comprenne et compense, comprenne donc au sens où il l'admet, la limitation de son existence objective, en s'élevant à son absoluité absolvant toutes ses présuppositions encore finies. Le savoir philosophique, en assumant dans son achèvement spéculatif sa propre génération historique comme histoire de la philosophie, peut seul accomplir la réconciliation historique de l'esprit avec lui-même[1]. Pour Hegel lui aussi, et même si c'est dans un tout autre contexte signifiant, la raison ne peut assurer sa réalisation objective qu'à travers son affirmation *comme raison*, affirmation qui culmine, alors, non plus dans la vie morale, mais dans la vie spéculative.

Or, dans cette affirmation spéculative absolue d'elle-même, la raison hégélienne se conçoit comme tout autre que la raison rusée qui gagnerait sans rien perdre, sans rien sacrifier d'elle-même. Elle s'y saisit, en effet, comme le processus par lequel l'identité absolue se différencie d'abord en elle-même puis d'elle-même, c'est-à-dire se nie en libérant d'elle, tel un être, son moment négatif : en d'autres termes, elle s'y saisit comme l'acte absolu du *sacrifice d'elle-même*. L'Idée logique a tout son être dans ce seul acte d'auto-négation, qui exprime logiquement la vérité théologique du Dieu chrétien qui s'offre à la mort dans le sacrifice suprême. L'auto-négation du négatif, du fini, du particulier, n'est, en conséquence, que la répétition de l'auto-négation du *positif*, ainsi porteur et sujet réel d'un processus dialectique auquel il est loin d'être indifférent. La dialectique anime par l'activité qu'est toute différenciation d'avec soi l'identité par là concrète, première et dernière dans la vie de l'absolu : la négation du négatif n'est l'activité d'un *être* que si cette négativité infinie est elle-même niée dans le moment « *positivement*-rationnel » du spéculatif, moment absolu de la vie absolue. Chez Hegel également, la raison se pose en vérité par et pour elle-même, car c'est encore elle qui se pose en son auto-négation originaire comme phénoménalement posée par son Autre. La ruse de la raison est le phénomène de son sacrifice essentiel.

Si, de la sorte, la raison, pour Kant et pour Hegel, s'engage dans l'histoire *en tant que raison*, ou agit historiquement en n'étant pas simple raison historique, cet engagement est cependant lui-même mesuré, dans chaque cas, par la manière dont cette raison est comprise,

1. Qu'il nous soit permis de renvoyer, sur ce point, à notre ouvrage *Eternité et historicité de l'esprit selon Hegel*, Paris. Vrin, 1991, p. 91-126.

ce qui, indirectement, confère une portée variable à l'affirmation – en son sens vrai que nous avons tenté de restituer – de l'existence d'un art de la nature chez Kant, et d'une ruse de la raison chez Hegel.

L'affirmation kantienne d'un art de la nature est doublement relativisée, par son *contenu* et par sa *forme*. – Par son *contenu* d'abord. En effet, la raison se représente en son absoluité, dans la sagesse divine, fondamentalement comme la raison pratique législatrice, puissance de l'universel qui commande. La première qualité, qui conditionne toutes les autres, de la sagesse divine est bien cette puissance absolue constitutive de la sainteté [*Heiligkeit*] du Dieu créateur [*Schöpfer*], qui n'est précisément créateur d'un monde qu'en tant qu'il s'affirme en cela tel qu'en lui-même, comme absolument supra-mondain, c'est-à-dire comme la raison pratique valable pour tout être. La bonté [*Gütigkeit*] de la sagesse divine ne vient qu'au deuxième rang, comme sa justice [*Gerechtigkeit*] au troisième, ainsi qu'il convient à des qualités qui définissent Dieu en tant qu'il s'engage dans le cours même du monde, donc seulement à travers son rapport au monde comme différent de lui, comme nature. La bonté du « gouverneur » [*Regierer*] du monde, de la Providence manifestée par l'art de la nature, est celle du « conservateur » [*Erhalter*] d'une Création qui doit, à son niveau, c'est-à-dire dans la téléologie, respecter le commandement moral de la raison pratique (notamment juridico-politique). La primauté du Dieu législateur moral sur le Dieu gouverneur providentiel (ou téléologique) est, pour Kant, une primauté absolue dans l'économie de la raison divine : renverser cet ordre serait détruire celle-ci[1]. Au demeurant, la traduction politique d'une telle représentation de la raison sera la stricte subordination du gouvernement (comme exécutant) à la législation (comme souveraineté) : l'État kantien, comme le Dieu kantien, privilégie bien la puissance par rapport à la bonté, la rigueur de la loi par rapport au souci des individus ! L'art de la nature est, assurément, un « art divin », mais la « sagesse artiste » [*Kunstweisheit*] est, en Dieu, soumise à la « sagesse morale » [*moralische Weisheit*] qui, seule, définit Dieu tel qu'en lui-même[2] – C'est d'ailleurs ce qui fait que les affirmations respectives de Dieu comme Dieu moral (raison pratique) et comme Dieu providentiel (art de la nature) diffèrent aussi *formellement*, en leur valeur modale. La première, comme affirmation

1. *Cf.* Kant, *Über das Misslingen aller philosophischen Versuche in der Theodizee [Sur l'échec de tous les essais philosophiques de théodicée]*, *KW*, VIII, p. 256-258, en particulier la note de la page 257.

2. *Ibid.*, p. 256, note.

morale ou pratique de la raison en son essence absolue, est une affirmation elle-même absolue, apodictique, tandis que la seconde, qui parle de Dieu en tant que rapporté au monde pris en son être naturel, relève de la connaissance par analogie, condamnée à la problématicité du « comme si ».

Hegel, on le sait, a critiqué dans le kantisme la philosophie de la loi, de l'universel abstrait opprimant la particularité concrète, voire – dans sa jeunesse – la reproduction philosophique de la religion judaïque adorant, dans le rejet de toute Incarnation, le Dieu de la puissance : pour Kant, la seconde personne trinitaire, en la plénitude de sa réalisation christique, n'est-elle pas, en sa vérité pratique, rabaissée au simple schème de la moralité ?... En tout cas, la sagesse hégélienne renverse bien l'économie interne de la sagesse kantienne. Bien loin que la puissance de la loi y conditionne la bonté du gouvernement, et toutes deux leur rapport juste, la sagesse, en sa concréité, élève à leur vérité la bonté et la puissance, dont le rapport est lui-même tel que celle-ci a d'abord sa vérité en celle-là. Chez Hegel, le « divin terrestre » de l'État objective, dans l'intégration de la législation au gouvernement et de tous deux au pouvoir princier, la hiérarchie organique de la vie céleste, idéale, trinitaire, de Dieu, qui, exprimée logiquement, est le développement de l'universel, moyennant sa particularisation, en la singularité de la raison qui juge, tranche, décide. Le Dieu hégélien, en sa représentation théologique et en sa conceptualisation spéculative, est ainsi la raison en tant qu'elle s'accomplit à travers son incarnation, naturalisation, objectivation, et qu'elle peut donc s'assumer pleinement dans l'histoire comme raison rusée, même si elle doit dépasser la représentation phénoménale de ce qui s'affirme comme celle-ci, et se concevoir adéquatement comme la libre décision ou le libre jugement de son sacrifice mondain. L'affirmation de la raison en ce caractère le plus concret d'elle-même est alors aussi son affirmation la plus concrète, c'est-à-dire la plus totale, la plus identique à soi en sa différence, en d'autres termes, pour Hegel : la plus vraie. Le contenu vrai de l'expression de ruse de la raison ponctue, de ce fait, le devenir qui conduit à cette vérité absolue. Si l'affirmation de l'art de la nature kantien peut éloigner de la saisie du vrai Dieu et de la raison en son sens absolu, l'affirmation de la ruse de la raison hégélienne doit en rapprocher.

Un constat reste à faire. Il concerne la place qui revient respectivement à ces deux notions d'art de la nature et de ruse de la raison dans la philosophie kantienne et dans la philosophie hégélienne de l'histoire. Il est d'abord bien inutile de souligner la disproportion immense entre les espaces limités que Kant accorde dans son œuvre à la philosophie de l'histoire, et le volume considérable qui lui est réservé dans le *corpus* hégélien; la disproportion apparaît encore plus grande, en vérité, si l'on compare les textes où il est question de l'histoire la plus prégnante pour les deux philosophes, à savoir l'histoire de la philosophie elle-même : quelques pages chez Kant, des centaines pour Hegel !

Les opuscules kantiens de philosophie de l'histoire sont souvent regardés comme de simples appendices dans l'œuvre du penseur : ils peuvent l'être en un sens, non pas – il s'en faut tellement ! – qu'ils présentent des thèmes subalternes aux yeux de Kant, mais parce qu'ils appliquent, à ce qui n'est qu'un champ de l'exercice de l'esprit, des concepts et des principes, il est vrai fondamentaux, mais définis et justifiés *ailleurs*, notamment dans les grandes *Critiques* : ainsi la *Critique du jugement* examine la nature en son art – ou en sa technique – au niveau des êtres simplement organisés, et l'analyse du rapport de la téléologie à l'usage pratique de la raison y est l'objet d'un développement « scolastique » très fouillé. Aussi bien, l'expression même d'art de la *nature* est-elle significative également, chez Kant, de la place subalterne, dans son œuvre, d'une philosophie de l'*histoire* exposée suffisamment dans des textes de philosophie populaire; et ce, même si l'intérêt réel de Kant pour le contexte historique de la vie juridico-politique a été constant et puissant.

Il en va tout autrement dans le cas du hégélianisme. L'expression de ruse de la raison se présente rarement dans l'œuvre si vaste (qu'on songe aux cours !) que Hegel consacre à l'histoire; et il est vrai qu'elle n'est guère significative de cette œuvre, de ce qu'elle a de spécifique en sa si grande importance pour le philosophe. Celui-ci utilise aussi bien cette expression pour caractériser le rapport de l'homme à la nature : la technique, par laquelle l'homme fait s'user l'outil en maîtrisant par son moyen l'objet matériel, illustre aussi bien la ruse de la raison que le rapport historique, dans le contexte essentiellement spirituel, de la raison universelle et des individus particuliers. Aussi bien, et même mieux, comme Hegel lui-même l'indique, en marquant la différence entre les agents de l'histoire et de simples instruments. Or, la réflexion sur l'histoire a, du début à la fin, nourri substantiellement et explicitement la spéculation hégélienne. En son contenu même, celle-ci s'attarde longuement sur le conditionnement historique du surgissement et du développement de la philosophie. Nombre de concepts et de principes du hégélianisme ont leur origine dans sa philosophie de l'*histoire* : la raison hégélienne est telle, même en son absoluité supra-historique, parce qu'elle s'est aliénée dans l'histoire. Ainsi évanescente et non spécifique dans la philosophie de l'histoire de Hegel, la notion de ruse de la raison est bien éloignée d'exprimer en la récapitulant la richesse originale et originaire de cette philosophie au sein du Système.

Bref, entre le kantisme et le hégélianisme, si différents l'un de l'autre dans leur commune affirmation, idéaliste, de la responsabilité absolue de la raison, même un simple parallélisme ne peut guère être retenu, dans le champ de leurs philosophies de l'histoire, au sujet de la portée, en celles-ci, de l'affirmation par Kant d'un art de la nature et de l'affirmation par Hegel d'une ruse de la raison. L'art de la nature exprime bien le contenu de la philosophie kantienne de l'histoire, mais en tant qu'elle n'a rien de spécifique; la philosophie de l'histoire de Hegel est vraiment spécifique, mais elle ne peut récapituler son sens dans la ruse de la raison. Ainsi, pas plus par leur portée que par leur statut et par leur contenu, ces thèmes de l'art de la nature et de la ruse de la raison ne permettent de rapprocher, sinon fort superficiellement, Kant et Hegel. Cependant, leur confrontation contribue à mieux faire saisir la profondeur avec laquelle l'un et l'autre ont, différemment, mais aussi intensément, respecté les exigences de l'affirmation totalement responsable de la raison, même dans le champ où semble régner la déraison.

CHAPITRE V

SAVOIR ET FOI : RÉCONCILIATION HÉGÉLIENNE CONTRE CONCILIATION KANTIENNE

Le hégélianisme renverse la relation entre savoir et foi exprimée par Kant déclarant, dans la seconde Préface de la *Critique de la raison pure*, qu'il avait dû enlever le savoir pour faire une place à la foi. Pour Hegel, en effet, le savoir s'accomplit bien plutôt en présupposant la foi comme ce dont il a à concevoir le contenu pleinement développé ; à la conciliation par limitation est alors substituée une réconciliation par intégration. L'intériorisation ainsi opérée du rapport du savoir et de la foi consacre elle-même l'accentuation remarquable du rôle de l'attention portée à la religion dans l'élaboration de la philosophie, de Kant à Hegel. Si l'*Opus postumum* définit bien la philosophie transcendantale comme la science de Dieu et du monde, en ajoutant toutefois qu'une telle cosmothéologie s'accomplit dans la doctrine du Moi qui unifie ces deux objets en un sujet, la philosophie kantienne ne concentre sa réflexion sur le lien vécu, dans la foi, entre l'homme et Dieu que tardivement, sa fondation étant achevée, dans l'ouvrage *La religion dans les limites de la simple raison*. Ouvrage lu par un jeune Hegel dont la philosophie, elle, s'est constituée initialement dans la méditation même de la dimension religieuse de l'existence humaine. Or, c'est à travers cette constitution dans un tel contexte que Hegel accueille, comprend et juge le kantisme. C'est dans la *Vie de Jésus* de sa période bernoise qu'il mobilise positivement la philosophie pratique de Kant, une philosophie qui est ensuite, dans les textes francfortois, convoquée pour un traitement négatif, puisqu'elle est rapprochée d'un judaïsme opposé à la religion vraie. Et la première publication dans laquelle Hegel, devenu véritablement Hegel, débat directement et spécialement avec Kant, porte bien le titre significatif de *Foi et savoir*. Assurément, l'examen hégélien s'en prend ici essentiellement au contenu des trois *Critiques*, sans même mentionner l'ouvrage où Kant traite explicitement et longuement de la relation de la raison et de la croyance. Cependant, celles-là renferment en leur cime, dans leur réponse commune au troisième et dernier moment de la question sur l'homme, une théorie principielle de cette relation. Et quant aux motifs de la condamnation hégélienne globale du kantisme, ils développent la contradiction entre la raison qu'il proclame et une raison dont le premier réquisit s'est affirmé, chez Hegel, dans ses réflexions juvéniles sur la religion et le sens plénier s'est fixé dans la science philosophique suprême qu'est, pour lui, la philosophie de la religion. C'est bien à ce niveau ultime – car la réconciliation suprême présuppose l'opposition extrême – que le problème de la raison, dont la philosophie est la conscience achevée, trouve sa solution, comme problème du rapport concret du savoir et de la foi. Revisitons donc dans ce contexte théorique, pour elle systématiquement dernier après avoir été historiquement premier, la critique générale que Hegel dirige contre Kant, et ce en l'examinant d'abord en tant que critique de l'intervention kantienne dans la problématique du rapport du savoir et de la foi, puis en tant que critique de la foi kantienne comme non-savoir, enfin en tant que critique du savoir kantien lui-même, qui n'exclut la foi de son champ que parce qu'il est en et par lui-même, lui déjà, non-savoir.

Dans son article de 1802, *Foi et savoir*, Hegel présente, certes, Kant comme l'un des trois penseurs illustrant la totalisation philosophique de la problématique moderne des relations entre le savoir et la foi ou, en leur développement concret, de la philosophie et de la religion. Mais, si Kant constitue, avant Jacobi et Fichte, seulement le premier moment de cette totalité, son évocation constante dans les développements consacrés à ceux-ci, exprime l'imposition générale, affirmée par Hegel, de l'esprit kantien à l'ensemble des philosophies réflexives ici combattues. Les textes ultérieurs confirmeront et expliciteront cette signification récapitulative d'un kantisme qui accomplirait le passé et scellerait l'avenir de la culture réflexive caractéristique de la modernité. Que Kant soit désigné, par exemple dans les cours sur l'histoire de la philosophie, comme «l'*Aufklärung* rendue méthodique», cela signifie – puisque, rappelons *La phénoménologie de l'esprit*, l'*Aufklärung*, se contentant face au monde réel de rassembler sous son intellection l'auto-décomposition déjà survenue de celui-ci, n'eut pour activité propre que la lutte contre le monde idéel de la foi qui fixait le premier monde comme son pendant essentiel – que la tâche essentielle du kantisme fut, aux yeux de Hegel, de traiter scientifiquement et, par là, de résoudre de façon conséquente, en élevant la culture « spirituelle » de l'époque à une philosophie de l'esprit, le débat du savoir et de la foi. Mais revenant sur ce débat dans sa Préface au livre de Hinrichs : *La religion dans son rapport intérieur avec la science*, Hegel enferme aussi tout ce que la pensée post-kantienne a pu dire à son sujet, et en dépit de toutes les protestations de novation, dans l'apport persistant du kantisme : on prétend avoir amélioré, réfuté, dépassé la philosophie de Kant, en vérité on reste dans la réponse qu'elle a donnée au problème [1].

Dès lors Kant – fût-ce à travers un kantisme ambiant qui, en ses mésinterprétations de la stricte pensée kantienne, l'a bien encore réalisée en son destin propre – exprime, pour Hegel, le sens essentiel d'une culture que lui, Hegel, condamne ou, plutôt, dont il conçoit l'auto-condamnation à travers la solution finalement malheureuse qu'elle a élaborée de sa question intime. L'auto-critique, donc la crise radicale, de cette culture consiste en ce que l'esprit qui s'y est rendu effectif rejette la conciliation des deux moments de l'idéalisation formelle de son effectivité mondaine déchirée : la foi et le savoir (la pure intellection), conciliation obtenue moyennant leur formalisation absolue qui, en les vidant de tout contenu, leur enlève assurément tout motif de discorde, mais aussi prive l'esprit de toute fondation déterminée de son effectivité ou objectivité chancelante. Une telle foi et un tel savoir ne pourront être des moments vrais de l'esprit qu'en s'assumant comme la forme du contenu vrai ou absolu de celui-ci, le contenu de la religion totalement redéployée et de la philosophie qui s'en nourrit en s'accomplissant spéculativement. Or, le kantisme est bien, selon le jugement de Hegel, la fixation de la pacification non spirituelle de l'esprit dénoncée par la Préface au texte de Hinrichs, une « paix de l'indifférence à l'égard des profondeurs de l'esprit, une paix de la frivolité, de la nudité » [2], celle qui réunit illusoirement une foi et un savoir qui ne sont plus réellement ni une foi ni un savoir. Ce retrait de l'esprit hors d'une culture conciliant à un tel prix sa tension est la raison profonde de l'échec du kantisme où elle s'est idéalisée philosophiquement, un échec qu'on ne saurait imputer à la modification kantienne, en rien révolutionnaire, sur ce point non plus, de la

1. *Cf.* Hegel, *Vorrede zu Hinrichs'Religionsphilosophie, in : Berliner Schriften*, éd. J. Hoffmeister, Hambourg, Felix Meiner Verlag, 1956, p. 68 et 70.

2. *Ibid.*, p. 59.

signification des termes, alors eux-mêmes idéalisés, de cette tension. C'est là le constat sur lequel s'ouvre *Foi et savoir :* si Kant n'a guère eu de succès avec son intervention dans la question du rapport de la raison et de la foi, « ce n'est pas parce qu'il aurait... changé le sens propre de ces formes, mais parce que celles-ci ne paraissaient plus dignes d'un tel honneur » [1].

Cependant, si Hegel, d'une façon générale, tend à modérer l'importance de la « révolution copernicienne » revendiquée par Kant en réinsérant celui-ci, ainsi qu'il y insiste dès les premières pages de *Foi et savoir*, au sein du mouvement culturel de l'*Aufklärung*, il marque la portée négative de l'intensification kantienne de celle-ci, auto-négation de l'*Aufklärung* qui rapproche du moment de la véritable révolution philosophique, celle du surgissement positif de la pensée spéculative.

L'intimité négative idéelle de la foi et du savoir – expressions opposées d'une même auto-négation de l'effectivité ou objectivité socio-politique de la culture moderne – fait, en vérité, se contredire chacune de ces expressions en elle-même, dans la contradiction qui les oppose comme l'être-nié, ou idéellisé en un monde essentiellement positif de l'au-delà (divin), du contenu différencié du monde effectif, et comme la négation, ou l'idéellisation en activité de la conscience de soi intellectuelle (humaine), de l'auto-négation ou identification d'un tel contenu. Or, dans la négativité de la lutte, c'est nécessairement le moment négatif ou actif qui l'emporte sur le moment positif ou passif; c'est bien le savoir qui opère l'identification, appelée par l'intimité de leur contradiction, de lui-même et de la foi au sein d'une nouvelle figure culturelle, « l'enfant commun, les réunissant tous deux, de la paix » [2], où ils reçoivent un statut et un sens nouveaux. C'est donc dans la passivité d'une nostalgie, comme telle susceptible de déranger, qu'en la nouvelle figure le moment de la foi vaincue va maintenir l'idée d'un au-delà divin désormais non plus différencié mais unifiant; tandis que – l'identité ne vivant que de se différencier, la subjectivité que de s'objectiver – le savoir victorieux suscite dans l'élément mondain dorénavant essentialisé un contenu qui, tout autant qu'il est par son lieu un *en-soi*, est, par son fondement, *pour* la conscience elle-même qui le dispose afin d'en disposer, c'est-à-dire un contenu *utile*, l'être-pour-un-sujet de l'objet. La paix perpétuelle entre la nostalgie de

1. *Id.*, *Glauben und Wissen – GW –*, éd. G. Lasson, Hambourg, Felix Meiner Verlag, rééd. 1962, p. 1.

2. *Ibid.*

l'unification transcendante et la maîtrise de la différenciation ou détermination immanente sera instaurée, toujours à l'initiative du savoir, pour autant que, se réfléchissant en lui-même, philosophant sur lui-même et, par là, sur son Autre, il autonomisera, en posant cet Autre comme non posé par lui, et lui-même, le savoir, comme infini par sa forme, et son Autre, la foi, comme infinie par son contenu.

Une telle genèse du kantisme dans le contexte du développement de la problématique foi-savoir, déployée dans *La phénoménologie de l'esprit*, mais déjà esquissée dans l'Introduction de *Foi et savoir*, est, selon la manière hégélienne, déjà sa critique. La réflexion par laquelle l'*Aufklärung*, s'idéalisant philosophiquement chez Kant, élève au sens le mixte objectif de subjectivité et d'objectivité qu'est l'utile, dont l'équivalent subjectif est le bonheur, différencie ces deux moments en l'universalité ou identité abstraite de la conscience de soi – que Hegel appelle encore, en 1802, le « concept » – et en la particularité, différence ou détermination empirique exprimant, pour cette conscience, l'altérité de la réalité ou de la chose. Entre un tel « concept » – l'entendement baptisé raison – infini et l'intuition empirique finie, ainsi originairement séparés par la philosophie réflexive de Kant, ne sont possibles que des synthèses relatives, qui font du seul savoir possible un non-savoir. Le contenu en lui-même vrai, pour Hegel, de l'Idée ou de la raison théorique achevée – l'équation ontologique de la pensée et de la réalité – est, de la sorte, annulé par la subjectivité divisée et divisante qui le pose alors comme une simple supposition. Et c'est cette même disqualification kantienne du contenu vrai pensé par la forme pensante sans vérité qui enlève, tout comme au savoir, aussi à la foi épurée par Kant, son effectivité. Par une contradiction faisant, chez lui, se renier d'emblée comme telle la raison, celle-ci, en tant que pratique, est capable de se déterminer objectivement de façon autonome, et le commandement de réaliser une telle objectivité de la liberté dans l'objectivité naturelle fait alors postuler l'unité de ces deux objectivités dans le souverain bien. Or, si le contenu de ce dernier, version pratique de l'unité ontologique de l'Idée divine, est en lui-même la même vérité absolue, il est lui aussi annulé en son être plénier par la forme subjective auto-limitative de sa position, ici constitutive de la croyance. Ainsi, ce qui est originairement savoir se nie par sa destination non remplie : le vrai ou l'absolu échappe à la raison théorique, tandis que ce vrai ou absolu est bien atteint par la foi, mais en tant que, fondée dans la praticité de la raison, elle n'est pas un savoir.

Si, donc, l'opposition antérieure de la raison et de la foi, de la philosophie et de la religion, a bien été, dans le kantisme, conciliée en étant transportée à l'intérieur de la philosophie de la raison – ce sont là les premières lignes de *Foi et savoir* –, et ce pour autant que la raison y a justifié, grâce au jeu de son double usage théorique et pratique, et à travers son auto-limitation, l'affirmation croyante de l'absolu, c'est bien en accomplissant méthodiquement le subjectivisme de la modernité éclairée, car Kant soumet toujours, dans la question de la vérité, le contenu absolu de la pensée à sa forme relative. Hegel, pour qui c'est toujours le contenu qui importe puisque la forme n'est jamais que son auto-animation, contredit Kant et dénonce en lui une contradiction au nom de ce principe proprement hégélien – style constant de sa critique du kantisme –, refusant que la forme pensante relative soit fixée, face au contenu absolu pensé, comme un instrument qui en sépare à jamais, alors que l'absolu est d'emblée auprès de lui-même en ses manifestations, un tel « chez-soi » culminant précisément dans sa manifestation pensante. Il y a, certes, contenu et contenu, parce que le contenu de l'absolu se développe en s'extériorisant de façon de plus en plus intérieure. Aussi y a-t-il un nécessaire progrès du savoir et de la foi, mais qui est lié au mouvement même de leur contenu essentiel et non pas irréalisé dans la négation abstraite de celui-ci, comme c'est le cas dans la raison et la foi selon Kant. On comprend que l'auteur de *La religion dans les limites de la simple raison* ait entrepris de « vivifier la forme positive de la religion moyennant une signification tirée de sa philosophie »[1], c'est-à-dire de la fonder, en la limitant, sur la subjectivité pratique rationnelle ; mais on doit constater que, en justifiant la foi épurée par une démarche qui confirmait l'impuissance de la raison théorique à élaborer une doctrine du contenu absolu ou divin, il a, en fait, favorisé le triomphe du subjectivisme sentimental destructeur de la religion. Celle-ci se vit bien, en effet, comme la révélation – quelque imparfaite qu'elle puisse être – du contenu divin à la conscience humaine. Foi et savoir ne doivent donc pas chercher à se comprendre à partir de la pure réflexion en elle-même de la subjectivité formelle fixée abstraitement à soi par le processus de la culture, mais à partir de la manifestation vivante du contenu absolu de la religion et de la philosophie qui la présuppose. La fausseté du rapport que Kant établit entre le savoir et la foi vient de la fausseté que sa démarche seulement réflexive introduit et dans la foi et dans le savoir.

1. *Ibid.*

Hegel ne saurait, certes, confondre le subjectivisme « rationnel » de Kant – dont il fait observer que, orienté vers l'objectivité de la loi, il n'est pas pleinement subjectiviste – avec l'indifférence jacobienne au contenu d'une foi affirmant aussi bien l'existence finie des corps et des choses que l'existence infinie de Dieu. Kant, tout comme Hegel, regrettant la polysémie banalisante du terme de foi ou croyance, en limite l'usage au champ de la religion. Si la *Critique de la raison pure* autorise aussi l'expression de « foi doctrinale » afin de désigner notamment la supposition, pour des motifs théoriques, de l'existence d'un sage créateur du monde, la *Critique du jugement* récuse l'emploi du mot « foi » en liaison avec une simple hypothèse, même féconde théoriquement, et le restreint à l'expression des seules conditions de la mise en œuvre commandée du souverain bien : la foi, c'est la « foi morale » en Dieu (et, par là, en l'immortalité de l'âme). Davantage encore, la « *fides* » ne vaut véritablement – pour Kant – que de l'affirmation religieuse *chrétienne* de Dieu, « extraordinaire » anticipation populaire de la caractérisation philosophique de la religion morale qui consacre l'effort de la liberté en vue de réaliser, contre le naturalisme, mais dans la nature, le souverain bien[1]. Tout aussi hostile au dangereux confusionnisme de l'emploi du terme de foi, Hegel le réserve à la désignation du moment formel, alors avéré, du contenu religieux – qu'on se reporte à la structuration de *La Phénoménologie de l'esprit* ! –, et, strictement parlant, du contenu de la religion chrétienne ; c'est que celle-ci suppose, contre la sérénité païenne de l'unité immédiate de l'homme et de la nature, la médiation de l'opposition et de la lutte qu'elle veut surmonter : « Le mot même de foi est réservé à la religion chrétienne ; on ne parle pas de la foi des Grecs, des Égyptiens, ou de la foi en Zeus, en Apis. La foi exprime l'intériorité de la certitude... la plus profonde et la plus concentrée »[2]. C'est bien le sens général de la doctrine chrétienne qui fait ancrer ce qui seul mérite ainsi le nom de foi dans l'opposition suscitant et intensifiant l'affirmation active de la conscience de soi ou de la subjectivité proprement spirituelle.

L'insertion commune de la foi dans la doctrine chrétienne qui se fait conditionner, en son admission, par la conscience de soi active, entraîne alors l'accord de Hegel avec Kant dans leur refus d'un pur extrincésisme du contenu religieux. Il n'y a bien de religion ou foi

1. *Cf.* Kant, *Critique du jugement,* Méthodologie de la faculté de juger téléologique, § 91.

2. Hegel, *Vorlesungen über die Beweise vom Gottes Dasein*, éd. G. Lasson, Hambourg, Felix Meiner Verlag, rééd. 1966, p. 5.

proprement dite, pour Kant, qu'autant qu'elle exprime, même en l'ignorant, sous tout extrincésisme positif, un agir moral, et Hegel voit bien dans la foi, ainsi comprise selon la vérité absolue de toute religion, le concept même de l'activité cultuelle, qui fait affirmer en elle par la singularité l'essence universelle. Pour tous deux, la foi ne peut s'imposer de l'extérieur, par la simple surprise d'événements miraculeux; son objet universel – quel que soit le support naturel de sa présence à l'homme – exige l'intervention, pour être objet de foi, de la spontanéité rationnelle ou de la liberté : seul l'esprit (en l'homme) peut témoigner de l'esprit (divin). Bref, pour Hegel comme pour Kant, la foi a bien pour forme la médiation de la forme et du contenu de la conscience religieuse accomplie dans le christianisme. Mais ce que Hegel rejette dans la foi kantienne, c'est le caractère formel de son contenu lui-même, qui, à proprement parler, n'est pas un contenu. Il lui manque, en effet, la détermination intrinsèque qui ferait de sa pensée, c'est-à-dire de son sens universel, un universel déterminé, subsistant alors pour lui-même en tant qu'objet d'une connaissance ou d'un savoir.

Le déterminé renvoyant toujours, chez Kant, pour ce qui est de son existence réelle, à l'intuition sensible empirique, une pensée déterminée, c'est-à-dire une connaissance ou un savoir, est impossible dans le cas de l'objet de la foi. Car cet objet n'est pas le fait intuitif de la liberté, mais simplement la condition de possibilité selon laquelle seule peut être pensé, et seulement pensé, l'accord requis pratiquement de cette liberté et de la nature. Le contenu religieux du postulat du souverain bien échappe dès lors à tout savoir en ne pouvant d'aucune manière se présenter comme un fait. La foi ne peut ainsi consacrer *en elle-même* un savoir historique positif de ce qu'elle postule. La dimension positive ou statutaire de la religion chrétienne constituée en Église ne peut relever, en elle, de ce qui est proprement religieux et de l'ordre de la foi, c'est-à-dire de la raison pratique qui est son principe; elle a son origine dans le caractère fini, sensible, de l'être aussi raisonnable qu'est l'homme. Cependant, si la nature se fait en cela le moyen de la liberté religieuse se donnant un contexte objectif dans l'institution ecclésiale, si la révélation morale fait admettre une révélation historique, la transformation naturelle de cette révélation historique statutairement consacrée en un destin qui compromet la pure révélation morale du divin exige le constant sursaut de la raison obéissant à l'impératif pratique et enfin éclairée en son véritable sens par la philosophie vraie. Le Christ n'est ainsi pour les autres et pour lui-même divin qu'autant qu'il actualise – dans un contexte historiquement conditionné – de façon exemplaire l'archétype moral de l'être raisonnable fini ; cet archétype est, en vérité, une Idée éternelle du Dieu créateur (justifiant la création d'un monde dont celui-là est le but final) et qui interpelle toujours tout homme au fond de lui-même parce qu'elle le constitue en sa finitude comme être raisonnable. Si bien que, pour Kant, la mobilisation, par la foi, du savoir historique de son actualisation chrétienne paradigmatique n'est pas religieusement une nécessité, la raison pratique pouvant en droit s'affirmer par et pour elle-même en la plénitude de son sens. Voilà ce que Hegel ne peut admettre.

Le savoir historique, positif, sensible n'est, certes, pour lui, qu'un moment du savoir, mais un moment absolument nécessaire de tout savoir, et son moment nécessairement premier en son existence. Assurément, seul l'esprit témoigne de l'esprit, mais il se fait d'abord advenir à lui-même extérieurement : « Tout doit nécessairement nous parvenir d'une manière extérieure »[1] C'est ainsi que, insiste Hegel, la conscience humaine devait nécessairement faire l'expérience de la perception sensible, *hic et nunc*, de l'unité divine de l'homme et de Dieu, tout attendue qu'elle ait été, pour devenir chrétienne. Il était essentiel à l'essence d'apparaître, et le phénomène (*Erscheinung*) du Christ a conditionné strictement la naissance de la foi (chrétienne) où l'esprit a accompli, dans l'intériorisation de son apparition, son auto-manifestation. C'est cette détermination factuelle de Dieu comme Homme-Dieu qui, en sa contradiction phénoménale, a suscité son élaboration en un contenu doctrinal – concept de la théologie – où la foi a vu justifier son existence comme affirmation native de la possibilité de la réunion, saisie alors comme réalisée déjà effectivement en son sens universel, de la conscience de soi humaine avec l'essence divine. La condition d'existence de la foi proprement dite est donc, selon Hegel renversant radicalement le kantisme, sa production en tant qu'un savoir spirituel intériorisant le savoir nécessairement d'abord historique de l'esprit. Le grand tort de Kant est d'avoir cru qu'il fallait enlever le savoir pour faire une place à la foi. Car la foi est bien un savoir, qui conjoint en lui et le savoir perceptif (le fait historique de la révélation) qu'il intériorise d'abord, et le savoir intellectuel (la rationalité théologique) en lequel il s'extériorise ensuite. Elle est totalement un savoir, si, parce qu'elle est le savoir selon l'un de ses modes (le mode représentatif), elle n'est pas un savoir total, le savoir en son accomplissement supra-intellectuel, proprement rationnel, qui ne

1. *Id.*, *Vorlesungen über die Philosophie der Religion – Ph. R* – éd. G. Lasson, II, 2, Hambourg, Felix Meiner Verlag, rééd. 1966, p. 19.

peut se dire comme tel que dans la philosophie vraie ou spéculative, pure pensée de la pensée.

Or, aux yeux de Hegel, la foi kantienne n'est même pas un savoir *possible*, la *pensée* d'un savoir, car son contenu n'est pas quelque chose de pensé, ce contre quoi il s'insurge principiellement[1]. En effet, le contenu du postulat énonçant la condition de réalisation du souverain bien unit en Dieu la loi ou la liberté et l'objectivité naturelle, la pensée et la réalité, mais dans une liaison qui, présupposant des termes originairement opposés en leur sens, ne peut les constituer, à même eux, en un contenu unifié. Pris en lui-même, comme un objet pour nous, ou théorétiquement, le contenu du postulat et de ses implications est bien, ainsi que Kant l'affirme, un « mystère », en tant que « secret » dont l'affirmation ne peut alors avoir sa raison que dans le sujet qui ne fait précisément que le postuler. L'unité du contenu postulé n'est pas elle-même un contenu, c'est-à-dire une unité en elle-même déterminée, par là corrélative d'un savoir possible. Elle est simplement postulée à partir de la conscience de soi pratique, laquelle ne peut penser que les termes de cette unité, qui subsistent tels quels dans une relation extérieure de simple conditionnement, un conditionnement lui-même possible contradictoirement de deux façons opposées, soit que la moralité, qui renvoie à la liberté humaine, conditionne l'obtention de la béatitude rapportée à la grâce divine, soit que celle-ci conditionne celle-là; la foi religieuse, en tant que foi originairement morale, fait assurément affirmer la subordination de l'intervention de la grâce divine à l'effort de la liberté humaine. Hegel inverse une telle relation, mais surtout en lui faisant déterminer une unité originaire de ses termes idéellisés en de simples moments. Il identifie dans le culte où se réalise la foi la « grâce » de Dieu et le « sacrifice » de l'homme, moments d'un seul et même « travail » : « ce qui apparaît comme mon agir est l'agir de Dieu, et, à l'inverse, Dieu n'est que par mon activité »[2]. Cependant, une telle identité de l'agir éternel, qui est absolument, et de l'agir temporel, condamné au devoir-être, du bien en tant qu'il est et du bien en tant qu'il a à être, n'est possible qu'autant que le premier enveloppe en lui le second, le contenu de la foi étant alors, non pas simplement postulé, mais pensé comme étant, c'est-à-dire su. Si la foi peut se vivre comme la position, morale, par la conscience de soi, de l'essence en tant que non posée par elle, c'est qu'elle est la position de soi, religieuse, de l'essence divine dans la conscience de soi humaine; la religion de la foi

1. *Cf. id.*, *GW*, p. 37.
2. *Id.*, *Ph. R*, I, 1, p. 258.

kantienne voit dans le Christ l'homme divin, mais la foi religieuse hégélienne voit en lui le Dieu humanisé. La critique de Kant par Hegel établit ainsi que c'est par un même moment que, chez Kant, la foi est en tant que morale au principe de la religion et qu'elle est un non-savoir, alors que, pour lui, elle est un savoir en sa vérité de moment de la religion.

Cette implication, quant au savoir, de la relation kantienne de la foi et de la religion a vicié, selon Hegel, le cours même du savoir réfléchissant sur lui-même dans la philosophie de Kant. Car celle-ci ne peut poser l'unité absolue de l'être – infini – et de la pensée – finie – que comme sa fin idéale, dans son ultime proposition, alors que la philosophie vraie doit commencer par la proposition de la réalité originaire d'une telle unité, pour se construire ensuite en développant sa vitalité interne. La philosophie kantienne a composé cette unité totale comme l'un de ses contenus, le plus médiatisé, ultime en son idéalité, au lieu de le supposer comme le contenu unique absolument réel de la pensée; elle l'a, certes, établi, « toutefois à la fin de son développement, comme un postulat qui aurait une [dimension de] nécessaire subjectivité, mais pas cette objectivité absolue qui permet, au lieu de finir avec une telle Idée dans la foi, de commencer la philosophie avec elle toute seule et de reconnaître celle-ci comme l'unique contenu de celle-là »[1]. Cette supposition massive de la pensée philosophique est le contenu religieux qui est d'abord présent à lui-même selon la forme de la foi, laquelle, réflexion en soi du contenu, est bien une pensée, si cette pensée est seulement en soi, simple présupposition de la pensée pleinement réfléchie en elle-même, par là totalement identique à elle-même, donc absolue, qui s'avère dans la spéculation philosophique, où elle peut pour elle-même poser ce qu'elle se sait alors s'être présupposé. Mais une telle présupposition est nécessaire pour le savoir philosophique hégélien. Alors que, pour Kant, la religion en sa vérité repose sur une foi qui présuppose la philosophie pour assurer péremptoirement sa pureté rationnelle, cette philosophie devenant ainsi la puissance jugeant de la religion en sa vérité, Hegel sait que le savoir philosophique ne s'absolutise qu'en tirant de la religion vraie, et, directement, son contenu, et, indirectement (par la médiation de la réalisation historique, dans l'effectivité mondaine, de cette religion), sa forme même.

Or, si la philosophie vraie peut, de la sorte, penser la religion et se penser comme la pensant essentiellement, c'est parce que le mystère

1. *Id.*, *GW*, p. 13 *sq.*

alors reconnu comme constitutif de l'être même du contenu religieux et le savoir rationnel de la spéculation sont, pour elle, en soi identiques. Ce qui suppose une nouvelle conception de la raison en tant qu'achèvement du savoir. Car cet achèvement n'est plus alors simplement négatif, au sens où, chez Kant, la « raison » qui n'est que l'entendement réfléchissant sur lui-même et saisissant sa finitude, a pu par là croire concilier le savoir et la foi en justifiant celle-ci, épurée « rationnellement », comme non-savoir complétant paisiblement le savoir. Il s'agit, tout au contraire, d'un achèvement absolument positif, en ce que la raison, originairement libérée de l'entendement et de sa finitude, se sait telle qu'elle peut et doit savoir l'infinité, pour elle réelle, d'une foi elle-même restituée à sa réalité.

Dès les premières lignes de la section consacrée à Kant dans *Foi et savoir*, Hegel lui reproche de n'avoir pas su reconnaître une réalité à la raison dont il avait pourtant défini le sens ou l'Idée. Car, à la différence de l'entendement, simple subsomption de la diversité, différence ou particularité, trouvée, sous l'identité à soi ou universalité de la spontanéité pensante, la raison doit bien être, selon Kant, la position de celle-là par celle-ci, l'auto-différenciation ou l'auto-détermination de l'identité. Mais la raison finie qui est celle de l'homme est incapable de saisir la réalité d'un tel contenu définitionnel, formel, dont elle a l'idée : elle ne saurait lire, dans ce qui reste alors une pure idéalité identique à elle-même en sa forme, une détermination qui, pour elle – l'entendement se réfléchissant lui-même –, ne peut être apportée que par l'intuition sensible empirique, ici absolument incongrue. Ainsi, la raison humaine ne peut-elle se donner un objet réel ; son objet suprême ou total visé, Dieu, ne peut être saisi en lui-même comme déterminé. La raison pratique elle-même est une auto-détermination qui ne peut faire constater la détermination – au demeurant toujours universelle (légale), en cela comme telle idéelle, non réelle – qu'elle ne fait qu'imposer. Et le postulat du souverain bien divin dont elle est la source n'est tel que parce que l'identité qu'il affirme de l'identité de la loi et de la différence ou détermination de la nature n'est pas *leur* identité, leur différence n'étant pas, pour celle-ci, *sa* détermination. Une proposition énoncée de Dieu ne peut donc pas constituer un savoir *de lui*, car la détermination qu'elle lui attribue est purement extérieure à ce qu'il est en lui-même et consiste seulement dans un rapport entre lui et le contenu déterminé du monde, rapport qui, lui-même, reproduit analogiquement un rapport intra-mondain. L'affirmation postulée d'un Dieu qui crée, puis conserve, enfin juge le monde ne peut vouloir comprendre l'en-soi divin comme une telle « Trinité » : Kant affirme bien que celle-ci serait un mystère excédant toute révélation si elle était saisie comme le contenu d'un savoir de Dieu. Le discours qui exprime celui-ci comme créateur (moral) du monde et qui nous fait interpréter la réalisation d'une telle création comme un « sacrifice » de sa béatitude auto-suffisante doit bien se nier en son réalisme anthropomorphique tentateur et s'avouer comme un non-savoir. L'en-soi de Dieu ne peut être révélé, puisqu'une telle révélation serait sans destination, l'entendement humain ne pouvant la comprendre.

Sur ce point capital, la critique hégélienne de Kant est – comme toujours d'ailleurs – un renversement principiel. On sait que, pour Hegel, « Dieu est l'objet un et unique de la philosophie » [1], et que « le concept de Dieu conduit… nécessairement, pour lui-même, à la religion » [2], celle-ci accomplissant la révélation, la manifestation de soi qu'*est* Dieu en son être spirituel absolu. Le sacrifice qu'est la création, bien loin d'être affirmé par un analogisme anthropomorphique, est l'acte divin le plus intime, la condition *sine qua non* de la pleine identité à soi de l'absolu, affirmation constitutive de la raison même. C'est ce savoir rationnel que la philosophie hégélienne de la religion exprime comme la présupposition originaire de la foi : si celle-ci, accomplissement de la subjectivité, présuppose directement, comme il a été dit, l'apparition – *Erscheinung* – objective du sujet divin, elle présuppose indirectement, à travers cette apparition, sa manifestation ou révélation – *Offenbarung* – à soi subjective dans la vie trinitaire, spiritualité intime de Dieu, dont le savoir spéculatif est d'abord l'explicitation logique. La foi n'est que par l'actualisation, à son principe, de ce savoir rationnel originaire, ce qui rend possible un savoir philosophique d'elle-même et une philosophie positive de la religion. Parce que le savoir en sa vérité ou la raison est d'emblée le processus de l'auto-différenciation ou détermination de son identité. C'est ce que Kant n'a pas conçu. Exprimant de façon significative dans le langage de la foi (chrétienne) l'insuffisance du savoir philosophique kantien, Hegel la caractérise bien comme l'ignorance d'une telle auto-détermination théorique native de la raison : « La raison théorique… ne revendique aucune dignité d'autonomie ni l'auto-engendrement du Fils à partir d'elle-même » [3].

1. *Id.*, *Ph. R.*, I, 1, p. 30.
2. *Ibid.*, p. 156.
3. *Id.*, *GW*, p. 27.

Si Kant a, bien à tort, exclu le savoir de la foi, c'est, aux yeux de Hegel, parce qu'il a exclu en quelque sorte le savoir de lui-même, non pas, certes, en refusant toute vérité absolue à l'entendement – c'est là, bien plutôt, son mérite –, mais en ne voyant pas que la raison dépassait le fini parce qu'elle le posait en elle pour être pleinement elle-même, infinie : « Il faut bien distinguer ici que l'idée kantienne d'une foi vide de connaissance gît en ceci que Kant méconnaît le rationnel comme tel, non pas dans sa grande théorie que l'entendement ne connaît rien en soi »[1]. La méconnaissance kantienne de la raison consiste à lui dénier, en tant même que raison, tout pouvoir d'auto-détermination, à ne pas reconnaître qu'elle est toujours auto-différenciation de son identité, ou, en d'autres termes, à ne pas accorder un sens positif à la dialectique à entendre précisément comme une auto-négation du positif. Pour Kant, la détermination est toujours, en sa réalité, extérieure à l'identité, qui ne peut dès lors être que formelle, simple identité de l'entendement. Si le savoir kantien veut s'édifier en un système et se déterminer ainsi organiquement, donc de l'intérieur, c'est en sachant qu'il exploite la détermination réelle tout en l'affirmant distincte de lui. Il se déploie en se réfléchissant en lui-même à travers son Autre maintenu comme tel : c'est bien un système de la réflexion. Les déterminations du « Je pense », et d'abord les catégories de l'entendement, ne se révèlent à elles-mêmes que dans l'expérience sensible donnée et n'ont pas à proprement parler de sens assignable en dehors de leur schématisation effective. Certes, leur nécessité atteste leur apriorité spirituelle, mais qui est celle de simples formes de l'acte pensant, dont le contenu vient de l'Autre en lequel elles se réfléchissent. Le savoir philosophique lui-même naît dans la simple réflexion sur son Autre, le savoir non philosophant. Un tel édifice réflexif, même s'il se nourrit de ce qu'il fixe comme autre que lui, sait qu'il n'en exprime pas quelque auto-réflexion immanente. Au point que, quand l'objet même paraît se faire sujet – dans le cas des êtres organisés – il cesse d'être traité comme objet, tout comme, inversement, quand le sujet est présenté comme s'objectivant – dans la théorie, anticipatrice de la raison, de l'unité synthétique de l'aperception – il est ramené, en tant qu'objectivation non objective, au sein de la pure subjectivité. Bref, le savoir systématique kantien systématise le sujet hors de l'objet, la forme hors du contenu, ce qui fait de lui, selon Hegel, un pseudo-système et, par conséquent, aussi, un pseudo-savoir.

1. *Ibid.*, p. 46.

La raison qui se sait être en elle-même auto-différenciation de l'identité peut et doit se confier, au contraire, à la systématisation immanente du contenu déterminé en sa réalité; elle se réconciliera alors avec lui en contemplant son unification en une totalité objective concrète, l'altérité constitutive de la réflexion se dépassant dans l'unité subjective-objective de la spéculation : « L'achèvement vrai de l'Idée requiert que l'objectivité soit libérée, qu'elle soit en elle-même la totalité de l'objectivité » [1]. Pour Hegel, le savoir s'accomplit bien, chez le philosophe sacrifiant sa subjectivité formelle, dans l'écoute du processus de son contenu objectif, par lequel celui-ci s'organise, se totalise, se réconcilie avec lui-même, de l'extériorisation sensible la plus naturelle de l'absolu, à sa révélation la plus spirituelle, dont le lieu effectif est la foi qui se sait.

La critique hégélienne de Kant est, dans la reconnaissance de la grandeur de celui-ci qui, pour elle, achève toute la pensée moderne qu'il a voulu révolutionner, la dénonciation radicale de la fausse révolution kantienne. La vraie révolution de la philosophie accédant à sa vérité scientifique est la révolution spéculative, non pas la révolution critique, que Hegel renvoie au passé comme la crise même de celui-ci. Ainsi qu'il le soulignait d'entrée de jeu dans son premier Manifeste spéculatif, *La différence des systèmes philosophiques de Fichte et de Schelling*, Kant pousse la philosophie moderne de l'entendement jusqu'au point où ce dernier tourne sa finitude ou négativité contre lui-même et s'annule en sa prétention de connaître le vrai. Une telle auto-négation de l'entendement ne peut pas ne pas laisser percer en elle ce qui s'annonce à travers sa négativité infinie, la position absolue de la raison : ainsi dans la déduction transcendantale des catégories. Mais lorsque Kant affirme, au-delà de l'entendement, l'Idée même de la raison, c'est pour ramener son intuition positive de celle-ci dans le contexte du négatif qui *se* nie, c'est-à-dire s'affirme encore dans un ultime sursaut : « Si l'entendement avait été traité avec de la raison, la raison, par contre, est traitée avec de l'entendement » [2]. Certes, la proximité est étroite entre le « Vendredi Saint spéculatif », dont le kantisme est l'expression privilégiée, et la fête philosophique de Pâques, célébrée par le hégélianisme; certes, la négation du négatif doit avoir atteint son fond pour que le positif puisse se poser

1. *Id.*, *Ph. R*, II, 2, p. 224.

2. *Id.*, *Differenz des Fichte'schen und Schelling'schen Systems der Philosophie*, éd. G. Lasson, Hambourg, Felix Meiner Verlag, rééd. 1962, p. 4.

absolument. Mais le saut du « non au non » au « oui » est un saut absolu, sans médiation; le moment décisif est, en philosophie, selon Hegel, celui qui le sépare de Kant. Telle est bien la portée radicale de la critique hégélienne du kantisme, qui s'inaugure sur la question la plus totale de la philosophie, celle de son rapport à la religion. Pour Hegel, la conciliation critique du savoir et de la foi est, en vérité, la mort de l'un et de l'autre, qui ne peuvent ressusciter, tous deux, que par leur réconciliation spéculative.

DEUXIÈME PARTIE

PARCOURS

CHAPITRE VI

L'IDÉE DE SYSTÈME

L'idée de système qu'a élaborée et voulu réaliser l'idéalisme allemand semble bien naître – pour le dire brièvement – de la synthèse en une pensée unique de l'idée traditionnelle du système comme totalité différenciée et de l'idée révolutionnaire, introduite par Descartes, de la connaissance comme développement d'un ordre des raisons enchaînant entre elles les diverses pensées contenues dans cette connaissance. Totalité différenciée de l'être ou structure objective, d'un côté; identification des différentes pensées de l'être ou génération, genèse subjective, de l'autre côté: tels sont les moments de la synthèse dont résulte l'idée de système exaltée par les penseurs idéalistes allemands. Ils voient dans la systématicité ainsi comprise la condition absolue de l'élévation à la scientificité d'une philosophie incapable de réaliser jusqu'alors, par la seule pratique, unilatérale, de la totalisation ou de l'enchaînement, l'objectif de vérité qui était, dans chaque cas, le sien. La systématique de la science naturelle, florissante au XVIIIe siècle, peut bien vérifier par l'expérience la portée et vertu cognitive de ses classifications anticipatrices; au contraire, la systématisation philosophique d'un contenu seulement pensable ne peut justifier les déterminations de celui-ci, en l'absence de toute vérification extérieure, qu'en les faisant s'avérer les unes les autres par leur concaténation nécessaire; le tout n'est un tout vrai qu'en s'instituant selon la ligne de la nécessité. Inversement, la nécessité pensante ne s'avère telle qu'autant que ce qui, en elle, rend nécessaire tout le reste est rendu lui-même nécessaire par celui-ci, bref: lorsque la ligne de la nécessité est un tout. Mais le tout qui se fait ligne et la ligne qui se fait tout, la totalité linéaire et la linéarité totale s'identifient dans le cercle.

La circularité est bien ce qui caractérise le vrai système en lui assurant à la fois la complétude et la nécessité. C'est en cela que la systématisation idéaliste de la philosophie doit renvoyer définitivement au passé le système qui prétendait alors régir la pensée, ce système wolffien dont, par exemple, dans sa *Contribution à l'histoire de la philosophie moderne*, Schelling soulignera précisément, à propos de son socle ontologique, qu'il « ne s'assurait pas plus de la complétude de son contenu que de l'enchaînement, de la systématicité réelle, des notions considérées »[1]. Il fallait ici saluer Schelling, dont il ne sera plus guère question dans les considérations suivantes. Certes, Schelling affirme avoir, d'une part, achevé lui-même, avant Hegel, le système rationnel dont celui-ci s'est fait gloire indûment, et, d'autre part, complété ce système, relativisé comme simple préalable négatif de la philosophie, par le système non rationnel mais réel de la philosophie positive. Cependant, il rabaisse et l'un et l'autre système en déclarant que le système rationnel-négatif paie sa clôture totalisante de son ineffectivité initiale, et le système réel-positif son effectivité originelle de son historicité inachevable[2], les deux « systèmes » ne s'articulant d'ailleurs pas de façon seulement systématique. Et, surtout, le système systématique de Schelling – le système de sa philosophie rationnelle – est, comme il s'est d'abord présenté lui-même, une simple transposition du système fichtéen. C'est donc à travers les trois grands moments : kantien, fichtéen et hégélien, que sera examinée la détermination progressive de la circularité constitutive du contenu de l'idée de système par laquelle les penseurs allemands ont défini la philosophie parvenue à la scientificité. Les étapes de cette détermination du *contenu* fondamental de l'idée de système sont en même temps – systématicité oblige ! – des étapes de la détermination du *statut* assigné à cette idée quant à sa vertu scientifique : le système est, chez Kant, la *marque*, puis, chez Fichte, le *moyen*, enfin chez Hegel, l'*essence* même de la vérité affirmée par la science philosophique.

L'« Architectonique de la raison pure » définit celle-ci, dont la nouvelle philosophie se veut la conscience de soi, comme un système, c'est-à-dire une organisation hiérarchisée de concepts et de principes : « J'entends par système l'unité des diverses connaissances sous une

1. Schelling, *Contribution à l'histoire de la philosophie moderne*, traduction par Jean-François Marquet, Paris, PUF, 1983, p. 78.

2. *Cf. id.*, *Philosophie de la Révélation – Ph. R –*, Livre I, Leçon VII, traduction dirigée par Jean-François Marquet et Jean-François Courtine, Paris, PUF., 1989, p. 157.

idée »[1]. « *Sous* une idée » : cette idée, qui présuppose ainsi la mutiplicité qu'elle régit alors comme une (simple) fin, unification (seulement) régulatrice, donc idéale relativement à l'organisme réel de ses parties, se réalise en celles-ci, comme membres, par leur affirmation horizontale réciproque, par leur interaction, nécessité accomplie de leur relation. Organisme spirituel supposé existant par la philosophie qui veut le réfléchir adéquatement, la raison est pensée comme un organisme naturel dans lequel chaque partie cause l'autre – nécessité –, mais dans le cercle fermé de l'interaction des parties – totalité. Chaque détermination du système de la raison n'est donc ce qu'elle est, à son niveau, que par le cercle fermé des autres, et un développement de ce système ne peut consister qu'en une disjonction ou articulation, selon un tout subordonné, d'un membre du précédent tout : « Le tout... peut, certes, croître par le dedans (*per intussusceptionem*), mais non par le dehors (*per appositionem*), comme il en va d'un corps animal, dont la croissance n'ajoute aucun membre, mais rend, sans rien changer à la proportion, chaque membre plus fort et plus approprié à ses fins »[2]. La raison se réfléchissant et connaissant elle-même dans la philosophie, cette dernière est originairement apte à se constituer en un système qui lui confère la scientificité, une scientificité définitive tenant au caractère fermé du système à chacun de ses niveaux.

Assurément, Kant a conscience de n'avoir pas produit le *système* de la raison, puisque, dans sa *critique* du pouvoir de cette raison, il n'a analysé ses éléments principaux qu'autant qu'ils étaient appelés par le système de l'expérience possible, mais, pour lui, en saisir quelques-uns, c'est les saisir tous. La science naît totale ; quand elle commence, elle est finie. Pourtant, si Kant revendique pour lui la vérité de cette équation, il ajoute aussitôt que, dans l'exposition du système de la raison par lequel il clôt la scientificité de la philosophie qu'il inaugure, il y a encore beaucoup à faire ![3] Or, l'idée d'un système permettant le divorce entre sa forme et son contenu n'est-elle pas celle d'un contenu inadéquat à l'exigence même de la systématicité affirmée ?

Kant fait du philosophe (kantien) le « législateur » de la raison, parce qu'il sait en déterminer les concepts et principes à partir de l'unité finale originaire suprême, tandis que les autres savants, s'installant de façon contingente dans une détermination subordonnée, ne peuvent être que des « artistes » de la raison, simples « techniciens »

1. Kant, *KRV*, II, 3, *KW*, III, p. 538.
2. *Ibid.*
3. *Cf. ibid.*, Préface, p. 23.

maîtrisables par l'architectonicien philosophe. Mais l'architectonique philosophique est bien « l'*art* des systèmes », et le philosophe se comporte bien lui-même, chez Kant, en artiste de la législation ! Le système de la raison, déjà présent dans la critique de la raison, ne se construit pas systématiquement, selon l'idée même du système, laquelle n'est pas *opératoire* dans la philosophie kantienne. Ne peut-on pas appliquer au système kantien le constat même de Kant déclarant que « les systèmes, comme les vers, semblent [résulter] moyennant une *generatio aequivoca* de la simple confluence de concepts recueillis »[1] ? Car la position du tout à partir d'une identité déjà saisie, en tant que fin, comme synthèse, disjoint celle-ci en des éléments déjà présupposés alors simplement *subsumés* sous elle, bien loin qu'on ait une véritable identité thétique (A=A) qui se différencierait en se démontrant comme totalité. Et, par ailleurs, Kant ne fait pas se poser les éléments présupposés (concepts et principes) dans un processus nécessaire immanent à eux. Ainsi que ses successeurs le lui ont souvent reproché, il mêle, au formalisme présidant à la différenciation de l'identité totale, l'empirisme qui régit l'identification des différences fixées à elles-mêmes. Ni le moment de la totalité ni celui de la nécessité ne voient leurs exigences reconnues dans la systématisation philosophique du système de la raison : Kant ne dit pas philosophiquement le système qu'il dit être celui de la raison.

Or, une telle distance entre l'organisme en quelque sorte naturel de la raison pensée par le philosophe et l'organisation artificielle de la raison pensante en lui, qui fait éclater la circularité ou systématicité pourtant affirmée, est précisément théorisée dans la conception que Kant se fait d'un « Je pense » non absolument présent à lui-même. Car le « Je pense » kantien se propose à lui-même empiriquement, dans l'incapacité où il est alors d'égaler son en-soi et son phénomène, sa structure objective et sa genèse subjective, le tableau de la raison et la spontanéité de celle-ci. Cette limitation de l'exploitation de l'héritage cartésien ne devait-elle pas nécessairement accompagner celle du contenu de l'idée nouvelle de la systématicité, non encore suffisamment libérée, chez Kant, de la puissance de son moment traditionnel, imposé au XVIIIe siècle par « l'illustre Wolff » ?

Fichte, lui, s'installe pleinement dans le « Je pense », dont la pensée, selon lui, ne fait pas qu'accompagner toute les pensées de l'être ou des

1. *Ibid.*, II, 3, p. 50.

objets, qui structurent le contenu philosophique, puisqu'elle en produit le sens à partir d'elle-même comme les conditions même de sa propre possibilité. La pensée philosophante s'unifie en elle-même, en dépassant la synthèse kantienne encore imparfaite de son moment objectif et de son moment subjectif : le sujet pensant pose son objet comme ce qui lui permet de se poser lui-même ; la structure articulant l'objet pensé – et ce dès sa dimension sensible spatio-temporelle – est reproduite philosophiquement à partir de l'auto-position ou auto-genèse du sujet pensant. Voulant réaliser l'esprit systématique du kantisme dans une lettre aussi systématique, Fichte fait ainsi se reconstruire dans un cheminement nécessaire toutes les déterminations du Moi. Celles-ci, qui s'appellent successivement les unes les autres, l'être de chacune n'étant possible que par l'être d'une autre, composent toutes ensemble le Moi concret, foyer de tout sens. Certes, l'idée du tout concret est présupposée par le Moi philosophant et, par conséquent, guide téléologiquement sa reconstruction, mais celle-ci se déploie selon un processus nécessaire qui écarte l'arbitraire déployé dans la subsomption kantienne des différences sous l'identité finale. La *déduction* ou *dérivation* des pensées de l'être assure la réelle *systématicité* du discours philosophique.

Mais Fichte réalise aussi en celui-ci la totalité, complétude ou clôture recourbant son processus systématique en un véritable *système*. La première proposition ou base, assise, propositionnelle, ce qui constitue le principe de la doctrine systématique de la conscience, du savoir ou de la science, porte un édifice démonstratif qui aboutit à une proposition qui a pour contenu la position du principe, une telle circularité attestant que toutes les conditions rendant possible l'auto-position du tout ont bien été posées. La doctrine de la conscience – on s'en tient ici à la première philosophie fichtéenne – se présente bien comme un système clos, même si le sens définitif de son ultime proposition exprime en son contenu l'agir éthique du Moi se posant lui-même à l'infini. Le système philosophique s'avère alors en fait être tel, un cercle, une encyclopédie, mais strictement philosophique, car elle ne renferme pas en elle le principe des sciences particulières, ni donc ces sciences elles-mêmes. Celles-ci, dont les principes expriment la mise en rapport réglée de certaines déterminations nécessaires de la conscience intervenant en cela librement, sont vouées par cette libre intervention à un avenir pleinement ouvert. Le système philosophique fonde un savoir infini tout en étant parfaitement clos sur lui-même.

Que ce système, tel que Fichte le réalise, se déploie en sa totalité dans l'écart réflexif du Moi se posant abstraitement et du Moi se posant concrètement comme une telle auto-position abstraite de lui-même (commencement et fin de la philosophie), c'est là ce qui développe l'auto-position, la présence à soi active, constitutive du « Je pense ». La spontanéité active qu'est le Moi, l'intellect, est, comme action sur soi – la seule action absolue, non limitée par un Autre sur quoi elle porterait –, présente immédiatement à elle-même, « intuition intellectuelle ». Le Moi peut ainsi se prendre, se surprendre, sur le fait, en tant que, agissant, il s'auto-détermine dans le système de ses moments. C'est l'intuition intellectuelle qui permet en particulier au Moi philosophant de reposer en lui le Moi originel, à la raison philosophante de reproduire la raison naturelle. Mais l'attention à celle-ci constitutive de celle-là confirme et déploie sa liberté dans l'expression conceptuelle, discursive, de l'intuition intellectuelle, c'est-à-dire dans une représentation qui objective et morcelle la totalité de la présence à soi, et peut par là-même la trahir. Alors que Kant proclame définitif le système qu'il reconnaît n'avoir pas écrit, Fichte souligne la relativité du système en lui-même pourtant clos qu'il a écrit et il applique ce jugement en écrivant plusieurs « Doctrines de la science » successives à chaque fois closes sur elles-mêmes. Réfléchissant de façon critique sur cette nouvelle métaphysique qu'est la « Doctrine de la science », Fichte observe – dans son texte métaphilosophique *Sur le concept de la doctrine de la science* – que, si « le système de l'esprit humain, dont la Doctrine de la science doit être l'exposition… n'erre jamais »[1], cette doctrine, c'est-à-dire la philosophie en tant que système, ne peut, en sa conceptualisation de celui-là, être que vraisemblable : « Nous ne sommes pas des législateurs de l'esprit humain, mais ses historiographes »[2]. La systématicité de la science ne garantit pas, en son énoncé discursif, la scientificité de cette science.

Certes, « une science a une forme systématique »[3], cependant « la forme systématique n'est pas l'essence de la science »[4] ; elle n'est que « le moyen contingent d'atteindre le but [de la science], applicable seulement sous la condition que la science doit être constituée de plusieurs propositions »[5]. Le vrai est l'identité immédiate d'une différence, telle l'identité de l'intuition intellectuelle exprimée dans le

1. Fichte, *Über den Begriff der Wissenschaftslehre* [*Sur le concept de la doctrine de la science*], *in Sämmtliche Werke –SW–*, éd. J.H. Fichte, I, Berlin, Veit u. Comp., 1845, p. 76.

2. *Ibid.*, p. 77.

3. *Ibid.*, p. 38.

4. *Ibid.*, p. 42.

5. *Ibid.*

minimum de discursivité du premier principe. La vérité du tout repose sur celle de l'Un, la vérité du système sur celle de son principe. La systématisation n'a pas pour elle-même de vertu scientifique. De Kant à Fichte, de la subsomption à la déduction, la nécessité a cimenté davantage la totalité, mais elle ne peut par elle-même avérer le tout. C'est bien plutôt celui-ci qui, en se présupposant dans la position de l'unité ou identité principielle comme ce qui la rend possible, fera apposer et opposer, au contenu absolument vrai initialement posé, toutes les déterminations dont les positions successives alors justifiées se synthétiseront dans la position finale elle-même rendue nécessaire d'une tel tout. La téléologie a fait place en elle à un processus nécessaire, mais qu'elle rend elle-même tel en faisant apparaître le manque dont le comblement – les diverses déterminations du tout – est exigé, puisque c'est celui du contenu initialement posé dont la vérité absolue rend nécessaire ce qui rend sa position possible. La systématisation fichtéenne n'est pas une systématisation véritablement immanente au vrai. Celle-ci exige, au-delà d'une simple mise en œuvre subsomptive ou déductive d'elle-même, sa mise en œuvre *dialectique*.

La philosophie hégélienne est la théorie et la pratique de la science comme systématisation d'elle-même en sa visée de vérité. Le savoir n'est vrai qu'autant qu'il est système, la systématicité est l'essence même de la scientificité. Si l'être – l'identique à soi – n'est que comme tout, et si celui-ci n'est identique à lui-même que comme totalisation de soi, auto-différenciation de sa propre identité, c'est parce que cette identité est, en tant que telle, différence d'avec elle-même, négation d'elle-même, contradiction interne, bref: dialectique. La nécessité selon laquelle le tout se pose est alors pleinement immanente, bien différente en cela de la nécessité téléologiquement commandée du fichtéanisme. La dialecticité de chaque détermination accomplit l'enchaînement systématique en l'intériorisant en ce qui est, à chaque fois, nécessaire. Et la circularité réalisant la systématicité en système s'accomplit tout autant en faisant de la position la plus abstraite et universelle, par là philosophique, de l'identité à soi qu'est l'être, le contenu de la détermination achevée, totale, de la philosophie, en laquelle l'être pensé se réfléchit absolument dans la pensée de l'être, dans la circulation intestine au savoir se sachant alors absolument. Pour et dans le hégélianisme, la systématisation constitue, construit ainsi la science de part en part comme l'être ou l'absolu qui se sait pleinement en elle. La nécessité effectivement totalisante ou omnistructurante de la systématicité dialectique pose ainsi à son terme, comme ce qui la fonde dès son commencement, la liberté absolue du « Je » philosophant. La subjectivité du « Je pense » élevé à sa vitalité suprême est donc posée comme posant toute la structuration objective de l'être pensé.

Or, si celle-ci se fonde, en son ultime détermination, sur l'auto-détermination ou la liberté du « Je pense » philosophant qui se libère même de son abstraction pensante en s'engageant, aliénation réalisatrice de la liberté vraie car concrète et totale, dans la systématisation de son Autre réel, une telle liberté ne peut pas ne pas porter en toutes ses pulsations le processus systématique dialectique qui l'avoue comme son fondement. L'auto-mouvement dialectique n'est pas une vie automatique de la pensée ou d'une pensée qui ne se maîtriserait pas sans cesse dans un « Je pense ». Le processus ne vit que de sa subjectivité absolue. La négation du négatif, la dialectique qui l'anime est niée à chaque fois en son néant réfléchi en lui-même par l'auto-position spéculative du positif. La traduction gnoséologique du dépassement du moment dialectique par et dans le moment spéculatif de la « dialectique » est la nécessité, pour le savoir absolu hégélien, d'inventer à chaque fois la signification synthétique positive du contenu nouveau dont la position est nécessitée formellement par l'auto-négation du négatif ancien. On a tenté de montrer ailleurs que la libre décision du penseur hégélien portait à chaque instant le cours nécessaire de la systématisation dialectique[1], le savoir absolu se révélant bien ainsi actualiser comme l'un de ses moments cet art dont Schelling croyait pourtant dépourvu le systématicien Hegel ! N'est-ce pas, bien plutôt, en celui-ci que s'accomplit le « système de la liberté » dont le même Schelling disait qu'il avait défini la grande tâche de tout l'idéalisme allemand ?

Ce trop rapide parcours du développement de l'idée de système de Kant à Hegel fait apparaître en elle l'intensification conjointe de la double identification de la sytématicité à la scientificité ou vérité d'une part, et, d'autre part, à la transparence à soi maîtrisée du « Je pense » ou à la liberté de l'esprit. Système et liberté, que l'on oppose souvent, s'accomplissent ensemble dans la théorie et la pratique de l'idéalisme allemand. Et c'est la liberté qui porte sa réunion avec la nécessité du système : l'unité du sujet et de l'objet est bien saisie, de Kant à Hegel, comme une unité subjective, la structure est bien subordonnée au sujet,

1. *Cf.* notre étude « La spéculation hégélienne », *in Études hégéliennes : raison et décision*, Paris, PUF, 1992, p. 87-109.

non l'inverse. Descartes avait libéré le sujet philosophant, mais cette liberté s'était ensuite objectivée dans l'exaltation spinoziste de la nécessité. Le système spinoziste de la nécessité est bien le contre-modèle prestigieux que l'idéalisme allemand veut renverser dans le système de la liberté, où la liberté ne se nie pas mais s'applique elle-même dans la nécessité systématique. En ce sens, les grands représentants de cet idéalisme sont bien des figures d'un retour post-spinoziste (post-leibnizien et post-wolffien aussi et par conséquent sans doute) de Descartes. Certes, que la liberté s'affirme dans le système, c'est ce qu'ont ensuite voulu renier, sous des registres divers, ces grands réactifs que furent Marx, Kierkegaard et Nietzsche. Est-ce si facile ? Ainsi, Nietzsche – dont on a dit qu'il était un systématicien en aphorismes – n'avoue-t-il pas, parlant de son projet de livre sur la volonté de puissance : « Peut-être devinera-t-on, d'un regard jeté dessous et derrière ce livre, à quel systématicien il a lui-même échappé avec peine – à moi-même »[1] ?

1. Nietzsche, *Fragments posthumes* (automne 1887– mars 1888), éd. G. Colli et M. Montinari, traduction par Pierre Klossowski, Paris, Gallimard, 1976, p. 362.

CHAPITRE VII

L'ORGANISME VIVANT

« La vie ne peut être saisie que spéculativement, car, dans la vie, existe précisément le spéculatif. L'agir permanent de la vie est, par conséquent, l'idéalisme absolu »[1]. Cette liaison de la vie et de la philosophie affirmée ici par Hegel caractérise tout l'idéalisme allemand, qui, rejetant le modèle mathématique et physique de la philosophie pré-kantienne, rationaliste ou empiriste, veut plutôt retrouver dans le vivant l'*analogon* de la raison. A vrai dire, il n'y a rien d'étonnant à ce qu'une philosophie qui voit dans l'objet l'objectivation du sujet tende à faire se récapituler dans ce sujet objectif ou objet subjectif qu'est l'organisme naturel l'accomplissement rationnel de la subjectivité. Car, de Kant à Hegel, le vivant est bien conçu comme cette totalité qui fait rentrer en elle-même l'extériorité à soi de la série causale unilatérale où se complaît l'entendement, et qui, en tant que telle mystérieuse à celui-ci, ne peut être comprise que par la raison, dont la philosophie est l'actualisation systématique. De fait, le contenu et le statut de la raison philosophante se reflètent, chez les penseurs allemands, dans le contenu et le statut qu'ils attribuent à la vie. Et, parce que la philosophie idéaliste enveloppe, de la sorte, fondamentalement, une philosophie de la vie, le développement de celle-ci pourra être déterminé par celle-là, lors même qu'elle rabaissera ou négligera l'étude de la nature. C'est ainsi que Fichte sera quand même présent dans cet exposé qui se propose d'articuler la problématique de la vie dans l'idéalisme allemand selon les trois étapes marquées par Kant,

1. Hegel, *Enzyklopädie der philosophischen Wissenschaften – Enz –*, II. *Die Naturphilosophie – N. Ph –*, éd. 1830, § 337, *Zusatz* [Addition], *in : SW*, G, 9, p. 451.

Schelling et Hegel. La conception que ceux-ci se font respectivement de la raison et de son pouvoir théorique déterminera leur philosophie de la vie comme étant :

- chez Kant, et pour employer un couple de termes familier à celui-ci, une « critique » sans « doctrine » de la vie, laquelle est jugée comme n'ayant rien d'objectif
- chez Schelling, une doctrine sans critique de la vie, puisque toute objectivité est, indifféremment, en tant que naturelle, vivante
- et, chez Hegel, une doctrine critique de la vie, situant celle-ci comme une détermination objective, par là même non absolue, de la raison.

Tentons de réinsérer ces trois moments essentiels de la philosophie idéaliste de la vie dans le devenir continu de sa problématique.

Le kantisme est le paradoxe d'une philosophie qui se définit en sa forme vraie, en son sujet accompli, à travers sa comparaison avec le vivant, mais qui se développe dans un contenu dont la teneur proprement objective exclut d'elle-même la vie. Si, dans l'« Architectonique de la raison pure », Kant compare l'activité philosophante et la nature vivante, c'est en raison de leur commun développement systématique. La philosophie, en son achèvement scientifique, doit être un système, c'est-à-dire une « unité des diverses connaissances sous une Idée »[1], unité totale dont la forme détermine son contenu comme pluralité ordonnée de parties. La forme unitaire d'une tel tout s'auto-différenciant ou s'auto-divisant se remplit, par conséquent, d'un contenu déterminé originairement reçu de l'intérieur d'elle-même : c'est là l'« intussusception », l'accroissement par articulation; celui-ci s'oppose à l'accroissement procédant du contenu particulier, par simple répétition ou accumulation, et dont la forme ne peut alors être qu'un produit purement contingent, changeant à chaque adjonction. Or, ce développement systématique, pleinement rationnel – la raison étant bien, pour Kant, l'universel qui détermine le particulier –, se rencontre aussi chez le vivant : Kant évoque le « corps animal », mais aurait pu évoquer également le végétal[2].

1. Kant, *KRV*, II, 3, *KW*, III, p. 538.

2. Ce processus de la vie vaut pour le végétal comme pour l'animal. Certes, la partie de la plante est elle-même une plante, le rameau est un petit arbre, mais l'arbre est un rameau de rameaux, et la forme du végétal ne fait donc que se *différencier* quand sa matière s'accroît et *s'accumule*, de telle sorte que le proessus reste bien systématisant (il y a seulement que la différence du contenu végétal est moins poussée, plus abstraite, plus indifférente, que celle du contenu animal).

A vrai dire, la philosophie, telle que Kant l'entend alors ici, c'est l'exposition du contenu objectif, vrai, de la raison, c'est-à-dire la *doctrine*, et non pas simplement la réflexion ordonnée sur le pouvoir de l'esprit et de ses diverses instances quant à la réalisation des fins rationnelles, c'est-à-dire la *critique*. Or, le concept du vivant n'a pas sa place dans la doctrine de la raison : la *Critique du jugement* lui refuse toute objectivité, toute valeur *constitutive* d'objet et le renvoie, en tant que concept seulement *régulateur*, à la subjectivité exploratrice de la nature objective. Le vivant, comme système objectif (naturel), rassemble ainsi un concept de la raison (le système) et un concept de l'entendement (l'objet, la nature), mais la distinction kantienne de la raison et de l'entendement fait qu'il ne peut y avoir de raison objective ou d'objet rationnel. Un tel vivant est donc une détermination essentielle de cet intermédiaire entre l'entendement et la raison qu'est le *jugement*, le jugement en son actualisation originale, c'est-à-dire comme jugement *réfléchissant*, mais, chez Kant, soulignons-le contre tout anachronisme, l'intermédiaire ou le médiateur, *le milieu*, n'est pas le *centre !* La vie n'a pas alors de vérité objective, elle n'a qu'un intérêt subjectif, qu'il conviendra de déterminer.

Le concept d'être vivant ou – pour parler comme Kant, et nous verrons que ce langage kantien est hautement significatif – d'être organisé, d'organisme, n'est pas un concept *a priori* ou *métaphysique*, *a fortiori transcendantal* (constitutif de l'objectivité ou naturalité), mais un concept *empirique*[1]. Par son contenu, il présente une unité telle que ses parties sont, chacune, par et pour les autres, donc par et pour le tout : « un produit organisé de la nature est celui en lequel tout est fin et réciproquement aussi moyen »[2]. Cette interdépendance finalisée des parties de l'être organisé en fait une *machine*, laquelle ne renvoie pas à un simple *mécanisme*, aveugle, mais à une *technique*, matérialisation d'un projet : « des corps organiques sont des machines naturelles »[3]. Une telle interdépendance ou unité interne est, en son contenu, à ce point réelle que, relativement à la nature qui la renferme et détermine, elle est, tout en étant effet, aussi cause : elle n'est pas l'effet d'autre chose ni cause d'autre chose, mais cause et effet d'elle-même, bref : une spontanéité. Ainsi, l'organisme est cause de lui-même hors de lui,

1. *Cf.* Kant, *Opus Postumum – OP –*, *KGS*, XXII, p. 356 : « La possibilité de corps organisés ne se laisse pas connaître *a priori*, et c'est pourquoi le concept qu'on se fait d'eux ne peut entrer dans la physique que moyennant une expérience ».

2. *Id. Kritik der Urteilskraft* [*Critique du jugement*] – *KU* –, II, § 66, *KW*, V, p. 376.

3. *Id.*, *OP*, *KGS*, XXI, p. 186.

il produit lui-même comme un autre être : l'arbre produit un arbre ; la forme, en son unité, se produit ou reproduit dans une matière différente. Il se produit lui-même dans la matière autre qu'il accueille en lui en la tirant de l'extérieur (l'éduction est une production) : il ne reçoit qu'en étant actif, qu'en niant sa réceptivité (la plante donne à la matière qu'elle s'incorpore une qualité spécifique qui procède d'elle-même). Davantage encore : en chacune de ses parties, en chacun de ses organes, l'être organisé s'affirme, comme un tel organe, par toute la puissance des autres organes du tout (ainsi, dans la greffe) et affirme ces autres organes, ce tout, en exploitant aussi la vigueur du premier (la feuille, produit de l'arbre, le conserve à son tour). Les phénomènes de compensation, suppléance, réparation, montrent que, en fait, chaque partie de l'organisme, indispensable aux autres, est affirmée par l'organisme tout entier (sinon en sa réalité morphologique, du moins en sa fonction physiologique). Bref, l'organisme, en tant qu'une telle *auto*-organisation (il est organisé en tant qu'il s'organise), est une machine *naturelle*.

Cependant, en tant que naturelle précisément, la machine qui *s*'organise le fait par ses *parties* (la nature est une *diversité* unifiée causalement). Chaque partie, chaque organe produit tout l'organisme, à savoir les autres organes et la liaison unifiant ceux-ci, alors que, dans une machine artificielle, le rouage ne produit pas les autres rouages. L'organisme naturel ne peut être une auto-différenciation de l'Un (total) qu'autant que cet Un est posé par une identification des différents (organes), laquelle, procédant de chacun de ceux-ci, en leur altérité originelle présupposée, est l'identification des *différentes* identifications des différents, une *hétéro*-identification. Mais alors – tandis que dans la machine artificielle le tout est posé par lui-même (l'idée du *tout* sise dans l'être raisonnable et qui, telle une fin, détermine comme moyens les causes en cela *convergentes* de son effectuation) – le tout doit résulter, dans une machine naturelle, de l'*interaction* de causalités principiellement divergentes, et, par là même, la convergence qui les institue en moyens de la réalisation d'un tout est, objectivement ou mécaniquement parlant, une contingence absolue. Il y a bien un abîme entre l'interaction – ultime catégorie de la « relation », propre à l'entendement –, qui assure l'unité formelle (universelle) de la nature, et l'interdépendance rationnelle, qui unifie matériellement l'individu naturel ou la nature comme individu ou singularité. Le problème est, dès lors, de savoir si l'organisme naturel est possible naturellement.

De la réponse kantienne, bien connue, nous n'analyserons que quelques aspects relatifs au statut et au contenu de l'organisme. Le mécanisme, activation de la matière, s'exprime par nature dans une multitude de lois de sa causalité, que notre entendement – non intuitif, allant de l'« *analytiquement* universel » au particulier – ne peut saisir comme provenant de l'unité de la légalité matérielle de la nature. C'est pourquoi la réunion organique de ces lois est pour lui un hasard, dont, comme entendement même, il ne peut se satisfaire : aucun esprit fini « ne peut espérer comprendre à partir de causes simplement mécaniques la production ne serait-ce que d'une brin d'herbe »[1]. Nous *jugeons* donc l'être organisé comme possible seulement de façon *technique*, c'est-à-dire par la causalité d'un entendement architectonique mobilisant l'idée de cet être comme fin. Mais le concept d'une fin naturelle est affirmé par ce qui se sait être une simple maxime du pouvoir de juger réfléchissant sur l'expérience des êtres organisés : le principe rationalisant l'exploration subjective de la nature n'a ainsi qu'une valeur régulatrice. Cependant, une telle affirmation de l'origine technique – non mécanique – de la vie, et abstraction faite de son *statut* subjectif, se justifie par des raisons qui précisent le *contenu* attribué par le kantisme à l'organique.

Si Kant retient, du moins à titre de concept régulateur, l'idée d'un entendement divin architectonique comme origine de la nature organisée, c'est parce que la causalité organique dont témoigne l'expérience ne peut être pensable autrement. L'unification organique de la matière (contenu nécessaire de la nature) ne peut être opérée (pour l'esprit humain) matériellement. Le concept d'une matière vivante est contradictoire : la matière est l'inertie (identité à soi), alors que l'organisation implique la spontanéité (différenciation de soi d'une identité qui enveloppe en elle-même plus qu'elle-même, qui est donc en soi totalité). L'unité du principe de la liaison du divers ne peut être intérieure à cet agrégat, à cette extériorité à soi, qu'est la matière : « Un corps organisé suppose un principe d'organisation ou intérieur ou extérieur. Celui-ci doit nécessairement être simple, car autrement il aurait lui-même besoin d'une organisation. Mais, en tant que simple, il ne peut être une partie de la matière (car chaque partie de la matière est toujours encore composée). Donc le principe d'organisation du corps organique doit nécessairement être en dehors de l'espace en général »[2]. En d'autres termes, aucune partie de la matière ne peut renfermer la programmation de l'unité organisée de toutes ses parties. Non seulement la causalité mécanique ne peut rendre compte de l'organisation par sa forme, mais elle ne le peut pas davantage par sa matière :

1. *Id.*, *KV*, II, § 77, *KW*, V, p. 409.
2. *Id.*, *OP*, *KGS*, XXII, p. 295.

« La matière ne s'organise pas elle-même, mais elle est organisée par de l'immatériel »[1]. Bref, pas d'hylozoïsme, pour Kant ! Mais si la matière ne peut être en elle-même l'unification d'elle-même, elle ne peut pas davantage – et par la même raison de sa différence originaire – être unie à l'unification (immatérielle) d'elle-même, d'où le rejet kantien de toute âme naturelle et, donc, de toute âme du monde. L'unification organique de la matière ne peut être opérée ni par ni dans la matière; en tant qu'unité spatiale, elle ne peut être réalisée spatialement.

En posant que seul est pour nous intelligible le réalisme théiste des fins naturelles – c'est l'entendement architectonique de Dieu qui opère originairement l'unification de l'organisme –, Kant ne le présente, certes, pas comme l'explication (dogmatique) vraie des êtres organisés, mais il récuse, dans le discours qui a sens pour notre esprit, toute conception physicaliste de la vie. Assurément, il n'exclut pas que, dans le fondement supra-sensible des phénomènes, le principe produisant la nature en son mécanisme et le principe produisant les fins naturelles soient un, ou soient liés, pas plus qu'il n'affirme qu'en soi la production d'une nature comportant des fins naturelles procède d'un entendement divin. Mais l'*hypothèse* dogmatique d'une réunion de la matière et de la vie enlève tout sens déterminé assignable, par exemple, à la matière et, par conséquent, au discours qui définirait formellement la vie relativement à elle. Car le discours déterminé sur la nature organisée ne réfléchit sur elle qu'à travers la relation de l'organisation à la matière et à son mécanisme, seul contenu proprement objectif, c'est-à-dire absolument déterminé. En complétant, il est vrai – pour explorer avec ordre et profit la nature – le principe mécaniste par le principe finaliste-technique, l'entendement humain saisit bien qu'il s'affirme encore dans ce dépassement de lui-même, mais c'est là pour lui la condition absolue de tout discours déterminé sur les choses, et, en particulier, sur la nature organique.

Ce discours immanent sur la nature organique conjoint méthodologiquement, pour son heureux développement, le principe mécaniste de l'entendement et le principe finaliste-technique de la raison, et recherche les causes des effets organiques en les épiant comme moyens de ceux-ci (subordination méthodique, formelle, du mécanisme au finalisme). Mais, puisque nous ne comprenons vraiment que ce que nous pouvons produire, et que nous ne produisons que par la maîtrise

1. *Ibid.*, p. 507.

des causes des fins que nous recherchons, la connaissance de la nature organique ne peut se déposer, au résultat de son exploration, essentiellement finaliste, que dans un contenu essentiellement mécaniste-physicaliste (c'est bien là le leitmotiv des § 68, 78, 80, 81... de la *Critique du Jugement*). La connaissance de la vie ne peut s'élaborer qu'en se guidant par les principes de la raison (finalisme, principes de la spéculation, de l'économie des moyens...), mais ces principes, simplement régulateurs, ne constituent pas le contenu objectif de cette connaissance. Il n'y a donc pas, pour Kant, de lois proprement organiques : la légalité de la contingence a pour contenu le mécanisme qui ne peut être son principe. D'où le refus d'une explication de l'organique qui réaliserait comme cause matérielle ce qui n'est que le principe immatériel de la disposition matérielle des causes : rejet de l'évolution ou préformation, adhésion à l'épigenèse, éloge de Blumenbach, etc. Le phénomène organique impose ainsi l'affirmation d'une unité du mécanisme et du finalisme, de l'entendement et de la raison, de l'objet et du sujet, mais une telle « organisation » phénoménalement nécessaire est pour nous totalement insondable : la science de l'organique ne peut avoir de spécificité objective. La vie ne peut médiatiser objectivement le sujet et l'objet. C'est simplement la connaissance de la vie – en tant que mise en œuvre rationnelle de l'entendement – qui peut médiatiser l'actualisation théorique de l'entendement et l'actualisation pratique de la raison. Le problème qui se pose est alors de déterminer la finalité, l'intérêt, de l'observation et de la théorie de la vie dans le kantisme.

Pour ce faire, restituons l'appréciation de la vie dans le développement de la *Critique du Jugement :*

– Le moindre jugement empirique, comme recherche réflexive d'une unité (concept, loi) de la diversité naturelle intuitionnée, suppose l'existence d'un *système* de la nature *empirique*, c'est-à-dire d'une détermination de cette nature par un entendement qui l'aurait posée à partir du concept qu'il se serait fait d'elle, donc de manière finalisée, téléologique. C'est là le principe transcendantal de la faculté de juger réfléchissante. Ce principe nous définit comme l'attente d'une certaine nature.

– Le plaisir, qui naît à l'occasion d'un jugement empirique tronqué, en quelque sorte raté (l'accord entre l'imagination et l'entendement ne peut se clore dans un concept), atteste alors qu'est satisfaite une intention plus profonde que celle qui porte la connaissance théorique de la nature sensible empirique. La seconde partie de la *Critique du Jugement*, sur le jugement téléologique, répond bien à la question : pourquoi y a-t-il un plaisir ou un jugement esthétique, quelle est la finalité objective de la finalité subjective formelle exprimée par celui-là ?

– Mais cette question même, qui suppose, en général, qu'il y a une finalité objective de la nature, renvoie, comme à sa condition originaire de possibilité, à la *conscience* d'une finalité objective ou réelle de cette nature et de ce qui se présente en elle. Or, une telle conscience ne peut surgir que devant un être naturel indiquant nécessairement, pour nous, un principe final de son existence, parce que lui-même n'est possible tel qu'il est que par une causalité finale : cette conscience est celle des êtres organisés. La prégnance de la considération téléologique, liée d'abord à l'objet particulier de celle-ci (l'être naturel organisé) se généralise dans la mesure où l'unité du principe supra-phénoménal de la nature exige que son produit universel (la nature entière) soit aussi finalisé que ses produits particuliers. Cependant, la téléologie physique de la nature n'est assurée comme téléologie qu'en se fondant sur une téléologie morale, car seul le but moral est le but absolu et absolument but. De la sorte, la finalité objective de la finalité subjective ne peut être que morale.

– On le voit, la conscience de la vie ne fait que médiatiser le sentiment esthétique factuel de l'accord de l'intelligible et du sensible avec la conscience normative absolue de cet accord comme contenu, (le souverain bien) de la loi morale. Elle oriente la réflexion sur la réflexion esthétique vers l'affirmation morale – qui se passe, d'ailleurs, de toute propédeutique –, et confirme simplement le primat de la raison pratique en médiatisant la reconnaissance de ce primat à partir de l'exercice empirique le plus banal de la raison théorique. La *Critique du Jugement* est tout entière ordonnée à la célébration de l'absoluité de la conscience morale. C'est celle-ci qui, en vérité, peut seule constituer la conscience de la vie organique comme médiation effective entre la conscience du beau et la conscience du bien, entre la conscience empirique et la conscience rationnelle de l'unité du sensible et de l'intelligible. Dans le système de l'esprit humain, la *conscience* de la vie organique n'a pas plus, en tant que telle et par elle-même, de pouvoir médiatisant, que l'être vivant n'en a dans le champ de la raison théorique. Bref, dans le kantisme, la vie est laminée entre le mécanisme et le moralisme, qui seront bientôt l'un et l'autre dénoncés, par des philosophes se voulant des philosophes de la vie, comme des productions caractéristiques de l'entendement destructeur de cette vie.

Il faut, au demeurant, souligner que ce rabaissement kantien de la vie organique se justifie par le *refus* de considérer l'être organique comme pleinement, voire véritablement vivant. Ce n'est pas l'être organisé, simplement comme tel, qui réalise la vie. La *Critique du Jugement*) parle rarement de « vie » (*Leben*) et de « vivant » (*Lebendiges*). Elle évoque tout au plus la vie comme ce dont l'organisation pourrait être dite un *analogon* (§. 65). L'organisme est, certes, différenciation de soi de la totalité (du système), mais il n'est pas véritablement différenciation de soi *par soi* de sa totalité, ce qui exigerait l'affirmation de l'unité totale en tant que telle dans chacune des différences affirmées – base de toute réalité finie –, c'est-à-dire, au fond, l'affirmation de ces différences en tant que pensées, par la pensée qui est bien la spontanéité absolue. C'est pourquoi, dans certains textes (en particulier pré-critiques), Kant, tout en distinguant le critère et l'essence, découvre la vie dans le *libre* mouvement comme mouvement procédant de l'arbitre (spontanéité), et donc d'abord dans l'animalité[1] : il oppose ainsi les « corps organiques… vivants, c'est-à-dire qui se meuvent en vertu de leurs représentations », à ceux qui « végètent, c'est-à-dire qui conservent leur genre »[2], car « la vie, au sens strict du terme, est le pouvoir de la spontanéité d'un être corporel, d'agir conformément à certaines représentations qui lui appartiennent »[3]. Mais la vie, comme une telle spontanéité de la détermination de soi par soi, se réalise essentiellement dans l'esprit pensant.

Le système philosophique est bien l'auto-différenciation d'un tout qui se pose immédiatement comme tel par lui-même, tandis que le système organique (chez l'animal) est l'auto-différenciation d'un tout qui ne se pose pas lui-même comme tel en sa réalité immanente, car celle-ci est, en tant que naturelle, la diversité originaire des parties (il faut alors un entendement architectonique extérieur). Pour que la nature organique – ce que *nous* appelons la « vie » – intéresse fondamentalement le philosophe, il faudra donc qu'il puisse lire en elle, c'est-à-dire comme œuvre de la différence (naturelle) même, l'auto-affirmation du tout se différenciant. Or, cela exigera au préalable qu'il saisisse la vraie vie, la vie pensante, comme étant en elle-même une telle auto-affirmation du tout, une telle auto-position de l'identité, dans et par les différences de celle-ci. La philosophie deviendra une philosophie de la vie quand la vie de la philosophie – ou l'actualisation de la raison en sa systématicité – se sera définie comme l'équation de l'auto-différenciation de l'identité et de l'auto-identification de la différence.

1. *Cf. id.*, *Träume eines Geistersehers, erläutert durch Träume der Metaphysik* [*Rêves d'un visionnaire, élucidés par les rêves de la métaphysique*], *KW*, II, p. 330 *sq.*
2. *Id.*, *OP*, *KGS*, XXII, p. 374.
3. *Ibid.*, XXI, p. 566.

C'est une telle mutation conjointe de la philosophie de la vie et de la vie de la philosophie qui s'accomplira avec Schelling.

L'époque de l'élaboration et de la première diffusion du kantisme est aussi celle d'un développement considérable, accéléré, foisonnant, de la théorie, scientifique et philosophante, de la vie et d'une nature considérée comme essentiellement vivante (réconciliation anti-kantienne de la vie et de la matière, du finalisme et du mécanisme, de la raison et de l'entendement). Un tel apport ne nourrira ce qui sera, en Schelling, une véritable philosophie de la vie qu'autant qu'il se reconstruira à travers une vie de la pensée ou de la philosophie dont le modèle sera hérité du fichtéanisme. Car celui-ci va jouer – croyons-nous – paradoxalement un rôle décisif dans la constitution de la philosophie post-kantienne de la vie, alors qu'il ne comporte pas de philosophie explicite de la vie proprement dite, ce que lui reprocheront aussi bien Hegel que Schelling.

La science de la nature, par des découvertes qu'elle ne peut objectivement pleinement maîtriser, est poussée à dépasser le traitement mathématico-mécaniste de la nature en allant au-devant d'interprétations spéculatives. Dans le champ de la biologie, l'affirmation de l'excitabilité (Haller), de l'irritabilité (Brown), de la force vitale dans les plantes (A. von Humboldt), de la tripartition organique de cette force : irritabilité, sensibilité, reproduction (Kielmeyer)…, détermine le vivant comme une spontanéité organisée, une force ayant forme, cette polarité force-forme constituant une objectivité vivante excédant l'idée kantienne d'une objectivité réduite à l'organisation. Quant aux découvertes opérées aux confins de la physico-chimie (mécanisme) et de la biologie (finalisme) – celle du magnétisme animal par Mesmer, de l'électricité animale par Galvani, de l'arc voltaïque, de l'électromagnétisme par Oerstedt… –, elles tendent à effacer, à l'encontre du kantisme, l'hiatus entre le monde organique et le monde inorganique ; Brandis essaie d'identifier électricité et force vitale, et la « science » de la nature identifiera de plus en plus l'objectivité, en son essence, à la vitalité, ce qu' exploitera le monisme vitaliste de la « philosophie » de la nature.

On assiste également à une exploitation intensifiée de thèmes pré-kantiens, voire fort anciens. Telle l'idée de l'unité substantielle des phénomènes, les règnes étant remplacés par les attributs ou aspects de la nature (Spinoza), ou encore la vitalisation de cette unité de la nature, chaque individualité naturelle réelle étant un tout lié ainsi de l'intérieur, organiquement, au tout (Leibniz). La nature est saisie alors comme un grand vivant, qui médiatise par son essence la matière et l'esprit : il y a « réalisation » des « régulations » organiques kantiennes (la nature comme tout finalisé, le principe supra-sensible unitaire, que Kant jugeait insondable, du mécanisme et du finalisme, l'entendement intuitif, etc.). De ce fait, la théorie de la nature prend la vie pour objet et sujet. Pour *objet :* selon les Goethe, Herder, Baader, l'unité principielle de la nature est une matière qui est esprit (« âme du monde » ou « éther »), unité (vivante) de l'objet (différence) et du sujet (identité), par là source de l'organisation comme étant *à la fois* différenciation de l'identique et identification du différent; l'unité vivante de la nature est donc le principe de la *polarité*, loi du devenir naturel : répulsion du même et rapprochement de l'opposé (Herder), fluidification du fixe et fixation du fluide (Baader), attraction et contraction (Goethe)... Pour *sujet :* une nature ainsi vivante en son principe et en sa loi ne peut être ressaisie que par l'actualisation, dans la pensée, de sa vitalité; le semblable seul connaissant le semblable, le sujet-objet qu'est cette nature vivante ne peut être connu que par un sujet (identifiant) qui se fait objet (différenciant), c'est-à-dire qui recrée ce qu'il contemple : « philosopher sur la nature, cela signifie créer la nature » [1], proclame Schelling.

Mais, précisément, la démarche schellingienne se veut une intuition vivante de la nature vivante, qui respecte l'exigence proprement philosophique de l'identité à soi de la pensée en train de reconstruire la totalisation de soi de cette nature. Or, la vie naturelle ne peut être posée par le philosophe comme l'objet même, la réalité même, que si la pensée vérifie absolument la compatibilité de l'identité à soi (la philosophie) et de la totalisation de soi (la vie naturelle, le tout qui s'identifie à partir de la différence dans laquelle il se différencie), et cela en se pensant elle-même comme une telle totalisation de soi de son identité, comme une telle vie d'elle-même. C'est ici qu'intervient l'emprunt à Fichte, sous la forme d'une naturalisation schellingienne de la totalisation fichtéenne du Moi.

Il y a, certes, dans l'œuvre de Fichte, des allusions à la vie naturelle et à ses moments. Par exemple, le *Fondement du droit naturel* distingue entre corps organisés, corps articulés (le libre mouvement animal) et corps articulés de façon indéterminée (le corps humain) [2]; quant au

1. Schelling, *Erster Entwurf eines Systems der Naturphilosophie* [*Première esquisse d'un système de la philosophie de la nature*] –, *EE* –, *in Schellings Werke* – *SW* –, éd. M. Schröter, Bd II, Munich, Beek'sche Verlagsbuchhandlung, rééd. 1965, p. 13.

2. *Cf.* Fichte, *Fondement du droit naturel selon les principes de la doctrine de la science* – *FDN* – II, § 6, traduction A. Renaut, Paris, PUF, 1984, p. 94 *sq.*

Système de l'éthique, il différencie bien l'organisation, qui exprime la nature, et l'articulation, qui renvoie au libre exercice[1]. Cependant, la philosophie fichtéenne assigne à la nature en général – et par là, entre autres, à la nature organique – un statut trop subordonné pour qu'elle puisse se consacrer à l'étude de son contenu : « La nature n'est, pour la Doctrine de la science, absolument rien d'autre que l'antithèse, formée par la pensée absolue, de la force absolue de la vie libre et spirituelle ; elle est formée nécessairement pour rendre visible cette force, qui est, pour elle-même, absolument invisible »[2]. Pourtant, quelques indications, fondamentales par leur novation relativement au kantisme, sont données sur l'essence de la vie naturelle. Dans l'*Exposition de la doctrine de la science* de 1801, Fichte définit le « corps organique » comme ce dont le processus est « omnilatéral » et « réciproque », « partant toujours d'un unique point central en direction de tous les points et y faisant retour de tous les points »[3] ; et il y présente l'organisation comme ne pouvant reposer ni sur la simple « réunion » ni sur la simple « dispersion », mais seulement sur la « fusion » des deux, « car il n'y a pas d'unité si ce n'est celle du séparé, ni de séparés si ce n'est dans l'unité »[4]. La différenciation du tout et l'identification des parties en un tout ne sont donc pas deux opérations de statut différent, comme chez Kant, et dont l'unité serait incompréhensible, mais deux moments égaux dont l'unité réalise le sens même du système. Toutefois, il est à remarquer que l'organisme n'est évoqué ici que comme la métaphore du *savoir*, lequel est bien, pour Fichte, la *vraie vie*. Le concept de « vie » est, en son emploi courant dans le fichtéanisme, réservé à la caractérisation du savoir, de la science, de la conscience.

Chez Fichte, le savoir n'est pas simplement système ou organisation comme différenciation d'un tout présupposé par lui-même en tant que tel, l'auto-position du « Je pense » pleinement conscient de lui-même dans son activité organisatrice de son contenu étant alors, en tant qu'immédiate, hors du système (le « Je pense » est bien, chez Kant, une proposition empirique). Le système du savoir ou du Moi est son auto-construction transcendantale comme Moi total se pensant lui-même en tant que tel, à partir des moments déterminés ou différenciés de lui-

1. *Cf. id., Le système de l'éthique selon les principes de la doctrine de la science – SE –*, II, § 9, traduction P. Naulin, Paris, PUF, 1986, p. 117 et 123.

2. *Id., Die Tatsachen des Bewusstseins* [*les faits de la conscience*] – *TB* –, 1810-11, V, *SW*, 2, p. 618.

3. *Id., Darstellung der Wissenschaftslehre* [*Exposition de la doctrine de la science*] – *DWL* –, 1801, I, § 5, *SW*, 2, p. 12.

4. *Ibid.*, p. 22.

même, dont la composition débute par sa détermination ou différence la plus indéterminée ou indifférente, identique à soi dans son abstraction, la pure présence à soi (à ne pas confondre avec la conscience de soi, beaucoup plus concrète), l'intuition intellectuelle ou la Moïté. Cette composition nécessaire de soi comme tout se saisissant alors en tant que Moi individuel, est, comme processus spontané en quelque sorte naturel (il pose le Moi conscient de soi au lieu d'en procéder), proprement une vie[1]. Tel est le « *vivre* » comme vivre *spirituel*, dont la transposition pourra s'opérer sur la *« vie » naturelle*, car il est pensé comme particularisation d'un tout qui est en même temps totalisation des parties, c'est-à-dire processus aussi naturel puisque, dans la nature, on part des parties[2].

C'est bien ce « vivre » que Schelling transpose du Moi à la nature posée dès lors comme objet autonome et saisie en son contenu indépendant (du Moi, lequel, en revanche, sera inséré dans la vie naturelle en tant que production ultime de celle-ci), c'est-à-dire comme processus réel, comme production physique, au plus loin de toute explication de type finaliste ou téléologique, bref « idéaliste » : « Notre science est de part en part réaliste, elle n'est rien d'autre qu'une physique »[3]. Toutefois, ajoute aussitôt Schelling, une « physique spéculative », en tant que, à la différence de la physique empirique, elle appréhende la nature, non pas comme simple *être* (objet, chose [*Ding*]), mais aussi comme *agir* (sujet, principe, inconditionné [*Unbedingtes*]), en cela comme l'unité contradictoire, de ce fait inquiète, d'un produire et d'un produit, d'une *natura naturans* et d'une *natura naturata*, bref, comme un devenir intérieur à elle-même, ou comme une *vie*. Si la vie du Moi fichtéen est tout entière conditionnée par la dualité originaire de sa position (*Premier principe*) et de sa négation (*Deuxième principe*) – le Moi ne pouvant se poser comme Moi qu'en s'opposant un Non-Moi –, de même, chez Schelling, le produire ne peut être comme tel que s'il ne se réalise pas immédiatement dans son produit, en cessant donc de produire, que si son activité se fait opposition à elle-même et, par conséquent, est une contradiction d'activités : « une *dualité* universelle, comme principe de toute explication naturelle, doit donc être aussi nécessaire que le concept de la nature

1. *Cf. TB*, *SW*, 2, p. 607 : « Ce n'est pas l'individu, mais la vie spirituelle immédiatement une elle-même, qui est le créateur de toute manifestation, et, de la sorte, aussi des individus se manifestant ».

2. Sur le couple *vivere-vita*, voir, *ibid.*, p. 654.

3. Schelling, *EE*, *Einleitung* [*Introduction*], *SW*, 2, p. 274.

elle-même »[1]. Ainsi, pour être en tant qu'agir, affirmation de soi, identité à soi infinie, la nature doit être la « duplicité », la *différence* (non-indifférence) de l'identité et de la *différence*, du sujet et de l'objet, de l'idée et de la réalité, de l'esprit et de la matière, bref leur lien contradictoire, par là vivant, réel, ce sujet-*objet objectif* qu'est la vie. Le kantisme est bien inversé.

De la philosophie schellingienne de la vie comme philosophie physicaliste ou physique philosophique, nous évoquerons le contenu à partir de la *Première esquisse d'un système de la philosophie de la nature* (1799), dernière philosophie de la nature proprement dite de Schelling, et la plus systématique. – La nature est le grand organisme dans lequel sont en rapport une nature organique et une nature inorganique. Le principe schellingien, c'est de saisir l'inorganique à partir de l'organique, l'inerte et le mort à partir du vivant[2]. Une telle réalisation, objectivation, du thème kantien du grand organisme de la nature signifie que ce que Kant jugeait incompréhensible est, pour Schelling, la rationalité même au cœur de l'objectivité. En témoignent aussi bien le *sens* que la *réalité* de l'organisme en question.

La nature, c'est une activité productrice dont la contradiction originaire anéantit son produit, lequel n'est alors qu'en étant constamment reproduit. De la sorte, l'être, le repos n'est que la reproduction d'une activité constamment niée, le permanent est le combat réitéré de la nature contre ce qui est permanent, fixe, à l'arrêt, d'où l'infinité des points d'arrêt que sont les produits naturels. Or, la nature, infiniment active, vivante, ne peut s'arrêter dans des structures finies qu'en faisant se nier celles-ci dans leur scission en des individus, dont l'opposition réelle – sexuelle – alors nécessaire mobilise l'activité jusqu'à leur faire reproduire leur structure générique : « dans la nature, il ne peut y avoir aucun produit singulier sans opposition des sexes »[3]. Alors, la nature étant revenue à son point de départ moyennant la production d'un être commun, l'individu, inutile, peut et doit disparaître : « l'individu doit nécessairement paraître comme le moyen, le genre comme le but de la nature »[4]. Le problème est, dès lors, de savoir comment l'organisme universel peut poser un tel moyen, comment celui-ci peut être si son

1. *Ibid.* p. 277.

2. *Cf. id.*, *Von der Weltseele* [*De l'âme du monde*] – *VW* –, *SW*, 1, p. 568 : « Ce qu'il y a d'*essentiel* dans toutes les *choses* [...], c'est la *vie;*... et ce qui est mort dans la nature n'est pas *en soi* mort, c'est seulement la vie *éteinte* ».

3. *Id.*, *EE*, *SW*, 2, p. 44, note.

4. *Ibid.*, p. 51.

sens même est de disparaître, si « la nature tend constamment à supprimer la dualité et à retourner dans son identité originaire »[1]. C'est bien là la contradiction de la nature comme vie : l'organisme (en tant que tout) ne peut être que comme différenciation de lui-même en des organismes individuels : « Dans toute organisation, il doit nécessairement régner la plus grande *unité* du processus vital eu égard au tout, et en même temps la plus grande individualité de ce processus eu égard à chaque organe singulier »[2]. Mais comment la vie peut-elle être ainsi individualisation à l'infini ?

Si la nature, quant à son sens, est une seule et même organisation, rien ne peut être sans s'intégrer à elle, sans être assimilé par elle. Par conséquent, si un individu doit s'affirmer en – contre – elle, il lui faut assimiler pour ne pas être assimilé, organiser pour ne pas être organisé. Une telle opposition fait alors naître, pour l'individu, la séparation d'un intérieur et d'un extérieur (« *status im statu* »), origine de deux activités qui se conditionnent en leur conflit. L'individu ne pâtit qu'en agissant et n'agit qu'en pâtissant, l'activité de l'organisme est conditionnée par sa réceptivité et sa réceptivité par son activité : ainsi, « le poison n'est poison qu'autant que l'organisme dirige son activité contre lui, cherche à se l'assimiler »[3]. Que l'activité soit déterminée par la réceptivité, cela signifie que les fonctions de l'organisme s'effectuent selon les lois chimiques de la matière : « *matérialisme physiologique* ». Si la réceptivité est, inversement, déterminée par l'activité, c'est que ces lois chimiques ne peuvent comme telles, expliquer l'originalité multiforme des phénomènes organiques, qui fait, par exemple, que le corps organique maintient son propre degré de chaleur par toute température extérieure : « *immatérialisme physiologique* ».

Chacune de ces deux thèses n'est vraie absolument que dans son unité avec l'autre, par leur détermination réciproque. Ainsi, c'est la réceptivité (le milieu extérieur) qui détermine l'activité (intérieure) à déterminer, limiter, combattre (en en inversant les effets) la stimulation extérieure : « toute action extérieure sur l'organisme est une action indirecte »[4]. C'est ce qui définit le rapport de l'organisme individuel au grand organisme de la nature comme excitabilité (rationalisation du thème brownien). On a pu alors voir dans une telle excitabilité, dans laquelle la réception des influences chimiques est inversée par

1. *Ibid.*, p. 50, note.
2. *Id.*, *VW*, *SW*, 1, p. 588.
3. *Id.*, *EE*, *SW*, 2, p. 73, note.
4. *Ibid.*, p. 83.

l'activité organique, l'effet d'une « force vitale ». Mais Schelling en rejette l'idée, qui est, d'ailleurs, celle d'une force révélant elle-même son néant. En effet, la détermination réciproque, dans l'excitabilité, de la réceptivité et de l'activité, est celle de deux opposés : l'une croît quand l'autre décroît, mais – puisqu'il n'y a pas d'activité sans réceptivité – le maximum d'activité (c'est-à-dire le minimum de réceptivité) se renverse dans le minimum d'activité : « chaque maximum, dans la nature organique, passe immédiatement dans son opposé, le minimum, et inversement »[1]. Ce qui fait que l'activité vitale est la cause même de sa propre disparition : « Elle s'éteint dès qu'elle commence de devenir indépendante de la nature extérieure, c'est-à-dire non réceptive aux stimulants extérieurs, et, ainsi, la vie même n'est qu'un pont vers la mort »[2]. C'est donc bien en faisant s'affirmer son Autre, l'organisme individuel, que la vie universelle réalise son but : retourner dans son identité originaire absolue.

Le destin de l'extériorité constitutive de la vie manifeste ainsi le rapport nécessaire de l'organisme et de la nature inorganique[3] comme un homogène jeu de forces physico-chimiques dont il s'agit de retrouver, à *son* niveau, la loi directive, le principe structurant. Schelling récuse toute interprétation idéaliste-finaliste de la réciprocité : nature organique-nature inorganique, le finalisme étant pour lui « le tombeau de toute saine philosophie »[4] : il y a une communauté *physique* de la nature organique et de la nature inorganique, dont l'interaction obéit à une loi qui est la loi originaire de la nature. Il convient de déterminer une telle explication physicaliste réaliste de l'organisme.

Il ne saurait, certes, être question ici de suivre toute la « construction » schellingienne de l'organisme ou de la vie, c'est-à-dire, au fond, de l'excitabilité, par laquelle cette vie est « ramenée à des causes naturelles effectives »[5]. La vie n'exprime pas *une* force *spécifique* (« *Lebenskraft* ») – pas de vitalisme chez Schelling ! –, mais le *concours* de multiples forces naturelles générales : « L'essence de la vie ne consiste pas du tout dans *une force*, mais dans un *libre jeu de forces*, qui est entretenu continuellement par une certaine influence extérieure »[6]. Ainsi, « les forces qui sont en jeu dans la vie ne sont pas

1. *Ibid.*, p. 87.
2. *Ibid.*, p. 89.
3. *Cf. ibid.*, p. 91 : « pas de nature organique, et pas de nature inorganique, – pas de nature inorganique, et pas de nature organique ».
4. *Ibid.*, p. 92.
5. *Ibid.*, p. 144.
6. *Id.*, *VW*, *SW*, 1, p. 634.

des forces *particulières*, *propres* à la nature organique »[1]; simplement: ces forces sont dirigées par un principe qui, loin de supprimer les forces mortes de la matière dans le corps vivant, les actualise sans cesse à nouveau en les arrachant à l'équilibre et au repos dans lequel, abandonnées à elles-mêmes, elles iraient se figer. Ce principe est « particulier » en ce qu'il « dégage la nature organique de la sphère des forces naturelles universelles »[2], mais son actualisation est universelle en ce que, non réalisé dans une matière déterminée, il peut in-former toute matière. Il est d'autant plus forme matérielle universelle, ou matière formatrice universelle, que, en tant qu'« âme du monde » ou « éther » premier, il détermine principiellement, fondamentalement, la nature comme « l'organisme universel » où s'articulent une nature organique et une nature inorganique. C'est pourquoi l'organisme individuel et le moment inorganique lui-même de cet organisme universel sont liés structurellement et dynamiquement. Ainsi, d'une part, au jeu des forces constitutives de l'excitabilité: sensibilité, irritabilité et reproduction, fait écho analogiquement, dans son milieu inorganique, celui du magnétisme, de l'électricité et du chimisme. Et, d'autre part, cette même excitabilité – par quoi le vivant *se fait* l'effet, l'*objet*, des influences extérieures et, en cela, est bien le sujet-objet ou la « duplicité » – peut parfaitement être déterminée par un monde inorganique lui-même double. Un seul et même dualisme universel traverse donc toute la nature pour y allumer l'activité et la vie. Dans le kantisme, la vie était un néant d'objet; pour Schelling, elle est le tout de l'objet.

Et pourtant, la philosophie schellingienne de la vie présente des limites, pour autant que les principes du kantisme ne sont pas totalement dépassés. Assurément, quant à son *statut*, la vie acquiert une réalité ontologique par la réalisation objective des régulations kantiennes; c'est là, au demeurant, ce qui confère un sens nouveau au matérialisme méthodologique de la science de la vie, lorsqu'on passe de l'affirmation mécaniste de Kant (un mécanisme qui absorbe la physique) à l'affirmation physicaliste de Schelling (une physicochimie qui absorbe le mécanisme). Assurément encore, quant à son *contenu*, la vie s'enrichit, avec Schelling, de l'intégration à la rationalité qu'elle actualise, et comme moment aussi originaire d'elle-même, de la différence, laquelle la fait s'affirmer en son unité négative dans le rapport, devenu désormais central, à son identité universelle; alors que Kant ne thématise guère le rapport, à la vie universelle, de la vie

1. *Ibid.*
2. *Ibid.*, p. 635.

individuelle par là essentiellement analysée dans son unité positive, un tel rapport, comme rapport négatif, apparaît au centre de la théorie schellingienne de la vie. Mais, en tant qu'il est conçu comme un rapport d'interaction, c'est-à-dire supposant et consacrant la différence de ses termes, ce rapport fait déterminer, comme par un destin extérieur (physiquement écrasant), le vivant singulier, qui est, lui, une véritable unité en sa totalité finie, par la totalité infinie, différente d'elle-même, de la vie universelle, qui est, elle, un organisme plus idéel que réel. Pour Schelling, en ce sens, tout est vie, mais la vie vraie n'est pas la vraie vie.

Et ce, précisément, en raison du primat de la différence, originaire dans le lien de l'identité et de la différence – de la « duplicité » – en lequel Schelling fait s'enraciner la vie de la nature. L'identité originaire est *aussi* duplicité, mais sans se révéler telle parce qu'elle est identité; si l'identité et la différence se suscitent l'une l'autre, si l'homogène se fuit en même temps que l'hétérogène se cherche (ainsi dans le magnétisme), c'est par une sorte de co-production, c'est-à-dire encore d'interaction. Même dans sa philosophie ultérieure de l'absolu, Schelling ne s'élèvera guère au-dessus de cette absolutisation de la catégorie kantienne de l'action réciproque. C'est, au contraire, en la dépassant dans une rationalité conçue comme *identité* originaire de l'identité et de la différence que Hegel pourra saisir en toute son unité une vie qui, cependant, ne sera plus le contenu central de sa philosophie. La philosophie hégélienne se démarquera bien de celle de Schelling comme une philosophie de l'*esprit* se distinguera d'une philosophie de la *vie*.

La rationalité hégélienne – on le sait – n'est pas la simple *différenciation* de soi de l'identité se présupposant comme tout, donc la simple différenciation ou détermination de soi, ainsi que c'est le cas dans le kantisme. Elle n'est pas non plus la simple *différence* – en tant qu'interaction – de la différenciation de soi de l'identité et de l'identification avec soi de la différence, comme dans le schellingianisme. Elle se préserve de la rechute dans la perspective – séparatrice – de l'entendement en se posant comme l'*identité* de l'identité et de la différence. Une telle innovation dans la conception de la raison entraîne alors, chez Hegel, l'assignation d'un nouveau statut à la vie, comme réalisation de la raison. Si, chez Kant, l'organisme, en tant qu'objet rationnel, par là même contradictoire, ne peut-être qu'une idéalité, – si, chez Schelling, en tant que sujet-objet objectif, il est la réalité absolue elle-même, – chez Hegel, en tant que sujet-objet subjectif mais encore naturel, objectivé, aliéné, il est une réalité relative, subordonnée, au sein d'un absolu qui s'accomplit comme réalisation subjective de l'unité subjective du sujet et de l'objet, de l'Idée, c'est-à-dire dans l'esprit.

Il est vrai que Hegel – dans sa polémique originelle contre les philosophies de l'entendement ou de la réflexion, destructrices de toute identité vivante de l'identité et de la différence, de l'universel et du singulier – s'en est d'abord pris à leur application morale-spirituelle, dans la prédominance inaugurale, en lui, de l'intérêt éthico-politique, et qu'il leur a alors opposé la belle totalité de la vie essentiellement spirituelle d'un peuple. L'organisation politique, qui, chez Kant, n'était évoquée, dans une simple note[1], que comme une exemplification analogique de la vie, et qui était absente de la philosophie de la nature schellingienne, est, dans l'histoire du hégélianisme, le prototype de la vie. Celle-ci se présente bien d'abord à Hegel dans l'identité active, à la fois intime et transparente, du membre de la cité et du tout où elle s'organise. C'est bien la vie de cette cité qui va servir de critère d'appréciation, dans les écrits « théologico-politiques » de jeunesse, d'une vie chrétienne en laquelle l'amour est un lien infiniment supérieur à l'identification extérieure, répressive, que l'entendement judéo-kantien opère des différences, mais qui, en sacrifiant la différenciation de l'identité à l'identification des différences, interdit à la communauté des individus de se constituer en un organisme réel. La vie, en tant que vie d'un peuple, est, pour le jeune Hegel, le vrai ou l'absolu.

Assurément, le système hégélien se libérera de cette équation initiale de la vie et de la vérité. L'introduction à ce système, la *Phénoménologie de l'esprit*, dont le premier chapitre célébrera l'idéalisme du vivant, va délaisser, dans sa marche vers l'absolu, les déterminations successives de la vie, comme premier corrélat de la conscience de soi, comme objet privilégié de l'observation savante de la nature, comme exaltation pratique de l'individu, et comme existence éthique de la communauté. Quant à l'*Encyclopédie des sciences philosophiques* exposant le système lui-même, elle fera de la vie, dans sa partie « logique », un moment essentiel, mais subordonné, du sens de l'être, dont sa partie « réelle » situera l'effectuation, certes, au seuil du vrai, de l'esprit, mais dans la présupposition de soi naturelle de celui-ci. Cependant, la philosophie de la vie, dans le système hégélien, doit à son origine d'être profondément différente, non seulement par le *statut*, mais aussi par le *contenu* qu'elle assigne alors au vivant, de la

1. *Cf.* Kant, *KW*, II, § 65, *KW*, V, p. 375, note.

théorie qu'en propose la philosophie schellingienne de la nature. Et ce, en vertu de deux caractères fondamentaux par lesquels la vie, spirituelle, d'abord passionnément méditée par le jeune Hegel, détermine le contenu du système à venir : d'une part, quant à l'esprit ou à la raison constituant le vrai, – d'autre part, quant à la vie saisie en sa vérité de vie organique naturelle.

D'abord, la rationalité hégélienne, comme identité de l'identité et de la non-identité, sera la rationalisation de la « liaison de la liaison et de la non-liaison »[1] essentiellement lue, à l'origine, dans le rapport éthique de la différence *individuelle* et de l'identité *communautaire*. Or, un tel rapport a pour élément la transparence à soi de l'esprit, qui fait apparaître l'identité de chacun de ses termes – l'identité et la différence –, dont le lien naturel se retire au contraire, ainsi chez Schelling, dans l'opacité de leurs différences. L'identité hégélienne du sujet et de l'objet a bien pu, dès lors, définir l'absolu comme sujet-objet *subjectif*, c'est-à-dire comme le Soi porteur de l'être ou comme l'esprit se posant, s'exposant, s'aliénant dans la nature. Si bien, en particulier, que, chez Hegel, l'interaction – la différence ou non-indifférence active – de l'identité du vivant et de la différence de son milieu universel a pu être conçue comme procédant, en son sens, totalement, de la subjectivité singulière du premier. Le sens, contradictoire, du rapport constitutif de la vie devait en être grandement modifié. Tel sera l'objet du premier moment de l'analyse discriminante de la philosophie hégélienne de la vie. *Ensuite*, le fait que le milieu universel du vivant ait été primitivement saisi par Hegel comme homogène à celui-ci, dans le contenu de la vie éthico-politique, ne pouvait pas ne pas contribuer à faire désigner comme cruciale, dans la problématique, héritée de Schelling, du rapport naturel de la vie singulière et de la vie universelle, l'opposition, intime, de l'individu et de son genre, et par là même, en libérant la contradiction de la vie de sa résolution physique – extérieure – rétrograde (la solution schellingienne), l'ouvrir à son dépassement spirituel. Tel sera le second point de l'analyse.

Si le destin de l'organisme individuel, la vie accomplie comme vie, est, dans la perspective schellingienne, de se résoudre, en tout son sens, dans l'organisme universel, l'ensemble organique-*inorganique* de la nature en tant que, dans son contenu, elle n'est pas pure vie, il n'en va pas de même chez Hegel. Pour celui-ci, la vie universelle de la nature physique n'est pas plus vraie, mais moins vraie que la vie de l'orga-

1. Hegel, *Systemfragment*, 1800, *in* H. Nohl, *Hegels theologische Jugendschriften* [*Ecrits théologiques de jeunesse*], Tübingen, 1907, p. 348.

nisme singulier en laquelle elle vient se concentrer afin de s'arracher à son abstraction et contradiction : « La vie est essentiellement [un] *vivant* et, suivant son immédiateté, *ce* vivant singulier-*ci* »[1]. La vraie vie est celle d'un sujet singulier.

La nature mécanique et physique n'a, en vérité, d'être que comme « l'organisme de la Terre », dans lequel la nature vraie, organique, pose sa présupposition inorganique, laquelle est, à son propre niveau, contradictoire, c'est-à-dire fausse et dépourvue de réalité. Mais cet organisme terrestre, géologique, est la vie sous sa forme non-vivante – « le cadavre du processus vivant »[2] –, déchirée entre sa structure universelle objective, comme telle sans unité, sans sujet ou sans Soi, et sa productivité subjective éparpillée, ponctuelle et passagère (lichens, infusoires...), comme telle sans universalité. C'est pourquoi un tel organisme est, pour lui-même, voué au néant, du fait de cette contradiction. Il ne peut donc être que comme conditionnant l'organisme résultant, quant à son sens, de la négation d'un tel néant, c'est-à-dire l'organisme réunissant, identifiant, le Soi – l'identité – et la réalité – la différence – de la nature, bref : « l'organisme vivifié »[3], le sujet-objet *subjectif* objectivé naturellement comme tel.

Assurément, le *végétal* existe comme un tel sujet encore immédiat et formel : son identité *est* la différence qu'elle produit, donc est différence d'identités, répétition de soi en plusieurs individus semblables à elle (le rameau est un arbre...). Par là même, en cette extériorité à elle-même dans elle-même, elle se fait déterminer en sa structure objective par la nature prise en son extériorité à soi mécanique et physico-chimique. Mais, en se faisant, dans un temps alors maîtrisé par son identité, déterminer de la sorte par la spatialité, la plante indique bien, à travers le processus par lequel sa différence spatiale retourne temporellement en son identité (la graine), la vie comme l'unité de son unité objective (spatiale, structurelle) et de son unité subjective (temporelle, processuelle). Telle se posera la vie dans la subjectivité naturelle concrète, vraie, de l'*animal*. Or, en cette subjectivité croissante de l'objectivation naturelle de l'identité subjective du sujet et de l'objet, le vivant se libère progressivement de toutes les déterminations naturelles pré-organiques : géométriques et arithmétiques, mécaniques, physiques, chimiques. La vie fuit de plus en plus la régularité, la symétrie, la relation quantitative en général, elle n'admet pas en elle les

1. Hegel, *Enc*, I. *SL*, éd. 1830, § 216, traduction B. Bourgeois, p. 450.
2. *Id.*, *Enz*, II. *N. Ph*, éd. 1830, § 337, *SW*, G, 9, p. 449.
3. *Ibid.*, § 342, p. 490.

« rapports qui appartiennent à la sphère de la nature inorganique », tels « le magnétisme et l'électricité » [1], et « les processus de l'animalité suppriment toujours la nature du chimique » [2]... La méthodologie kantienne-schellingienne est, par là même, absolument rejetée.

Cependant, si le vivant dissout ainsi en son organicité toutes les déterminations non organiques, ce n'est pas pour s'assurer dans une paisible identité à soi de son organisation. Son repos – comme celui du vivant schellingien – est l'identité à soi de sa différenciation *processuelle* d'avec soi. Toutefois, si, pour Hegel, l'identité vivante, réalisation naturelle achevée du concept, est une telle différence d'avec soi, ce n'est pas parce qu'elle est *vivante*, c'est, plus profondément et radicalement, parce qu'elle est *identité*. Le parallélisme du progrès organique de l'identité à soi et de celui de la différenciation exprime leur identité originaire dans le concept – auto-différenciation de l'identité –, qui fait que les différences les plus différentes, c'est-à-dire les moins quantitatives ou objectives, ou les plus qualitatives ou subjectives, actualisent précisément en leur non-indifférence maximale l'identité maximale de leur sujet. Ainsi, bien loin que l'identité organique in-forme – comme c'est le cas chez Schelling – des déterminations présupposées par elle en tant que procédant de la nature universelle (inorganique) avec laquelle le vivant serait en interaction, elle est la position d'elle-même comme son Autre : c'est bien l'identité qui s'exprime comme différence d'elle-même et de sa différence. La vie n'existe, certes, que là où existe la contradiction assumée ; néanmoins, elle ne *supporte* celle-ci en s'y maintenant en son identité à soi que parce qu'elle la *pose* pour s'y exalter en cette identité, et qu'elle n'est rien d'autre qu'une telle position.

C'est bien là le sens du *triple processus* qu'est le vivant. En son sens absolu, le sujet organique se pose en posant successivement l'objet d'abord comme intérieur à lui, puis comme extérieur à lui, enfin comme identiquement intérieur et extérieur à lui. – Le premier processus est celui de la *configuration* [« *Gestaltung* »] : l'animal y expose (ex-pose) sa présence idéale à lui-même, la sensibilité, dans et comme la réalité, apparemment la plus morte, du système osseux. Mais la différence d'avec soi dont se nourrit l'identité vivante alors parvenue au sentiment de soi est, en raison de l'exclusivisme de ce dernier et pour qu'il y réalise sa certitude intérieure, expulsée comme une nature extérieure : « Le jugement du concept progresse... jusqu'à laisser aller

1. *Ibid.*, § 359, p. 631.
2. *Ibid.*, § 363, Add., p 642.

hors de lui-même l'*objectif* comme une totalité subsistante-par-soi, et la relation négative du vivant à lui-même produit, en tant que singularité *immédiate*, la *présupposition* d'une nature inorganique lui faisant face »[1]. Par là même, « l'Idée de la vie est en elle-même cette puissance créatrice inconsciente, une expansion naturelle qui, dans le vivant, a fait retour en sa vérité »[2]. Posée par le vivant, la nature inorganique se confirme bien, en étant maîtrisée par celui-ci, comme *son* Autre. Cela, particulièrement dans l'achèvement de ce deuxième processus, celui de l'*assimilation*, à savoir dans « l'instinct formateur » qui, en ses produits (le nid...), objective le sujet vivant en tant que tel pour lui-même ; ce sujet, vérifiant alors le sentiment de sa singularité subjective dans l'universalité objective, se satisfait comme une singularité universelle. Loin, donc, que l'interaction du vivant singulier et de son milieu – intérieur ou extérieur – inorganique universel, en tant que seulement présupposé par le premier, le soumette au second, elle fait éclater, en tant que posée par celui-là, la maîtrise qu'il exerce sur celui-ci.

Mais la vie a, pour Hegel, son *Autre* véritable à son *propre* niveau, comme le montre le troisième processus du vivant, celui de la reproduction. Réunion concrète des deux premiers, ce processus va les dépasser – en tant qu'ils font apparaître une maîtrise, encore abstraite, de l'organisme singulier sur son milieu inorganique universel – dans la maîtrise, où s'achève la vie, de cet organisme singulier par un universel proprement *organique* plus *intérieur* à lui-même que lui-même. Ce sens positif d'une telle maîtrise sera le dépassement de la *vraie vie*, organique, dans la *vie vraie*, supra-organique, de l'*esprit*.

S'étant rapporté à soi dans l'objet qui, de ce fait, est posé comme un autre lui-même, le sujet vivant fait exister à travers son individualité cette identité entre eux des vivants qu'est leur *genre*. Mais l'affirmation de l'identité générique par l'individu naturel, comme tel rivé à sa différence, ne peut être qu'une auto-affirmation du genre niant l'individu. Les divers moments de leur rapport sont alors les « modalités de la mort du vivant »[3]; celle-ci manifeste une intériorité de plus en plus grande du vivant et de son genre, c'est-à-dire du destin négatif qui emporte de plus en plus essentiellement le premier. Le genre apporte d'abord la mort à l'individu *de l'extérieur* de cet individu, donc par un *autre* individu que lui, cette altérité exprimant la particularisation du genre en espèces (mort violente des individus dans le combat des

1. *Id.*, *Enc*, I. *SL*, éd. 1830, § 219, traduction B. Bourgeois, p. 452.
2. *Id.*, *Enz*, II. *N. Ph*, § 357, Zusatz, *SW*, G, 9, p. 622.
3. *Ibid.*, § 367, p. 667.

espèces). Puis il le frappe *de l'intérieur de lui-même*, mais encore à travers son *rapport* avec l'*autre* individu; il est vrai qu'il s'agit là de son unité désirée, en soi, avec un autre individu qui est alors le même que lui... (tel est bien le rapport des sexes : la vie des enfants, c'est la mort des parents !). Enfin, le destin actualise l'*altérité* essentielle du vivant *à l'égard de lui-même,* la contradiction qu'est ce vivant comme raison naturelle, universalité réalisée dans l'élément opposé à elle de la particularité; cette négation endogène de l'individu s'opère dans l'épisode de la maladie, puis dans la mort, possible dès la naissance et, par conséquent, naturelle. La mort sanctionne bien l'effort même que fait spontanément l'individu pour universaliser, généraliser, son être singulier, car l'habitude alors produite supprime la tension constitutive de la vitalité. Le vivant réalise, en cela, *de lui-même* son destin en luttant contre celui-ci par l'intériorisation de l'universel mortel aussi pour lui en son extériorité !

La vie est ainsi pour Hegel, comme elle l'était pour Schelling, un pont vers la mort. Toutefois, elle n'est pas telle dans l'*interaction* de la singularité vivante avec un universel qui la dissoudrait essentiellement à travers son moment physique infra-organique; elle l'est par l'*action*, intérieure à la singularité vivante, de son universalité proprement organique, qui contredit le caractère naturel de sa nécessaire individualisation. Or, le sens positif ou vrai de cette auto-négation de la vie sera – puisque ce qui est, c'est le néant d'un tel néant – l'auto-position de l'unité *spirituelle*, comme telle possible, du genre et de l'individu. L'esprit posera alors à partir de lui-même, par conséquent avec un sens nouveau, en l'arrachant à sa singularité naturelle et, donc, en son accomplissement positif, la vie vraie – plus vie que la vie même [1] – qui est la vie de l'esprit. Hegel comprend bien la vie comme actualisation d'une raison qui est l'identité porteuse de sa relation à la différence, la subjectivité posant son identité avec l'objectivité, en tant que cette actualisation natale de la raison l'aliène en réalisant objectivement, dans la différence, l'identité subjective du sujet et de l'objet. La vie comme telle, c'est-à-dire comme vie naturelle, n'est pas l'absolu; la vie de l'absolu, la vie absolue, c'est la vie spirituelle. La philosophie hégélienne de la vie découvre en celle-ci un contenu original au sein de l'idéalisme allemand, en raison même de ce qui lui fait assigner à cette vie un statut aussi original, celui d'un *moment* essentiel, mais relatif, de l'absolu, lequel, absolument parlant, est esprit.

1. *Cf. ibid.*, § 371, Zusatz, *SW*, G, 9, p. 699 : « D'une manière générale, l'animal est plus faible que l'homme, qui est l'animal le plus fort ».

Nous insistions, dans l'introduction du thème, sur le caractère apriorique, rationnel, de la théorie de la vie offerte par l'idéalisme allemand. L'examen des trois grandes positions de la pensée idéaliste relativement à la vie naturelle a fait ressortir, cependant, l'exigence, constamment rappelée par celle-là, d'une exploration empirique, naturaliste, voire matérialiste, de cette vie. La grille rationnelle de la connaissance de l'organisme, en ses trois prestigieux modèles philosophiques, s'est bien élaborée à travers une information qui s'est voulue la plus « scientifique ». – Pour Kant, ainsi, l'approche empirique de la vie est d'autant plus nécessaire que celle-ci se trouve au plus loin de la structure transcendantale de l'objectivité vraie (matérielle ou physico-mathématique) et, par conséquent, ne peut être en rien anticipée conceptuellement dans son contenu spécifique. – Chez Hegel aussi, et pour une raison inverse, la théorie du vivant requiert, plus que toute autre, le recours à l'expérience : en effet, la concréité de la vie, en tant que naturelle, par là vouée à la dispersion, ne peut laisser découvrir sa richesse par la réflexion qui dévoile les moments intégrés de la concréité spirituelle. Elle ne peut livrer sa teneur, la plus contingente qui soit[1], qu'aux surprises de l'observation. – Quant à Schelling, son affirmation que « nous ne savons originellement rien du tout, si ce n'est par l'expérience et par l'intermédiaire de l'expérience »[2], est une prescription qui s'adresse absolument à la physique spéculative de la vie, c'est-à-dire, pour lui, de la nature tout entière, laquelle réalise son infinie productivité dans une infinité de produits dont la structure ne peut se livrer qu'à une expérience elle-même infinie. – En tout son développement, la philosophie idéaliste de la vie nourrit progressivement – modestement dans le kantisme, bien davantage dans le schellingianisme, et plus encore dans le hégélianisme – et, toujours, prescrit l'investigation empirico-scientifique d'un champ dont elle a d'abord fondamentalement armé la compréhension conceptuelle. En cela, et pour tous, philosophes et savants, elle est en tout point exemplaire : elle est résolument pensante et résolument à l'écoute de l'expérience. Illustration privilégiée du grand principe hégélien, toujours à méditer, de l'identité de la spéculation et de la vie.

1. *Cf. ibid.*, § 250, p. 62 *sqq.*
2. Schelling, *EE, Einleitung* [*Introduction*], *SW*, 2, p. 278.

CHAPITRE VIII

LA BELLE NATURE

Peut-être est-il pour nous encore salutaire, quand il s'agit de comprendre et justifier la rencontre et la création du beau, d'interroger à nouveau la première théorie conceptuelle qui en ait été offerte, celle de Kant, et la dernière, celle de Hegel. Dans la richesse spéculative du champ de l'idéalisme allemand, deux massifs s'imposent : le massif kantien et le massif hégélien. Nous rechercherons et trouverons en chacun les réponses, articulées entre elles, aux trois questions suivantes :

1. Qu'est-ce que le beau ?
2. S'il est tel, qu'en est-il du beau naturel ? – interrogation qui, en fait, revient à cette autre : qu'en est-il, en leur valeur comparée, du beau naturel et du beau artistique ?
3. Si tel est le rapport axiologique du beau naturel et du beau artistique, qu'en est-il de l'application de celui-ci à celui-là, et, plus particulièrement, de l'aménagement artistique du paysage naturel, de l'art paysager ?

D'un massif à l'autre, une allée. Nous n'y rencontrons pas le fichtéanisme, auquel Schlegel a cru plaisamment pouvoir imputer la paternité philosophique de l'esthétique romantique – ironie où l'histoire de la pensée s'est jouée du penseur de l'ironie ! Notre allée sera schellingienne. Assez courte, d'ailleurs ; car, en toute l'étendue de sa philosophie de l'art, Schelling a été fort discret sur le beau de la nature en son surgissement perceptif. Mais sa vision cependant suggestive du paysage naturel nous acheminera, dans un paisible intermède, au second moment de ce parcours.

Toute l'œuvre de Kant est traversée par un leitmotiv : dans la nature, la beauté brille de tous côtés. La *Critique du Jugement* rapporte cette expérience banale, pour l'y fonder en sa possibilité, à la totalité hiérarchiquement systématisée des fins essentielles de l'être raisonnable fini. Kant y détermine ce qui, dans le sujet, 1) rend possible d'apercevoir ainsi partout du beau dans les choses, 2) rend réelle cette possibilité non toujours actualisée et sert alors de principe à une culture du goût. Deux questions, deux réponses, dont le contenu – que nous ne pouvons ici que brièvement rappeler – prescrit la subordination totale du beau artistique au beau naturel.

Tout plaisir satisfait une intention. Le plaisir esthétique, qui remplit la conscience du beau, enveloppe une exigence d'universalité. Or seul est universalisable ou communicable ce qui est connaissable. Mais la condition de toute connaissance est l'accord de l'imagination, lectrice du divers sensible alors présent comme tel, et de l'entendement, qui recueille et fixe cette diversité en *une* représentation, ainsi parfaitement disponible. Par conséquent, le plaisir esthétique manifeste que cet accord, constitutif du jugement, est en lui réalisé. Et par là, la condition générale du jugement esthétique se révèle être la même, ni plus ni moins, que celle du moindre de nos jugements empiriques logiques par lesquels nous connaissons des objets. Cette condition est le principe subjectif, car supposé par et pour toute activité consciente de l'entendement, suivant lequel la diversité sensible objective est adaptée à – se laisse déterminer par – l'unité intellectuelle subjective dont elle est cependant différente puisque leur accord est à rechercher. On sait que Kant appelle ce principe de la légalité du contingent le principe de la finalité subjective du jugement. Vivre théorétiquement, est donc nécessairement s'attendre à rencontrer partout, et l'objet empirique, et sa beauté, donc à percevoir « avec faveur » une nature elle-même adaptée au principe de la finalité. Par là est transcendantalement fondée la possibilité de la banalité d'une telle double rencontre.

Mais la conscience de la beauté n'a rien à voir avec la conscience de ce qu'il y a d'objectif dans l'objet. L'examen de cette différence enveloppant la déduction nécessaire de l'essence de l'objet beau et conduisant à la détermination limitant l'existence de sa conscience, qu'on nous permette de nous y attarder quelque peu !

Je ne connais un objet comme tel que si je possède la règle grâce à laquelle je peux, pour en disposer, récapituler, comprendre, unifier, universaliser sa particularité ou diversité : cette règle médiatisant l'universel et le particulier, cet universel particulier, c'est le concept. Or, il n'y a pas de règle du beau : il plaît, dit Kant, sans concept ; l'unité esthétique de l'entendement et de l'imagination est bien seulement sentie en sa prétention universelle, elle est seulement « sens commun ».

Que signifie une telle unité non conceptuelle du divers sensible ? De quoi, précisément, est-elle l'unité? Non pas du divers lui-même comme tel; ou encore, elle n'est pas son unité immédiate. Si cela était, tous les objets beaux, comportant une égale unité et une égale diversité (les « attraits » du matériau sensible – couleurs, sons – ne constituant aucunement le beau, purement formel), seraient également beaux, ce qui n'est pas; l'existence banale du beau a été justifiée transcendantalement, comment l'existence banale des degrés du beau peut-elle l'être ? Notre thèse est que, chez Kant, le beau est mesuré par ce qui médiatise l'unité et la diversité, c'est-à-dire par le concept. Ni la « synopsis » ni la synthèse ne sont un ordre, seul le concept l'apporte, et le grand pourfendeur du désordre que fut Kant ne pouvait l'affirmer dans le beau.

Dans *l'objet* beau, l'imagination peut parcourir la diversité *quantitative* selon une séquence spatiale ou temporelle à travers laquelle cette diversité se laisse aisément recueillir dans une unité avec soi qui est le concept. Mais l'objet n'est beau qu'autant que l'entendement, travaillant au service de l'imagination, se laisse solliciter par la *diversité* que celle-ci a pour rôle de faire paraître comme telle, et donc, *conceptualise diversement* le divers. La belle puissance de l'unité est mesurée par l'ampleur de la diversité qu'elle unifie, et cette diversité n'est *déterminée* (*peut mesurer* le beau) que comme diversité *conceptuelle.* Seulement, l'entendement ne peut recueillir la diversité de ces unités conceptuelles du divers en une unité conceptuelle. Le beau, c'est le trop-plein conceptuel irréductible, non subsumable sous un concept : lorsque Kant dit que le beau plaît sans concept, il veut dire, et il dit souvent : sans concept *déterminé.*

Il n'arrive pas, ainsi, à concevoir l'unité de la diversité des *concepts* de rang *égal,* qui n'est plus unité quantitative, mais *qualitative :* seul Hegel saura découvrir, au cœur d'une telle unité (seulement sentie pour Kant) des différences qualitatives, l'unité absolue, car intime, des contradictoires, le concept lui-même. Pour Kant, le sensible beau, c'est – non réductible au niveau perceptif – la profusion, la confusion, de l'intelligible, *l'intelligible confus :* la *Critique du jugement,* à travers son échec à penser totalement l'esthétique de la *contradiction* que Leibniz avait dite sans la justifier transcendantalement, pouvait bien apparaître, à ce Leibniz post-kantien que fut Hegel, comme l'anticipation géniale de son œuvre, fondation spéculative d'une telle esthétique. En tout cas, la médiation par le concept est ce qui justifie que le beau comme graphisme soit nécessairement polygraphisme, et que la calligraphie croisse avec la polygraphie. La belle forme est nécessairement polymorphique : la banalité possible du beau est celle du complexe, de l'irrégulier, de l'étrange, du baroque. Si la belle graphie est polygraphie, son *intuition,* qui exige alors une polyréflexion, un séjour prolongé en elle de l'activité réflexive, doit librement se fixer par une *contemplation.* Dans le cas du beau, *l'Anschauung* requiert particulièrement la *Beschauung*. Mais nous quittons ici le problème de *l'essence* de la conscience du beau pour celui des conditions d'*existence* de cette conscience, moins banale qu'elle ne paraît l'être.

Si je fixe, maintiens en moi, par la contemplation l'existence de l'intuition du beau, c'est en raison d'un *intérêt,* qu'il s'agit maintenant de définir. Cet intérêt ne peut être d'ordre théorique : la surabondance conceptuelle du beau empêche en effet la détermination de sa finalité en une fin disponible, l'achèvement de la connaissabilité en connaissance, la réalisation de la fin théorique de la raison. On n'en finit pas de regarder le beau, parce qu'on veut, mais ne peut, le connaître. Impuissance. Mais quel plaisir dans cette impuissance ! Cependant une impuissance ne peut fonder un plaisir. La raison qui fait donc que la *condition* de la conscience cognitive existe aussi, dans un grand paradoxe, comme une *figure* particulière de la conscience, c'est-à-dire comme libre plaisir, ne peut renvoyer à la fin théorique, dont ce plaisir célèbre l'échec. La justification du sens commun esthétique est, on le sait, pour Kant, d'ordre pratique.

Nous ne pouvons ici qu'évoquer la séquence tout ensemble progressive-régressive de cette œuvre si étonnamment architectonique qu'est la *Critique du jugement.* D'une part, d'abord, la finalité subjective des belles formes dispose l'entendement, incapable de comprendre mécaniquement l'existence des êtres organisés, à admettre en eux des « fins naturelles » objectives, et, à travers eux, l'existence de la nature entière comme une totalité régie par la finalité renvoyant à un entendement ordonnateur du monde. En revanche, d'autre part, en assurant son caractère *hypothétique* dans la *catégoricité* de la téléologie morale qui impose à la nature le « but final [*Endzweck*] » de la raison pratique et, à travers celui-ci, la suspend à la sagesse du Dieu moral, la téléologie physique, ouverte à son propre contenu par la rencontre des belles choses, institue le *fait* de cette rencontre, qu'elle reprend sous sa forme réflexive propre, en confirmation immédiate de l'accord de la nature finalisée et du but final supranaturel. La conscience morale veut l'unité intellectuelle de la loi réprimant le sensible : elle est donc attachée à la réalisation sensible, alors problématique, d'une telle négation du sensible, c'est-à-dire à la réalisation du bien, liberté naturalisée; mais en réfléchissant sur la conscience du beau, elle ne peut pas ne pas sentir comme un adjuvant de sa foi l'accord par lequel le sensible *comme tel,* au ras de lui-même, se laisse transpénétrer par l'unité. Puisque le beau « symbolise » ainsi avec le bien, la conscience morale ne peut qu'aimer le plaisir esthétique et, en quelque sorte indirectement, l'ériger en devoir, comme fait qui la confirme en son sens du devoir absolu. *L'expérience du beau n'est banale que par et pour la conscience morale.*

Une telle justification morale – absolue, chez Kant – du beau confère une catégoricité absolue à l'appréciation de son champ. Quel objet est donc vraiment beau ?

En premier lieu, l'objet le plus purement, totalement, beau est celui dans la contemplation duquel l'entendement se soumettant à l'imagination ne trouve pas occasion de reprendre sa maîtrise en limitant le jeu ordonné de celle-ci. C'est pourquoi la « beauté libre », qui ne présuppose aucun concept (aucune fin) de ce que doit être l'objet est plus purement belle que la « beauté adhérente », dont le champ est limité par un tel concept. Or, toute beauté produite par l'art est adhérente. Tout art, en effet, comme activité volontaire suppose, en son but, un concept du contenu supra-conceptuel à produire, qui ne peut que limiter l'« Idée esthétique » (morale-théologique) que le sens commun pressent dans le beau comme ce en quoi se justifie sa propre existence, et, par là, ce beau lui-même. Même l'artiste le plus génial ne peut rivaliser avec « la grande artiste Nature » quand il s'agit d'unir infiniment l'unité intellectuelle et la diversité sensible : ou son génie tend à écraser celle-là sous celle-ci, ou son goût tend à appauvrir celle-ci sous celle-là. L'art n'est bien, hélas pour lui, que l' « *apparence* de la nature ». Mais la nature, elle, est, par bonheur pour nous, seulement « *l'apparence* de l'art » (la téléologie est la seule affirmation de *notre* entendement fini). C'est pourquoi le produit naturel est d'autant plus beau que la nature procède moins techniquement ou téléologiquement.

Ainsi, la fin morale, comme telle absolue et absolument déterminée, est celle qui circonscrit le plus le champ sensible de la beauté. Et, de plus, ne peut-on pas considérer que la répression de la sensibilité par la loi fait grimacer la figure ? Peut-il y avoir une expression *gracieuse* de la *dignité ?* L'« idéal du beau » ne chasse-t-il pas le beau idéal ? Nous n'en sommes pas encore à Schiller ! C'est au plus loin de l'homme, en deçà encore de la téléologie physique qui offre déjà une « idée normale » de telle ou telle espèce vivante au jugement de goût, davantage là où l'animalité laisse transparaître l'indétermination finale plus grande de telle forme végétale (le perroquet, l'oiseau de paradis…) ou minérale (les crustacés marins…), mais surtout dans la surdétermination formelle antitéléologique de la pure *géographie,* que la beauté est à son comble. La belle nature où s'accomplit toute beauté, c'est, par exemple, la nature sauvage de Sumatra, dont la luxuriance nourrit une contemplation jamais assouvie, ses « attraits » sensibles (c'est là, d'ailleurs, selon Kant, la seule efficience esthétique des sensations en leur matière) dévoilant et soulignant le riche dessin de ses formes. Le philosophe des fins est l'esthète des origines. Pour Kant, la polygraphie nécessaire du beau a son site privilégié dans la géographie physique. En lui, le professeur d'esthétique fait plus que voisiner avec le professeur de géographie pour qui le géographe physique est un « voyageur » curieux « qui recherche partout ce qui est merveilleux, étrange et beau »[1]. Un tel lien ne nous paraîtra plus curieux, pas davantage, désormais, que cet autre, qui le conditionne puisque l'intérêt pour le beau est un intérêt moral, et dont Alain tirait des effets dans sa boutade : « Kant, ce professeur de géographie, qui, un jour, voulut savoir ce qu'était un honnête homme au jugement de son savetier » ! Si affirmer un opposé, c'est toujours affirmer son Autre, ne fallait-il pas être le voyageur bien séduit par le divers sensible pour être le moraliste rigoriste exaltant avec tant de force l'unité répressive de la raison pratique ?

C'est bien, en tout cas, pour Kant, la contemplation de la géographie perçue, du paysage le plus naturel, qui nourrit au mieux l'intérêt pratique de la rencontre du beau. Outre que l'intérêt à l'existence du beau artistique n'est spécifique que lié à la vanité sociale – pourquoi ajouter à ce qui, déjà, comble ? –, c'est le beau naturel qui symbolise le plus catégoriquement et universellement le but final de la raison pratique (le vouloir de l'artiste est, en effet, limité en sa puissance et en son contenu). Mais l'intérêt moral ou absolu qui fixe en nous le sentiment de la belle nature n'est absolument satisfait que devant le beau naturel lui-même le plus libre. La beauté naturelle adhérente – aussi bien celle de l'homme moralement exemplaire que celle de l'organisme strictement individualisé – est, en effet, d'une part, limitée, en son unification du sensible, par la fin qu'elle suppose, et, d'autre part, affectée, en son caractère assertorique, par sa liaison avec l'affirmation toujours seulement problématique ou hypothétique de cette fin. Seule la beauté libre du paysage inorganique, dont le sensible n'appauvrit pas sa

1. Kant, *Entwurf und Ankündingung eines Collegii der physischen Geographie* [*Esquisse et Annonce d'un cours de géographie physique*]…, 1757, *KW*, II, p. 3

finalité propre en la subsumant sous un sens (conceptuel) limité, offre la parfaite transpénétration du sensible lui-même, en sa pure et infinie diversité imaginée, par l'unité ainsi souveraine de l'entendement. *La contemplation de la nature la plus éloignée de l'homme et de la liberté est ainsi le meilleur adjuvant de cette liberté en son affirmation pratique.* Tout le bonheur de l'homme consiste bien à ne pas rester apparemment seul dans la chambre ou le salon rempli des œuvres de la vanité artistique, et à exalter sa « belle âme » – son âme bonne – dans la contemplation réellement solitaire de la belle nature sauvage.

Quelle erreur, donc, que celle d'un Winckelmann – non cité, d'ailleurs, dans la *Critique du jugement!* – qui croyait que, devant vouloir aussi « instruire », les grands peintres de paysages » ne satisferaient leur art qu'à moitié s'ils laissaient leurs paysages sans aucune figure » ! L'art n'éduque pas moralement les hommes en les peignant dans ses tableaux. Tout au contraire, la morale éduque le goût de la beauté rencontrée dans la nature, et seulement à travers lui, le goût de sa pâle imitation artistique. Non, ce n'est pas la Vénus de Medicis qui a pu révéler la beauté naturelle de la femme, elle-même surpassée par tant d'autres !

N'est-ce pas alors la faute, tout en un, esthétique et éthique la plus grave que de vouloir, non seulement ajouter, comme dans l'architecture ou la sculpture, mais substituer, non pas seulement idéellement, comme dans la peinture proprement dite, mais réellement, et tel est l'art des jardins, l'art à la nature, et cela au cœur d'elle-même ? Pourquoi donc des parcs ?

Mais d'abord, puisque l'art en crée, que doivent-ils être ? Assurément plus anglais que français, ce qui n'est plus pour nous surprendre ! L'aménagement du paysage naturel ne doit pas être soumis au concept. Ce qui signifie, en premier lieu que, refusant toute téléologie, il ne doit pas être une architecture, toujours d'abord destinée à la vie de l'homme : *on ne vit pas dans la belle nature, on la contemple!* L'art des parcs doit donc être essentiellement *pictural*. Et, en second lieu, il doit l'être en peignant en elle-même la nature seulement avec elle-même (pas d'ajouts de la technique humaine), et en son être le moins organisé : simple *a-thématisme* de la mise au jour des *éléments :* l'air, la terre, l'eau, par l'exploitation de la lumière et de l'ombre. Bref, tout doit y favoriser « le libre jeu de l'imagination dans la contemplation »[1]. Micro-paysage, le parc artificiel n'a d'originalité qu'autant qu'il

1. *Id.*, *KU*, I, § 51, *KW*, V, p. 323.

« compose autrement et selon certaines Idées la nature »[1]; mais c'est une bien piètre originalité, car le peintre en parcs, comme tout artiste, ne peut rivaliser avec la nature paysagiste, ni pour ce qui est de l'art des formes, ni pour ce qui est de leur contenu symbolique. L'aménagement artistique de la nature en ses jardins est fondamentalement inutile, et ne mérite guère qu'on lui consacre, comme c'est le cas chez Kant, plus d'une dizaine de lignes.

La nature est absolument belle, sortant des mains de Dieu. Pourquoi donc l'artificialiser? Et, d'ailleurs, son inégalité locale, rançon de sa variété ou richesse, peut toujours elle-même être compensée par l'imagination qui triomphe dans le jugement de goût: Kant lui-même ne transporte-t-il pas la beauté des « belles choses » aux « belles apparences des choses » (le feu de cheminée fait rêver de belles choses)? Qu'importe-t-il, au fond, esthétiquement parlant, que l'on ait une imagination perceptive ou une perception imaginaire du réel? Puisque c'est l'accord *subjectif* de l'entendement et de la sensibilité, et non pas son corrélat objectivé, qui, point essentiel, garantit la réalisation possible du but final moral! Le plaisir esthétique ne peut-il pas être lié à l'exercice le plus subjectif de l'imagination? Le beau jardin de Kant n'est-il pas, en fin de compte, le jardin imaginaire? L'admirateur de l'Insulinde exotique n'est-il pas – pour mimer irrespectueusement l'ironie nietzschéenne – le Javanais de Königsberg? La « belle » nature des landes prussiennes pouvait-elle être embellie, pour ce grand sédentaire que fut Kant, autrement qu'à travers les voyages en chambre du géographe esthéticien? L'embellissement de la nature est toujours déjà fait : c'est un *jeu* naturel de l'imagination, rendant l'*art* superflu.

Superflu ou oublié? Les documents du géographe physique n'ont-ils pas conditionné le surgissement du jugement esthétique sur la beauté naturelle? L'amour de la belle géographie d'avant l'histoire n'est-il pas lui-même une manifestation, la manifestation ultime, de l'histoire elle-même? Le développement ultérieur de l'idéalisme réintroduira l'art humain, et, avec lui, son auteur, de façon essentielle, dans le contenu même de la beauté naturelle. A l'environnement paysager sera rendu l'homme, comme au temple son dieu.

Si, chez Kant, la beauté est libre contemplation de l'objet, elle va devenir progressivement dans l'idéalisme postérieur contemplation de la liberté objectivée; elle ne sera plus seulement la *liberté garantie*,

1. *Ibid.*

mais la *liberté montrée*. Ainsi, la nature n'est belle qu'en tant qu'elle est vue comme unité de la nécessité et de la liberté. Recevant alors un statut objectif, la beauté est délivrée de sa définition subjectiviste par le pur plaisir du jugement de goût : le plaisir est la « condition du beau », mais pas, assurément, « l'accomplissement du beau », déclare Schelling dans sa *Philosophie de l'art*[1]. La beauté est ce qu'il y a de plus réel dans les choses ; beauté et vérité sont un même reflet de la divinité (comme liberté qui est nécessité), et l'art humain, qui produit aussi la première, est en cela lui-même divin : « la nature et l'art ne font qu'un »[2]. Alors, les formes ne sont belles qu'autant qu'elles se donnent comme l'information de l'art divin qu'est la nature, agir absolu parfaitement libre en sa totale nécessité. Loin d'être rabaissée à une simple apparence, la beauté est l'apparition, dans la forme, de la puissance absolue de l'essence en sa constante créativité ou négativité. C'est pourquoi, par exemple, « jamais la terre, comme le ciel, ne brillent d'une plus belle lumière qu'après la tempête, l'orage et les pluies diluviennes, lorsqu'ils apparaissent comme créés à neuf à partir d'un second chaos »[3].

Cette créativité unissant la liberté et la nécessité est à sa cime quand elle lie la plus haute spiritualité et la plus basse corporéité : « Ce qu'il y a de délicat et de spirituel n'obtient sa valeur suprême qu'autant qu'il affirme encore sa nature en étant mêlé à un élément antagoniste, voire barbare ; là où le doux devient maître du fort, là seulement naît la suprême beauté »[4]. Le Dialogue *Clara ou du lien de la nature avec le monde des esprits*, qui s'exprime ainsi, applique particulièrement ce thème d'un rapport magique de l'esprit et de la nature, générateur de beauté, à la beauté des paysages naturels : « un secret propre gît..., caché, dans les lieux » ; ils sont, même les plus modestes, remplis d'un certain esprit auquel, pour nous, ils ne sont pas indifférents : « Ne ressentons-nous pas, dans chaque paysage, une certaine présence spirituelle, qui, dans l'un, nous attire, dans l'autre, nous repousse ? »[5]. La belle géographie n'est plus la pure géographie physique. Mais, pour Schelling, cet esprit qui embellit la nature n'est encore que l'esprit des dieux ou de Dieu, voire, tout au plus, celui de ces demi-dieux que furent

1. Schelling, *Philosophie der Kunst* [*Philosophie de l'art*], *SW*, 3° E. Bd, p. 174.

2. *Ibid*, p. 160.

3. *Id.*, *Ph. R*, Livre II, Leçon XIX, traduction dirigée par J.F Courtine et J.F Marquet, Paris, PUF, 1991, p. 286.

4. *Id.*, *Clara oder über den Zusammenhang derNatur mit der Geisterwelt* [*Clara ou du lien de la nature avec le monde des esprits*], *SW*, 4° E. Bd, p. 210.

5. *Ibid.*, p. 207.

les héros fondateurs des cultures : dans les beaux paysages – lieux de pèlerinage – la géographie ne se spiritualise qu'en s'unissant à l'histoire mythologique ou légendaire. Le beau lieu n'est pas encore saisi comme le mémorial de l'histoire effective de l'homme. Hegel accomplira ce pas ultime en découvrant dans l'homme réel fini le devenir de l'esprit absolu. Mais l'humanisation naturelle de Dieu, dans l'anti-paysage d'une grotte, s'opérera chez lui par la dédivinisation humaine – artistique – de la nature. Dans le beau, l'esprit de l'homme se cherche et se trouve, mais il ne se trouve pleinement que dans le beau artistique, non dans le beau naturel.

Pour Hegel, comme pour Schelling, l'absolu est unité de la liberté et de la nécessité, de l'identité à soi et de la différence en soi, de l'intériorité et de l'extériorité, du subjectif et de l'objectif, ou – en termes aussi et surtout hégéliens – du concept et de la réalité. Mais, sommairement parlant, Hegel ne saisit pas une telle unité comme une simple « indifférenciation » ou « neutralisation ». L'absolu est l'unité concrète *subjective* du sujet et de l'objet, Idée ou Esprit : le concept a toujours prise sur son Autre. A tel point que, sûre d'elle-même en son idéellisation, irréalisation, de la totalité où elle s'objective, la subjectivité absolue laisse être librement les différences constituant cette totalité : dans le hégélianisme, totalitarisme et libéralisme sont toujours en proportion directe.

C'est d'une telle Idée que le beau – l'*Idéal* – est la manifestation sensible, singulière, individuelle. Mais toute forme sensible n'est pas également propre à manifester l'Idée, alors tronquée aussi en son contenu. Une manifestation sensible de l'Idée, de l'Esprit, du divin, est d'autant plus belle que l'unité subjective se réfléchit plus *intensément* à même l'*extension* croissante, ainsi libérée, de son objectivité. Ainsi, la nature physique est la moins belle, car en elle le matériau est d'autant plus uniforme, d'autant moins différencié, que la forme est plus extérieure, moins identique, à lui et, en elle-même, à elle-même; là triomphe l'abstraction, la répression, la non-liberté, la laideur. Plus belle est la nature organique, et d'autant plus belle à l'intérieur d'elle-même, à travers les étapes successives de l'organisme géologique-géographique de la Terre, de l'organisme végétal et de l'organisme animal, que, progressivement, les membres sont libérés et le tout, qui libère parce qu'il est le libre, plus prégnant en eux. La progression en beauté est ainsi strictement inverse de ce qu'elle était chez Kant : *plus c'est téléologique, plus c'est esthétique*.

La « contradiction non résolue » de la nature naturelle, entre son Idée et son extériorité, ne peut se résoudre entièrement dans l'esprit réel ou naturel de l'homme : son unité apparaît toujours réfractée et fragmentée dans son corps organique, psychologique ou éthico-politique, qui ne peut alors réaliser l'unité nécessaire que sur le mode répressif. L'esprit ne peut s'apparaître en sa plénitude dans sa manifestation naturelle : l'objectivité immédiate ne peut exprimer l'unité subjective de la subjectivité et de l'objectivité. L'homme qui, parce que son être est d'être pour soi, ne peut pas ne pas s'objectiver, s'exposer dans le sensible, tel qu'il se pressent être, comme esprit absolu, ne peut donc pas ne pas tenter de se dire dans un sensible ou naturel nouveau, non naturel, celui de l'art, qui, médiatisé par l'esprit, issu de lui, idéalisé, le renvoie à lui-même dans sa réalité.

L'art utilise négativement le matériau naturel, il le dénature de plus en plus, et en sa forme et en sa matière, pour lui faire dire l'esprit : au matériau naturel massif arraché à sa forme naturelle (c'est l'architecture) et à son contexte naturel (c'est la sculpture) succède le matériau naturel arraché à sa massivité, réduit à son apparence (c'est la peinture), puis le matériau naturel s'arrachant lui-même à son existence (ce sont les arts du son, musique et poésie). Mais cette négation artistique de la nature est, comme toute « Aufhebung », une négation salvatrice : plus l'esprit transparaît librement dans un matériau dénaturé, spiritualisé, plus ce qui transparaît dans cette nature spiritualisée est un esprit naturalisé. L'art *symbolique,* qui triomphe dans l'architecture, exprime l'esprit en son universalité indéterminée, qu'aucune détermination sensible ne peut vraiment dire. L'art *classique,* qui triomphe dans la sculpture, exprime un esprit qui *est* déterminé, donc identique à sa détermination *naturelle,* et tel est l'homme pétrifié, comme subjectivité prise dans son objectivité corporelle : l'adéquation parfaite de l'esprit alors visé et de sa forme sensible manifeste ici la culmination de l'art, au plus loin du paysage. Mais l'art doit bien encore dire, en s'achevant, l'esprit qui *se* détermine, subjectivité tellement assurée en sa réflexion en soi qu'elle peut célébrer sa maîtrise à travers ce qu'il y a de plus éloigné d'elle, l'objectivité la plus naturelle. Tel est l'art *romantique*, qui se clôt – autant que son matériau le lui permet, c'est-à-dire essentiellement dans la peinture –, en disant en celle-ci la nature pure, le paysage. Cette nature est l'ultime contenu de la beauté artistique. L'art le plus spirituellement beau ne peut que la reproduire.

Mais c'est pour autant que, recréée par l'art, elle dit, en chaque point du tableau, « Argus aux mille yeux », dont le contenu objectif est par là totalement libéré, la subjectivité triomphante de l'homme qui s'est divinisé dans son progrès théologico-politique. Suivant ce progrès, par lequel l'homme étend d'ailleurs d'autant plus son chez-soi qu'il s'approfondit en lui-même, l'art romantique – le nôtre encore –, inauguré par la glorification de la nature comme moment de la vie du Dieu trinitaire incarné, réalise et célèbre l'homme-Dieu dans la succession suivante, qui ponctue l'histoire de la peinture : d'abord comme *humanité surnaturelle*, ensuite comme *humanité naturelle*, enfin comme *nature humanisée*. Considérons ce terme.

Ayant dû d'autant plus s'objectiver dans leur milieu naturel ingrat, les Hollandais s'y sont retrouvés d'autant plus chez eux, ou libres : c'est pourquoi ils ont pu, avec un libéralisme absolu, dire leur subjectivité triomphante dans le paysage naturel pur, sans figure humaine. Certes, le regard naturel sur la nature se fait dire par le regard artistique sur elle ce qu'il est en sa vérité, mais c'est l'histoire effective de la « vie éthique » – non plus, comme chez Kant, la morale pure – qui les éduque l'un et l'autre, et d'un même mouvement. Si, comme le dit Schelling, « le paysage n'a de réalité que dans l'œil de celui qui le contemple »[1], s'il n'est *un* être, c'est-à-dire un *être*, un objet que dans la subjectivité, cette subjectivité, qui n'a partout en vue qu'elle-même n'a pu se dire en cette objectivité la plus éclatée, que parce qu'elle avait pu, par son histoire effective, finir par se trouver elle-même dans cet Autre absolu d'elle-même. Winckelmann a tort encore ici. Le grand peintre paysager n'a pas à introduire, dans un but instructif, des figures dans le paysage; mais pour une raison directement opposée à celle que le kantisme suggérait : la présence de l'homme dans le paysage contemplé n'est pas moralement nocive, mais elle est éthiquement inutile, puisque ce paysage ne dit que lui. Et le peintre flamand peint dans le paysage non seulement la subjectivité *humaine* contente de soi, mais encore sa propre habileté technique de *peintre*. Il peint la nature comme peinte, peignant en quelque sorte sur la peinture. Le peintre se peint lui-même peignant l'homme dans le paysage naturel où tous deux, triomphants, sont absents. Une telle circularité accomplit la réconciliation la plus haute dont l'art soit capable. En son achèvement naturaliste absolu, l'art présente seulement, mais totalement, la liberté.

Un tel renversement antipodique du kantisme se concrétise dans la conception hégélienne de l'aménagement artistique de la nature, condensée en une page que nous allons tenter de déchiffrer.

1. *Id.*, *Philosophie der Kunst*, *SW*, 3° E. Bd, p. 195.

D'abord, l'aménagement artistique de la nature ne peut avoir pour destination exclusive la *pure contemplation* de celle-ci. Non pas que Hegel lui-même n'ait pas goûté cette contemplation. Au contraire. Mais, d'une part, la belle nature décrite par ses lettres de voyage est toujours en réalité la nature en tant qu'elle peut manifester, selon son statut propre, l'esprit lui-même (seul digne de toute contemplation). Elle ne peut être, assurément, la nature fermée, désertique, des solitudes du Gotthard, devant laquelle le jeune Hegel ne pouvait dire que: « C'est ainsi! ». C'est une nature exprimant en elle la totalité close de l'esprit par son infinité ouverte, les larges échappées qu'elle offre à la vue, comme à Teplitz; c'est une nature, comme celle des bords de la Moselle, qui exprime la vitalité de l'esprit par l'alternance richement variée des vallées et des collines, des champs et des bois; c'est une nature mêlant en elle paysage physique et paysage humain : la colline de Valmy est plus belle avec son moulin, et parce qu'il y a eu 1789; la belle nature n'est plus celle d'une géographie d'avant l'histoire, mais celle de l'histoire transfigurant la géographie. D'autre part, ce qui, certes, est d'abord à visiter et contempler, c'est la reproduction artistique de la nature, c'est le musée, où d'ailleurs, rien d'autre n'est à faire. La nature, elle, est ce que l'on ne fait pas que contempler, fixé, figé devant elle comme le voyageur imaginaire kantien; elle n'est pas d'abord et seulement le tableau que l'on regarde, mais le lieu où l'on se promène, où l'on vit.

La grande loi étant que « l'homme soit chez lui, à la maison, dans l'environnement mondain »[1], l'art libérateur doit aménager celui-ci, enfin, à même sa réalité proprement naturelle. Cet art est alors l'architecture appliquée au paysage lui-même: son évocation clôt l'étude hégélienne de l'architecture romantique ou moderne, dont elle constitue bien la tâche ultime.

L'homme moderne a d'abord enfermé sa subjectivité croyante encore hétéronome dans l'espace clos extra-naturel de la cathédrale; l'architecture a ensuite offert à la subjectivité du bourgeois jaloux de sa liberté abstraite, comme lieu essentiel, la maison profane ouverte aux affaires, naturalité, mais de l'éthique; enfin, la singularité complètement libérée du « philosophe », qui sait retrouver l'esprit jusque dans son Autre naturel absolu, se complaît désormais dans le grand lieu de la nature aménagée par et pour la communauté effective: la « seconde nature » que l'homme veut créer pour y être chez soi, libre, c'est

1. Hegel, *Vorlesungen über die Ästhetik* [*Leçons sur l'esthétique*], I, 3, éd. H. Glockner – G –, Bd 12, Stuttgart-Bad Cannstatt, Frommann Verlag, 1964, p. 340.

maintenant la nature elle-même, qui, en son paysage, est ordonnée en « une vaste demeure à l'air libre »[1]. Comme achèvement de l'architecture romantique, l'art des parcs doit respecter les deux règles opposées dont la réunion définit précisément cette architecture. Celle-ci est l'unité concrète de l'architecture symbolique, orientale, indépendante de l'homme – à voir –, et de l'architecture classique, gréco-romaine, toute centrée sur lui – à vivre – : être *chez soi*, mais dans son *Autre*. Comment l'art des parcs, ainsi déterminé et justifié rationnellement en sa conformité à l'esprit de notre époque, peut-il assumer comme architecture spécifique (ultime) cette exigence antinomique unifiée ? Qu'est-ce donc qu'un parc spéculatif, c'est-à-dire vrai ?

Œuvre finale de l'architecture romantique, qui est une architecture remplie d'un esprit dont l'art visuel propre est la peinture, l'art des jardins est, par essence, l'architecture la plus fortement picturalisée : « Ce qui a rapport aux parcs n'est pas proprement architectonique : on n'y bâtit pas avec des objets naturels libres, mais on y peint en laissant les objets dans leur naturalité et en s'efforçant de reproduire la grande nature libre »[2]. A tel point, d'ailleurs, qu'on a pu croire que l'essentiel était non seulement de condenser dans un parc tout ce qui réjouissait l'homme dans un paysage naturel : rochers, rivières, prairies, bois – ce que les Chinois ont bien su faire –, mais encore, pour capter le regard, d'y ajouter – comme les Modernes l'ont trop fait – toutes sortes de surprises de l'art humain : pagodes, ponts, ermitages, etc. Alors, un parc n'a plus d'art propre, l'esprit s'en échappe et la nausée nous en chasse. L'aménagement d'un parc ne consiste pas d'abord et seulement à l'imposer à la contemplation de l'homme par sa libre luxuriance. Si l'art des parcs n'est pas « proprement » architectural, c'est en tant qu'architecture des parcs, mais cette différence spécifique ne peut faire oublier que le genre prochain en est l'architecture.

Ainsi, dans l'architecture non architecturale, le genre doit constituer la base primordiale. C'est l'architecte qui peint. Mais respecter celle-là, cela signifie pour lui l'affirmation du principe que « dans les jardins comme dans les édifices, l'homme est la chose principale »[3]. Les Mongols déjà, et plus près de chez nous et mieux encore, les Français, ont compris que la régularité architectonique des lignes et des plans, des allées et des massifs, en excluant toute surprise, laissaient l'homme à lui-même, sans le distraire de lui-même pour une nature où,

1. *Ibid.*, III, 1, 3, G, 13, p. 352.
2. *Ibid.*, p. 351.
3. *Ibid.*, I, 3, G, 12, p. 334.

corrélativement, l'esprit serait alors absent. Ici, l'esprit libéré par une marche aisée peut s'entretenir avec lui-même dans les promeneurs conversants : « un jardin a pour destination de servir à la promenade, aux entretiens, dans un local qui n'est plus la nature comme telle, mais la nature transformée par l'homme, en son besoin d'avoir un environnement qu'il se soit fait lui-même »[1]. Mais, de même que l'élévation de l'esprit de l'homme religieux, priant immobile vers Dieu en sa transcendance verticale, était favorisée par le jaillissement céleste de la voûte de la forêt de pierre, de même le promeneur spéculant ne peut se remplir de l'esprit de Dieu en sa communauté horizontale que si, laissant le regard traverser son fonctionnalisme géométrique, la cathédrale ou le temple végétal le libère vers de beaux lointains. Ainsi, déjà, la « Promenade » de Cassel est belle par ses pelouses parsemées d'arbres variés, sans buissons, offrant des vues de partout. Le pictural ne doit pas perdre son droit dans l'architecture picturale des parcs : il s'y trouve seulement subordonné. Mais son exigence perspectiviste pose alors le problème de l'insertion d'un parc dans un bel horizon, un beau contexte naturel. Un tel aménagement, rationnel, ne peut être indifférent et extérieur au site aménagé ; il ne doit pas ressembler à la poésie didactique, œuvre du seul entendement qui croit produire de la beauté en ajoutant « un simple arrangement extérieur d'un lieu déjà donné pour lui-même par la nature et en lui-même sans beauté »[2].

Cette nécessité d'une intégration du parc artificiel dans un beau contexte naturel souligne, vers l'extérieur, la non-liberté que l'art architectural, cependant parvenu à sa fin, impose, en l'aménageant pourtant avec le plus grand respect, à son objet, à l'intérieur même de celui-ci. Même au plus loin de l'absence de goût, qui consiste, pour l'art des jardins, à supprimer, pour l'aménager, la liberté du site naturel, à rendre « partout visible une intention de ce qui est sans intention, une contrainte de ce qui est sans contrainte »[3], l'architecte des parcs ne peut pas ne pas rencontrer dans son travail proprement technique, et comme un destin, la limitation rationnelle indépassable de l'architecture, et, à travers elle, de l'art lui-même. La spéculation philosophique seule, en elle-même, non en son assise extérieure, peut réconcilier totalement l'homme et son monde, les libérer absolument l'un et l'autre. « Dans un… parc, nous dit Hegel, tout doit, d'un côté, conserver la liberté de la nature, tandis que, d'un autre côté, tout est élaboré et fait à l'aide de

1. *Ibid.*, III, 1, 3, G, 13, p. 351.
2. *Ibid.*, II, 1, 3, G, 12, p. 559.
3. *Ibid.*, III, 1, 3, G, 13, p. 351.

l'art, et conditionné par un environnement existant, ce qui introduit une scission, qui ne trouve pas de solution complète »[1]. Avec la justification rationnelle de cette contradiction destinale, le philosophe spéculatif cesse son discours fondateur à l'architecte paysager, dont l'œuvre positive est alors, en tous sens, psychologiquement, libérée.

Hegel a donc libéré l'architecte de la nature après avoir justifié spéculativement ce que celui-ci, s'il est vraiment de son temps, ne peut pas ne pas ressentir comme une pressante exigence au cœur de son travail positif. Mais la rétrospection du mouvement parcouru risque de ne guère plaider en faveur de la spéculation au faîte de sa splendeur. De Kant à Hegel, tout est renversé : en résumé, pour le premier, la nature n'est pas à embellir par l'art puisqu'elle est l'origine absolue de toute beauté; pour le second, l'art, cime de toute beauté, porte celle-ci à son ultime fin en embellissant la nature. Assurément, et pour Kant et pour Hegel, *l'homme ne va au beau qu'avec toute son âme*, et, en particulier, il ne contemple la belle nature que parce qu'il l'aime, et il ne l'aime que parce qu'il s'intéresse à sa liberté. Mais la critique kantienne n'aurait pas vu, en sa naïveté, que c'est cette liberté elle-même que l'homme contemple dans toute beauté, y compris – et surtout – dans la pure beauté paysagère; il aurait biffé le rôle décisif de l'histoire de la constitution de la forme belle, et arraché ainsi celle-ci, dans le formalisme de sa définition du beau, au contenu concret qui se dit toujours en elle, celui de la liberté. Il est vrai que c'est le penseur hégélien qui parle de la sorte ! Mais, même si l'on ne reconnaît pas un progrès « dialectique » de Kant à Hegel, même si l'on ne voit en eux que les deux pôles d'une éclatante contradiction, on doit cependant leur savoir gré d'avoir, précisément du fait de leur situation antipodique, *circonscrit* la sphère complète de la justification philosophique possible de l'expérience du beau. Qui est en quête de la justification du beau, comme de toute fondation, doit bien toujours, croyons-nous, se tourner vers eux, car, en dépit du trop-plein représentatif, certes souvent fort séduisant, dont il se recouvre, le sanctuaire de notre culture est, depuis lors, conceptuellement encore bien vide.

1. *Ibid.*

CHAPITRE IX

LA CULTURE ET L'ÉTRANGER

Dans la sphère de l'existence spirituelle, l'Autre, en sa signification universelle, se particularise, notamment, comme l'étranger. Cependant, puisque la subsomption de l'espèce sous le genre fait conditionner, mais non déterminer, celle-là par celui-ci, le traitement théorique et pratique de l'étranger et celui de l'Autre doivent être eux-mêmes spécifiquement différents. Cette différence commande de délimiter et fixer d'abord la région de sa vie où l'homme rencontre l'étranger. Cette région n'est pas la vie simplement interindividuelle, où l'Autre est un « *alter ego* », un autre *Moi*, dont la différence est en principe maîtrisable par les Moi eux-mêmes, puisqu'il l'*ont* comme ce en quoi ils se sont investis en tant que tels. Elle est cette espèce de la vie qui a elle-même pour contenu la vie en quelque sorte spécifique de l'homme, cette vie qui n'exprime ni l'existence singulière ni l'essence universelle où le Moi se sent également chez soi, mais l'existence particulière – quantitativement parlant : collective, qualitativement parlant : culturelle (l'étrangeté de l'étranger est originairement culturelle) – qui constitue, en sa contingence par rapport à toute réalisation singulière de l'essence universelle de l'homme, un *être* pour chaque Moi ; un être comme tel susceptible de faire de l'altérité de l'étranger un destin.

Pourtant, à l'intérieur de cette nature spirituelle de l'homme qu'est l'existence culturelle, se déploie un moment paradoxal en lequel, d'une part, le langage fait culminer le sens de l'étranger, mais qui, d'autre part, illustre le libre agir de l'homme en son existence collective. Ce moment est, en effet, le moment politique : l'étranger, c'est bien essentiellement, comme membre de la totalité culturelle la plus prégnante, le citoyen en tant qu'autre, le citoyen de l'autre cité ; mais être un citoyen, c'est toujours, plus ou moins, faire la cité, se faire citoyen, engagement dont la liberté semble en principe pouvoir permettre à l'homme de faire d'une autre cité sa propre cité, et, par là même, de dissoudre tout être destinal attaché à la condition d'étranger. Cette liberté politique est-elle une liberté, dans le culturel, à l'égard du culturel lui-même, ou au contraire la pleine libération du culturel s'absolutisant dans sa politisation ? Le problème du sens et du destin de l'étranger est bien celui du statut qu'ont en elles-mêmes, et donc l'une par rapport à l'autre, l'existence culturelle et l'existence civique.

Or, sur ce problème, comme sur tant d'autres, les grands penseurs de l'idéalisme allemand – nous nous bornerons ici à questionner Kant, Fichte et Hegel, qui ont pensé tout autant la politique que la culture – nous semblent fournir des éléments, sinon de réponse, du moins de réflexion, dont les interrogations les plus actuelles peuvent se nourrir avec profit.

Kant, Fichte et Hegel s'accordent pour rejeter sans réserve, dans le domaine de la culture, un naturalisme qui renverrait à une simple apparence la liberté à travers laquelle se vit l'existence politique, et, par là même, ferait de l'étranger un Autre absolu dont le traitement naturel, dans cette promotion spirituelle de la nature qu'on s'est représentée sous les traits de l'état de nature, procéderait de la seule violence. Les différences naturelles elles-mêmes qu'on peut constater entre les hommes ne sont pas proprement *intérieures* à ceux-ci. En sa nature intime, immédiate, biologique, l'humanité est une : il n'y a, biologiquement, qu'une espèce humaine. La différenciation naturelle de l'humanité est une différenciation médiatisée, suscitée par l'extérieur, et donc elle-même en tant que telle extérieure à la nature propre de l'homme, qui *a*, sans l'*être,* la différence ainsi produite en lui. Les races humaines résultent bien de la rencontre, contingente à chaque fois pour celle-ci, de l'espèce humaine unie avec la diversité du milieu géographique extérieure dans lequel elle doit vivre. Kant le dit d'abord, et Hegel, lui aussi, rapportera la diversité des races à celle des continents.

Mais l'extériorité du rapport géographique de l'homme à la nature ne peut qu'être soumise à cette relation intérieure, essentielle, dans l'homme, entre son être naturel et son agir libre, qui se réalise dans son historicité. La relation géographique conditionne, certes, l'histoire, mais la détermine si peu que celle-ci en maîtrise bien plutôt l'assomption. Kant le répète : tout homme peut vivre partout sur la terre. Fichte déclare que le caractère d'un peuple modifie son milieu géographique, bien loin d'être modifié par lui, de telle sorte que les « frontières internes »[1] des États sont les véritables frontières ; le dépassement fichtéen du dualisme kantien de la nature et de la liberté s'opère, bien entendu, au profit de la seconde, qui se présuppose la première dans une unité qu'elle anime. Quant à Hegel, l'insertion de la différence géographique des races dans la philosophie, non pas de la nature, mais de l'esprit, manifeste assez que ce qu'il appelle « l'esprit-nature » est l'intégration spirituelle d'une nature qui a perdu, chez l'homme, non seulement tout empire, mais même toute auto-suffisance. Bref, la condamnation du naturalisme et, particulièrement, du racisme, est absolue dans l'idéalisme allemand : les différences culturelles ne sauraient être expliquées, ni, *a fortiori*, fondées, par des différences naturelles.

C'est pourquoi, d'ailleurs, les penseurs allemands rabaissent, au sein de la culture, la manifestation qu'ils en jugent la plus naturelle, c'est-à-dire la nation, ou, du moins, libèrent celle-ci de ce qu'on pourrait juger naturel en elle, pour couler dans sa forme totale le contenu non naturel, proprement spirituel, de la culture : négation culturelle de la nation comme naturelle, ou affirmation de la culture par la vie non naturelle de la nation. Kant et Hegel illustrent la première démarche, Fichte la seconde.

Dans les *Discours à la nation allemande*, il fait de la nation – telle que l'ont maintenue les Allemands à travers même la différence de leurs États – le noyau privilégié de la spiritualisation achevée d'une existence surmontant dans l'amour la fixation, à laquelle l'État moderne a contribué pour sa perte, des individus à leur égoïsme devenu naturel. Et l'engagement national, c'est-à-dire culturel-spirituel en son contenu, auquel Fichte en appelle, n'a lui même rien de naturel en sa forme, puisqu'il s'adresse à n'importe quel homme, quelle que soit sa nation d'origine : si le peuple allemand s'est montré le plus apte à conduire la régénération nationale-culturelle à entreprendre, au point que l'on peut désigner la vie totale comme allemande, tout homme qui s'enflamme pour une telle vie peut être dit allemand !

Si Fichte sauve la nation pour autant qu'elle seule peut réaliser la vie spirituelle, Kant et Hegel la déprécient comme naturalisation sclérosante de la culture. Pour le premier, la nation est la conscience, fausse, qu'un peuple prend de son union civile comme médiatisée par

1. Fichte, *Discours à la nation allemande – DNA –*, 13, traduction A. Renaut, Paris, Imprimerie Nationale Editions, 1992, p. 324.

une origine, une souche, commune[1] : une telle conscience est susceptible d'occulter et, ainsi, de paralyser l'assomption volontaire de la raison pratique juridico-politique. Pour le dernier, la nation désigne d'abord le moment pré-spirituel de l'accomplissement de l'esprit effectif qu'est l'État, le « peuple non formé en État »[2].

Ainsi, sous la diversité des perspectives offertes, l'idéalisme allemand libère de toute fixité naturelle l'actualisation vraie de la culture : ni chez Kant, ni chez Fichte, ni chez Hegel, ne peut trouver le moindre écho l'idée d'une justification naturelle des différences culturelles – alors à juger insurmontables – qui rendent les hommes étrangers les uns aux autres. S'ils sont tels, c'est l'esprit qui les a voulus tels. Mais s'il le veut, il peut défaire ce qu'il a fait. Le veut-il ? Doit-il le vouloir ? Y a-t-il une justification spirituelle de la persistance des différences culturelles qui font de l'unité humaine une multiplicité de groupements humains étrangers les uns aux autres par la différence, intensifiée nécessairement en opposition, des identités culturelles, comme l'on dit aujourd'hui ?

Dans la réponse à cette question théorique de la valeur spirituelle, c'est-à-dire, immédiatement, culturelle, des différences culturelles, qui commande la question, pratique, du sort à réserver à celles-ci, ou, en d'autres termes, du traitement de l'étranger, la philosophie idéaliste allemande éclate en trois points de vue que l'on pourrait bien schématiquement résumer de la façon suivante :

- pour Kant, les différences culturelles, en tant que telles, sont, et sont bonnes, absolument.
- pour Fichte, elles sont bonnes, mais ne sont pas absolument, hélas !
- pour Hegel, elles sont, mais ne sont pas bonnes absolument, tant s'en faut !

La philosophie kantienne de la culture ou de l'histoire, c'est-à-dire de la liberté ou de la raison pratique s'affirmant en ses exigences en quelque sorte théoriquement – comme si elle était nécessité ou nature –, justifie la diversité, même conflictuelle, des cultures. Actualisation, au niveau des groupes humains, de cette « insociable sociabilité » qui mobilise d'abord les relations entre les individus en faisant s'élever ceux-ci progressivement, dans leur concurrence constamment aiguisée, au-dessus de leur nature sensible immédiate, la Nature (la liberté comme nécessité) ou la Providence (la nécessité comme liberté)

1. Kant, *APP*, traduction. A. Renaut, *op. cit.*, p. 295.
2. Hegel, *Enc*, III. *Ph. E*, éd. 1830, § 549, Rem., traduction B. Bourgeois, p. 329.

produit l'heureuse et bénéfique diversité des langues et des religions. Certes, une telle diversité développe le penchant à la haine réciproque et à la guerre, mais aussi, et c'est l'essentiel, suscite le progrès de la civilisation et, finalement, conduit par là à des échanges pacifiques, à la paix véritable qui ne peut exister que dans l'échange des différences par là reconnues, et non pas dans l'homogénéisation forcément despotique des cultures[1].

Au demeurant, entre des groupements concurrents, les échanges peuvent aussi être directement, immédiatement, pacifiques, comme c'est le cas dans le commerce international. Assurément, la culture n'est pas tout, la civilisation n'est pas la moralisation, et le devoir de l'homme lui impose, non seulement de respecter en l'homme l'*autre* homme, mais aussi d'être l'ami de l'*homme*, du même, dans cet autre. Cependant, un tel commandement éthique vaut aussi bien, et primitivement, entre les hommes appartenant à une même communauté, non étrangers les uns pour les autres, de sorte que son observation fait abstraction de la qualité d'étranger éventuellement présente en l'autre et, par conséquent, ne concerne pas le traitement pratique de l'étranger en tant que tel. La philosophie kantienne de l'histoire, qui garantit théoriquement, autant que faire se peut dans un domaine qui est celui de la liberté, l'impératif culturel de la raison pratique, confirme alors en lui-même l'effort pour préserver, dans l'existence des hommes comme étrangers les uns aux autres, la condition même de leur liberté.

Dans un tout autre contexte, c'est la même thèse du sauvetage de la différence culturelle que Fichte défend avec fougue dans ses *Discours à la nation allemande*, qui constituent un véritable traité de l'étranger, où est dénoncée la dissolution de la culture authentique, de fait allemande, dans la culture négative de l'étranger (« *Ausland* »), comme culture qui a pour contenu même l'étranger (« *Fremdes* »)! Car la notion d'étranger n'a pas alors un sens seulement formel et relatif (étranger à un autre) mais un sens absolu et réel (ce qui est étranger en soi, c'est-à-dire d'abord à soi-même). Ce que Fichte condamne, c'est précisément, pour une culture, d'être (devenue) étrangère à elle-même, c'est-à-dire de se confondre avec une autre culture, la véritable culture exigeant, au contraire, la différence confirmée des cultures. Les *Discours* en appellent donc à une régénération de la culture par la restauration de la différence, historiquement perdue, des cultures.

1. *Cf.* Kant, *Pour la paix perpétuelle*, Première adjonction : « *De la garantie de la paix parpétuelle* ».

Déjà *L'État commercial fermé*, qui clôturait la première philosophie de Fichte, exigeait la séparation économique quasi absolue avec l'étranger, la cessation de tout commerce extérieur : c'est là la condition de la libération à l'égard de la soumission à l'unification abstraite – à travers le pouvoir de l'or et de l'argent – des individus et de leurs États, soumission abstraite, destructrice de toute liberté concrète. La culture, qui est, pour Fichte, l'absolue subsistance par soi ou indépendance du Moi, requiert, bien sûr, la stimulation de l'Autre, mais cette interaction est en vérité l'action par laquelle chacun provoque l'autre à une réaction qui, en fait, est par son contenu l'action la plus propre de cet autre ; une telle interaction est donc au plus loin de toute aliénation réciproque. D'ailleurs, son lieu est intra-culturel, non inter-culturel : les échanges recommandés en 1801 par Fichte entre les savants appartenant à des aires culturelles-nationales différentes ne sont pas proprement des échanges de cultures, la science étant le moment supra-culturel de la culture ; et il n'en sera plus guère question dans les *Discours* de 1807-1808. Ainsi, les Allemands se sont bien formés à l'auto-activité par leur interaction intestine, mais leur malheur moderne a été d'accueillir chez eux et en eux la culture étrangère. en intériorisant par là l'occupation extérieure, française, de l'Allemagne.

Une culture n'est authentique et forte, aux yeux de Fichte, que si elle se maintient identique à elle-même et, par là, exprime en elle la vie originairement une de l'amour divin qui lui est immanente. Peu importe, au fond, le contenu, nécessairement particulier ou déterminé – car phénoménal –, de cette vie culturelle identique à elle-même, car la richesse infinie de l'essence vivante de Dieu se manifeste dans la variété des cultures et des nations ; et c'est pourquoi, en se régénérant eux-mêmes, les Allemands aideront les autres nations à en faire autant. Ce qui compte, pour une culture, c'est de rester fidèle à elle-même, de développer son origine, bref d'être « primitive ». Ce fut le cas, longtemps, de la culture allemande. Au contraire, l'étranger, c'est la culture qui, s'est rendue étrangère à elle-même, lorsque, par exemple, des Germains se sont romanisés, déjà en pervertissant la langue, où leur vie s'exprimait, par l'accueil d'une langue savante qui leur découvrait un sens supra-sensible alors privé de tout caractère vivant et rendant, inversement, insensée leur vie désormais purement sensible ; c'est une telle contradiction, mortelle pour une culture, qui risque d'emporter aussi la nation allemande trop ouverte sur l'étranger. La culture ne vit et ne se développe ainsi que là où l'homme ne se rend pas étranger à soi précisément en ne voulant plus être étranger aux autres !

Fichte ne fait donc pas, à proprement parler, l'apologie d'un impérialisme culturel des Allemands sur l'étranger. Au contraire, selon la lettre même de son propos, le souci de la culture vraie doit faire reconnaître et promouvoir – à travers la provocation de l'exemple – par chaque culture l'originalité des autres, originalité obtenue par le développement de chaque manifestation originaire de l'absolu en vie spirituelle totale, comme telle auto-suffisante, bref, autarcique. Reconnaissance dans l'exclusion, mais exclusion dans la reconnaissance.

Le hégélianisme renverse complètement le jugement fichtéen sur la relation entre le fait d'être étranger à soi et celui d'être étranger aux autres. Pour Hegel, en effet, la culture ne s'accomplit qu'autant que l'homme accueille en lui l'étranger en se faisant ainsi étranger à lui-même. Assurément, l'esprit s'objective, dans le milieu particularisé spatio-temporellement de la nature, en se différenciant en des cultures variées : la philosophie de l'histoire décrit la naissance et le développement de celles-ci en tant qu'en elles l'esprit du monde produit les déterminations universelles de son progressif retour en soi à partir de et au sein de sa naturalisation. Or, chacune des étapes de cette intériorisation de l'existence extérieure ou naturelle de l'esprit consiste, selon Hegel, dans un progrès de l'identification des différences culturelles dès lors non seulement reconnues, mais accueillies par la culture dont l'esprit universel fait, à chaque fois, son vecteur.

L'arrachement culturel à la nature, c'est-à-dire l'entrée même dans l'histoire universelle, s'opère à travers un tel accueil de l'étranger. Accueil d'abord seulement formel, encore extérieur, de l'extériorité culturelle, dans la tolérance dont fait preuve à l'égard des peuples vaincus l'empire perse, qui inaugure véritablement cette histoire universelle. Accueil ensuite réel dans le miracle grec, fait du « mélange le plus grand de tous »[1] des cultures les plus diverses : la nation grecque est bien la nation multinationale en laquelle il est impossible de discerner ce qui aurait été originairement grec, car « il est bien connu que les débuts de la culture sont liés en Grèce à l'arrivée des étrangers »[2]. Rome, plus encore, se développe à partir du rassemblement d'éléments douteux venus s'y réfugier des nations les plus diverses. Mais les Germains, qui accomplissent l'histoire de l'humanité, doivent encore plus à l'accueil de l'étranger. Non seulement ils naissent

1. Hegel, *Vorlesungen über die Philosophie der Weltgeschichte* [*Leçons sur la philosophie de l'histoire universelle*] – *WG* –, éd. Lasson, II-IV, Hambourg, Felix Meiner Verlag, 1968, p. 534.

2. *Ibid.*, p. 540.

comme peuple d'un tel accueil, mais leur développement même est strictement mesuré par l'intensification de celui-ci : contrairement aux Grecs et aux Romains, ils se sont tournés vers l'extérieur avant de s'être complètement formés eux-mêmes, et leur culture s'est constituée dans l'assomption par leur âme entière et naïve de ce qu'il y avait de plus étranger à elle, à savoir de la récapitulation chrétienne-dogmatique de toute la science et sagesse de l'Antiquité païenne.

Que la culture vive ainsi de l'accueil de l'étranger et consiste alors, pour l'homme, à se déprendre de soi-même en se rendant étranger à soi-même (« *Ent-fremdung* »), qu'elle soit, en un mot, aliénation, c'est là – on le sait depuis la *Phénoménologie de l'esprit* – un thème majeur du hégélianisme. Être un esprit, ce n'est pas *être* tel, mais *se faire* tel, par une activité dans laquelle la subjectivité immédiate ou naturelle du Moi se nie en laissant s'affirmer en elle la vie substantielle rencontrée d'abord comme un Non-Moi. En une telle auto-négation, le Moi singulier s'affirme comme un sujet universel, subsistant par soi-même, et non par son appartenance native à la communauté particulière originelle, familiale ou de type familial. L'affirmation conjointe, à travers la culture, de la singularité du Moi et de son contexte humain universalisé, par delà le particularisme de l'existence communautaire naturelle, signifie alors la substitution, dans la relation interhumaine, du modèle *social* au modèle familial.

La nationalité orientale, en Chine, en Inde…, est la nationalité naturelle, généralisation de la vie familiale enfermant en elle les individus ; en Grèce apparaît la nationalité principiellement ouverte par le dynamisme infini des liens sociaux : « Dans la Grèce proprement dite – déclare Hegel – la *société* est devenue la chose essentielle…, conformément à laquelle l'individu a dû apprendre à se comporter, parce qu'il n'y avait pas sa place d'emblée » [1]. Mais que la vie culturelle accomplie dans la nation moderne soit une vie essentiellement sociale, marquée par le développement antagonique corrélatif de la singularité s'affirmant dans la satisfaction de son intérêt propre, et d'un universel qu'elle promeut d'abord sans le vouloir – égoïstement, puis consciemment, en comprenant de plus en plus les exigences de la solidarité –, que la vie nationale vraie consacre une telle vie socio-culturelle orientée, d'abord économiquement, vers le dépassement des particularismes nationaux immédiats par l'affirmation réciproque du Moi en sa liberté la plus singulière et de l'humanité en son existence la plus universelle,

1. *Ibid.*, p. 555.

– tout cela ne signifie-t-il pas que, au cœur même de la culture, cette libération cosmopolitique de l'individu, est engagé, et de la manière la plus concrète, la plus réelle, le processus de la disparition de la condition de l'étranger comme figure de l'existence interhumaine ?

Le jugement de Hegel sur le sort de l'être-étranger de l'étranger ne peut cependant faire abstraction du rapport qu'il affirme entre la dimension proprement cultuelle – en sa vérité nationale-sociale – de l'esprit réalisé dans l'effectivité, objectivé, de l'« esprit objectif », et l'achèvement étatique de celui-ci. Pas plus qu'on ne saurait tirer des conceptions kantienne et fichtéenne de la culture le verdict que Kant et Fichte posent sur le destin de l'étranger dans une humanité réalisant en elle toutes les exigences de la raison, qui concernent au premier chef, chez l'un et chez l'autre, la sphère proprement politique de l'existence.

Pour le dire vite, encore une fois de façon trop schématique et quasi caricaturale, fixons ainsi la relation établie respectivement par Kant, Fichte et Hegel entre les deux moments de l'être-étranger :

- le kantisme est une justification politique de la différence culturelle, dans l'identité affirmée de la culture et du droit – réalisé étatiquement – qui l'achève.
- le fichtéanisme est une justification culturelle de la différence politique : dans la nation-Etat de Fichte, l'État est, en effet, un simple instrument de la nation culturellement définie.
- le hégélianisme, enfin, est la justification politique de la différence entre la politique, ainsi privilégiée, et la culture : dans l'Etat-nation de Hegel, la politique fixe donc absolument à partir d'elle-même le sens et le destin objectifs de la culture.

Par sa philosophie de l'histoire, Kant fait garantir par le processus dit nécessaire de la culture les obligations de la raison pratique exposées par la métaphysique de la liberté. Celles-ci, dans le champ extérieur, juridico-politique, de la raison pratique, c'est-à-dire dans le droit – dont l'affirmation permet justement de lire l'histoire comme sensée, en tant qu'elle est orientée sur la réalisation de ce droit –, interdisent la constitution d'un État mondial, même sous la forme vraie d'une république. Une république universelle, par sa dimension, ne pourrait – comme le doit par principe tout État, puisque c'est sa raison d'être – assurer de façon absolue, « péremptoire », la sécurité de chacun en ses biens, et susciterait donc l'apparition de communautés plus restreintes entre lesquelles renaîtrait, en l'absence de toute autre disposition rationnelle, la situation de guerre. La vie étatique se réalise, par conséquent, de façon nécessaire, dans une pluralité d'États qui doivent pacifier leurs relations en se républicanisant tous (selon l'unité distributive), mais sans pouvoir se républicaniser en un tout (selon une unité collective), bref en se contentant d'instituer entre eux un congrès permanent.

Que l'État doive permettre l'émigration de ses sujets, qui sont ses citoyens et non ses propriétés, qu'il puisse favoriser l'immigration, cela ne saurait alors signifier qu'il lui est possible d'accueillir comme ses citoyens – ne serait-ce qu'en leur accordant une participation limitée à une citoyenneté qui comporte pourtant des degrés (citoyens actifs, qui légifèrent, et citoyens passifs, qui profitent seulement de la législation) – des étrangers qui voudraient rester tels. Il n'y a pas de dépassement possible du statut de citoyen comme citoyen d'un seul des multiples États que la raison pratique exige.

La distinction que Fichte, lui, opère, au sein de la communauté réelle, entre la nation et l'État, joue au bénéfice de la nation. L'État, en sa vérité, ne peut être qu'un simple moyen pour le but supérieur de la formation – qui progresse régulièrement, dans toute l'éternité – de l'être pur de l'homme au sein d'une nation[1]. L'appartenance à un État ainsi soumis, ontologiquement et pratiquement, à la nation, ne peut donc procéder, quant à sa forme, d'un simple choix, de cette caricature de la volonté vraie qu'est le libre arbitre et que l'éducation nouvelle doit extirper dans l'homme. Et, quant à son contenu, l'existence politique ne saurait davantage dépasser la participation nationale à l'unité de la vie absolue ou divine, dans la vaine tentative pour instaurer une unification effective de l'existence qui soit supérieure à l'unité nationale. Si une même nation peut se réaliser dans plusieurs États – ce fut le cas de la nation allemande, dont les membres pouvaient être à la fois citoyens de leur État particulier et citoyens de la patrie allemande commune –, il n'est, par contre, pas concevable qu'un État puisse rassembler en lui des nations différentes. Une nation pluri-étatique, soit ! Un État pluri-national, non ! Celui qui est un étranger culturellement ou nationalement doit le rester politiquement ou étatiquement.

La subordination inverse, chez Hegel, de la culture ou de la vie sociale, en son contenu tendantiellement cosmopolitique, à la vie politique organisée étatiquement, nécessairement particulière en sa forme, entraîne la fermeture formelle mais essentielle de la première, qui ne peut dès lors exister rationnellement que comme affirmation *particulière* de l'universalité humaine. Si le cosmopolitisme a bien une

1. *Cf.* Fichte, *DNA*, 7, traduction A. Renaut, p. 230.

vérité sociale, il n'a pas de vérité politique: le règne de ce « divin terrestre » qu'est l'État est celui d'un polythéisme étatique définitif, qui manifeste précisément la limitation de la réalisation même la plus accomplie de l'esprit comme esprit objectif. L'idée d'un État universel est la déraison même, car l'universel *réel* est un tout qui n'est tel, dans l'élément scindant constitutif de la réalité, objectivité ou extériorité, qu'en s'opposant à d'autres touts analogues : l'unité étatique est une unité exclusive, ce qui fonde la possibilité de la guerre comme possibilité permanente dans la vie des peuples, même après le triomphe de la raison politique. Mais alors, puisque l'État, détermination, certes, relative de l'absolu, comme divin seulement terrestre, est cependant la détermination absolue de la vie relative, terrestre, des hommes, il constitue le milieu fondateur de la culture en laquelle celle-ci se spiritualise, et impose donc sa particularité essentielle à l'universalisation culturelle de l'existence.

L'État empêche bien la société nationale de réaliser son internationalisme tendantiel et fixe l'auto-négation de la particularité sociale se cultivant ou s'universalisant, comme auto-négation elle-même, à jamais, particularisée. C'est ainsi que, une fois constitué politiquement, le monde moderne chrétien-germanique a bloqué le processus du mélange des cultures dont s'était nourrie sa formation. Dès les croisades, puis dans la colonisation, l'État européen s'est répandu au dehors, sans rien accueillir fondamentalement de l'étranger. Le développement de sa culture, une fois celle-ci produite en son principe synthétique total, n'a plus été qu'un processus intérieur. L'activité de se rendre étranger à soi-même, par laquelle ce principe total s'est creusé en soi-même pour se nourrir de ses contradictions essentielles, s'est désormais poursuivie en restant spirituellement absolument étrangère à l'étranger : « Le rapport avec l'extérieur ne constitue plus désormais le facteur déterminant, les révolutions se passant au dedans »[1]. Comme la Grèce, l'Amérique du Nord s'est formée dans le rassemblement d'immigrés de toutes les nationalités – et c'est la raison de son extraordinaire vitalité –, mais ces immigrés se sont rencontrés dans un lieu où ils n'ont pas voulu rencontrer les habitants mêmes de ce lieu, refoulant les Indiens au lieu de se mêler culturellement à eux. La culture totale qui, dans son principe, intègre les principes des cultures particulières, n'a plus besoin, une fois qu'elle s'est achevée

1. Hegel, *WG*, p. 769.

étatiquement, de pratiquer d'anachroniques échanges culturels. La vérité, atteinte, n'a que faire des oecuménismes !

Que l'État rationnel, sûr de sa force, puisse, comme il le doit, libérer en lui une vie sociale réalisant l'universalisation culturelle de l'existence, qu'il fasse même de la participation à cette vie (économique, judiciaire, administrative, syndicale...) une condition nécessaire d'une activité politique ainsi concrétisée, rendue effective – la raison étatique ne peut réconcilier absolument qu'une singularité et une universalité pleinement développées pour elles-mêmes, en leur opposition absolue, par l'entendement social ou culturel –, le hégélianisme l'affirme résolument. Pour lui, le citoyen ne s'accomplit que s'il laisse s'accomplir l'homme en lui-même.

Mais la condition nécessaire – humaniste, cosmopolitique – de la citoyenneté n'est pas, loin de là, sa condition suffisante : l'affirmation sociale de la singularité de l'homme et de l'ensemble du monde humain pâtit d'une abstraction qui se traduit dans la misère et les crises. L'existence même d'une vie socio-culturelle nécessaire à la citoyenneté achevée requiert, par suite, son insertion, comme universalisation rendue foncièrement précaire par l'abstraction de son ouverture même, dans l'universel concret, le tout réel et par là même déterminé, terminé, clos, de l'État. C'est encore le citoyen qui fait qu'en lui l'homme peut se faire ! Il en résulte que, si c'est bien la subjectivité émancipée par la vie socio-culturelle qui s'affirme dans l'adhésion essentiellement volontaire, nécessairement libre, à l'État, elle le fait en se dépassant, c'est-à-dire aussi : en se niant, elle-même politiquement.

Cela, en plusieurs sens. D'abord, certes, en tant qu'elle s'affirme politiquement. D'une part, en son contenu même, l'engagement civique n'est lui-même qu'en comportant la possibilité, toujours présente, de la mort patriotique de l'individu, négation absolu du besoin et du travail social. D'autre part, en sa forme également, un engagement aussi total de soi-même requiert du vouloir une décision qui ne peut pas procéder d'un libre arbitre purement subjectif, mais exprime nécessairement, en étant vérifiée par lui, le service habituel d'une communauté voulue, ainsi qu'elle peut l'être en son caractère total, par l'individu comme sa substance même. Ensuite, le contexte politique fait se dépasser la subjectivité libérée par la vie socio-culturelle en tant même qu'elle s'affirme socio-culturellement. La particularisation politique de l'individu social niant culturellement sa particularité promeut positivement l'affirmation insurmontable – ce dont il faut avoir conscience – de cette particularité au sein même de son *auto*-négation; le citoyen ne laisse pas seulement s'accomplir, il fait s'accomplir, l'homme en lui-même, ou encore : c'est comme citoyen, comme tel citoyen (comme citoyen de tel État), donc encore civiquement et dans l'originalité d'un civisme particulier, qu'il se fait un homme, l'homme universel, l'Homme.

Ce qui implique – croyons-nous – en bon hégélianisme, qu'on ne saurait, en découpant le geste un de l'engagement civique ou politique, ériger en acte civique ou politique (voulu, sincèrement ou non, mais à tort, partiel) une participation – par exemple à l'auto-gestion communale – sociale libérée, en son auteur, de tout engagement civique ou politique total. Aucune médiation culturelle ou sociale ne peut autoriser l'intégration politique, même dite partielle, de l'étranger en tant qu'étranger.

En fin de compte, comme on vient de le voir chez Hegel après l'avoir vu chez Kant et chez Fichte, l'idéalisme allemand, en sa grande philosophie pratique, pérennise la figure de l'étranger.

Par leur commun refus – à travers l'extrême différence des justifications apportées – de toute intégration politique de l'étranger en tant que tel dans l'État parvenu à sa liberté, Kant, Fichte et Hegel, qu'on a pu présenter comme les grands philosophes de la Révolution française, confirment, sur ce point particulier mais essentiel pour celle-ci, toute la distance doctrinale qui les sépare de la philosophie politique mise en œuvre par les grands acteurs de cette Révolution. La philosophie qui a eu, non seulement pour objet – comme la philosophie allemande – mais d'abord pour sujet, la Révolution française, s'est, en effet, développée autour d'une idée de la nation qu'on ne retrouve ni chez Kant, ni chez Fichte, ni chez Hegel. Or cette idée rendait possible, pensable, un dépassement civique de l'exclusion de l'étranger. La Révolution de la « grande nation » a bien pu offrir à des étrangers la citoyenneté française, car elle s'est voulue la réalisation d'une citoyenneté définie par l'identité de l'affirmation, en et par l'individu, de lui même comme homme et de lui-même comme citoyen. La citoyenneté révolutionnaire se médiatise par l'affirmation de soi, au principe de l'État, d'une unité nationale issue du rassemblement volontaire d'individus qui font abstraction de toute les différences réelles (sociales, professionnelles, religieuses, « nationales » au sens pré-révolutionnaire du terme, en un mot : culturelles) qui les conditionnent, et se posent, ainsi librement, tout simplement comme des hommes. C'est la participation active à cette unité en quelque sorte idéale, métaphysique – représentée par une Assemblée nationale, mais non présente réellement comme telle –, caractérisant la nation révolutionnaire, qui définit la citoyenneté.

Ayant pour sujet, au fond, l'humanité, quelle que soit la base réelle où celle-ci s'affirme politiquement, cette nation peut bien reconnaître comme ses citoyens les citoyens d'autres États que celui en lequel elle s'organise ou constitue : la République est, par son origine comme par sa fin, universelle.

Mais les penseurs allemands refusent une telle idée métaphysique de la nation et de la citoyenneté, idéalités posées par un geste purement idéal, à travers lequel un vouloir héroïque croit pouvoir se libérer de tous ses conditionnements historiques et recréer absolument l'histoire comme histoire, désormais, de la liberté. Ils rappellent que l'affirmation socio-politique de l'universel, en tant qu'elle prend place dans le champ objectif ou réel de la vie de l'esprit, dont l'élément est l'extériorité à soi, la différence ou la particularité, ne peut oublier qu'elle naît d'une auto-négation nécessairement particulière de la particularité ; et ils rapportent à un tel oubli les conséquences négatives, déjà pendant le cours même de l'entreprise révolutionnaire, des abstractions humanistes. L'optimisme a beau être de volonté, leurs objections ne sauraient être négligées par nous. Elles ne sont pas sans force.

CHAPITRE X

LES DROITS DE L'HOMME

De Kant interrompant sa promenade quotidienne à la nouvelle de la prise de la Bastille et saluant plus tard, dans *Le Conflit des Facultés,* le dessein moral qui a présidé, dans l'enthousiasme universel, à la Révolution française – à Schelling et Hegel exhortant, dans leur correspondance juvénile, les peuples stimulés par elle, non seulement à exiger leurs droits, mais à se les approprier[1] – en passant par Fichte justifiant en 1793 le renversement populaire violent d'un État injuste et magnifiant dans « la Révolution française un riche tableau sur le grand texte des droits de l'homme et de la valeur de l'homme »[2], toujours l'idéalisme allemand s'est volontiers enraciné dans l'événement de 1789 comme avènement du droit en sa vérité de droit de l'homme. Mais l'élévation, dans l'élément de la justification philosophique, de la *déclaration révolutionnaire* des droits de l'homme a inversé – selon le thème dialectique précisément chez lui dans l'idéalisme allemand ! – son affirmation résolue dans une négation non moins résolue.

Philosophie développant le primat concret de la pratique par rapport à la théorie, privilégiant dans l'esprit la rationalisation réelle du réel, l'idéalisme allemand se construit dans le débat, en celle-ci, des deux mouvements impliqués par son sens : celui du *droit,* comme raison se réalisant, et celui de *l'histoire,* comme réalité se rationalisant. La tension reconnue entre ces deux mouvements, puis la réinsertion

1. *Cf.* Hegel, *Lettre à Schelling* du 16 avril 1795, *Correspondance*, traduction J. Carrère, I, Paris, Gallimard, 1962, p. 28-29.

2. Fichte, *Beiträge zur Berichtigung der Urteile des Publikums über die französische Revolution* [*Contributions destinées à rectifier les jugements du public sur la Révolution française*], *SW*, 6, p. 39.

progressive du premier dans le second, modèrent l'admiration spontanée devant le spectacle du surgissement historique des droits de l'homme comme liberté de la volonté individuelle domptant l'histoire nécessaire de l'État, dans une relativisation spéculative de l'affirmation, assurément maintenue hors de son abstraction, de ces droits. Aussi éloigné de toute tentative, révolutionnaire, de dissoudre l'histoire dans le droit, que de toute tentative, restauratrice, de dissoudre le droit dans l'histoire, l'idéalisme allemand veut penser concrètement l'affirmation des droits de l'homme en l'intégrant dans une rationalité historique qui articule enfin le droit dans la relation moderne de l'État, que l'individu ne peut, comme tel, maîtriser, et de la *société,* en laquelle l'État doit libérer l'individu. Par là est inaugurée la problématique des droits de l'homme comme problématique dans laquelle les droits de l'homme et du citoyen s'achèvent comme droits du citoyen et de l'individu social.

C'est un tel dépassement spéculatif – mais dans la stricte hiérarchie des réquisits – en direction de la Déclaration de 1948 (c'est son aspect positif), de la Déclaration de 1789 (c'est son aspect négatif), que nous croyons pouvoir lire dans le devenir de l'idéalisme allemand. Une telle lecture synthétisante ne peut pas ne pas être simplificatrice, voire tendancieuse : le kantisme est bien, comme totalité de sens, l'autre du hégélianisme, s'il a pu, il est vrai, par certaines déterminations de son contenu, être regardé par lui comme l'un de ses moments. Mais la parenté des grands systèmes regroupés sous la dénomination d'idéalisme allemand exprime incontestablement aussi la dynamique de la satisfaction croissante accordée à des exigences essentielles, en particulier de la philosophie du droit, ressenties ou reconnues dans les dernières grandes philosophies occidentales – en ceci, pour nous, toujours exemplaires – à avoir proposé un concept rigoureux, organisé et total de l'existence humaine.

Dans son *contenu,* qui justifie sa fonction politique effective elle-même manifestée en son *statut* de Préambule de la Constitution de 1791, la Déclaration des Droits de l'homme et du citoyen de 1789 exprime une « philosophie » qu'on a pu à juste titre caractériser comme « rousseauiste ». La juxtaposition, affirmée par le premier article, de la liberté et de l'égalité en droits des hommes, fonde, en réalité, le droit, comme ce en quoi les hommes « naissent et demeurent » – sont – « égaux », sur ce qui, en eux, nie l'*être* donné, toujours particulier, c'est-à-dire sur le *pouvoir-être* universel qu'est la *liberté.* Mais cette liberté révèle, en justifiant les particularités, différences ou

« distinctions sociales » par l'« utilité commune » comme égalité de l'*utilité*, qu'elle est saisie essentiellement comme la liberté *empirique* de l'*individu*. Et le deuxième article confirme l'absolutisation d'une telle liberté empirique de l'individu en faisant de l'État, comme simple produit d'une « association politique », le *moyen* de consacrer les droits « naturels » en lesquels existe la liberté essentielle de l'individu, c'est-à-dire la liberté elle-même en sa réalité pratique interhumaine, la propriété, la sûreté et la résistance à l'oppression. La liberté empirique comme essence de l'homme et fondement du droit essentiel à l'homme – l'individu humain est cet être qui a des droits –, la vie civique comme ayant son principe et son sens dans l'actualisation de ces droits – l'homme se fait citoyen pour être pleinement homme –, ce sont bien là, en leur signification générale, des thèmes déjà exprimés dans le *Contrat social*, et qui renvoient, au-delà, à l'humanisme empirique dont les Lumières nourrissent aussi le maître-ouvrage de leur grand contempteur. Imprégnée d'un tel humanisme, même si d'autres influences (l'exemple américain, en sa tout autre tradition...) ont joué, l'affirmation française des droits de l'homme a partagé son destin dans l'achèvement – selon les deux sens, positif et négatif, du terme – que lui a donné la raison spéculative d'outre-Rhin.

Celle-ci se présente bien, de Kant à Hegel, comme une justification absolue de la proclamation des droits de l'homme. Révolution copernicienne continuée du rapport du sujet et de l'objet, elle appréhende le dernier comme l'objectivation du premier (Kant), l'être comme le dépôt de l'acte qu'est le Moi ou le savoir (Fichte), le monde comme l'arrêt du produire infini qu'est la nature (Schelling), le réel comme l'autoréalisation de la raison absolue (Hegel), bref, la nécessité comme l'aliénation de la liberté. En son discours soucieux d'une scientificité désormais pleinement consciente de ses réquisits, la reconstruction systématique de l'être qu'est la spéculation allemande fait avouer réflexivement ou dialectiquement par celui-là sa fondation dans et par la liberté en son absoluité. La proclamation nouvelle du droit comme liberté est ainsi absolument consacrée dans la nouvelle philosophie à travers la promotion scientifique de la liberté comme principe.

Mais, si l'idéalisme allemand justifie par-là la *liberté* comme *contenu* du nouveau droit, il justifie aussi le *droit* lui-même comme *forme* nécessaire de la liberté. Si, pour lui, le droit est essentiellement le droit de l'homme en tant qu'accomplissement empirique de la liberté, l'homme en sa liberté ne s'accomplit aussi et d'abord que comme l'homme du droit. Dans le contexte d'un droit appréhendé comme droit de l'homme, une telle *promotion spéculative du droit* se développe selon *trois* degrés.

En *premier* lieu, le droit partage le statut *général* des déterminations, puissances ou figures de la vie du sujet, à savoir d'être une *condition* nécessaire de la réalisation de celle-ci en sa liberté. En *deuxième* lieu, le droit est érigé en condition nécessaire *privilégiée* de cette réalisation, en tant qu'il est une détermination *pratique* de l'esprit, et que, de Kant à Hegel en passant par Fichte et Schelling, le moment pratique est considéré comme plus rationnel, comme plus vrai, comme plus concret, comme plus spirituel, que le moment théorique, dans l'organisme de la raison, du Moi, de la nature ou de l'absolu. En *troisième* lieu, enfin, l'idéalisme allemand libère le droit, comme une sphère pratique *spécifique,* de sa détermination antérieure par la religion (le droit comme droit divin), par la raison théorique, « physique » (le droit naturel antique-classique) ou par la raison pratique supra-juridique, morale (le droit naturel moderne) ; il le pose, cependant, chez Kant, Fichte et Schelling, en son extériorité de nature spiritualisée, comme condition nécessaire de l'achèvement intérieur, éthique, puis religieux, de l'exercice de la liberté, et l'on sait que Hegel désigne par « droit » aussi ce dont le droit en son sens strict, immédiat, abstrait, est la nécessaire présupposition, c'est-à-dire la totalité de l'objectivation, même intérieure ou morale, de la liberté.

Mais une telle justification spéculative du droit comme réalisation objective de la liberté, elle-même saisie comme *raison* pratique, délivre l'affirmation des droits de l'homme de l'*empirisme* de son contexte originel. Assurément, pour l'idéalisme allemand, le droit, en tant que liberté extérieure, manifestée empiriquement, a son *lieu* dans l'individu, c'est-à-dire, par l'exclusivité de celui-ci, dans le rapport de l'individu à l'autre individu. Cependant, si le droit est par *essence* une telle individualisation de la liberté, c'est la liberté qui fait *exister* l'individu comme porteur du droit : le droit a son *principe* dans la *liberté* de l'individu, non dans l'*individualité* de la liberté. La liberté, qui fait que les droits sont des droits, ne peut donc être un droit comme les autres, au même titre que la propriété ou la sûreté. Droit fondamental, car fondement du droit, elle est le droit originaire (*Urrecht,* selon Fichte), le droit inné (selon Kant) eu égard aux droits acquis que sont les autres droits tels que la propriété, la sûreté effectivement obtenue par l'association…, bref, ce dont tous les droits déterminés sont l'objectivation (selon Hegel).

En tant qu'un tel pouvoir non empirique de l'exercice empirique extérieur de la liberté, c'est-à-dire de l'exercice objectif libre de l'arbitre individuel, le droit originaire ou inné est indépendant de toutes les déterminations particulières de l'existence de l'individualité humaine; il est bien le droit *universel* de l'*Homme.* En universalisant principiellement la liberté dans une *raison* – et même si celle-ci se déploie empiriquement –, l'idéalisme allemand préserve absolument son affirmation effective de toute limitation possible à telle ou telle catégorie d'individus : *tout* homme est, absolument, un homme, c'est-à-dire a droit à *tous* les droits.

La libération en extension de l'humanisme encore limité des Lumières (par exemple chez un Voltaire) s'accompagne de sa libération en compréhension, par la même substitution du principe rationnel au principe empirique. Si tout homme, comme tel, a un droit, chaque homme a droit à tout ce qui survient en lui dans sa relation aux autres hommes : l'important n'est pas le *contenu* – empirique – de ce qu'il reçoit, mais la *forme,* rationnelle ou libre, de cette réception. Brisant le syncrétisme, général au XVIIIe siècle, de la raison et de la nature, de la liberté et du bonheur, du rapport à soi et du rapport à de l'autre, de l'identité et de la différence, l'idéalisme allemand proclame que, dans leur synthèse, postulée ou réelle, le premier moment a prise sur le second et le conditionne principiellement. *La liberté mesure la réception du bonheur, le droit celle de la paix.* Ce que chaque homme exige – doit, pour s'accomplir objectivement en son essence d'être libre, exiger –, c'est, devant toute détermination de son être, même la plus positive empiriquement, son droit comme affirmation de ce pouvoir-être universel qu'il est en tant que raison pratique. Un bien ne vaut que s'il se présente comme droit à celui à qui il est offert, c'est-à-dire s'adresse à lui comme à un être libre, qui peut renoncer à ce qu'il peut exiger.

Le premier droit de l'homme est donc d'être reconnu en sa liberté métempirique, comme sujet de droits : en tous ses penseurs, l'idéalisme allemand avertit, contre tous les despotismes prétendant faire le bonheur des hommes, que ce qui est octroyé, mais non revendiqué, ne peut être vraiment un droit. Typique est, en ce sens, la condamnation vigoureuse, par le jeune Fichte, du préjugé dénoncé comme étant la racine de tous les maux, « la source première de toute… misère », à savoir que le devoir des princes est de veiller d'abord à la félicité de leurs sujets : « Non, Prince, tu n'es pas notre Dieu. De *lui*, nous attendons la félicité ; de *toi*, la protection de nos droits. Ce n'est pas *bon* que tu dois être envers nous, c'est juste »[1] !

Les divers droits de l'homme n'étant tels que par leur fondation sur le droit originaire qu'est la liberté, qui, par eux, se donne une existence extérieure, le tableau des droits esquissés par les grandes théories du droit, de Kant à Hegel, est un tableau des conditions objectives de la liberté réalisée dans l'interaction ou la coexistence des individus. La propriété privée du sol et des choses y est ainsi justifiée comme un réquisit absolu de la liberté, bien loin d'être appréhendée simplement comme le corrélatif de l'impuissance du besoin ou de la puissance du désir. Le droit de propriété est une exigence de la raison, non une demande empirique, et c'est pourquoi il a, en son lieu, une valeur pratique absolue. Et il en est de même de tous les autres droits de l'homme, qu'il s'agisse des droits *naturels,* conditions objectives immédiates de la liberté des individus, ou des droits *civils,* comme celui de l'association politique, qui médiatisent l'exercice de cette liberté en conditionnant la possibilité des premiers en tant que possibilité réelle. Puisque la liberté est l'absolu en tout individu, tout individu doit absolument pouvoir être propriétaire, et citoyen, etc.

Toutefois, une dérivation rationnelle des droits de l'homme à partir de la pensée de celui-ci comme étant essentiellement, c'est-à-dire universellement, libre, n'est possible que si l'on se contente de viser en ces droits des déterminations objectives elles-mêmes purement *universelles* de la liberté. Leur revendication réelle, dans des situations toujours particulières, requiert une concrétisation d'eux-mêmes qui excède leur fondation rationnelle : celle-ci *subsume*, mais ne *détermine* pas, une telle concrétisation nécessaire. D'où le reproche de *formalisme* juridique *inégalitaire* qui sera dirigé contre les philosophies du droit de l'idéalisme allemand; et c'est vrai que, même dans la plus égalitariste d'entre elles, celle du premier Fichte, la raison se contente d'exiger, par exemple en fait de propriété, que le minimum existentiel soit assuré à tout individu qui travaille. L'actualisation individuelle du droit universel de propriété ou de participation civique s'exprime alors dans l'acquisition de droits particuliers variables comme les conditions empiriques de leur propre contenu. L'individu, simplement point d'application d'un droit dont il n'est pas le principe, ne saurait exiger une détermination matérielle complète du contenu juridique. Le formalisme des droits de l'homme est, dans l'idéalisme allemand, le

1. Fichte, *Zurückforderung der Denkfreiheit…* [*Revendication de la liberté de pensée..*], *SW*, 6, p. 9.

corrélatif de sa perspective radicalement non empirique, c'est-à-dire non individualiste.

Le droit fait bien être la liberté comme liberté empirique ou individuelle, mais la liberté empirique individuelle n'existe que comme limitée ou niée dans la production d'une coexistence réciproque. Le droit absolu de l'homme ne se réalise, n'est réel, dans l'individu, que par la limitation, et, en tant que celle-ci constitue le droit, par l'autolimitation de l'exercice empirique de la liberté. La liberté n'existe comme droit que dans une autonégation de l'individu, déjà présente paradoxalement dans le contexte empirique du pacte social chez Rousseau et dont le sens va aller en se radicalisant dans le développement du rationalisme pratique, de Kant à Hegel, puisque cette autonégation, d'abord saisie comme affirmation vraiment libre d'un individu en soi rationnel, sera finalement rabaissée au phénomène de la vie éthique en tant qu'autodifférenciation de l'identité du peuple étatiquement constitué.

Un tel passage d'une philosophie de la personne à une philosophie de la communauté confère alors à l'idéalisme allemand comme philosophie des droits de l'homme sa signification essentielle. Il traduit l'infléchissement décisif de la signification révolutionnaire de l'affirmation de ces droits comme articulation déterminée des droits de l'*homme* et des droits du *citoyen,* impliquant une certaine idée du rapport de l'individu et de l'État, dans le sens d'une inversion de ce rapport, qui arrache progressivement la maîtrise de l'État au jugement et au vouloir de l'individu en réinsérant la liberté de celui-ci dans la nécessité historique où se développe celui-là.

Si l'idéalisme allemand a offert la première véritable philosophie du droit, en tant, précisément, que philosophie du droit comme droit subjectif, comme droit de l'homme, principe et juge des institutions du droit objectif, il a également constitué la première philosophie de l'histoire proprement dite, et, bien plus, peu à peu renversé la juxtaposition initiale – au bénéfice de la première – de la philosophie du droit et de la philosophie de l'histoire, de la vérité idéale du droit et de sa genèse réelle, dans l'intégration de celle-là au sein même de celle-ci. Il est vrai, en faisant de l'histoire elle-même, comme libération nécessaire de l'homme, le sujet puissant des droits de l'homme, dont l'affirmation inaugurale s'était crue la rupture absolue, par la liberté des individus, de la nécessité historique. En d'autres termes, l'idéalisme allemand transporte immédiatement la problématique des droits de l'homme dans le contexte encore présent de la tension concrètement vécue de la liberté des individus et de l'histoire des États.

On peut bien lire toute l'évolution de cet idéalisme, de Kant à Hegel, comme l'arrachement de cette problématique à son ton héroïque originel – celui de la révolution de l'État historique par les volontés individuelles –, et son insertion dans un discernement optimiste de l'évolution historique de l'État s'auto-produisant finalement dans des individus conscients de leurs droits.

La séquence *révolutionnaire*: individus s'affirmant comme *hommes* et, à cette fin, comme *citoyens* imposant l'État vrai à l'*histoire*, fait place à la séquence *spéculative*: *histoire* produisant évolutivement un *État* élevant ses *citoyens* à l'accomplissement, déjà à travers le droit, de leur être d'*hommes*. Dans une rapide – et par là forcément un peu artificielle – reconstruction de ce mouvement de réconciliation spéculative des droits de l'homme et de l'histoire, marquons quelques moments significatifs.

L'admiration kantienne pour l'*intention*, animant l'entreprise révolutionnaire, de bâtir le système du droit objectif sur les droits subjectifs fondamentaux de la liberté et de l'égalité dans la soumission à la loi – c'est-à-dire l'éloge de la constitution républicaine tel qu'il s'exprime dans l'article de 1795 sur la paix perpétuelle –, s'accompagne, dans le même texte, comme dans la *Doctrine du droit* ultérieure, d'une condamnation sans réserve de sa *réalisation* par la voie révolutionnaire. Le contenu des droits de l'homme est, d'ailleurs, de ce fait, amputé du droit de la *résistance à l'oppression*, qui, aux yeux de Kant, compromet, par son actualisation violente, la *sûreté* de la *liberté* et de la *propriété*, c'est-à-dire les trois droits essentiels.

La réalisation révolutionnaire du droit se nourrit d'un individualisme empirique qui affecte d'abord le jugement dénonçant l'état de choses existant – référé non pas tant à ce qu'en chacun la raison pratique universelle *pourrait* vouloir (et, finalement, elle peut vouloir toute constitution en tant que destructrice de l'anarchie, car il y a du droit dans tout droit, même le plus imparfait) qu'au vouloir singulier mû en réalité par le mobile du bonheur –, et compromet ensuite le rétablissement post-révolutionnaire d'un droit quelconque; on peut toujours craindre que son empirisme foncier n'interdise à la volonté de l'individu révolutionnaire de sortir du néant de droit qu'elle a suscité. Déclarer des droits de l'homme n'autorise donc pas à soumettre abstraitement, inconditionnellement, l'État et la citoyenneté aux individus humains : en ce sens, il faut faire strictement *comme si* toute autorité venait de Dieu.

La philosophie kantienne du droit confie d'abord bien la réalisation empirique effective de l'impératif *catégorique* s'adressant à tout vouloir – que la constitution républicaine soit ! – à l'action finalisée, cependant affirmée de façon *problématique* (l'entendement causal peut seul constituer une connaissance théorique objective), de la Providence orientant l'histoire collective, à travers ses États, de l'espèce humaine. Seule la Providence peut prendre sur elle, en assurant la négation du négatif, l'exploitation de la violence, pour faire avancer nécessairement cette histoire vers la réalisation d'un État de droit culminant dans la paix de la constitution républicaine ; cela, certes, dans la subordination de ce jeu du négatif à la positivité absolue du commandement de la raison morale, dont le vouloir, universel, peut seul fixer pleinement une telle réalisation. La lecture problématique, « conjecturale », de l'histoire du droit enlève ainsi en sa réalité l'institution étatique du droit aux volontés individuelles, pour la remettre à la puissance, dite également naturelle, par sa nécessité, et surnaturelle, par sa finalité, de l'histoire de la communauté des hommes.

Ainsi, le « contrat originaire », bien loin d'exprimer l'origine réelle de l'État et du droit objectif, est une norme idéelle que l'histoire elle-même prescrit enfin en appelant les individus – princes ou sujets – à participer à sa réalisation rationnelle, dans le respect absolu du droit, c'est-à-dire loin de l'anachronique violence, en se convertissant intérieurement les uns les autres par l'*éducation* au libéral accueil des strictes exigences de la raison pratique juridique. La libre communication des idées – « la liberté de la plume »[1] – et l'enseignement du droit – « le catéchisme du droit »[2] –, bref, les revendications mêmes de l'individualisme idéal des Lumières, telle est la participation par laquelle les individus effaçant le passage révolutionnaire du XVIIIe siècle au XIXe siècle doivent, selon Kant, assumer, en l'assurant, le mouvement nécessaire de l'histoire, dont le second affirme le sens optimiste !

La confiance à l'histoire pour l'accomplissement de l'homme dans le citoyen résout, plus encore, le débat de Fichte avec la problématique des droits de l'homme. Et de façon encore plus frappante, car l'itinéraire fichtéen s'y déploie entre les positions extrêmes. Dans son texte de 1793 : *Contributions destinées à rectifier les jugements du public sur la Révolution française*, Fichte, défendant la signification exemplaire de celle-ci, proclame l'identité, pour l'individu, du droit de

1. Kant, *TP*, *KW*, VIII, p. 304.

2. *Id.*, *Pädagogik* [*Pédagogie*], *KW*, IX, p. 490. Pour une analyse plus détaillée, nous nous permettons de renvoyer à notre étude : « Kant et les droits de l'homme », *in : Philosophie et droits de l'homme, de Kant à Marx*, Paris, PUF, 1990, p. 33-48.

n'obéir qu'à une loi qu'il s'est donnée à lui-même, et du droit de changer, même par la force, de constitution : y renoncer reviendrait à ne plus vouloir être un homme, puisque le privilège de l'homme est de pouvoir se perfectionner à l'infini. Une telle exaltation de la volonté individuelle, à l'encontre de l'inertie d'une histoire injuste, va de pair avec le rabaissement de l'État, qui, simple moyen provisoire, destiné à dépérir[1], au service de l'homme, ne peut ni prendre ni sanctionner les droits naturels de l'individu. Mais la préférence – exprimée dès le texte de la même année 1793 : *Revendication de la liberté de pensée*, et qui oppose en fait à ce qui est légitime ce qui est souhaitable – pour le « progrès lent mais plus sûr », à l'échelle de la nécessité historique, au détriment des « bonds violents »[2] opérés par la volonté libre de l'individu, annonce bien la réconciliation de celle-ci avec celle-là.

Assurément, les textes ultérieurs de Fichte maintiennent à l'État son rôle d'instrument dans l'économie de l'existence humaine. Le texte publié en 1796 : *Fondement du droit naturel selon les principes de la doctrine de la Science*, et son prolongement de 1800 : *L'État commercial fermé*, tout en étendant la part de l'existence soumise à la stricte réglementation d'un État très interventionniste, soulignent que, le contrat civique fixant la *réunion* des individus pour assurer la *protection* de leur *propriété*, chaque individu s'engage civiquement par une *partie* de lui-même pour que soit protégé par tous *tout* ce qu'il a, est, peut avoir ou être : dans l'État, « l'humanité se distingue de la citoyenneté pour s'élever à la moralité avec une absolue liberté »[3]. Fichte ne reviendra jamais sur une telle destination supra-étatique de l'État. Le *Système de la doctrine du droit* de 1812 répétera ainsi que l'État de droit, foncièrement anti-despotique, en tant qu'il se donne pour but « la formation de tous à la liberté »[4], doit développer en chacun « la possibilité d'avoir une volonté comme quelque chose de premier et d'originaire, de se donner à soi-même des buts *par-delà* l'État »[5]. Ce qui ne signifie toujours rien d'autre si ce n'est que « l'État vise à *se supprimer*, puisque son but ultime est la vie éthique et que celle-ci le supprime »[6], une telle autonégation de l'État ne pouvant,

1. *Cf.* Fichte, *Einige Vorlesungen über die Bestimmung des Gelehrten* [*Quelques leçons sur la destination du savant*], 1794, *SW*, 6, p. 306 : « L'Etat, comme toutes les institutions humaines qui sont de simples moyens, vise son propre anéantissement ».

2. *Id.*, *Zurückforderung…*, *SW*, 6, p. 5.

3. *Id.*, *FDN*, II, § 17, traduction A. Renaut, p. 217.

4. *Id.*, *System der Rechtslehre*, *SW*, 10, p. 540.

5. *Ibid.*, p. 541.

6. *Ibid.*, p. 542.

certes, se réaliser qu'à l'infini, tout comme est infinie la réalisation de la moralité.

Mais, si la citoyenneté est ainsi, quant à sa *finalité,* ordonnée à l'humanité, elle est présentée désormais, quant à sa *causalité,* comme un moyen qui fait être radicalement son but, bien loin de présupposer, comme sujet le mobilisant lui-même, un individu déjà libre en son humanité. Du texte de 1796 à celui de 1812, court le leitmotiv selon lequel toute liberté n'est réelle, n'existe, qu'à travers sa limitation étatique. Le droit naturel de l'homme n'est autre que le droit étatique du citoyen que comme une « simple fiction »[1] : « il n'y pas d'état des droits originaires et pas de droits originaires de l'*homme* »[2], et, « il n'y a, au sens où l'on a pris souvent le terme, aucun droit naturel..., car l'État lui-même devient l'état de nature de l'homme et ses lois ne doivent être rien d'autre que le droit naturel réalisé »[3]. Bien loin de présupposer la pleine liberté des individus contractants, l'État est ce qui seul peut la poser, et en sa réalité, et même en son concept : en son surgissement, « il ne peut assurer une liberté qui *n'est pas* », mais « seulement la *possibilité de son devenir*[4]. Si « l'humanité se distingue de la citoyenneté pour s'élever à la moralité avec une absolue liberté », c'est « seulement pour autant que l'homme passe par l'État »[5]. Sujet réel des droits de l'homme, qui constituent bien sa destination, le citoyen se nourrit d'une énergie libératrice qui, ne procédant pas de l'individu réel en tant que tel, renvoie alors, en deçà de l'État, au sujet *absolu* qu'est la vie *divine* se manifestant dans et comme le temps de l'*histoire.*

Les *Traits fondamentaux du temps présent* et les *Discours à la nation allemande* présentent bien l'État comme l'organisation rationnelle claire à elle-même de la vie populaire s'aimant elle-même dans le patriotisme, et comme devant à ce patriotisme, où se manifeste historiquement l'unité divine elle-même, de surmonter, pour son salut même, les buts nécessaires, mais ne suffisant pas, du droit.

Cependant, en voulant régénérer l'État, disloqué par l'individualisme moderne, dans la totalité vivante du peuple, en demandant à une éducation concrète de redonner force à un droit qui est allé à sa perte

1. *Id.*, *FDN*, I, § 9, traduction A. Renaut, p. 127.
2. *Ibid.*, I, § 15, p. 162-163.
3. *Ibid.* – Le *Système de la doctrine du droit* de 1812 redira que « tout droit est un droit étatique », *SW*, 10, p. 498.
4. *Id.*, *SW 10,* p. 540.
5. *Id.*, *FDN*, II, § 17, traduction A. Renaut, p. 217.

pour s'être abstraitement absolutisé, Fichte ne renie aucunement son affirmation antérieure de la nécessité du droit comme instrument de l'accomplissement éthique de l'individu humain. Simplement, il remet cet instrument à l'histoire comme vie phénoménale de Dieu, qui fait réaliser à cet individu, par nécessité et en quelque sorte malgré lui, qui croit n'agir qu'en vue de sa propre sécurité et puissance, le but éthique suprême de la raison[1]. Mais l'énergie historique de la nation, de même qu'elle a une destination universelle – car c'est la vie de la manifestation humaine du divin que, par exemple, à l'époque moderne, doit promouvoir le peuple allemand –, s'opère à travers le moyen, non diminué, de cette structure intellectuelle de sens universel qu'est un État de droit. L'enracinement de l'État dans la vie nationale, comme actualisation singulière de la vie divine universelle, ne signifie en rien une réduction de sa juridicité.

Ainsi, les *Traits fondamentaux du temps présent* soulignent que la « pénétration intime du citoyen par l'État » n'est rien d'autre que son « passage par la plus haute légalité »[2], et les *Discours à la nation allemande* insistent sur la vocation du peuple allemand à réaliser la constitution juridique par excellence, à savoir la constitution républicaine[3]. Et la fondation du droit étatique sur ce qui seul permet sa consolidation dans l'époque ayant traversé l'âge de l'individualisme absolu, à savoir sur la puissance nationale intimement ordonnée aux fins plus hautes de la vie universelle de l'amour divin, n'affaiblit aucunement l'exigence constante de l'accomplissement éthique de l'individu et, par voie de conséquence, du jeu indispensable laissé à la liberté matérielle de celui-ci dans le cadre d'un droit rendu alors moins répressif.

Bien au contraire. Alors qu'un État de droit abandonné à lui-même, c'est-à-dire reposant sur l'immédiate affirmation de soi des individus, doit, pour subsister en sa paix intérieure, « limiter de multiple manière la liberté naturelle de l'individu », la limiter « aussi étroitement que possible, soumettre tous ses élans à une règle uniforme et la maintenir sous une surveillance constante »[4], la réinsertion du couple : État-individu, moyennant la nation, dans la vie divine du genre humain, permet, par la substitution de l'éducation à unilatéralité de la contrainte, un élargissement juridique de l'activité d'individus dont

1. *Cf. id.*, *GZ*, *SW*, 7, p. 166 et 207.
2. *Ibid.*, p. 210.
3. *Cf. id.*, *DNA*, 6-8-9, traduction A. Renaut, p. 182, 231, 238.
4. *Ibid.*, p. 221.

l'affirmation de soi est désormais libérée de sa limitation égoïste. « La liberté, même dans les élans de la vie extérieure, est le terrain où germe la culture supérieure; une législation qui fait de cette dernière son objectif laissera à la liberté une sphère, aussi large que possible, même au risque de voir en résulter un moindre degré de calme et de tranquillité uniformes et de rendre un peu plus lourdes et pénibles les tâches du gouvernement »[1]. Ainsi, en intégrant dans la vie *historique* de la *nation* l'affirmation moderne des droits de l'homme par là arrachée à tout volontarisme individualiste, le dernier fichtéanisme, non seulement ne veut pas fragiliser la structure indispensable de l'*État de droit*, mais ouvre la force alors accrue de celui-ci à une libération intensifiée, à travers une citoyenneté mieux éduquée, du droit même des *individus*. On est bien loin ici de toute réduction romantique des droits de l'homme et du citoyen; quelque utilisation qu'on ait pu faire d'un discours fichtéen aux apparences, il est vrai, parfois ambiguës.

Nous nous sommes attardé sur le cas de Fichte, où l'on a précisément voulu voir s'opérer de façon cruciale un brutal renversement de l'affirmation des droits de l'homme dans leur destruction historiciste nationaliste. La conciliation, esquissée par Kant et accomplie par Fichte, de la pensée du droit comme droit de l'homme, et de la pensée de l'histoire, est confirmée dans tout le développement de l'idéalisme allemand, là même où l'histoire est d'emblée rapportée, comme à son sujet supra-humain, à la raison divine.

C'est manifeste dans les textes du dernier Schelling, qui passe pourtant pour être le philosophe du romantisme réactionnaire. Le pessimisme, exprimé en 1810 dans les *Conférences privées de Stuttgart*, quant à la possibilité – à laquelle la Révolution française et le kantisme voulaient croire – de réaliser sur terre la réunion étatique d'individus libres (l'État, dont la raison d'être est la liberté de l'individu, ne peut l'assurer que s'il est fort, mais, s'il est fort, il est despotique ![2]), n'empêche nullement Schelling, dans ses leçons ultérieures sur la *Philosophie de la mythologie*, de demander à l'État, dont le principe n'est pas la raison individuelle, de se fixer comme but, à poursuivre sans cesse, la liberté des individus. Selon Schelling, c'est précisément en refusant de faire de l'individu le *principe* de l'État qu'on assure au mieux sa réalisation progressive comme son *but* ultime; l'individualisme se retourne contre l'individu. Les théories politiques du contrat conduisent nécessairement, puisque l'accord

1. *Ibid.*
2. *Cf.* Schelling, *Stuttgarter Privatvorlesungen*, *SW*, 4, p. 354.

unanime ne peut être réalisé, à justifier la tyrannie des majorités, et c'est pourquoi il faut rapporter l'État, contre l'absolutisation suicidaire de la raison subjective, à la « raison réelle » immanente à la nature, qui se réforme progressivement à l'écart des vains accès révolutionnaires. Si « l'État appartient aux choses qui sont *par nature*, et naît indépendamment de l'intelligence humaine » [1], s'il forme l'individu bien plutôt que l'individu ne le forme, sa contrainte est justement le principe de la liberté. C'est bien l'État qui, « au lieu d'opprimer la liberté individuelle, rend bien plutôt celle-ci possible », et « c'est lui qui élève l'individu à la personne » [2]. Ainsi ordonné à l'accomplissement de l'individu comme de « ce qui va au-delà de (lui) » [3], l'État doit ménager le plus de liberté possible – au-delà de lui, non sur et contre lui – à l'individu, en se faisant, comme la nature, aussi peu sentir que possible [4]. La philosophie schellingienne confie donc bien aussi au devenir nécessaire, naturel, de l'État la réalisation moderne des droits de l'homme comme droits du citoyen à s'épanouir rationnellement en tant qu'individu.

Le hégélianisme achèvera le mouvement, commencé avec le kantisme, de réconciliation de la liberté qui se proclame dans les droits de l'homme, avec la nécessité historique présidant au développement de l'État. Cette réconciliation passe, ici aussi, par la condamnation de la réalisation révolutionnaire des droits de l'homme. Appréhendant la Déclaration de 1789 comme l'acte fondamentalement politique de l'autojustification, à titre de droit de l'homme, de la volonté de l'individu, d'être, en tant que tel, citoyen, Hegel s'emploie à montrer la nullité politique d'un tel vouloir à travers son échec révolutionnaire ; l'individu, exalté par la société civile moderne, ne peut s'assurer lui-même, ni comme homme ni comme citoyen. La Terreur révèle la fausseté de l'absolutisation étatique de l'individu.

A la politique abstraite des droits de l'homme, Hegel fait opposer par l'histoire en train de s'achever – et dans laquelle il restitue l'événement révolutionnaire – la réalisation concrète des droits de l'homme et du citoyen par l'État accédant à sa vérité rationnelle comme communauté libérant en elle les individus. On ne peut faire être des droits en les déclarant, même si la déclaration – ou codification – des droits doit

1. *Id.*, *Einleitung in die Philosophie der Mythologie* [*Introduction à la philosophie de la mythologie*] – *E. Ph. M* –, II, *SW*, 5, p. 722.

2. *Ibid.*, p. 728.

3. *Ibid.*, p. 735.

4. *Cf. ibid.*, p. 733.

consacrer les droits déjà réalisés comme pouvoirs effectifs par l'histoire. On connaît les thèmes hégéliens : l'histoire comme déploiement temporel de la raison absolue a son élément dans l'État lui-même, ainsi arraché à tout devenir naturel et élevé à la transparence à soi, à l'identité à soi, à la singularité ou au Soi-même de l'esprit. C'est pourquoi son actualisation plénière accomplit le droit abstrait, où s'objective la liberté personnelle, dans une constitution attestant la toute-puissance de l'État, sa justice souveraine, dans sa libérale bonté, c'est-à-dire l'autonomie la plus grande qui ait jamais été ménagée *effectivement* aux individus. La réconciliation affirmée par Hegel entre les droits de l'homme et l'histoire est à l'œuvre *dans* l'État lui-même : il n'est plus le simple instrument dont se sert l'histoire pour libérer l'individu, car il est la raison divine elle-même, manifestée en son concept, lequel inclut l'identité organique de la divinité et de l'humanité, de l'universalité et de la singularité, de cette raison. L'idéalisme allemand culmine dans cette identification concrète des droits de l'homme et du droit divin de l'histoire.

Mais le « totalitarisme » de l'État hégélien ne peut se dire comme l'effectuation des droits de l'homme qu'autant qu'il maîtrise organiquement en lui la différence de lui-même et de son autre, une différence telle qu'elle comprend en elle, comme moment non étatique de l'État, l'anticipation objective de l'esprit supra-objectif ou absolu dans lequel le Soi fini peut s'affirmer en vérité comme le but absolu de l'État. L'originalité de la philosophie hégélienne de l'esprit objectif consiste précisément dans la reconnaissance que l'État accorde en lui-même, dans l'un de ses moments, dont il est ainsi le maître, à l'homme comme être qui, voué à l'esprit absolu, n'est pas épuisé par le citoyen et n'a pas l'État comme maître absolu. Cette reconnaissance étatique, à l'homme comme tel, de droits autres que ceux du citoyen, est la réalisation de soi de l'État en tant qu'unité étatique de lui-même et de la société. L'idéalisme allemand se clôt ainsi dans la philosophie hégélienne en inaugurant la problématique moderne du rapport de l'État et de la société.

Si l'on peut théoriquement affirmer des droits de l'homme sans affirmer en lui le *citoyen* – ce que fait l'anarchisme –, on ne peut affirmer des *droits* du citoyen (et non pas seulement des devoirs du citoyen) sans affirmer en lui, et comme l'excédant, l'homme lui-même. L'idéalisme allemand, dont on vient de rappeler qu'il fait conditionner la réalisation de l'homme par la citoyenneté, ne peut vouloir se poser comme la philosophie du droit en tant que droit de l'homme qu'autant qu'il fait reconnaître et garantir par l'État lui-même, dans le citoyen, une existence non civique, supra-étatique, totalement humaine. On a vu que, chez tous ses représentants, il ordonne bien l'État à un accomplissement en l'homme, grâce au citoyen, de son humanité.

Or, cet accomplissement est présenté comme ayant son lieu dans et comme une « communauté » (*Gemeinschaft*) ou « société » (*Gesellschaft*), mais dont le statut est d'abord pensé comme celui d'une intériorité ou *idéalité* avant d'être pensé comme celui d'une *réalité* aussi effective que celle de l'État lui-même. Ainsi, l'idéalisme allemand affirme-t-il d'abord le droit de l'homme en tant qu'être social *idéal* en faveur duquel l'État se limite lui-même *idéalement*, avant d'affirmer le droit de l'homme en tant qu'être social *réel* en faveur duquel l'État consent à limiter *réellement* son droit souverain. En d'autres termes, la philosophie idéaliste du droit intensifie, de Kant à Hegel, sa reconnaissance des droits de l'homme dans le citoyen en proposant une libération elle-même intensifiée, par l'État de plus en plus assuré en sa force, d'une société de mieux en mieux respectée en sa vie propre.

Si l'État – et le droit dont il est l'agent – conditionne, d'après le kantisme, la réalisation de la vie rationnelle supra-juridique ou supra-étatique, c'est-à-dire éthique, la communauté supérieure – le « royaume des fins »– en quoi consiste celle-ci est une société *idéale* dont la valeur positive absolue exclut qu'on la rapporte, comme à la condition non étatique (infra-étatique) de son sens non étatique (supra-étatique), à la société effective qui est le lieu du droit *privé,* entendons : de l'exercice privé du droit. La distinction, qui structure la *Doctrine du droit* de Kant, d'un tel droit privé et du droit public, comme exercice public du droit, procédant d'une justice distributive mise en place par l'État, est médiatisée par l'exigence, la postulation, elle-même privée, du droit public : le droit privé, comme *droit*, requiert sa propre négation comme *privé*, car, comme tel – condamné par la violence de l'état de nature à demeurer un droit précaire, « provisoire » –, il nie l'exigence même du droit, à savoir que soit garanti « péremptoirement » à chacun ce qui lui appartient. La société *naturelle* – non civile ou étatique – est bien, en tant qu'une telle négation du droit, affectée, dans le kantisme, d'un sens absolument *négatif* : *il est rationnel qu'aucune société réelle n'existe qui ne soit étatique*. L'individu humain réel n'a de droits que comme un citoyen, lequel, en tant que tel, a, en fait, essentiellement des devoirs. La république kantienne n'est pas une république « libérale » ; le rigorisme moral de Kant est bien autant juridique qu'éthique.

Dans ses premières œuvres, « révolutionnaires », Fichte fait du rapport État-société le rapport espèce-genre, en d'autres termes il reconnaît à la société non étatique une existence *empirique* possédant une valeur rationnelle *positive,* laquelle est même supérieure à celle de l'État. La *culture* de l'individu, accès à la vraie liberté par la libération de l'égoïsme, se développe non pas dans l'État, milieu répressif négatif, mais dans « l'interaction par liberté » qu'est la « société ». En sa positivité, l'individu social, qui *réalise* l'homme comme non-citoyen, a des droits, par exemple le droit à la solidarité et à l'assistance. Les textes ultérieurs sur *Le Droit naturel* et *L'État commercial fermé* dissolvent bien la positivité juridique de la société dans celle de l'État, seule effectivité de la société, à tel point que le droit étatique reprend en lui la vie économique qui, chez Kant, par ses pouvoirs de fait, conditionne *de l'extérieur* le droit politique lui-même (ainsi la citoyenneté active dépend de la capacité à assurer sa subsistance par soi-même) ; le droit intègre ainsi en sa forme la matière de ce qui constitue alors des droits, et l'absorption de la société effective dans l'État signifie que l'*égalité du droit* ne peut s'accomplir que par l'*égalisation infinie des droits*. Mais l'accord de Fichte avec lui-même à travers les étapes de sa pensée s'opère, en quelque sorte, dans sa dernière philosophie, par une réconciliation réelle de l'État et de la société, la réinsertion historique d'un État maintenu en son rôle d'instrument anthropogène absolument nécessaire dans une société effective délivrée de son contexte originel volontariste-individualiste. L'État enracine, et, par-là, consolide son unité légale dans l'unité vivante de la *nation*, manifestation originaire de la raison où s'anticipe et prépare effectivement, moyennant l'éducation, la communauté éthique supra-étatique des individus entièrement accomplis en leur humanité. Cette insertion sociale de l'État, dont nous avons vu qu'elle se traduisait précisément par une réduction étatique du droit étatique, instaure donc un espace social du droit, c'est-à-dire réalise empiriquement les droits de l'homme comme droits de l'individu réel en tant qu'il n'est pas citoyen, mais individu social.

Cependant, une telle *réalisation* des droits de l'homme est encore abstraite ou négative, pour autant que l'espace social libéré en lui par l'État ne reçoit pas un contenu empirique spécifique, et libère, par conséquent, un individu dont l'individualité n'est pas reconnue effectivement. Il est vrai que, si le fichtéanisme surmonte l'opposition kantienne du sensible et du rationnel par la réalisation immanente de celui-ci dans celui-là, cette réalisation de l'unité de la raison dans l'individualité empirique n'est rien d'autre que la négation abstraite de celle-ci. Le Soi ne s'élève à la liberté vraie, éthique, qu'en supprimant son individualité empirique. Seul, le hégélianisme, achevant en cela la dynamique idéaliste du rapport : État-société, remplira *positivement* le droit de ce qui, en l'homme effectif, est autre que le citoyen, en faisant reconnaître par l'État – au nom de la conception *concrète* de l'universalité, rationalité ou liberté, qui affirme absolument, à sa place relative, la singularité empirique et son libre arbitre – l'activité de l'individu, qui se réalise, en tant que tel, dans la société, elle-même entendue en sa réalité économique originelle.

Avant que Schelling ne déclare que les bons chefs d'État sont ceux qui ont su – tout en faisant prévaloir, même durement quand il le fallait, les exigences de l'universel étatique – instituer, à l'intérieur de l'État, des cercles autonomes où l'homme puisse se sentir, en éprouvant l'honneur de son état socio-professionnel, libre de celui-là[1], Hegel faisait triompher la force de l'État rationnel dans le traitement libéral, en ses citoyens, de l'homme en ses divers pouvoirs non civiques, infraciviques (pouvoirs de la personne, du sujet moral, du membre de la famille, de l'agent social…) ou supra-civiques (pouvoirs de l'artiste, du religieux, du philosophe). Certes, pour le hégélianisme, l'État seul peut faire *exister* ceux-ci dans l'effectivité en les consacrant comme droits, mais sa rationalité lui fait reconnaître théoriquement et pratiquement leur *essence* extra-étatique.

Or, l'affirmation étatique des droits de l'homme comme tel est, d'après les *Principes de la philosophie du droit*, une affirmation concrète, effective, dans la mesure où l'homme lui-même reçoit une effectivité empirique dans l'existence sociale : c'est seulement dans la « société civile » *(bürgerliche Gesellschaft)*, d'abord économique, que se rencontre en sa réalité l'« homme » comme « concret de la représentation »[2]. C'est comme *individu social*, non pas comme citoyen, que l'homme existe réellement en tant que personne juridique, sujet moral, membre d'une famille, etc., que, à travers l'institution proprement sociale qu'est l'école, il se cultive en vue de son accomplissement supra-éthique comme artiste, religieux, philosophe, bref, qu'il se réalise comme *homme*. L'homme hégélien, à strictement parler, c'est l'individu social, et les droits de l'homme, comme distincts de ceux du citoyen, sont fondamentalement des droits sociaux. Certes, l'homme comme tel ne peut accéder à la réconciliation objective totale, et les deux moments de l'existence sociale, l'universalité et la particularité, ne peuvent se concilier que dans la hiérarchisation, au bénéfice de la seconde, de la solidarité sociale et de l'initiative individuelle (la « société civile » est bien la *différence* éthique de l'identité et de la

1. *Cf.* Schelling, *E. Ph. M*, II, *SW*, 5 p. 729.

2. Hegel, *Principes de la philosophie du droit – PPD –*, § 190, Rem., traduction R. Derathé, Paris, Vrin, 1975, p. 221.

différence ainsi privilégiée). Mais vouloir surmonter une telle limitation de la société en essayant de *réaliser* à son niveau l'*identité* éthique étatique de la différence et de l'identité alors privilégiée, c'est-à-dire de faire se recouvrir absolument dans l'individu l'homme et le citoyen – et tel est le projet marxiste –, serait, en bon hégélianisme, une entreprise mortelle, et pour les droits de l'homme et pour les droits du citoyen. Une telle entreprise ne peut qu'avouer son échec irrémédiable dans la terreur ; l'histoire ne l'a que trop confirmé !

L'État hégélien sait qu'il peut seul faire exister la société, et – accomplissement objectif de l'Idée logique – il manifeste bien sa plus grande force en laissant aller librement en lui-même, tel son autre, son moment négatif, anti-étatique, le moment de l'existence *humaine* du citoyen. Les droits de l'homme ne peuvent être des droits réels que par et dans l'État, mais qui n'est vraiment fort qu'à libérer dans le citoyen l'homme lui-même en libérant en son propre sein la société civile[1].

Que retenir, aujourd'hui, de cette philosophie des droits de l'homme qu'a été, consciemment, volontairement, l'idéalisme allemand, en tous ses illustres représentants ?

En premier lieu, il faut retenir, de son *contenu constant*, la justification théorique – contre la tentative ultérieure de réunir absolument l'homme et le citoyen – de la problématique des droits de l'homme comme problématique des droits de l'homme *et* du citoyen, c'est-à-dire de la *différence* entre des droits civils et un droit originaire, à savoir la liberté en tant qu'elle ne peut être épuisée, en sa forme principielle, dans un catalogue de droits déterminés valables par leur seul contenu. Ainsi, l'*octroi* d'une *paix* due à la réalisation de tels droits ne saurait en rien faire excuser qu'une violence soit faite à la *revendication* absolue du *droit* (de la *liberté*). *Pas de paix hors du droit, pas de bonheur hors de* la *liberté !* C'est là l'exigence fondamentale universelle et permanente de la philosophie allemande du droit, de Kant à Hegel, comme rigoureux idéalisme de la liberté.

En deuxième lieu, on peut retenir, du *mouvement* même de cette philosophie, l'adoption d'une perspective pratique *réaliste* quant à la mise en œuvre des moyens de satisfaire le réquisit absolu de la libération de l'homme. Contre le volontarisme individualiste des révolutionnaires français, les penseurs allemands reconnaissent, d'abord, que l'État seul peut assurer – l'action négative est encore une action,

1. *Cf.* notre étude : « Hegel et les droits de l'homme », *in Philosophie et droits de l'homme de Kant à Marx*, *op. cit.*, p. 73-97.

peut-être même *l'*action ! – la promotion de l'individu ; ensuite, que l'État lui-même est pris dans le procès nécessaire de l'histoire. Ils enseignent par là la patience dans la réalisation des droits de l'homme. Cela ne signifie aucunement un abandon paresseux et irresponsable au destin, car l'histoire est saisie comme la manifestation d'une raison dont la liberté infinie n'agit qu'à travers les efforts de la liberté finie des individus ; seul l'entendement (abstrait) croit découvrir une contradiction entre la puissance divine de l'histoire et la liberté de la volonté individuelle : la liberté vraie, dit Hegel, doit concevoir le bien comme ayant tout autant à être (fait) qu'il est (en soi). Saisie concrètement, comme elle l'est dans l'idéalisme allemand, la reconnaissance de la nécessité historique selon laquelle se réalisent les droits de l'homme ne supprime aucunement leur libre affirmation comme norme absolue. La patience n'exclut pas la résolution, ni la confiance la vigilance, ni l'optimisme l'engagement. La foi en la positivité du sens général de l'histoire doit bien plutôt stimuler le combat quotidien et local patient pour les droits de l'homme[1].

En troisième lieu, l'*achèvement hégélien* de l'idéalisme allemand concrétise heureusement la problématique des droits de l'homme et du citoyen, en son sens inversé, comme problématique des droits du citoyen et des droits de l'homme en tant qu'individu social. La libération de l'homme comme tel, par, dans et devant le citoyen, c'est la libération de la société par, dans et devant l'État. Selon Hegel, les droits de l'homme comme droits de l'homme et du citoyen ne peuvent être réalisés que dans et par un État fort, dont l'autorité ménage libéralement un espace social de jeu pour les individus. Un tel enseignement, en lequel vient culminer la philosophie allemande des droits de l'homme, semble bien, lui aussi, nous reconduire à notre plus présente actualité, et fonder, tout en l'éclairant sur elle-même, la poussée universelle de celle-ci.

1. Jacques d'Hondt a bien montré que Hegel lui-même ne s'est pas dérobé à ce combat (*cf. Hegel en son temps*, Paris, Editions Sociales, 1968).

CHAPITRE XI

SOCIÉTÉ ET ÉTAT

Les deux chapitres précédents ont fait émerger l'importance de la relation en développement de la société et de l'État chez les penseurs allemands. La distinction du social et du politique s'est fixée vers la fin du XVIIIe siècle, dans la réalité et dans la pensée. Auparavant, par exemple dans l'Ancien régime français, les différences entre les « ordres » avaient une signification en même temps sociale et politique, l'appartenance sociale déterminant le rôle politique. Quant à la théorie, elle identifiait couramment le social, le civil et le politique. Le « Contrat social » de Rousseau décrit bien l'institution politique vraie : on entend alors généralement par « social » le domaine non organisé des relations en quelque sorte naturelles entre les individus; le politique ou le civil désigne, au contraire, l'organisation réglementée volontairement du champ social. Mais le développement d'une vie économique s'organisant par elle-même, hors de l'ordre politique consacré extérieur à elle – dans le peuple du tiers état –, la naissance, corrélative, de la science de l'économie politique, reconnaissant l'existence des lois proprement socio-économiques, manifestent la promotion d'un ordre social spécifique; il existe, entre la vie naturelle (l'état de nature) et la vie civile-politique, une vie civile non encore politique, et c'est la vie véritablement sociale. L'affirmation d'une telle vie sociale non politique spécifique fait alors éclater l'identification antérieure courante du civil et du politique. Elle libère ainsi la notion d'une « société civile » (Ferguson) qui vient équilibrer celle de la société proprement politique, celle de l'État. Hegel établit rationnellement leur articulation, qui prévaut encore aujourd'hui. De plus en plus même, après l'auto-destruction du socialisme marxiste, qui avait voulu surmonter l'opposition de la société et de l'État (qu'on pense à la

Question juive de Marx !) et réaliser au niveau même de la société l'égalité revendiquée dans le champ – céleste, illusoire, mystificateur – de la vie politique.

Ne faut-il pas voir justement dans une telle tension entre la société et l'État une heureuse condition de la liberté de l'homme moderne, de cet homme de plus en plus soucieux de ses droits ? A cet égard, l'histoire de la philosophie politique moderne est riche d'enseignements. En certains de ses grands moments, elle constitue une sorte d'expérimentation théorique sur les effets, quant à la libération de l'homme, de la relation à chaque fois établie entre vie sociale et vie politique. Nous examinerons trois de ces moments : Kant, ou l'absorption de la société par l'État; Fichte, ou l'alternance de la société et de l'État; Hegel, ou l'intégration concrète, préservant leur différence et l'organisant, de la société dans l'État.

Kant reconnaît l'existence d'une vie sociale, mais la juge, à son niveau, de façon négative : la seule société réelle qui ait une valeur positive est la communauté politique. L'homme, dans ces conditions, n'a réellement des droits qu'en tant qu'il est citoyen, mais la vie civique ou politique privilégiant, dans la relation du tout et de l'individu, le tout et son autorité, les droits de l'homme kantien sont strictement mesurés par les devoirs du citoyen. De ce fait, la vie dans un État de type kantien est celle d'une réalisation rigoriste de la liberté essentielle reconnue à l'homme.

La *Doctrine du droit* de Kant détermine d'abord les prescriptions que la raison – intérieure à chaque homme, dont la conscience entend ses commandements, ses impératifs – impose au sujet des actions extérieures. par exemple, le respect par chaque homme de la propriété d'autrui. Kant appelle l'ensemble des prescriptions du devoir – et des autorisations qui leur correspondent, des droits – que la raison fixe à chacun, en sa conscience, le *droit privé*. Droit *privé,* parce que, à ce stade, il n'y a pas d'institution (politique) chargée de faire respecter réellement le droit : l'exercice, la réalisation du droit, est l'affaire des individus, est une affaire individuelle, privée, non étatique. Les hommes, avant l'institution politique, entretiennent bien des relations sociales : familiales, économiques (il y a ainsi des droits des parents vis-à-vis des enfants, et inversement, des droits entre maîtres et domestiques) ; toutefois, ces relations sont telles que les droits de chacun ne sont pas assurés, réalisés, de façon sûre, solide – Kant dit : « péremptoire » –, mais seulement de manière précaire, fragile – Kant dit : « provisoire ». Pourquoi ? Parce que la nature livre les hommes à la sensibilité, qui est d'abord égoïsme : la vie dans un tel état de nature, pré-civil ou pré-étatique, est une vie de conflit, de violence, de guerre plus ou moins manifeste; comme chez Hobbes, il y a, chez Kant, un profond pessimisme au sujet de la vie dans l'état de nature. Ainsi, la vie sociale réelle est absolument négative. Il y a bien la possibilité de nouer, dans l'intériorité « éthique », au niveau de la « moralité », et non pas de la légalité ou du droit, des relations positives avec les autres; tel est le « règne des fins », mais cette communauté morale est une communauté idéale, non réelle; et, d'ailleurs, elle requiert, comme une présupposition qui ne suffit jamais, mais qui constitue un préalable favorable à la moralité, la réalisation du droit.

Aussi, pour Kant, l'impératif de la raison pratique extérieure, juridique, est-il qu'il faut sortir de l'état de nature, du stade, seul possible alors, du droit privé. Car – on l'a vu – le droit privé empêche, comme *privé*, la réalisation péremptoire, assurée, absolue, de ce qu'il commande comme *droit*; c'est là une contradiction qui doit être contredite, anéantie, et la suppression de l'expérience privée du droit est son exercice *public*. Le droit doit devenir un *droit public*. Il exige la constitution d'un État capable, par la force produite grâce à la réunion des individus sous une constitution, d'assurer une réalisation absolue des droits. Ainsi, les droits de l'*homme* ne sont réels qu'autant qu'ils sont des droits du *citoyen*. Seule la vie politique dépasse l'état de nature et la violence qui lui est liée : il n'y a pas d'organisation purement sociale qui soit positive. La raison pratique exige donc que toute société réelle soit supra-sociale, c'est-à-dire politique. Le kantisme juge, de la sorte, qu'il n'y a de communauté réelle positive que la communauté étatique.

Mais la politisation de la société, qui médiatise les relations entre les individus par la relation de chacun à l'unité de tous, unité instituée pour *imposer* la réalisation du droit, introduit le moment de l'*autorité* dans l'existence humaine. L'homme n'étant réellement homme libre qu'en étant citoyen, et la citoyenneté soumettant les individus à l'unité qu'ils forment entre eux – une unité qu'ils ne peuvent plus changer, révolutionner, et qui échappe donc à leur volonté –, l'application de la raison pratique, la réalisation de la liberté, s'opère dans un climat autoritaire : l'humanisme kantien traite l'homme de façon peu humaine. On se rappelle la page de la *Doctrine du droit*, où Kant exalte en sa dureté la loi du talion et préconise une application qu'on a jugée fort inhumaine de la justice : le dernier condamné à mort enchaîné dans la prison d'une île habitée par une communauté qui décide de se dissoudre et quitter l'île doit disparaître, absolument, être exécuté !

Quand l'homme, en sa vie extérieure, celle de ses actes, n'est réellement homme que parce qu'il est citoyen, que par son appartenance à l'État, alors il n'y a rien en lui qui puisse modérer humainement le traitement réservé au citoyen par la rigueur du droit. L'État kantien est, certes, tout entier ordonné à la réalisation des droits de l'homme, récapitulés dans la liberté; mais, parce qu'il est le seul lieu de la réalisation effective du droit, le primat politique essentiel du tout sur les individus fait que cet État réalise les droits de l'homme sans trop se soucier de l'homme en sa réalité empirique. L'homme n'est traité en homme dans le citoyen que s'il ne doit pas au seul citoyen d'être un homme.

La philosophie fichtéenne reconnaît une valeur positive, et à la société, et à l'État. Mais Fichte les affirme en quelque sorte *alternativement*, c'est-à-dire qu'il ne les affirme pas en même temps, et donc dans une articulation qui les justifierait ensemble, comme des réalités également positives. La conséquence d'un tel refus de faire appartenir l'homme *à la fois* à la société et à l'État est la pratique quasi « policière » selon laquelle est assurée à l'homme la liberté cependant proclamée comme principe de toute l'organisation socio-politique.

Le jeune Fichte – dans ses premiers ouvrages de 1793 : *Revendication de la liberté de penser*, et *Contributions destinées à rectifier les jugements du public sur la Révolution française*, ainsi que dans son traité de 1794 sur *La destination du savant* – reprend la thèse de Rousseau et de Kant : le but de l'État, donc sa raison d'être, c'est de garantir aux individus, qui sont ses principes, la protection réciproque de leur liberté et de leur sécurité; mais le moyen ne doit pas nier la fin, c'est-à-dire l'exercice de la liberté : « l'État doit avant tout rester dans ses limites »[1]. Une telle limitation de l'État signifie qu'il n'est pas le moyen absolument nécessaire pour la réalisation de la liberté et des droits de l'homme : « La vie dans l'État ne figure pas parmi les buts absolus de l'homme, mais l'État n'est qu'un moyen, existant sous certaines conditions, de fonder une société accomplie »[2]. C'est pourquoi Fichte, le premier, envisage une disparition, un dépérissement, de l'État : le but de tout gouvernement est de rendre le gouvernement superflu; l'autorité inséparable de la société étatique n'est pas absolument et toujours indispensable. Cela implique l'idée que

1. Fichte, *Über die Bestimmung des Gelehrten* [*De la destination du savant*], *SW*, 6, p. 68.

2. *Ibid.*, p. 306.

l'homme peut s'accomplir en sa liberté sans avoir besoin d'un *maître*, donc par lui-même, en laissant agir sa spontanéité; l'idée d'une spontanéité qui n'a pas à être réprimée pour s'accomplir en liberté, mais seulement stimulée, incitée dans le lien horizontal d'*inter*action avec autrui. C'est cette vie d'interaction avec les autres, cette vie proprement sociale, qui est nécessaire à l'homme, et, pour Fichte, « il est important de ne pas confondre la société en général avec l'espèce particulière, empiriquement conditionnée, que l'on appelle l'État » [1].

C'est la société qui cultive et éduque l'homme, non l'État : la liberté ne peut se développer que dans un climat de liberté, donc en dehors de la contrainte étatique. L'éducation est interaction (*Wechselwirkung*), non pas influence (*Einwirkung*). C'est à la société d'assurer la sécurité, d'abord prise en son sens le plus concret (droit à la vie) : il y a un devoir d'assistance de la société envers l'individu qui contribue à la production sociale, à la vie économique, par son travail. Cette intervention sociale n'a rien de négatif pour l'homme, car elle répond, bien plutôt, à une tendance originaire en lui : « L'homme est destiné à vivre en société, il doit vivre en société; il n'est pas homme totalement achevé, et se contredit lui-même, s'il vit isolé » [2]. L'homme s'affirme par les autres, qui l'incitent à s'affirmer lui-même, et profitent en retour de cette affirmation : c'est l'interaction de tous qui fait s'accomplir chacun. Interaction, non pas domination; l'homme, animal social, non pas animal politique.

Très vite, cependant, Fichte inverse cette relation d'exclusion entre État et société, mais en maintenant l'exclusion entre ces deux formes de relation entre les individus. La chose s'opère dans les grands textes de 1796 : *Fondement du droit naturel selon les principes de la doctrine de la science*, et de 1800 : *L'État commercial fermé*.

Alors, il y a substitution, à la perspective sociale-libérale, d'une perspective étatique-autoritaire. L'homme ne s'élève à la liberté qu'en tant que citoyen, et c'est seulement dans l'État qu'il a effectivement des droits. Bien plus, la société, en tant que société réelle, extériorisée, c'est-à-dire la vie économique, passe totalement sous la domination de l'État. Certes, la dimension idéale de la société, la vie proprement culturelle (où s'épanouissent la morale, la religion et la philosophie) est toujours considérée comme extra-politique, et même comme supra-politique : l'État est bien encore un instrument, un moyen, au service de la vie supérieure de la morale, de la religion et de la philosophie.

1. *Ibid.*
2. *Ibid.*

Cependant, c'est désormais, pour Fichte, un moyen absolument nécessaire, indépassable sur le plan de l'existence réelle, effective; et, par conséquent, dans ce champ de la vie effective, socio-politique, l'État est absolu, et la vie sociale lui est tout à fait soumise... D'où le dirigisme étatique de l'économie, le rejet de toute économie supranationale, de tout commerce international. Dans l'État ainsi fermé, règne une réglementation stricte du choix du métier : on n'est citoyen que comme membre d'une classe, mais c'est l'État lui-même qui structure la société. Le grand principe est alors celui-ci : « nulle part il ne peut y avoir une indétermination »[1]. La justification d'un tel dirigisme étatique au niveau de la vie réelle, extérieure, est qu'il libère tout homme du souci de la *vie* elle-même, en ses conditions matérielles, et lui permet de s'attacher à *bien* vivre, à vivre de façon pleinement humaine. Or, cette justification n'est-elle pas contredite par les résultats mêmes de ce qui est justifié, l'oppression de la société réelle ne limite-t-elle pas la libération de la société idéale, spirituelle ?

On connaît la célèbre critique, par Hegel, de l'État fichtéen, cet État policier dans lequel l'administration sait, à toute heure du jour et de la nuit, ce que fait tout citoyen. Le dirigisme économique dissout la société dans l'État. Car l'individu ne dispose plus d'une sphère à l'intérieur de laquelle il pourrait, en cultivant sa libre initiative, prendre conscience de son pouvoir, de sa liberté réels, du fait qu'il est quelqu'un par lui-même. Il ne peut plus, comme citoyen, éprouver ce qui, en lui, échappe à la citoyenneté et appartient à l'humanité, il ne peut plus, en ayant conscience que son humanité ne se réduit pas à sa citoyenneté, s'affirmer, dans sa citoyenneté même, comme sujet de droits et non pas simplement de devoirs. L'État qui absorbe en lui la société ne laisse plus à l'homme, hors de lui, de lieu réel à partir duquel, rendu plus assuré en lui-même, le citoyen pourrait davantage prétendre faire l'État, et non plus laisser l'État faire absolument le citoyen.

Une telle dissolution étatique de la société en sa réalité (économique), ne risque-t-elle pas alors de compromettre la société idéale, proprement culturelle, c'est-à-dire, indirectement, la liberté même de la vie morale, religieuse et philosophique ? Si l'on pense que les conditions matérielles de l'existence conditionnent l'existence culturelle – ce qui est la position même de Fichte (qu'on évoque la justification culturelle de l'étatisme économique !) – ne faut-il pas craindre que toute diminution de la liberté réelle n'affecte la libération spirituelle ?

1. *Id.*, *FDN*, *II*, § 18, traduction A. Renaut, p. 225.

Le destin même que va recevoir toute la vie spirituelle, à travers sa formation culturelle, dans les *Discours à la nation allemande*, en est la confirmation. L'État, en effet, y obtient le monopole de l'éducation des enfants, et cette éducation consiste à extirper la liberté comme libre choix, la liberté vraie excluant désormais, pour Fichte, tout libre choix des fins essentielles de l'existence. Mais, si la liberté ne se réduit pas au libre arbitre, elle le requiert toutefois comme un moment indestructible d'elle-même. Comment pourrait-elle alors pleinement subsister dans une dissolution politique du social qui réprime de la sorte le libre arbitre ?

La dissolution sociale du politique, qu'esquissait le jeune Fichte, ne semble guère plus favorable à la liberté au nom de laquelle elle était pourtant entreprise ! La société ne reçoit une responsabilité principale dans la formation et la réalisation de l'individu qu'en étant en même temps investie d'un pouvoir réclamé par son devoir d'assistance. Si chaque individu a le droit d'obtenir le minimum nécessaire à une existence humaine, c'est à la condition qu'il travaille. Or, le travail est une condition nécessaire, et la société a le droit de contraindre tout homme à travailler : s'il ne doit pas y avoir de pauvre, il ne doit pas non plus y avoir d'oisif. Le droit à la récompense du travail implique le devoir de travailler. On est sur la voie de la réglementation autoritaire de la vie sociale, une réglementation qui atteint directement l'homme, lequel ne dispose pas d'une vie ou d'une activité politique ayant un but propre, et à partir de laquelle il échapperait à la pression immédiate des exigences sociales, socio-économiques. Ainsi, la liberté de l'homme semble bien requérir cet espace que peut seule ménager son appartenance à deux champs qui se limitent l'un l'autre, le champ social et le champ politique, le champ terrestre et le champ céleste de l'existence effective. Plus près de nous, la vaine tentative du marxisme, de fondre ensemble la vie sociale et la vie politique, a confirmé que seule leur coexistence organisée sauve la liberté de l'homme. Hegel l'avait compris, en deçà du prétendu dépassement opéré par ce qui semble bien n'avoir été qu'une parenthèse illusoire de l'histoire.

Alain écrit, dans son ouvrage *Idées*, que, si A. Comte avait bien inventé le mot « sociologie », c'est Hegel qui avait établi la « chose » et inventé la problématique fondamentale de la science des sociétés humaines, telles que l'histoire les a développées jusqu'au moment où elles se réfléchissent dans une science d'elles-mêmes. Cette problématique est celle de l'articulation, et de l'articulation hiérarchisée, de la société civile (*bürgerliche Gesellschaft*) et de l'État reconnus tous deux en leur spécificité également positive.

La réalisation objective de l'esprit – « l'esprit objectif » – dont le lieu est l'histoire, obéit, selon Hegel, à la loi même de la raison, qui régit tout ce qui est. Or cette loi fait que toute manifestation de l'esprit se réalise d'abord comme identique à soi, puis comme différente de soi, enfin comme identité de sa différence d'avec soi et de son identité à soi. Mais tout ce qui est concret est un tout, c'est-à-dire comporte nécessairement en soi, et son identité à soi, et sa différence d'avec soi. Cela signifie que l'esprit objectif ou effectif, la réalisation historique des communautés humaines, présente celles-ci :

- d'abord comme absorbant leurs différences, les individus, dans leur identité, le tout : tel est l'État, en son abstraction caractéristique de l'antiquité.
- puis comme absorbant progressivement leur identité au sein de leurs différences, dans le triomphe croissant de l'individualisme, lequel amène au premier plan la société, la « société civile », qui va même jusqu'à s'absolutiser en voulant se faire elle-même, comme telle, État : c'est là le monde moderne, jusqu'à la Révolution française ;
- enfin, et telle est la tâche de notre époque, celle même qu'a pensée, en son origine, Hegel, la raison s'affirme dans la reconnaissance égale d'une vie sociale et d'une vie politique à préserver dans leur tension salutaire, moyennant l'organisation hiérarchisée de cette tension.

La vie sociale, accomplie dans l'époque moderne, est une organisation propre, immanente, aux relations que les hommes nouent entre eux, d'abord dans la production économique de leur existence. Premier philosophe à s'être intéressé à la vie économique, à travers l'étude de la science naissante de l'économie politique (Stewart, Ferguson, A. Smith), Hegel y voit le libre champ de l'affirmation de soi de l'individu comme tel. La société civile est le lieu de l'émancipation de l'individu : elle arrache celui-ci à la totalité « sentimentale » de la famille et, le jetant parmi des hommes qui lui sont étrangers, elle le contraint à s'affirmer lui-même en cultivant son intelligence calculatrice. Elle est le lieu de l'entendement, la puissance de discernement, de la distinction, de la séparation. Libérant l'homme de toutes les attaches subies (sexe, nationalité, religion…), elle le réalise vraiment comme « homme » : grâce à la vie sociale, l'homme cesse alors d'être une essence abstraite, idéale, intérieure, et existe en tant que tel. Les droits de l'homme – en tant qu'ils se différencient concrètement des droits du citoyen – sont bien, pour Hegel, les droits de l'individu social. Le premier de ces droits est celui de la liberté individuelle, exigé par le développement économique et fortifié par le progrès de la culture, de l'instruction, qui sont des activités essentiellement sociales.

Certes, en tant qu'expression de la raison, qui est fondamentalement identité, la vie sociale lie entre eux les individus : chacun, en travaillant pour lui-même, travaille pour les autres, et il se constitue de la sorte un vaste système du travail et de la production. Mais la vie sociale, qui fixe au premier plan l'affirmation des individus, de la différence, maintient la puissance de l'identité, de l'universalité, à l'arrière-plan : l'unité agit donc cachée, tel un destin. Mais, en son caractère ainsi aveugle, alors non maîtrisable absolument, la puissance qui régit la vie sociale suscite la misère des uns en enrichissant les autres : avant Marx, le jeune Hegel a saisi et décrit, brièvement mais lucidement, les aspects négatifs, inhumains, de l'existence sociale. Il considère que ces aspects s'accroissent avec la constitution de la société mondiale et c'est bien la destination de la vie socio-économique que de devenir une vie universelle, le cosmopolitisme ayant essentiellement un sens social. Quand le marché est devenu mondial, la crise inévitable des économies nationales ne peut plus s'exporter : elle devient définitive, permanente. Notre temps n'est-il pas justement celui de la crise devenue permanente, en dépit des efforts faits pour la surmonter ?

A la différence de Marx, Hegel considère qu'il convient de corriger, mais sans qu'on puisse la nier, une vie sociale chargée de tant de négativité. Il faut que la société civile mette en œuvre tout un effort de solidarité, d'assistance sociale concrète (la « police »), mais sans jamais remettre en question le principe individualiste de la vie sociale. L'exigence sociale de solidarité doit passer après l'exigence – socialement proritaire – du libre jeu offert à l'initiative individuelle. Il n'y a, là aussi, que deux voies pour tenter de les satisfaire toutes deux : ou bien d'abord affirmer la solidarité pour retrouver ensuite l'initiative individuelle, ou bien partir de celle-ci pour introduire ensuite la plus grande solidarité possible. Seule la seconde voie est praticable ; la première, exigeant l'intervention de la force de l'État, réprime l'homme dans le citoyen, divise celui-ci en lui-même, et après avoir détruit la vie sociale, détruit un État dans lequel le citoyen ne se reconnaît plus lui-même comme homme.

L'État doit donc reconnaître en son sein la vie d'une société civile dont les exigences ne sont pas les siennes. Ce qui ne signifie pas qu'il doive s'effacer devant elle. Tout au contraire : les contradictions mêmes de la société civile font que l'homme ne peut y avoir son seul lieu ; il doit appartenir à une totalité vraie, où l'unité est donc première par rapport à la multiplicité des individus, et tel est l'État. La vie civique, la participation active à la vie du tout politique, réconcilie les individus, comme citoyens, les uns avec autres, autant que cela peut se faire dans le milieu de l'existence objective. L'État peut seul, d'ailleurs, empêcher l'éclatement de la société civile en proie à ses tensions et permettre ainsi la subsistance d'un moment essentiel à l'existence accomplie de l'homme, et d'abord de l'État lui-même. Si, dans l'État, où l'identité prédomine sur la différence, le danger est de voir le tout opprimer les individus, et par là même se fragiliser lui-même à travers ses citoyens, le palliatif est l'affirmation de soi renforcée des citoyens, mais ceux-ci s'affirmeront d'autant plus qu'ils auront confiance en eux en tant qu'hommes. Or cette confiance dans l'homme qu'il est, le citoyen l'acquiert dans le champ social de son émancipation comme individu. Si, donc, le citoyen se sent avoir, à l'égard du tout étatique, non seulement des devoirs, mais aussi des droits proprement civiques, c'est parce qu'il affirme d'abord ses droits sociaux. Par cette affirmation de lui-même comme sujet de droits également sociaux et politiques, le citoyen se sent chez lui dans l'État, libre en l'État alors lui-même fort du libre attachement de ses citoyens à lui-même.

La raison exige ainsi, à l'époque moderne, l'appartenance de l'individu soucieux de sa liberté effective aux deux milieux reconnus et développés en leur réalité positive : celui de la société et celui de l'État. Le premier, où s'affirment conjointement l'individualisme et l'universalisme abstrait, le cosmopolitisme; le second, qui offre à l'homme sa totalité géographiquement limitée, celle de la nation rationalisée. Assurément, l'État a la force, doit être fort, pour constituer le sol capable de maintenir les liens distendus par l'individualisme social. Mais sa force lui permet, comme, bien comprise, elle l'exige, d'être libéral en favorisant en lui une vie sociale où l'individu peut d'abord se cultiver et se développer. Tel est bien l'État hégélien, État politiquement fort parce qu'il sait libérer en lui et de lui une vie sociale affirmant l'homme dans le citoyen. Également éloigné de l'ultra-libéralisme et du totalitarisme également destructeurs de la liberté vraie, cet État proposé par Hegel, celui de l'unification hiérarchisée de lui-même et de la totalité civile également reconnus en leurs exigences propres, est encore un modèle pour notre temps. Modèle certes difficile à réaliser, car seul peut le réaliser un État capable de se limiter, de se sacrifier, ce qui requiert la force suprême.

CHAPITRE XII

LA NATION : RÉVOLUTION ET RAISON

Les grandes philosophies politiques de l'idéalisme allemand, celles de Kant, de Fichte et de Hegel, se sont présentées ou ont été présentées, à des titres et degrés divers, comme des philosophies de la Révolution française. Paradoxale est alors la double constatation suivante. D'une part, la Révolution française s'est faite au nom de la « Nation », qui s'y est constituée politiquement en se substituant, dans l'acclamation populaire, au roi, comme principe de l'unification étatique de la société. Mais, d'autre part, les théories kantienne, fichtéenne et hégélienne de l'État se distinguent d'une telle novation révolutionnaire, soit par l'affirmation de l'inexistence politique de la nation, soit par celle de l'existence, comme facteur de la vie politique, d'une nation qui n'est pas prise en tant que réalité originairement et fondamentalement politique.

Le premier cas se rencontre chez Kant et chez Hegel, qui, l'un et l'autre, pour l'essentiel, comme nous l'avons déjà fait observer, maintiennent la nation, conformément à l'étymologie latine du mot, dans la sphère naturelle de l'anthropologie. Ainsi, pour Kant, la nation est la conscience (prétendue) qu'un peuple prend de lui-même comme réuni en un tout civil moyennant une souche commune [1], cette naturalisation du politique qu'est la nation – de la sorte identifiée à une « famille » (*gens*) [2] – lui assignant sa place dans cet état de nature juridique qu'est le droit des gens ou le droit international, en l'excluant du droit proprement politique, c'est-à-dire étatique. Chez Hegel, la nation disparaît même dans un tel état de nature juridique où s'affrontent

1. *Cf.* Kant, *APP*, traduction A. Renaut, *op. cit.*, p. 295.
2. *Id.*, *Rechtslehre* [*Doctrine du droit*] – *RL* –, I, 2, *KW*, VI, p. 343.

« peuples » et « États », et, de la cime de l'« esprit objectif », retombe dans les profondeurs de l'« esprit subjectif », pour désigner, comme la race, la particularité (ethnique) naturelle de l'« âme », c'est-à-dire, avant l'histoire, « un peuple non formé en État (une nation en tant que telle) »[1]. Chez Fichte, qui illustre le second cas que nous avons distingué, la relativisation de l'État le fait bien conditionner par l'unité pré-étatique qui, dans la période la plus « révolutionnaire » du philosophe (1793-1794), n'est pas la nation, mais la « société » et qui, lorsqu'elle devient la nation, dans les *Discours à la nation allemande* de 1807-1808, semble bien renier la nation comme libre constitution étatique des individus, en la saisissant comme le déploiement culturel nécessaire d'une vie divine originaire.

C'est d'une telle disparition multiforme, dans la philosophie – allemande – de la Révolution française, de l'idée révolutionnaire de la nation, que nous voudrions, en esquisse bien sûr, explorer les raisons, et ce, après avoir fixé le sens fondamental de cette idée. Assurément – et la différenciation précédente en introduisait l'affirmation –, la parenté principielle des systèmes de Kant, Fichte et Hegel ne saurait effacer la singularisation de leur réception manifestement négative de la proclamation nationale de la Révolution française ! C'est donc ici encore par une inévitable abstraction que nous parlerons de « l'idéalisme allemand » face à « l'idée révolutionnaire de la nation », idée dont, de même, nous ne pourrons parler qu'en faisant aussi abstraction de la riche diversification selon laquelle elle s'est élaborée dans l'une des plus denses périodes de l'histoire du monde.

La Révolution française, on le sait, s'inaugure dans et par l'absolutisation politique de la nation, comme le rappellera la Déclaration des Droits de l'homme et du citoyen de 1789-1791 : « Le principe de toute souveraineté réside essentiellement dans la nation ». Elle a sa culmination proprement révolutionnaire dans la relativisation politique de cette même nation, que la déclaration des Droits et la Constitution de 1793 mettront en retrait par rapport à l'absolu du peuple. Le destin révolutionnaire de l'idée de nation se déploie bien de Sieyès à Robespierre, dans la variation du rapport établi entre le *peuple* et la *nation* au sein de ce qui forme désormais le socle de l'institution *étatique*. Or, la promotion étatique d'un tel rapport, œuvre de la Révolution, modifie radicalement le sens et le statut de ses termes.

1. Hegel, *ENC*, III. *Ph. E*, éd. 1830, § 549, Rem., traduction B. Bourgeois, p. 329.

Avant 1789, et à travers l'emploi mobile de ceux-ci, qui échangent parfois leurs nuances sur le fond d'une fréquente synonymie, on entend plutôt par « peuple » un ensemble comme tel et par lui-même non différencié d'individus et de groupes d'individus, la « nation » tendant à désigner, par contre, un ensemble différencié, et ce de manière naturelle, que la nature fournisse le contenu (par exemple géographique) de la détermination, ou assure l'existence de celle-ci (alors, par exemple, sociologique). Ainsi, d'une part, les étudiants dans les universités ou les prélats dans les conciles sont, au Moyen âge, répartis en « nations », et, encore au XVIIIe siècle, on définit le peuple de France comme le « peuple des nations françaises »... D'autre part, la différence étant aussi « distinction », on oppose au « peuple » commun des laboureurs, artisans et marchands interchangeables de l'*autre* état – le Tiers État – les « nations » de la noblesse et du clergé, l'*ordre* étant bien, en son sens premier, une identité en elle-même différenciée ou une pluralité en elle-même unifiée. C'est ainsi que, par ailleurs, l'unification immanente du champ économique animé par le Tiers État – revendiquant dès lors le statut d'une « nation », primitivement seulement d'*une* nation – le constitue précisément comme ce que l'on appelle de plus en plus, au XVIIIe siècle, une « nation », et, puisque celle-ci a pour dimension le territoire étatiquement unifié, *la* nation. Quesnay, Smith, Turgot visent bien, par ce terme, l'unité immanente, nécessaire, naturelle, à travers le marché, de la société réelle, en l'opposant à l'unité extérieure qu'en opère un État qu'elle tend alors à s'opposer comme simple « gouvernement ».

La situation révolutionnaire consistera bien dans l'opposition du « peuple » du Tiers État, sujet de cette nation réelle, à l'État irréalisé par son lien aux nations purement idéelles des privilégiés. Et la Révolution éclatera en juin 1789, lorsque la nation sociale investira de son contenu populaire politiquement indifférencié, celui des individus – l'universalité de l'égalité –, l'acte par lequel l'État se veut en se disant ou déclarant – la liberté de l'institution du droit. La *reprise politique volontaire*, comme pouvoir constituant librement l'État, de l'*unité populaire* de la *nation socio-économique*, telle est bien la *nation* au *sens révolutionnaire* du terme. Une telle nation, née théoriquement et pratiquement avec la Révolution française, est *le peuple qui se veut dans et par l'État*.

Si, comme l'écrivait Paul Bastid, « l'esprit de Sieyès est l'esprit de la Révolution française »[1], un bref rappel des grands moments de sa

1. P. Bastid, *Sieyès et sa pensée*, Paris, Hachette, 1939, p. 676.

théorie et de sa pratique révolutionnaires de la nation permet alors de fixer la signification originaire de celle-ci. La nation est, pour Sieyès, l'État naissant par la volonté du peuple comme unité indifférenciée, multitude, des individus s'abstrayant de leur particularisation sociale.

Posée par la volonté s'abstrayant de sa propre individualité, la nation n'est pas – en tant que nation politique – naturelle, pas plus qu'elle n'est un pur produit de l'histoire, mais elle est un vouloir universel qui transcende ses conditions réelles de possibilité en s'instituant et constituant, dans le bris des coutumes, par des lois, confirmation de l'universalisme de la nation révolutionnaire. Or, si la volonté unifiant étatiquement le peuple dans la nation est la volonté même des individus composant celui-là, c'est que, d'eux-mêmes, spontanément, ils peuvent faire abstraction de leur intérêt particulier, ce qui suppose que l'unité nationale anticipe son effectuation dans sa présence idéale à l'intérieur de chaque individu, telle la commune mesure du tout s'affirmant comme contenu d'un intérêt général pour la chose publique. Si le Tiers État est comme tel, sans les ordres privilégiés, « tout », c'est-à-dire la nation elle-même, et si celle-ci, en lui, se réalise comme l'unité absolue qu'elle est par essence, c'est que chaque membre du Tiers représente l'homme comme homme, donc aussi ce que le privilégié est en soi, et qu'il peut, de lui-même, actualiser cet être générique un en se réunissant aux autres individus pour faire exister la nation. C'est dire que l'homme est bon par nature, et, dans un dépassement même de l'optimisme a-social de Rousseau, professer la thèse d'une socialité positive originelle des individus, identifiant principiellement idéal et nature, liberté et bonheur…

Cette distance prise à l'égard de la pensée rousseauiste, pourtant si prégnante dans l'esprit des révolutionnaires français, s'accentue précisément par la *réalisation* pour elle-même, que ceux-ci opèrent, de l'unité essentielle exprimée par l'idée de nation. Si, au Chapitre VI du Livre premier du *Contrat social*, Rousseau peut faire l'économie du terme « nation » dans sa désignation plurivoque du corps politique formé par les individus associés, c'est que, pour lui, ceux-ci, simplement en tant que « peuple », constituent intégralement ce corps politique, alors que, pour Sieyès et les Constituants français, l'unité universelle de l'homme qui s'affirme comme nation doit se réaliser empiriquement en tant que telle, et qu'elle ne le peut qu'en dehors de la multitude empirique du peuple. – Le 17 juin 1789, la nation française ne vient à l'existence qu'à travers une assemblée nationale, qui fait être, mais seulement en la *représentant,* une unité nationale dont l'absoluité proclamée ne peut résider dans le rassemblement contingent de la multiplicité naturelle du peuple. La *souveraineté nationale*, souveraineté de l'*unité métempirique* du peuple, n'est pas la *souveraineté du peuple*, réel comme tel dans sa *multiplicité empirique*. L'identité nationale ne se réalise dans la différence populaire qu'autant que celle-ci se *différencie* d'elle-même, c'est-à-dire s'aliène, mais *se* différencie, c'est-à-dire s'aliène dans une différence d'individus que leur rassemblement nécessaire (constant...) doit disposer à rendre présent en son idéalité, à représenter, l'intérêt général. Tel est bien le leitmotiv révolutionnaire : « Le peuple ne peut parler, ne peut agir, que par ses représentants »[1]. La nation est bien, pour les révolutionnaires français, le moyen terme dont l'*idéalité réelle*, comme représentation nationale, médiatise la *réalité réelle* du peuple et la *réalité idéale* de l'État. Une telle nation est en quelque sorte la *réalisation métaphysique* qui réunit la nature sociale et le droit politique.

Cette métaphysique de la politique qu'est l'affirmation révolutionnaire de la nation comme pouvoir souverain, c'est-à-dire de la démocratie représentative, se conserve en son affaiblissement, de l'origine « constituante » à l'apogée « conventionnel » de la Révolution française. Assurément, Danton, Robespierre et Saint-Just rappellent sans cesse que, si le peuple est essentiellement la nation, l'existence de celle-ci est menacée par le 1/10e restant de ses membres qui ne sont pas du peuple, par les « riches », qui se ferment sur leur intérêt particulier et dont l'intrigue peut toujours pervertir les représentants du peuple et susciter le « despotisme représentatif »[2]. Aussi, dans la période où il s'agit encore de « fonder » révolutionnairement, et non pas, déjà, de « conserver » constitutionnellement, la nation[3], convient-il de rapporter toujours la représentation nationale à son origine populaire. « Jupiter de l'Olympe »[4], le peuple, « qui seul est grand »[5], qui est « le seul appui de la liberté »[6], « vaut toujours mieux que les individus »[7], car, en leur rassemblement matériel, dans les assemblées primaires, ou spirituel, dans l'opinion publique, ceux-ci se libèrent de l'existence égoïste en réalisant leur essence morale. Il faut donc faire surgir et subsister l'unité nationale au sein du peuple dégageant par tous ses membres (plus de citoyens passifs !)une volonté générale qui n'est plus

1. Sieyès, *Dire sur la question du veto royal*, 1789, cité par P. Bastid, *op. cit.*, p. 357.
2. Robespierre, *Œuvres*, éd. Laponneraye, Paris, 1840, t. 2, p. 58.
3. *Ibid.*, t. 3 p. 512 *sq.*
4. Danton, *Œuvres*, éd. Vermorel, Paris, p. 165.
5. Robespierre, *op. cit.*, t. 1, p. 299.
6. *Ibid.*, p. 169.
7. *Ibid.*, t. 3, p. 193.

alors « purement spéculative », car elle se dit à travers « la volonté matérielle du peuple, sa volonté simultanée »[1]. Cependant, si les Montagnards veulent ainsi réaliser véritablement, matérialiser, l'idéalité nationale, en la rapportant à son sujet populaire, ce souci de ses conditions authentiques d'*existence* ne leur fait aucunement renier son *essence* souveraine.

Ainsi, le projet de Constitution exposé par Saint-Just en avril 1793 maintient fondamentalement le système représentatif[2], et Robespierre, qui dénonce l'appel au peuple en vue d'enlever à la Convention le jugement de Louis XVI, prend parti, contre la démocratie brute ou directe, pour « le gouvernement du peuple par ses mandataires, avec la responsabiblité »[3]; critiquant Rousseau, qui dit « qu'une nation cesse d'être libre dès le moment où elle a nommé des représentants », il se déclare ainsi « loin d'adopter ce principe sans restriction »[4]. Aussi bien, à l'affirmation optimiste de la capacité du peuple, en raison de la bonté altruiste naturelle des individus, de se constituer politiquement, au volontarisme assurant la réalisation de cette capacité, Robespierre ajoute-t-il la justification rationaliste de la constitution nationale de la souveraineté du peuple. Certes, Robespierre n'est pas Sieyès ! Mais, pour lui aussi, au fond, il n'y a de souveraineté que là où le peuple s'est constitué en une nation ; simplement : pour Sieyès, le souverain, c'est la *nation* qui s'est constituée à partir du peuple, tandis que, pour Robespierre, il est le *peuple* qui s'est constitué comme nation !

Fondamentale est donc toujours, pour la Révolution française – lors même que, dans sa Constitution de 1793, elle souligne l'origine et la sanction populaires de la souveraineté nationale –, l'idée de nation qu'elle offre aux penseurs qui, en Allemagne, révolutionnent alors la philosophie et, en particulier, la philosophe de l'État. Pourquoi donc une telle idée de la nation disparaît-elle dans la fondation qu'ils proposent de celui-ci ?

La réponse à cette question est à chercher dans la signification de la raison pratique ou de la volonté, dont l'idéalisme allemand fait le principe absolu de l'État. Que l'État, en sa vérité, actualise la volonté en son essence de *liberté*, exclut d'abord la présence, dans les théories kantienne, fichtéenne et hégélienne, de l'idée pré-révolutionnaire et

1. Saint-Just, *Œuvres complètes*, éd. Vellay, Paris, 1908, t. 1, p. 429.
2. *Cf. ibid.*, p. 433.
3. Robespierre, *op. cit.*, t. 3, p. 384.
4. *Ibid.*, t. 1, p. 406.

contre-révolutionnaire de la nation. L'État n'est une formation naturelle ni par son essence : Rousseau, déjà, l'avait bien distingué de la famille, ni par l'existence de cette essence : la nation herdérienne, totalité culturelle, évolue naturellement, au plus loin des ruptures et novations intégrées du temps, progressif, du vouloir véritable, et, comme le soutiendront Möser, Burke, Novalis, les frères Schlegel, et les autres sectateurs du traditionalisme historique, l'État ne ferait qu'exprimer en son droit particulier la culture nationale dont l'héritage épuiserait l'esprit de ses membres… Certes, Fichte voudra faire reposer l'État vrai, instrument de la vie spirituelle accomplie en son universalité concrète, sur la nation allemande, mais les *Discours* où il s'adresse à celle-ci montrent assez qu'elle devra résulter d'une régénération éducative du vouloir absolutisant son agir. Il est vrai, aussi, que la volonté dont on attend alors qu'elle libère culturellement et constitue étatiquement la nation allemande est bien différente de la volonté immédiatement politique du peuple français absolutisant son unité dans l'affirmation nationale de l'État, volonté que Fichte avait lui-même antérieurement – dans ses grandes œuvres de 1794-1796 – exaltée en la pensant, toutefois dans un propos d'où le thème de la nation était absent, comme il le fut aussi dans l'éloge kantien et hégélien de la révolution française.

Les textes, enthousiastes, sont bien connus : Kant, Fichte et Hegel saluent la constitution *étatique* du *peuple* français, universel qui s'affirme universellement, c'est-à-dire en tant qu'il se pense, en réalisant, dans le contenu et l'existence politiques du droit, les réquisits des moments essentiels de la raison pratique : liberté et égalité des individus, différenciation rationnelle des pouvoirs dans l'organisme étatique, système représentatif, etc. Pourtant, et bien que, comme on l'a vu, représentation et nation soient étroitement liées dans la théorie et la pratique révolutionnaires, les penseurs allemands rejettent, et ce comme allant de soi, en faisant silence sur le grand slogan de 1789, la *médiation nationale* de la constitution étatique du peuple, et affirment le caractère immédiat du passage volontaire du peuple à l'État. Que suppose donc cette médiation nationale refusée du passage exalté du peuple à l'État ?

La nation, en son sens révolutionnaire, est l'affirmation de soi des singularités individuelles dans et comme leur unité absolue, dont l'idéalité transcendante peut ainsi déterminer universellement ce qui est alors pour elles une existence étatique nouvelle, – re-fondation, régénération inter-individuelle de l'histoire politique. C'est une telle présupposition révolutionnaire de la possibilité de l'efficacité mondaine objective d'une universalité abstraite des singularités subjectives que ses principes généraux font rejeter par l'idéalisme allemand.

Et d'abord, celui-ci ne peut confier aux individus concernés, pris en tant qu'individus, leur unification effective. L'optimisme des révolutionnaires reposait sur le mélange empirique, caractéristique de la pensée des Lumières, de l'empirie et de la rationalité, de la nature et de l'idéal, du bonheur et de la liberté, l'individu s'actualisant spontanément en son genre. Le kantisme a voulu mettre fin à un tel empirisme. Si le premier Fichte met bien au principe une interaction native, proprement sociale, des individus, rendant inutile une institution nationale d'un État lui-même sans nécessité absolue, il affirmera pourtant bientôt, dans les grands textes sur la *Doctrine de la science*, tout comme Kant et comme Hegel, que, au niveau pré-étatique, celui des individus à soumettre au droit, la différence empirique présupposée ne peut d'elle-même se surmonter dans une véritable identité. La société est, comme telle, le lieu de l'égoïsme, voire de la méchanceté, dont l'affirmation pessimiste justifie la pratique du machiavélisme, et c'est pourquoi elle ne peut, par elle-même, c'est-à-dire par les volontés individuelles, se dépasser réellement dans son unité nationale. Le destin tragique, dans le terrorisme des factions, de la fête originelle de la nation, dénonce bien le caractère illusoire d'une telle fondation nationale de l'État…

C'est la raison pour laquelle Kant renvoie l'unification étatique du peuple à l'immédiateté extérieure et violente d'*une* volonté tyrannique ; le rassemblement populaire procédant des individus empiriques ne peut, selon lui, s'inspirer, en fait, que du principe égoïste du bonheur, qui, fixant l'individu à sa particularité naturelle, l'empêche d'affirmer la vie universelle en quoi consiste la liberté. Une telle volonté tyrannique est exploitée par la Providence historique, le Dieu gouverneur du monde, comme auxiliaire de la volonté universelle ou rationnelle – celle du Dieu législateur – dont la voix impérieuse peut se faire entendre en tout individu, ainsi plus plus grand que sa réalité empirique. De même, la violence du héros hégélien fondateur des États se justifie, elle aussi, par l'insertion des volontés individuelles au sein de la volonté originellement universelle de « l'esprit-du-monde »… Bref, l'idéalisme allemand pose en principe, sous des modalités variées, que l'unité ne peut résulter de la multiplicité, l'identité de la différence, comme le croyaient, en leur optimisme pratique, les révolutionnaires français.

Condamnée par là en sa base populaire, la souveraineté nationale l'est aussi comme telle pour autant que, s'identifiant à la réalisation de l'unité idéale du peuple, elle prétend vainement, à partir d'une telle fixation et absolutisation idéelle d'elle-même, déterminer, par le discours, la multiplicité réelle de la vie sociale. L'unité ou universalité abstraite que la nation doit à sa fondation lui interdit bien, second motif de son rejet, de déterminer étatiquement, à l'abri de l'arbitraire et de la violence, la particularité sociale imposée par l'histoire. L'échec de l'entendement constituant *a priori* l'État, à partir de l'absolutisation de soi nationale de l'identité abstraite des volontés populaires, condamne alors une telle médiatisation de la constitution étatique du peuple, laquelle ne peut être confiée qu'à la décision prudente d'un législateur à l'écoute de la réalité historique déterminée et s'employant à rationaliser l'organisation existante immanente de la communauté qui s'y développe. La prudence réformiste sert mieux la raison que la violence révolutionnaire liée à l'institution nationale de l'État. Or, elle se préoccupe, en son souci de la rationalité de l'État, bien plus de la mise en œuvre de la Constitution que de l'attribution de l'initiative constituante : ainsi, chez Kant, la constitution républicaine peut parfaitement être dite par un autocrate, alors qu'elle est nécessairement compromise, comme mode du gouvernement, de l'exercice de la souveraineté, par la forme démocratique de celle-ci; on connaît aussi, sur ce point, les thèmes hégéliens. Ce qui compte, c'est donc la vie de l'organisation étatique *constituée* du peuple, et sa détermination effective repose sur l'assomption pensante, comme telle universalisante, par là critique et active, de son histoire particulière, alors qu'il n'y a rien de positif à attendre de cette mise à distance de soi irréalisante que le peuple opère à l'égard de lui-même en se voulant comme nation *constituante*.

Négatif en tous sens, tel devait bien être, pour l'idéalisme allemand, ce *relais métaphysique* dans l'instauration politique qu'est la souveraineté déclarée par les révolutionnaires français. Le peuple n'accède à l'identité à soi ou absoluité effective de la souveraineté véritable qu'à travers l'identité *immédiatement réalisable*, car *différenciée*, de l'État : chez Kant, Fichte et Hegel, la *souveraineté politique* n'est pas plus *nationale* que *populaire*, elle est proprement *étatique*. Et l'organisme rationnel de l'État peut seul réaliser concrètement les droits seulement dits ou déclarés de manière abstraite par la représentation nationale du peuple. Mais cette réalisation, pour des philosophies qui, toutes, diversement, lient le droit – s'accomplissant dans l'État – et l'histoire, requiert du praticien et du théoricien rationnels de la politique la plus grande attention à la nécessité historique faisant advenir l'État vrai.

A la différence des révolutionnaires, qui voyaient tout au plus dans l'histoire un milieu *limitant* leur agir, les penseurs allemands ont immergé *positivement* en elle un droit et un État qu'on ne peut donc organiser, ou réorganiser, qu'en mobilisant à chaque fois, par une liberté sauvée du simple arbitraire, la nécessité historique de la vie concrète du peuple. L'idée de nation, au nom de laquelle s'était déclarée la Révolution française, était ainsi bien exclue par les principes généraux de la philosophie du droit de l'idéalisme allemand : cette idée révolutionnaire de la nation, comme idée de l'instance révolutionnant librement l'histoire, n'avait guère de place dans une pensée lisant dans la nécessité de celle-ci la liberté absolue de la raison divine.

Cependant, il n'est guère concevable qu'une idée aussi centrale et fondatrice, dans la pensée révolutionnaire, que celle de la nation, n'ait point, en sa disparition verbale, influencé de façon décisive le contenu pratique des philosophies qui, du kantisme au hégélianisme, et tout en dénonçant les aspects négatifs de la Révolution française, ont vu en elle un événement majeur, voire *l'*événement significatif, de l'histoire mondiale. La nation, *réalisation*, comme *commencement de la politique*, de la *fin idéale de la morale* (la communauté réconciliée des esprits, ce que Kant appellera le « règne des fins »), ne pouvait être consacrée par une pensée qui, de Kant à Hegel, a voulu libérer le droit et l'État de leur *détermination* par la vertu morale ; mais l'influence de son idée ne pouvait pas non plus être totalement absente de cette pensée, qui les fait bien encore *conditionner* vers le haut, chez le premier, vers le bas, chez le dernier, par la moralité.

Par exemple, tout en rapportant à une violence extérieure, tyrannique, l'unification étatique du peuple, Kant idéalise dans la notion de « contrat originaire », et comme norme efficace de la reconnaissance de l'État rationnel, la réunion immanente des volontés individuelles renonçant à leur arbitre naturel particulier. Cette idée, qui n'est aucune autre que celle du peuple s'instituant comme nation, joue en tant qu'idée d'une simple *idéalité*, un rôle décisif, et précisément pour empêcher la révolution, nécessairement enveloppée par la *réalisation* politique de son contenu : un prince qui ne pose comme loi que celle qui *pourrait* procéder de la volonté réunie de tout un peuple, et un citoyen qui l'admet pourvu qu'il juge *possible* de l'approuver, préservent l'État de toute révolution. Ainsi l'État kantien se détermine bien par l'exploitation du sens de ce dont il refuse la réalisation supra-étatique dans l'instance nationale.

Mais, plus généralement encore, et lors même que, tel le Fichte des *Discours à la nation allemande*, et, plus nativement, Hegel, on arrache la constitution de l'État à l'artificialisme du contrat, pour lui faire exprimer la vie organique d'une « nation » ou d'un « peuple » différencié et particulier, jamais n'est reniée, si elle abandonne son abstraction révolutionnaire en définissant concrètement ses exigences, la visée universelle qui s'affirme dans la volonté générale de la multitude se constituant comme nation. Pas plus que l'État kantien, l'État fichtéen et l'État hégélien n'abandonnent en leur constitution les droits de ce qui s'affirmait dans et par la volonté générale substantialisée métaphysiquement comme nation : la liberté, l'égalité, la participation politique, bref : les droits de l'homme et du citoyen sont réalisés concrètement dans l'État qu'on ne fait plus reposer sur leur déclaration abstraite. En se concrétisant de la sorte, le vouloir du citoyen reste le vouloir de l'homme et ne s'absorbe aucunement dans l'organisation irrationnelle d'un État dont le développement ne serait plus celui de la liberté. Pas plus l'État hégélien que l'État fichtéen ne régressent, à la façon de l'État romantique d'un F. Schlegel ou d'un A. Müller, en deçà de la *nation étatique* (*Staatsnation*) de la Révolution française. L'intégration en eux, comme moment du devenir de l'État, de la spontanéité culturelle, ne signifie en rien qu'ils pourraient n'être que la consécration, encore naturelle, de la *nation culturelle* (*Kulturnation*).

Comme objectivation de la raison pratique ou de la liberté, l'État de l'idéalisme allemand s'accomplissant au plus loin des abstractions révolutionnaires, dans l'intégration de l'histoire, demeure bien fondamentalement marqué, *en tant qu'État*, par la nation étatique française, dont il a *supprimé* l'idée dans sa construction, mais *conservé* l'apport. L'État kantien, fichtéen, hégélien, c'est bien, au total, l'*Aufhebung* de la nation révolutionnaire.

CHAPITRE XIII

PHILOSOPHIE DE L'EUROPE

Dans son ouvrage *L'idée d'Europe dans la pensée allemande : l'Europe bismarckienne*, J. Nurdin observe que « ce que les auteurs de langue allemande ont pensé et écrit sur ce thème de l'Europe dans la seconde moitié du XIXe siècle dérive pour une grande part des importants systèmes philosophiques de Kant, des romantiques, de Fichte, de Hegel »[1]. Antérieurement, dans un livre de référence : *Image de l'Europe, et idée de l'Europe (Contribution à l'histoire de l'esprit dans l'Allemagne des* XVIIIe *et* XIXe *siècles)*[2], H. Gollwitzer avait tout autant souligné l'influence exercée par Kant et Hegel surtout, mais aussi par Fichte, et même par Schelling, sur les penseurs, historiens, publicistes, hommes politiques, qui, tout au long du XIXe siècle, dans les pays allemands, élaborèrent analyses et projets relativement au destin, à leurs yeux commun, d'une Europe et d'une Allemagne aussi unes essentiellement et divisées phénoménalement l'une que l'autre. Nous nous proposons – après avoir d'une façon nécessairement schématique, organisé les questions et réponses fondamentales de la pensée germanique de l'Europe qui constitue le contexte des spéculations historico-politiques de l'idéalisme allemand – de déterminer et apprécier l'apport spécifique, et, par là, de mesurer l'influence réelle, de celui-ci au sein de l'idéologie européenne développée en Allemagne depuis la fin du siècle des Lumières. Nous nous demanderons si la

1. J. Nurdin, *L'idée d'Europe dans la pensée allemande : l'Europe bismarckienne*, Lille, éd. Universitaires, 1978, p. 19.

2. H. Gollwitzer, *Europabild und Europagedanke (Beiträge zur deutschen Geistesgeschichte des 18e und 19e Jahrhunderts)*, Munich, C.H. Beck'sche Verlagsbuchhandlung, 1964.

justification rationnelle – qui fait de cet idéalisme la première philosophie proprement dite, au sens strict et exigeant du terme, de l'Europe – des affirmations de base générales du discours de sens politique tenu en Allemagne de la fin du XVIIIe à celle du XIXe siècle en confirme ou non les conclusions théoriques et pratiques souvent à la fois européocentristes et pangermanistes. La question est donc pour nous de savoir si la justification philosophique de la reconnaissance de l'Europe implique ou non l'affirmation que, politiquement, l'Europe est et doit être *telle*, et, plus radicalement encore, que, politiquement, il y a et il doit y avoir *une* Europe ; si, en d'autres termes, la première philosophie politique véritable de l'Europe élaborée par l'idéalisme allemand fonde ou non en sa teneur orientée le discours politique sur lequel, d'abord, elle a réfléchi, et qui, par la suite, a voulu plus d'une fois s'appuyer sur elle.

Le XVIIIe siècle affirme une unité spirituelle de l'Europe, sécularisation culturelle de l'idée ancienne d'une république chrétienne (d'abord romaine-papale) des nations. L'idée nouvelle d'une république des lettres fonde en raison la solidarité factuelle précaire des monarchies européennes, anime d'un même esprit des aristocraties dont les jeunes membres se forment de plus en plus à travers un « tour d'Europe », se prolonge fréquemment, dans les diverses bourgeoisies nationales, par le souhait de voir le progrès économique libéré par l'ouverture des barrières entre les États. L'uniformisation croissante des (bonnes) mœurs produit alors en Europe une « liaison sociale imparfaite » certes, mais, en sa réalité, plus prégnante, aux yeux d'un Rousseau, que le lien idéal et abstrait de l'humanité, qu'elle menace de distendre tout comme elle le fait, pour une raison inverse, du lien national. A tel point que se développe la problématique – sur laquelle s'attarde un Montesquieu – du rapport hiérarchique entre les trois instances, de la patrie, de l'Europe et du genre humain.

La réalisation effective, foncièrement politique, de l'unité d'abord spirituelle à travers laquelle l'Europe prend conscience d'elle-même, se réfléchit dans les deux courants politico-philosophiques opposés que sont, d'une part, le courant réaliste – la politique se faisant philosophie – de l'équilibre ou de la « balance » d'un système européen, d'autre part, le courant idéaliste – la philosophie se faisant politique – de la paix perpétuelle que divers projets veulent instaurer au cœur du continent. Courants opposés, certes, mais dans la présupposition commune – traduction de l'unité culturelle, qui vit de l'*échange* entre des *différences* reconnues comme telles – du respect mutuel des diverses nations européennes. Cependant, l'opposition native de la différence et de l'identité à identifier l'une à l'autre fait originellement de l'affirmation politique de l'Europe l'affirmation idéale d'une simple fin, une tâche, un agir, une vie – et c'est là, formellement, l'esprit. Mais, puisque le contenu de cette tâche consiste à identifier l'une à l'autre l'identité et la différence dans leur différence même, c'est-à-dire à introduire l'esprit lui-même en politique, la tâche politique en laquelle l'Europe se pose détermine une politique de l'esprit la faisant se penser naturellement comme supérieure aux autres continents ; ceux-ci, en effet, se fixent et se figent, soit dans l'unité opprimant, *despotiquement*, la diversité, soit dans la diversité se libérant, *anarchiquement*, de la domination de l'unité.

Selon que l'on redoute alors davantage l'unilatéralité du despotisme ou celle de l'anarchie, on fera s'affirmer l'Europe dans la méfiance à l'égard de l'Asie et de sa limite européenne, la Russie et son entourage slave, ou dans la méfiance à l'égard de l'Amérique du Nord et de sa source britannique, partie non continentale, mais océanique, du continent européen. Ainsi, la pensée de soi de la politique de l'Europe tend-elle à se déterminer en sa normativité à travers la conscience d'une *double menace* trouvant des relais à l'intérieur même de la réalité européenne, c'est-à dire à travers la conscience d'une contradiction intra-européenne. Une telle conscience de soi de l'Europe est particulièrement aiguë en Allemagne, à l'époque même – le tournant du siècle – où celle-ci, qui est et se sait comme *Mitteleuropa*, se voit dépouillée de son rôle de médiatrice naturelle entre l'unité orientale et la diversité occidentale, par la tentative française, révolutionnaire et impériale, de construire une Europe unie dans le double refus de l'Ouest – le « système continental » – et de l'Est – la campagne de Russie. L'idée allemande de l'Europe se précise dans le refus général de la réalisation politique proprement française de l'unité européenne.

Certes, il se trouve en Allemagne des penseurs qui confient à la France de la Révolution et du Premier Empire la tâche d'édifier une grande république des peuples européens : évoquons, parmi d'autres, le jeune Görres, qui appelle une « convention des peuples » d'Europe opposés au despotisme économique des Anglais et au despotisme politique des Russes, – le chancelier Dahlberg, qui salue en Napoléon le régénérateur de l'Europe carolingienne, – H.C.F. Krause, qui lui attribue un rôle conciliaire pour apaiser les conflits intra-chrétiens et par là organiser un continent enraciné dans un même esprit, – N. Vogt, qui voit dans le protectorat napoléonien un contexte favorable à l'unification européenne… Cependant, ceux-là même des penseurs allemands qui attendent une réalisation européenne effective de l'universalisme proclamé par la France lui demandent précisément ce qui amène le plus grand nombre, outre-Rhin, à récuser un tel universalisme en la violence de son abstraction uniformisante, à savoir la construction d'une unité européenne assurant, pour s'en vivifier, la diversité de ses composantes nationales. Ainsi, N. Vogt, dans son ouvrage *De la république européenne* (1787-1792), célèbre l'Europe à venir comme la synthèse de la diversité démocratique et de l'unité monarchique, conciliant, en les réalisant l'un par l'autre, le bien de l'ensemble et l'autonomie, non seulement des États, mais aussi de leurs régions; c'est là exprimer le rejet – *fédéraliste* – de l'idée, même affirmée sous des couleurs (pseudo-) républicaines, d'une « monarchie universelle » jugée radicalement contraire au génie de l'Europe.

D'une façon générale, de la fin du XVIIIe à la fin du XIXe siècle, la pensée allemande de l'Europe condamne une unité européenne refusant toute variété. Et cette condamnation implique, d'une part, contre l'universalisme – ou cosmopolitisme – abstrait cher aux Français, voire à tous les Latins, l'exaltation, au sein de l'humanité, et comme sa cime, d'une Europe justement différenciée dans l'identité de celle-là, en tant qu'elle est par essence une identité animée par ses différences, et, d'autre part, la célébration, au cœur de cette Europe de nature fédérale, de son principe lui-même fédéral constitué par les pays allemands. Face au discours volontiers directement universaliste, cosmopolitique, d'une France dont l'agir est souvent dénoncé comme l'absolutisation impérialiste d'un pur particularisme ou nationalisme, l'Allemagne se pense, à travers la liaison qu'elle veut réelle de l'universalité et de la particularité, dans le culte identique de l'Europe et d'elle-même.

L'accentuation germanique de l'européocentrisme est générale à la fin du XVIIIe siècle et au début du XIXe siècle. Si l'Europe est la « reine de la terre » – pour reprendre l'expression de Klopstock –, elle le doit, assurément, à une faveur de la nature, qui lui a réservé, entre tous les continents, le plus grand nombre de lieux privilégiés (Adam H. von Müller). Mais elle le doit surtout à l'assomption spirituelle de cette nature par là historiquement cultivée : la supériorité de l'Europe est essentiellement morale pour A.H.L. Heeren, et Herder enracine bien le rôle moteur de l'Europe, au sein du développement culturel du monde, dans l'exploitation historique de son privilège géographique. Continent qui n'est ainsi lui-même que dans le devenir qui le spiritualise en l'arrachant à la morte identité avec soi, l'Europe peut seule réaliser l'homme dans la totalité de ses différences ou déterminations. L'affirmation de la supériorité spirituelle qui lui est par là reconnue sur les autres continents politiquement existants que sont l'Asie et l'Amérique implique qu'on s'attarde particulièrement, en Allemagne, sur la différence qui l'oppose à celles-ci, ainsi qu'à leurs éventuels relais européens, telle la Russie pour ce qui concerne l'Asie.

Dans son *Histoire universelle* (1797), centrée sur l'Europe, J. von Müller s'interroge ainsi sur le destin planétaire de cette Europe entre l'Amérique et l'Asie, dont il redoute une future domination. Un tel souci se nourrit fréquemment du jugement que l'Europe court à sa ruine en ne réalisant pas sa vocation fédérale spécifique, mais en s'épuisant dans les déchirements provoqués par la politique de la France révolutionnaire et napoléonienne. Développant le projet leibnizien d'une harmonisation politique des États européens reconnus en leur individualité, les auteurs de langue allemande se distinguent, entre tous, dans le refus de toute monarchie universelle. Ancillon, F.von Gentz – le « chevalier de l'Europe » –, placent le salut du continent dans le seul équilibre; Adam H. von Müller veut dépasser le statisme de celui-ci dans la vie de la polarité et de la tension intra-européenne; Frédéric Schlegel, qui s'élève à l'idée d'une unité véritablement *positive* des nations européennes, préconise, dans la revue *Europe* (1803-1804), l'organisation différenciée du continent, lui qui opposera plus tard à l'uniformisation tout orientale de l'Empire romain la belle réunion des nations dans l'Occident médiéval chrétien, qui avait constitué l'Europe comme unité, mais, par le respect de sa diversité, comme unité proprement européenne.

Or – et c'est là le second thème de prédilection dans la pensée allemande de l'Europe – ce que celle-ci peut et doit être pour le monde, l'Allemagne peut et doit l'être pour l'Europe, et ce pour les mêmes raisons, à savoir l'excellence de la structure fédérale. Ainsi, pour Frédéric Schlegel, c'est du destin de l'Allemagne que dépend et dépendra celui des autres pays européens : « L'esprit de l'Europe s'est éteint, c'est en Allemagne que coule la source des temps nouveaux »[1]. L'importance qu'un Montesquieu ou un Boulainvilliers reconnaissaient à l'apport germanique dans la formation historique de l'Europe est intensifiée avec l'affirmation que la germanité est le principe spécifique de l'européanité. « Mère-patrie de l'Europe » (Auguste-Guillaume Schlegel), « cœur » de l'Europe (Jean-Paul), « nombril de la terre d'Europe » (Arndt) – cela, et par son emplacement géographique

1. F. Schlegel, *An die Deutschen* [*Aux Allemands*] (1800), cité par H. Gollwitzer, *op.cit.*, p. 159.

au centre du continent, et par sa structure historique médiatrice de l'uniformité orientale et de la variété occidentale de l'Europe –, l'Allemagne, comme l'écrit Novalis dans *La chrétienté ou l'Europe* (1799), « précède dans sa marche lente, mais sûre, les autres pays européens »[1]. Création germanique, la « république européenne », selon Görres, ne peut être recréée, régénérée, que par les Allemands : la mission mondiale de l'Europe ne peut être remplie qu'à travers la mission européenne de l'Allemagne. Mais le même exclusivisme suivant lequel, formellement, est affirmé le contenu médiateur, réconciliateur, de la tâche confiée à l'Europe dans le monde, affecte déjà l'affirmation germanique de la mission européenne de l'Allemagne de l'opposition : germanité ou alémanité – latinité ou romanité. De même que l'équation de l'européanisme et du cosmopolitisme risque de se briser dans l'exclusivisme qui tient à distance l'Asie et l'Amérique, de même l'équation de l'Europe et de la germanité tend à se renverser dans la dénonciation pangermaniste de la romanité.

L'optimisme de Mme de Staël lui faisait écrire, en 1813, dans la Préface de son livre *De l'Allemagne :* « L'Allemagne, par sa situation géographique, peut être considérée comme le cœur de l'Europe, et la grande association continentale ne saurait retrouver son indépendance que par celle de ce pays »[2], et cela parce que, en politique aussi, les Allemands sont dépourvus de préjugés nationaux[3], ont un esprit radicalement cosmopolitique : « Celui qui ne s'occupe pas de l'univers, en Allemagne, n'a vraiment rien à faire »[4]. Or, le développement, au cours du XIXe siècle, par les auteurs allemands, du double thème concrétisant leur idée de l'Europe, dans son rapport au contexte mondial et à son principe germanique, va précisément accuser le côté par lequel cette idée apparaît, d'une part, comme trop exclusivement européenne pour exprimer ce qui justifie l'assurance avec laquelle l'Europe se pose comme âme du monde, d'autre part comme une idée trop exclusivement allemande pour exprimer ce qui justifie l'assurance avec laquelle l'Allemagne se pose comme âme de l'Europe.

Il ne saurait être question ici, pour nous, de présenter autrement qu'en son mouvement général, le destin des deux thèmes dont nous venons d'examiner l'esquisse à l'époque de l'idéalisme allemand. L'européocentrisme germanique tend souvent à s'énoncer dans le

1. Novalis, *Die Christenheit oder Europa*, cité par H. Gollwitzer, *op.cit.*, p. 147.
2. Staël (Mme de), *De l'Allemagne*, édition de 1864, Firmin Didot, Paris, p. 6.
3. *Cf. ibid.*, p. 16.
4. *Ibid.*, p. 85.

cadre d'une « petite Europe » récusant et redoutant le modèle russo-asiatique ou/et le modèle américain. Si Ranke reconnaît l'intégration à l'Europe d'une Russie qui a le pouvoir et le devoir de contenir l'Asie, et refuse d'opposer l'Europe à l'Amérique, car New-York et Lima sont plus proches de nous que Kiev et Smolensk, de telle sorte que l'Europe reste, à ses yeux, l'axe, qu'elle a toujours été, de l'histoire universelle, F. List prévoit la prépondérance à venir des États-Unis et de la Russie. Leur montée en puissance inquiète Jörg, surtout à l'idée que leur conflit pourrait se dérouler sur le sol d'une Europe qui doit alors tout faire pour jouer un rôle pacificateur de médiatrice; tout comme J. Fröbel, qui, adjurant, en 1859, dans *L'Amérique, l'Europe et la situation politique du présent*[1], l'Europe de ne chercher à imiter ni l'Amérique et son individualisme débridé, ni la Russie et son « communisme » oppressif, et, bien plutôt, de se constituer en troisième force; ou comme, encore, C. Frantz, qui, au même moment, dénonce également le péril que représentent pour l'Europe à organiser la puissance militaire de la Russie et la puissance économique des États-Unis...

Une telle tendance pessimiste de l'européanisme allemand, sensible aussi, vers la fin du siècle, chez un J. Burckhardt, se nourrit, par ailleurs, de la considération soucieuse de la tension cependant jugée nécessaire, à l'intérieur de l'Europe, entre la germanité et la romanité. Ranke définit bien l'Europe par la tension entre ces deux moments ou sphères qui comprennent respectivement la France, l'Espagne et l'Italie d'une part, et, d'autre part, l'Allemagne, l'Angleterre et les pays scandinaves: c'est là, pour lui, une tension génératrice de progrès (« L'existence de l'Europe réside dans l'énergie des grandes oppositions »[2]) et le génie européen célèbre son unité dans sa diversité équilibrée. Il est vrai, toutefois, qu'une telle tension entre germanité et romanité a pour support privilégié la première, car son maintien – c'est-à-dire l'Europe qu'elle définit – est sans cesse menacé par le goût de la seconde pour l'identification abstraite qui dissout en son principe même l'idée optimiste, caractéristique, entre autres, des mouvements de 1848, que chaque nation, en s'affirmant, affirme l'unité, d'abord européenne, des nations d'Europe. Même chez

1. *Cf.* J. Fröbel, *Amerika, Europa und die politischen Gesichtspunkte der Gegenwart*, cité par H. Gollwitzer, *op.cit.*, p. 311-312.

2. Ranke, *Geschichte der romanischen und germanischen Völker von 1494 bis 1524* [*Histoire des peuples romanisés et des peuples germaniques de 1494 à 1524*]; cité par J. Nurdin, *op. cit.*, p. 47.

C. Frantz, l'identité de l'affirmation de soi d'une nation et de son affirmation de l'Europe est limitée à la nation allemande, qui, sans frontières naturelles, est originairement ouverte, afin de les lier entre eux, à tous les peuples européens : « De quelque côté que l'on puisse prendre la question allemande, dès que l'on pénètre dans ses profondeurs, elle se mue en une question européenne »[1]; cependant, les Allemands peuvent se laisser corrompre par l'abstraction de l'unitarisme latin, qui est donc moins à prendre pour un fécond contrepoids qu'à considérer comme le danger intra-européen qui pèse sur l'Europe. Danger immense si la réalisation allemande de l'Europe devait se pervertir dans la réalisation d'une Europe allemande, c'est-à-dire dans la soumission de l'Europe à une Allemagne qui s'affirmerait dans l'identité à soi abstraite d'un État allemand ; la solution prussienne de la « petite Allemagne » apparaît bien, aux fédéralistes résolus que sont les partisans de la « grande Allemagne », comme la destruction même de l'Europe : « Qu'est-ce que l'Europe ? » ironisait Bismarck ![2]

Ainsi, l'idéologie « européenne » culmine-t-elle, chez un Frantz, dans une liaison intime des deux médiations constitutives de l'essence de l'Europe – la médiation extérieure que celle-ci opère entre l'Amérique et la Russie, et la médiation intérieure qu'opère en elle l'Allemagne se réalisant dans son ouverture « grand-allemande » ; mais cette idéologie se met en question dans la double menace, extérieure – américaine et russe –, et, intérieure – prussienne –, de la destruction du moyen-terme. Les faits semblent opposer un destin historique de l'Europe à l'idéal d'un destin européen de l'histoire. Un idéal qui, chez Frantz comme chez beaucoup d'autres, a, pour une large part, enrichi son contenu et fortifié son affirmation de la méditation de la première philosophie *stricto sensu*, comme justification rationnelle, de l'Europe, qui est aussi la première philosophie proprement dite de l'histoire, que l'on rencontre dans l'idéalisme allemand. L'auteur du texte *Les traits fondamentaux de l'idéalisme allemand* (1843), qui insiste sur l'apport historico-politique de Fichte, Schelling et Hegel, paraît cependant oublier, pour avoir d'abord méconnu son vrai sens, la

1. Frantz, *Theorie der deutschen Frage* [*Théorie de la question allemande*], cité par J. Nurdin, *op. cit.*, p. 268.

2. Sur le conflit idéologique entre les partisans – prussiens surtout – de la « petite Allemagne » et ceux – souvent autrichiens – de la « grande Allemagne », et leurs thèses respectives sur l'Europe, voir J. Droz, *L'Europe centrale – Evolution historique de l'idée de Mitteleuropa*, Paris, Payot, 1960.

foi absolue de ceux-ci en l'identité de la réalisation de l'Europe et de l'accomplissement de l'histoire.

Sans doute, la lecture et l'exploitation publiciste-politique de la philosophie allemande de l'Europe ont-elles appréhendé et développé en extériorité la double relation de l'Europe à son contexte mondial et à son principe allemand, sous la forme d'un hégémonisme réel sur un Autre à chaque fois saisi comme menaçant, alors que la conception réflexive-spéculative, intérieure, du double lien de l'Europe à son environnement et à son centre, fonde absolument la différenciation de celle-là, mais dans la *spiritualisation* de son accomplissement objectif. L'influence considérable qu'a exercée, de l'avis général, sur les auteurs allemands qui ont traité de l'Europe, et ce jusqu'à la fin du XIXe siècle, la philosophie qui a ouvert celui-ci, n'aurait alors peut-être sanctionné qu'un contresens – à la base des diverses interprétations européocentristes ou pangermanistes – que l'on aurait commis au sujet de son moment « européen ». Il convient donc de vérifier le sens de ce moment.

Le thème de l'Europe – dans des philosophies qui, tout en insérant l'histoire dans le champ de la raison ou de l'absolu, n'absolutisent aucunement l'histoire – n'est, certes, pas un thème central chez Kant, Fichte, Schelling ou Hegel; mais l'affirmation de son objet et de sa détermination essentielle y est délivrée de l'arbitraire d'un engagement seulement empirique et justifié absolument, par la mise en relation de l'Europe avec l'actualisation de la raison en sa valeur absolue. En développant, dans son discours sur l'Europe, la présentation de celle-ci et, de façon plus précise, de l'Allemagne, comme le pays de cette rationalité, dont la pleine affirmation, elle-même rationnelle, constitue la philosophie, la philosophie allemande se célèbre elle-même comme philosophie, et comme philosophie achevée, dans son lieu d'élection. Parce que, à ses yeux, l'Europe se définit fondamentalement comme le pays de la philosophie, l'éloge philosophique de l'Europe n'est rien d'autre que l'éloge de la philosophie par elle-même. Cependant, le développement même du sens du rationnel ou de l'universel, de Kant à Hegel, fait progresser la signification de la détermination et de la justification de l'Europe, à travers la double relation intérieurement conçue à son environnement mondial et à son centre germanique, et, par là même, la portée d'un européocentrisme et d'un germano-centrisme qui, toutefois, en dépit de lectures rapides et d'exploitations tendancieuses, ne peuvent jamais autoriser une quelconque politique exclusiviste de puissance.

Kant, ici aussi, inaugure une voie nouvelle. Mettant fin à la simple liaison ecclésiale-théologique de l'Europe – comme de son centre mondain, à accomplir pratiquement en ce sens après ses déchirements religieux – et du règne de Dieu, Kant opère l'identification de ce continent et de la rationalité. Identification à ce point immédiate et absolue que ce qui est européen n'est défini que comme ce qui est rationnel ou universel, et, pratiquement parlant, légal. Continent qui nie sa particularité, sa naturalité, la différence de sa détermination géographique, l'Europe n'est elle-même que comme le lieu de la raison, de l'universalité, de l'identité à soi, et cela aussi bien dans la forme de son existence – il y a une « marche régulière de l'amélioration de la constitution politique dans notre continent »[1] – que dans son contenu essentiel : « J'appelle européenne une nation pourvu qu'elle admette une contrainte conforme à la loi, par conséquent une restriction de la liberté au moyen de règles universellement valables »[2]. Lieu d'une actualisation rationnelle de la raison, l'Europe est le continent qui, « de manière vraisemblable, donnera un jour des lois à tous les autres »[3], mais un tel européanisme, parce qu'il est celui de la loi ou de l'universel, n'est en son principe véritable qu'un cosmopolitisme, ainsi que cela apparaît dans l'équation, que proposent les *Réflexions sur l'anthropologie*, entre « *Weltbürgertum* [cosmopolitisme] » et « *Europäertum* [européanité] ».

Certes, l'Europe est la première réalisation empirique de la raison juridico-politique, mais cette circonstance n'affecte aucunement ce qui est réalisé, car la raison, telle qu'elle est posée, comme négation de tout particularisme, ne doit rien, en son contenu, à sa manifestation européenne. Si l'Europe n'est telle que parce qu'elle est, en sa fin essentielle, rationnelle, la raison n'est pas telle parce qu'elle est, en son existence ou en son devenir, européenne. Le particulier – le négatif – comme tel n'a pas, par lui-même, de rôle positif dans l'instauration accomplie, définitive, vraie, de l'universel.

Si, de la sorte, parce que l'Europe, comme rationnelle, n'est pas proprement européenne, c'est-à-dire particularisée, il n'y a pas d'Autre véritable *de* l'Europe, il n'existe pas davantage d'Autre *dans* l'Europe. Elle n'est pas plus, comme européenne, allemande que française, et Kant ne voit pas, dans le despotisme éclairé « républicain » de Frédéric II en Allemagne, un signe du rôle privilégié que celle-ci

1. Kant, *IAG*, *KW*, VIII, p. 29.
2. *Id.*, *KGS*, XV, 2e Bd, p. 773.
3. *Id.*, *IAG*, *KW*, VIII, p. 29.

jouerait dans la réalisation rationnelle de l'Europe. D'une façon générale, pour Kant, le moteur décisif de l'histoire politique est méta-historique et méta-politique : l'événement capital témoignant de la réalisation historique de la raison n'est pas, suivant *Le conflit des Facultés*, le fait français de la Révolution, mais, suscité par lui, l'enthousiasme universel – plus que seulement européen – absolument humain, manifestant la présence en l'homme du sens moral qui, seul, peut assurer l'accomplissement de la raison pratique juridico-politique. La raison cosmopolitique s'affirme par elle-même, dans cette Europe dont il n'y a pas plus de sens à dire qu'elle est plus allemande que française qu'il n'y en aurait à dire qu'elle est plus française qu'allemande, mais qui se réalise vraiment comme européenne en niant ce qui la particularise aussi bien en elle-même que dans son rapport aux autres continents. L'européanité se constitue par le cosmopolitisme, non le cosmopolitisme par l'européanité.

Le post-kantisme, qui réunit progressivement le rationnel et l'empirique, l'universel et le particulier, c'est-à-dire qui s'élève à l'identification de la raison et de la totalité, souligne l'immanence de la fin rationnelle dans l'existence particulière de son advenir. Selon Fichte, Schelling et Hegel, l'Europe devient rationnelle parce qu'elle est historiquement l'Europe, et, plus particulièrement, l'Europe allemande ; la double équation : alémanité-Europe-raison peut et doit se parcourir désormais dans les deux sens. Cependant, la consécration de l'Allemagne dans l'Europe, et de l'Europe dans le monde, parce qu'elle est celle du devenir d'une raison conçue comme se faisant elle-même advenir dans son histoire déterminée et s'exprimant donc elle-même dans son mode d'être particulier, ne signifie aucun exclusivisme justifiant un impérialisme européen dans le monde, et germanique dans l'Europe. La raison se constitue dans l'histoire européenne et, de façon privilégiée, allemande, mais ce qui se constitue dans cette histoire, c'est, à chaque fois, la totalité par laquelle est alors définie la raison.

Survolant spéculativement – dans ses Leçons de 1804-1805 – l'histoire de l'humanité pour rendre compte des « traits fondamentaux du temps présent », Fichte distingue, par les conditions locales de leur formation historique originelle, l'essence des États européens de celle des États asiatiques antérieurs. L'État asiatique résulte de la rencontre extérieure entre des peuples sauvages et une masse importante du « peuple-norme [*Normalvolk*] » (sur)naturellement cultivé, comme telle capable d'organiser à elle seule la vie culturelle, aussi politique, en dominant despotiquement les premiers. Au contraire, en Grèce et à Rome, l'État européen exprime la synthèse, immédiatement offerte ou extorquée par la violence, des indigènes non cultivés et de petits groupes du *Normalvolk* chassés d'Asie et qui doivent s'associer ceux-là dans une vie politique commune développant le sens républicain du droit et de la liberté[1]. Le caractère synthétique – unifiant, universalisant – de l'esprit européen se renforce dans le passage historique de l'Europe antique à la « nouvelle Europe », qui est l'Europe vraie de la réalisation politique du christianisme : cette Europe accomplie s'édifie dans la réunion de l'ordre socio-politique de l'ancienne Europe et de la religion vraie héritée du *Normalvolk* et conservée en Asie[2]. L'Europe ne devient ainsi elle-même qu'autant qu'elle inclut en elle, bien loin qu'elle les exclue, les autres réalisations historiques de l'esprit. Ce caractère pleinement européen culmine chez les Germains, réalisateurs de l'État chrétien, c'est-à-dire de l'achèvement concret de l'amour religieux. Non fixés dans l'ordre de l'organisation socio-politique développée de la Grèce et de Rome, et dans la minutie scrupuleuse du paganisme classique, mais demeurés, en leur existence effective, au stade où se trouvaient les Grecs de l'époque héroïque, animés alors par l'élan spontané de la liberté, les Germains étaient naturellement désignés pour effectuer politiquement la libération chrétienne, que les Romains n'avaient pu tenter de traduire étatiquement qu'en la sacrifiant en même temps que l'État[3]. C'est bien pourquoi Fichte célèbre l'heureuse résistance des Germains aux Romains comme ce qui a libéré le développement total de l'homme[4].

Mais, si les plus européens des Européens sont les Germains, les plus germains des Germains sont les Allemands, Germains restés purs, par là sans cesse confirmés, à travers la continuité du milieu de toute existence, à savoir de la langue, dans leur vie totale, et non pas romanisés par leur mélange avec l'étranger fixé dans son esprit de détermination, différenciation ou séparation. Ils furent habités par le sens de la communauté, de l'identité immanente à la différence – et non pas imposée extérieurement, autoritairement, à celle-ci, comme dans l'institution catholique-papale ou la monarchie toujours ivre d'absoluité –, bref par l'esprit de liberté. Cet esprit s'est exalté dans la Réforme religieuse, « l'ultime grande action universelle, une action

1. *Cf.* Fichte, *Grundzüge des gegenwärtigen Zeitalters* [*Traits fondamentaux du temps présent*] – *GZ* –, 12, *SW*, 7, p. 171-185.

2. *Cf. id.*, *DNA*, 4, traduction A. Renaut, p. 117 *sq.*

3. *Cf. id.*, *GZ*, 13, *SW*, 7 p. 193-195.

4. *Cf. id.*, *DNA*, 8, traduction A. Renaut, p. 227 *sq.*

qui, en un sens, est achevée, qu'a accomplie le peuple allemand »[1], et dans l'instauration des républiques, car « la constitution républicaine a été jusqu'ici la source la plus remarquable de la culture allemande et la première garantie de son originalité »[2], si bien que « la nation allemande est la seule des nations européennes modernes qui ait, dans les faits, déjà démontré depuis des siècles, par sa bourgeoisie, qu'elle était capable d'offrir un support à la constitution républicaine »[3]. Par son sens natif de la totalité, l'Allemagne est bien « le peuple-souche du monde moderne »[4], par là l'origine décisive de toute culture : « l'Allemand, jusqu'ici, a toujours achevé les pas en avant qu'effectuait la culture »[5]. C'est ce qui lui a ménagé l'influence constante qu'il a toujours exercée sur le reste de l'Europe[6].

A tel point que, selon Fichte, le sort de l'Europe est intimement lié à celui de l'Allemagne, pour le pire : « dès lors que l'Allemagne s'effondre, on voit aussi s'enfoncer le reste de l'Europe, pour ce qui touche à l'essentiel, et non point à la simple apparence extérieure »[7], mais aussi pour le meilleur : le leitmotiv bien connu des *Discours à la nation allemande* est que l'Europe ne peut se régénérer qu'à partir de l'Allemagne. Pourtant, et contrairement à l'utilisation qui a été faite de son propos – mais sans que cela décharge Fichte de toute responsabilité, car la forme pangermaniste de ce propos eût dû être neutralisée par un contenu plus insistant sur la signification réellement universaliste de la mission assignée à la nation allemande –, ce qui est affirmé dans l'équation fichtéenne de l'alémanité, via la germanité, avec l'européanité, c'est la condition de l'édification d'une communauté de vie universelle. Cela, dans une interaction spirituelle, permise par une éducation nouvelle, entre l'étranger et l'Allemagne, laquelle, par son sens maintenu de la totalité de l'existence, est – mais c'est capital – l'agent privilégié de la régénération de l'humanité.

Témoins passés et promoteurs futurs de la vie universelle, les Allemands sont loués par Fichte pour leur tolérance soucieuse de voir conservée aux autres nations l'originalité qu'ils revendiquent pour eux-mêmes dans la manifestation, alors adéquate, par sa richesse, à son

1. *Ibid.*, 6, p. 165.
2. *Ibid.*, 9, p. 238.
3. *Ibid.*, 6, p. 182.
4. *Ibid.*, 14, p. 377.
5. *Ibid.*, 6, p. 179.
6. *Cf. ibid.*, p. 174.
7. *Ibid.*, p. 181.

objet, de la vie absolue[1]. Si, par conséquent, l'Allemagne a pu s'opposer et doit s'opposer à l'Europe, c'est dans la seule mesure où l'Europe s'est niée elle-même en oubliant, dans son intestine opposition historique à elle-même, sa vocation originaire, naturelle, à l'existence totale. Il est, en ce sens, heureux, pour Fichte, que « les Allemands n'aient eu, en tant que tels, dans les derniers siècles, aucune *histoire* », conservés qu'ils ont été par « quelque chose d'absolument *originaire* »[2], car l'histoire de l'Europe a été celle de l'oubli de l'Europe par elle-même, à travers un rêve de puissance qui s'est traduit, à l'intérieur, dans les conflits impliqués par le système, concurrentiel, de l'équilibre européen, et, à l'extérieur, dans la politique de l'expansion maritime, phénomènes niant la condition d'une interaction désintéressée, donc universalisante et unifiante, entre les communautés humaines, à savoir l'autarcie ainsi manifestée comme le contraire même de l'égoïsme national ou continental[3].

C'est bien le même sens universaliste, exprimant les réquisits d'un cosmopolitisme réel, qui préside à l'exaltation schellingienne, moins systématique mais tout aussi nette, de l'Europe et de son noyau allemand. Il y a bien une faiblesse apparente de tous les peuples devant les Européens : « C'est comme si le développement plus avancé et plus libre des nations européennes était mortel à toutes les autres »[4]. Mais cette force redoutable de l'Européen vient précisément de ce qu'il affirme l'homme en toute son universalité ; les Européens ne constituent pas une « race », la race désignant une partie de l'humanité qui n'a pu surmonter le nécessaire processus de différenciation, et qui, par là, s'est fixée à une particularité[5]. Or, vivre en soi l'universalité, c'est vivre selon l'intériorité spirituelle, car l'unité ne peut être qu'idéale alors que le réel, c'est le divers. Voilà pourquoi la raison qui fait que la guerre entre nations européennes est une « guerre civile » fait aussi que l'unité européenne, c'est-à-dire tout simplement l'Europe, se réalise de façon essentielle dans le développement culturel de l'unité d'origine religieuse comme communauté de travail scientifique et philosophique : « Dans quelle mesure l'Europe chrétienne, en son élévation scientifique, est parvenue à la conscience de sa mission communau-

1. *Cf. ibid.*, 13, p. 339.

2. *Id.*, *Esquisse d'un écrit politique*, 1813, *SW*, VII, p. 565.

3. *Cf. id.*, *DNA*, 13, p. 332 *sq.*

4. Schelling, *Einleitung in die Philosophie der Mythologie* [*Introduction à la philosophie de la mythologie*] – *E. Ph. M* –, *SW*, 6, p. 99.

5. *Cf. ibid.*, p. 100.

taire… – et, en fait, cette conscience s'est tellement fortifiée au cours d'une guerre de vingt-cinq ans, est à ce point devenue un état d'esprit général, que toute guerre éclatant au centre de ce continent, si elle était possible, ne pourrait être ressentie que comme une guerre civile… –, c'est ce dont témoigne entre autres aussi la réunion de divers pays européens en vue de recherches en commun de grande et universelle importance »[1].

Si telle est l'Europe, elle n'est pleinement elle-même qu'à travers l'Allemagne. La nation allemande synthétise en effet ce qui s'exprime de manière unilatérale, fragmentaire et opposée, dans les autres nations européennes, et c'est cette capacité d'intégration qui lui assure la maîtrise sur celles-ci : « On a souvent observé que toutes les autres nations d'Europe sont, par leur caractère, beaucoup plus déterminées que la nation allemande, qui, en conséquence, pourrait être considérée, en raison de sa capacité d'accueil universelle, comme la racine, et, sans conteste, en raison de la force qu'elle possède en elle de réunir ce qui se contredit, comme la puissance [*Potenz*] disposant des autres nations ; le lot de l'Allemand ne devait-il pas être le lot universel de l'homme, en ceci que les diverses étapes représentées de façon séparée par d'autres peuples, l'Allemand les a, seul, toutes parcourues, pour finir aussi par être l'unité la plus haute et la plus réelle dont soit capable la nature humaine ? »[2].

Étant en puissance de toutes les déterminations humaines, l'Allemand recueille tout l'apport, divers, opposé, contradictoire, des autres, et, contraint par cette contradiction vécue intimement dans le déchirement, il se libère de cet être-donné, de ce résultat, de la culture, en la réinsérant dans son unité originaire absolue, dont la redécouverte permet la « construction » totalisante, réconciliatrice, de sa manifestation relative. Alors que les autres nations étendent la culture dans le conflit de ses nouveaux produits, la nation allemande, en régressant à son fondement premier, la reproduit dans une construction rationnelle unificatrice : « le but de l'esprit allemand…, c'est de réveiller à nouveau les fondements de toute connaissance et de s'enfoncer en des profondeurs défiant le regard »[3]. C'est dire, puisque cette construction progressive du tout moyennant l'intuition régressive de l'origine

1. *Id.*, *Eröffnungsrede zur Sitzung der Akademie* [*Discours d'ouverture de la session de l'Académie*], 1860, *SW*, 4e E. Bd., p. 435.

2. *Id.*, *Über das Wesen der deutschen Wissenschaft* [*Sur l'essence de la science allemande*], 1811, *SW*, 4, p. 389.

3. *Ibid.*, p. 380-381.

absolue définit, selon Schelling, la philosophie en sa vérité, que l'Allemagne – et donc l'Europe, dont elle exprime le sens universel dans son existence particulière – peuvent et doivent être saluées, essentiellement, comme le pays de la philosophie. Il n'est pas étonnant, puisque la philosophie développe scientifiquement l'intuition religieuse, que le peuple allemand ait devancé tous les autres par les révolutions religieuses et scientifiques[1], de Luther à l'idéalisme kantien et post-kantien.

Mais, parce que « toute métaphysique, qu'elle s'exprime spéculativement ou pratiquement, repose sur le talent permettant de concevoir immédiatement une multiplicité dans une unité, et, en retour, une unité dans une multiplicité, en un mot : sur le sens de la totalité »[2], et que, simultanément, ce sens ainsi défini de la totalité amène le peuple métaphysique à faire affirmer en lui aussi bien le tout par l'individu que les individus par le tout, dans l'identité du « totalitarisme » et de l'individualisme, l'Allemagne, et l'Europe qu'elle récapitule quant au sens, ne peuvent bien s'affirmer que dans un libéralisme négateur de toute politique répressive et hégémonique. Or, pour Schelling, comme pour Fichte, *mutatis mutandis*, la réalisation conjointe ainsi comprise de l'Allemagne et de l'Europe nie l'histoire, trop peu allemande en son développement progressif, de l'Europe moderne. Car la politique répandue du droit naturel, non philosophique au fond en dépit de sa prétention, pour autant qu'elle pose comme principe absolu la différence affirmée par l'entendement, aboutit bien plutôt à la répression de l'individu par l'indispensable unité de l'État, qui, alors, ne peut lui être qu'extérieure et étrangère, ce qui confère à la totalité étatique dérivée un aspect mécanique la niant en tant que totalité[3]. L'unité purement politique, objective, extérieure, des États européens, envisagés au dedans d'eux-mêmes comme dans leurs rapports entre eux, est bien, ainsi que le montrent les conséquences pratiques de l'idéologie régnante du droit naturel, la négation de l'esprit européen, qui consiste dans l'identification de l'Europe et de l'esprit, lequel est le double mouvement de la position mutuelle du tout et de l'individu, de l'objet et du sujet, constitutive de la vraie totalité, indissociablement politique et spirituelle, c'est-à-dire, d'une façon générale, culturelle.

C'est une même conclusion que lègue le hégélianisme. Mais le « totalitarisme » libéral selon lequel il définit l'esprit européen s'affirme

1. *Cf.*, *ibid.*, p. 379.
2. *Ibid.*, p. 385.
3. *Cf. ibid.*, p. 386.

chez lui de manière encore plus libérale, à savoir en excluant davantage encore tout européocentrisme et tout pangermanisme réels. L'accomplissement plus concret de l'identité et de la différence, qu'il revendique comme son apport conclusif à la théorie de l'absolu, se manifeste aussi dans sa théorie de l'Europe par l'affirmation que la force absolue de celle-ci lui fait réaliser son unité – dans le monde ou, à l'intérieur d'elle même, dans la tension entre son moment absolument européen, germanique, et son moment relativement européen, non germanique – à travers un rapport constant et définitif à l'Autre maintenu comme tel.

La philosophie hégélienne de l'histoire est bien, elle aussi, un hymne à l'Europe et, en celle-ci, aux nations germaniques. Le théâtre de l'histoire universelle, réalisation de l'universel ou du rationnel (au sens concret où Hegel l'entend) dans l'histoire, est constitué par la zone tempérée nord, et, plus précisément, a son centre dans le bassin méditerranéen, où confluent les trois parties de l'Ancien monde[1]. Cependant, ce qui fait de la Méditerranée « l'axe de l'histoire universelle », c'est-à-dire de l'histoire *de l'universel*, ou de l'histoire en son sens plein – comme Autre de la nature, manifestation de la particularité prédominante –, c'est son moment *européen :* « L'Europe en général est le centre et la fin de l'Ancien monde »[2], elle « est de façon absolue la fin de l'histoire universelle »[3], et, puisque la traduction géographique de la vérité, en tant qu'elle surgit au terme du développement, est le couchant ou l'ouest, l'Europe est l'ouest absolu de cette histoire[4]. Plus précisément encore, au sein de l'Europe, la fin absolue de l'histoire, l'extrême proprement historique de l'histoire, par opposition à son extrême non historique, l'Asie, est l'Europe du nord, c'est-à-dire située au-delà des Alpes, et, absolument parlant, l'Europe du Nord *occidentale*, ouverte à la culture, qu'elle va accomplir, par Jules César. L'Europe vraie n'est pas l'Europe jeune de l'antiquité gréco-romaine, mais l'Europe tardive qu'est l'Occident germanique. Hegel, qui emploie, d'ailleurs, souvent l'un pour l'autre les termes « Europe » et « Occident », exclut ainsi l'Europe du nord orientale, essentiellement slave, l'Europe encore asiatique en quelque sorte, de la manifestation originaire de l'universel : « parce qu'ils forment un être intermédiaire entre l'esprit européen et l'esprit asiatique, et parce que –

1. *Cf.* Hegel, *VG*, p. 211.
2. *Ibid.*, p. 235.
3. *Ibid.*, p. 243.
4. *Cf. ibid.*, p. 213.

bien qu'ils soient impliqués de multiple façon dans l'histoire politique de l'Europe – leur influence sur la formation progressive graduée de l'esprit n'est pas suffisamment agissante et importante »[1], les peuples slaves ont exploité les déterminations universelles de l'esprit amenées au jour par les peuples totalement européens. C'est dans l'Occident germanique, « le cœur de l'Europe »[2], que la raison, en sa manifestation historique – comme histoire universelle – et en sa manifestation historique en tant que raison – l'histoire de la philosophie – achève son développement et actualise donc son essence absolue.

Cette absolutisation de l'Europe ainsi définie justifie, chez Hegel, un optimisme européen libre de toute préoccupation fondamentale quant à un péril que celle-là aurait à redouter, soit de son Autre passé, l'Asie encore présente dans l'Empire russe, soit de son Autre futur, déjà présent dans les États-Unis d'Amérique. Certes, la Russie, qui est entrée en rapport avec la culture européenne, ne s'est pas intégrée dans le procès historique de celle-ci[3], mais une telle altérité est si peu menaçante pour l'Europe européenne que la persistance de l'esprit asiatique est celle d'un passé radicalement impuissant historiquement, puisqu'il renvoie à ce par quoi l'Asie – telle qu'elle se révèle être originellement en Chine et en Inde –, début non historique de l'histoire universelle, ne peut agir positivement dans l'histoire[4]. Si bien que la Russie peut tout au plus contribuer passivement, par sa massivité ainsi menaçante seulement en apparence, à assurer, stabiliser, extérieurement, politiquement, les rapports entre les États européens[5]. Quant aux États-Unis d'Amérique, bien loin d'être un futur menaçant l'Europe par son altérité même, ils ont, bien plutôt, pour futur essentiel, le présent européen ! C'est simplement de façon formelle qu'ils sont un moment post-européen de l'histoire universelle, car ils sont le moment post-européen de l'Europe même en laquelle s'achève cette histoire. Issue, non d'une conquête mêlant les peuples confrontés dans un lieu commun, mais d'une colonisation instituant, dans le refoulement des indigènes, un redoublement de l'Europe, l'Amérique du Nord, au demeurant rapprochée de celle-ci par l'élément foncièrement liant qu'est la mer[6] est « une annexe…qui a accueilli le surplus de

1. *Id.*, *WG*, p. 779.
2. *Id.*, *VG*, p. 240.
3. *Cf. id.*, *WG*, p. 907.
4. *Cf. id.*, *VG*, p. 275-343 *sq.*
5. *Cf. id.*, *WG*, p. 907-908.
6. *Cf. id.*, *VG*, p. 196.

l'Europe »[1] ; et Hegel analyse les raisons qui ont freiné l'évolution des États-Unis, en particulier, vers la vérité politique qu'est la monarchie constitutionnelle[2]. État « encore en devenir »[3], l'Amérique du Nord peut être considérée alors comme « le pays de l'avenir »[4], mais en ce sens, seulement, que le poids de l'histoire universelle peut s'y manifester en réalisant selon une nécessité absolue, dans un nouveau contexte empirique, ses déterminations essentielles déjà révélées dans l'Ancien monde et, de manière plénière, en Europe. Si l'histoire tout court, empirique, n'a pas de fin, l'histoire universelle, comme histoire de l'universel se réalisant en ses moments essentiels, est achevée en son accomplissement rationnel européen.

Une telle assurance optimiste sur le destin européen, et, principalement, germanique, de l'histoire humaine n'enveloppe-t-elle pas alors un européocentrisme et un pangermanisme souvent dénoncés chez Hegel, un Hegel qui, lui aussi, il est vrai, n'a peut-être pas toujours disqualifié préalablement de telles interprétations par des mises en garde explicites, mais dont le propos, en son sens positif, ne fonde objectivement aucun de ces deux travers dangereux.

La réalisation naturelle – particulière – de l'esprit, de la raison, fait bien, d'après Hegel, que, si l'Europe est (devenue) rationnelle, c'est parce que la raison est (originellement) européenne : il y a une existence particulière de l'essence universelle en tant que telle, thème qu'on a souvent exploité par la suite en critiquant comme particulière, et donc comme suspecte, mensongère, mystificatrice, une telle affirmation de l'universel. Pourtant, la particularité européenne consiste dans le sens universel de l'Europe, une universalité qui, en tant qu'universalité concrète, c'est-à-dire que totalité, inclut en elle le sens des autres particularités, au lieu de les exclure. C'est manifeste déjà, pour Hegel, au niveau de la structure naturelle générale de l'Europe. Elle réunit en elle les trois principes géographiques sous la domination du principe spécifiquement européen : l'identité à soi massive du haut plateau qu'est l'Afrique, la différence d'avec soi selon laquelle l'Asie s'étale en ses grandes plaines fluviales, et l'identité condensée, la totalité, de cette identité et de cette différence, qui s'exprime dans les pays côtiers[5]. Nature se totalisant, par conséquent – puisque la nature,

1. *Ibid.*, p. 209.
2. *Cf. ibid.*
3. *Ibid.*, p. 207.
4. *Ibid.*, p. 209.
5. *Cf. ibid.*, p. 212.

aliénation de l'Idée, est en elle-même non totalité – nature en soi déjà spirituelle dans sa manifestation, le continent européen peut bien être saisi comme le « continent de l'esprit réuni avec lui-même » [1].

L'immanence à la nature d'un esprit, selon le hégélianisme, omniprésent à lui-même en sa réalisation progressive, fait que, d'un même mouvement, l'Europe où culmine sa manifestation objective, est annoncée, en sa structure naturelle comme en son sens spirituel, dans le déploiement spatial de la géographie universelle ou le développement temporel de l'histoire mondiale. Le monde extérieur géographiquement et antérieur historiquement à l'Europe la préfigure en son intériorisation progressive, de telle sorte que, peut-on dire, le monde non européen, en son extériorité à soi essentielle, témoigne déjà, comme de sa vérité, de l'intériorité à soi constitutive de l'Europe : le monde est en soi européen.

Cet être-en-soi européen du monde se manifeste comme tel dans le lieu et la vie du premier empire proprement historique, l'empire perse : le voyageur européen se sent encore chez lui tant qu'il n'a pas franchi l'Indus [2]. C'est que la Perse, qui, géographiquement, rassemble déjà les trois principaux éléments naturels, met en tension aussi éthiquement, en les posant pour eux-mêmes, l'identique à soi ou l'universel (la lumière, le Bien) et la subjectivité, le tout et l'individu [3]. Mais, première composition « spirituelle » manifeste, dont le devenir s'actualise comme tel au sein du premier empire historique (contrairement au caractère non historique, absolument, de l'identité chinoise, ou, relativement, de la différence indienne), de l'identité et de la différence, de l'être et du néant, de la nécessité et de la liberté, de la nature et de l'esprit, l'empire perse les relie immédiatement, c'est-à-dire *naturellement*, ou dans leur différence maintenue, ce qui se traduit, par exemple, politiquement, dans la superposition, aux différents peuples de l'empire, d'une autorité identique indifférente à leur contenu propre : l'identité accueille, accepte, tolère la différence, mais sans se nourrir d'elle.

L'Europe comme telle naît de la position, non plus simplement naturelle, mais *spirituelle,* de l'esprit : l'esprit existe – « ex-siste » –, se différencie d'avec soi, en son identité à soi essentielle, donc rentre en soi, se plonge en soi, renaît comme esprit, pour autant que son identité à soi se fait elle-même originairement différence d'avec soi, s'organise, se totalise, par là s'universalise réellement, car concrètement, en sa vie

1. *Ibid.*
2. *Cf. id.*, *WG*, p. 414 *sq.*
3. *Cf. ibid.*, p. 415.

intérieure et extérieure. Si l'Européen est « l'homme plus universel », en ce sens que « dans la nature européenne, il ne se présente pas de type singulier comme dans les autres continents »[1], c'est précisément parce que, loin de se fermer aux différences et par là de se différencier des autres en une différence propre, il s'ouvre à elles, à elles toutes, en se libérant de la différence en laquelle, à chaque fois, il existe, c'est qu'il surmonte toute fixation et va sans cesse au-delà de lui-même. Ce qui se manifeste par l'évasion maritime hors de la terre ferme : « L'État européen ne peut être véritablement européen que par son lien à la mer. Dans la mer réside cet au-delà tout à fait caractéristique qui fait défaut à la vie asiatique, l'au-delà de la vie se surmontant elle-même »[2]. Se risquant sur la mer, c'est-à-dire affrontant la puissance naturelle la moins immédiatement maîtrisable, l'homme se libère de la nature en se confiant à son seul entendement et à son seul courage »[3], bref s'affirme dans son humanité non naturelle, non particulière, donc universelle, qui est l'humanité tout court. L'Européen, en tant qu'homme universel, c'est, tout simplement, l'homme.

Sa totale affirmation de soi dans l'accueil de l'Autre s'illustre dès la première constitution, grecque, des États européens. Chacune des cités grecques n'est qu'à faire coexister, à rassembler, à réunir en elle des éléments *étrangers*. Face à la massivité patriarcale de l'État oriental, cimenté par le lien naturel de type *familial*, l'État européen naît en Grèce pour autant que « les éléments nationaux dont résulte sa croissance sont… originellement… étrangers les uns aux autres », de telle sorte qu'il est difficile de déterminer ce qui a été originellement grec et ce qui ne l'a pas été : « Ce fait d'avoir l'étranger à l'intérieur d'elle-même… est un moment capital de la nationalité grecque »[4]. Spiritualisant son unité, par là même fortifiée, dans le dépassement – en même temps libérateur de l'individu – du lien familial à travers la confrontation avec l'étranger, l'État grec présuppose ainsi fondamentalement le moment de la vie éthique en sa différence ou opposition interne, c'est-à-dire le moment de la vie sociale. Répétons-le avec Hegel : « Dans la Grèce proprement dite, la société est devenue la chose essentielle »[5]. Et Hegel rapproche, dans cette même consécration européenne de la société par l'État – lequel ne se réduit certes pas à la

1. *Id.*, *VG*, p. 240.
2. *Ibid.*
3. *Cf. id.*, *WG*, p. 448 *sq.*
4. *Ibid.*, p. 534.
5. *Ibid.*, p. 555.

première, mais atteint à sa vérité en la reconnaissant comme moment essentiel de lui-même –, le commencement et le terme de l'Europe, à savoir la Grèce et l'Amérique du Nord[1]. Mais tout l'entre-deux européen illustre cette intégration dans la totalité étatique du lien de type social. Ainsi, « le premier lien [des Romains] ne fut aucunement une vie en commun de nature patriarcale, mais ils furent une communauté de peuples hétérogènes, qui n'avaient pas été rassemblés par des liens familiaux, mais par un but commun, celui, précisément, de la rapine »[2] Les peuples germaniques en général, la Prusse en particulier, sont nés d'un semblable processus d'intégration des « éléments culturels les plus hétérogènes »[3]. Bref, de la Grèce aux États-Unis d'Amérique, l'Europe s'est construite ou reconstruite dans l'accueil ou le recueil de l'étranger, de l'Autre. Si la culture est, ainsi que Hegel le souligne, la formation de soi dans l'aliénation de soi, l'Europe est, quant à son essence politique originaire, de part en part *culturelle*.

Hegel insiste sur l'exceptionnelle assomption culturelle de l'altérité par l'esprit germanique. Celui-ci se constitue en réalisant objectivement ce dont il est le plus éloigné, et qu'il peut justement réaliser parce qu'il en est le plus éloigné, à savoir le contenu intérieur de la religion chrétienne. Réunissant l'unité universelle (substantielle) de l'Orient et l'Un exclusif (subjectif) de l'Occident[4], déterminant, différenciant, objectivant par l'entendement théologique nourri de la culture gréco-latine l'intuition religieuse du tout divin, bref constituant une totalité objective idéale, le contenu chrétien ne pouvait être réalisé en un monde éthico-politique, sans être réduit unilatéralement, que par l'énergie d'une subjectivité non elle-même déjà déterminée unilatéralement comme l'était la subjectivité romaine, c'est-à-dire capable, en son vide culturel, de recueillir naïvement, sans réserve, la totalité chrétienne. Mais cette complicité inauguratrice de l'Europe en sa vérité (chrétienne-germanique) était celle des *opposés* absolus, la subjectivité totale encore indifférenciée, « entière » (le *Gemüt*), de l'inculture germanique, et l'objectivité totale, achevant en les synthétisant, toutes les différences (le dogme) de la culture chrétienne : « L'hébétude de l'âme entière des Germains fut mise en relation avec ce qu'il y avait de plus élaboré, avec la religion chrétienne, qui avait accueilli en elle tout

1. *Cf. ibid.*
2. *Ibid.*, p. 535.
3. *Ibid.*, p. 536.
4. *Cf. ibid.*, p. 726-727.

ce qu'il y avait de cultivé dans le monde romain »[1]. Telle est « la plus grande des scissions »[2], dont l'assomption accomplit l'esprit européen, culmination de la manifestation objective de l'esprit absolu, qui jouit de son triomphe dans l'extrême aliénation.

Devant son être à la rencontre originaire de l'Autre, et de l'Autre condensé absolument en sa totalité objective dans la contradiction de l'âme germanique et du dogme chrétien, l'Europe se fait dans une histoire bien différente de celle des peuples pré-germaniques. Ceux-ci se sont d'abord formés à l'intérieur d'eux-mêmes, avant d'entrer en contact avec l'étranger, alors que l'Europe chrétienne germanique n'est devenue elle-même qu'après avoir repris en elle tout l'étranger. Ce qui signifie que, quand, devenue elle-même, elle s'est tournée vers l'extérieur, elle n'a eu rapport qu'avec un Autre qui n'en était plus un pour elle, car elle en avait déjà intégré le sens, et c'est pourquoi un tel rapport est accidentel et ne peut menacer en rien la vérité européenne de l'histoire universelle : « Le monde est pour les Européens quelque chose de rond. Ce qui n'est pas encore maîtrisé par eux, ou bien n'en vaut pas la peine, ou bien est encore destiné à être maîtrisé »[3]. Telle est la justification rationnelle, selon le hégélianisme, de l'optimisme européen qu'il affirme quant au problème du destin futur d'une Europe dans un monde où la Russie et l'Amérique du Nord se voient souvent promises à un bel avenir empirique.

La même justification philosophique détermine la signification de l'optimisme essentiel dont Hegel fait preuve quant à la vie interne de l'Europe, même si la persistance des soubresauts politiques issus de la Révolution française, qui retarde l'avènement de la raison dans les États européens, désole empiriquement le « vieux cœur » berlinois. L'Europe n'est elle-même, c'est-à-dire germanique, que si elle est animée, au dedans d'elle-même, par la *tension* entre les États absolument ou proprement germaniques (Allemagne, Angleterre, Scandinavie) et les États relativement germaniques, ou romanisés (Italie, Espagne, France). Cette tension exprime, en effet, le déploiement même de la germanité : le monde germanique n'est que dans son dédoublement en peuples qui sont restés chez eux, vivant alors dans la simplicité de leur *Gemüt*, et en peuples qui se sont mêlés aux populations de l'Empire romain et, fixant ainsi une contradiction au cœur de leur subjectivité, n'ont pu réaliser la totalité objective spirituelle du

1. *Ibid.*, p. 787.
2. *Ibid.*
3. *Ibid.*, p. 763.

christianisme : une telle relation se développe dans l'opposition du protestantisme et du catholicisme. Mais un tel dédoublement empirique du noyau de l'Europe signifie, conceptuellement, que l'Europe, germanique, n'est elle-même que dans la relation d'elle-même comme telle à elle-même comme Autre que soi. Le résultat partagé de la guerre de Trente ans, au cours de laquelle États protestants et États catholiques se sont opposés sur le sol même de leur commune origine, l'Allemagne[1], a bien consacré la dualité : germanité-romanité comme étant conforme à la germanité elle-même et comme ne constituant donc pas une menace essentielle pour l'avenir du continent européen.

Aux yeux de Hegel, le destin de l'Europe est de la sorte si peu lié à une domination impérialiste des nations strictement germaniques, à un pangermanisme proprement dit, que celle-là représente, en son visage définitif, un domaine d'échanges, parfois belliqueux, entre les diverses nations qui la composent. En leur manifestation proprement politique, les guerres postérieures à la guerre de Trente ans n'ont pu aboutir davantage au triomphe absolu d'un groupe de nations sur l'autre, et cela en liaison avec l'égale impuissance de ceux-ci à réaliser pleinement en eux, pour assurer leur force empirique, le concept vrai de l'État rationnel. Mais cette auto-limitation ou relativisation européenne de l'esprit objectif achevé en Europe, qui libère l'engagement de l'esprit dans sa vie absolue, supra-historique, révèle aussi que la réunion de cet esprit avec lui-même, dont l'Europe est la médiatrice effective, est elle-même supra-historique, supra-politique, et, en ce sens, supra-européenne : elle est, pour Hegel, selon l'acception moderne du terme, essentiellement culturelle, et, en dernière instance, philosophique. Si l'Allemagne est le « microcosme de l'Europe », c'est bien en tant qu'elle est une « nullité politique »[2] ! C'est dire que l'Europe *ne* s'accomplit *pas* dans une unité *politique* d'elle-même : elle n'est proprement elle-même qu'en médiatisant en elle, à travers sa division spécifique, la réunion *spirituelle*, en cela *universellement humaine*, des esprits. Or, que l'Europe n'ait pas vocation à être une unité politique, c'est là un leitmotiv de tout l'idéalisme allemand.

Pour la première philosophie proprement dite de l'Europe, un État universel, voire même simplement supra-national, n'étant pas rationnel, l'Europe, lieu de prédilection de la raison, ne saurait être et vouloir être *un* État. De Kant à Hegel, la condamnation de tout projet

1. *Cf. ibid.*, p. 897.
2. *Ibid.*, p. 907.

d'une monarchie universelle – ce que serait ou deviendrait nécessairement toute fusion, même d'intention républicaine, de divers États – est absolue, et, en conséquence, l'idée d'une Europe unie, anticipation prétendue d'un tel État mondial, est constamment rejetée. Nous n'insisterons guère sur le refus kantien, bien connu, d'un État des États et, plus particulièrement, d'un État européen. La fin de tout État, à savoir la protection de ses membres, ne saurait être réalisée dans un État de ce genre, qui laisserait bien plutôt réapparaître en lui l'insécurité de l'état de nature, état de guerre universel : l'extension d'un tel État appellerait nécessairement, pour son gouvernement, un pouvoir despotique, lequel, comme toujours, déboucherait forcément dans l'anarchie, le plus grand des maux [1]. C'est pourquoi, selon la *Doctrine du droit*, il ne peut être question de rêver, pour l'Europe, dont les nations existent déjà de façon indépendante, d'États-Unis analogues aux États-Unis d'Amérique : on ne peut travailler, ainsi qu'on le doit, qu'à réaliser l'Idée, stimulante, d'une coexistence pacifique des nations, dans un « congrès permanent des États », « fédération » non organique, à vrai dire fort lâche, dont l'exemple a été fourni, dans la première moitié du XVIIIe siècle, par l'assemblée de La Haye. L'État européen, c'est-à-dire légal ou républicain, ne peut qu'être multiple, mais c'est en établissant partout, en Europe, un tel État, qu'on peut obtenir, progressivement, une réunion pacifique des Européens, qui ne saurait donc être que si elle ne veut pas consister dans une impossible et néfaste union étatique ou politique de l'Europe. A supposer qu'elle existât, celle-ci serait aussi contraire à la paix qu'à la liberté, c'est-à-dire au double objectif, matériel et formel, du droit.

Il pourrait sembler que, en dénonçant – dès ses *Contributions destinées à rectifier les jugements du public sur la Révolution française*, puis, plus tard, dans les *Traits fondamentaux du temps présent* et les *Discours à la nation allemande* – le système, mécaniste, de l'équilibre européen, Fichte plaide pour une liaison organique, une véritable unité politique de l'Europe. En réalité, pourtant, il ne critique dans ce système que le moyen provisoire auquel ont recours, pour geler une situation marquée par leur impuissance momentanée, toutes les nations, dans leur désir d'instaurer à leur profit, dès que les choses leur seront plus favorables, une monarchie universelle [2]. Une telle tendance à la monarchie universelle, qui constitue, qu'il soit mis en œuvre

1. *Cf.* Kant, *En vue de la paix perpétuelle*, 1re Adjonction.

2. *Cf.* Fichte, *Contributions destinées à rectifier les jugements du public sur la Révolution française*, Chap. I, – et *Traits fondamentaux du temps présent*, 13e Leçon.

consciemment ou non, le principe animant tout le devenir de l'histoire européenne, se justifie naturellement par l'unité religieuse des peuples chrétiens, que la Réforme n'aurait pas brisée radicalement. Et son résultat médiat, l'équilibre européen des puissances, est lui-même consolidé et fixé par l'intérêt d'une Église qui serait menacée par sa traduction en un État chrétien européen fragilisé par sa dimension, mais qui, par contre, apparaît comme le moyen salutaire de pallier la division des États de l'Europe[1].

En vérité, d'après Fichte, l'unité *ecclésiale* de l'Europe peut d'autant moins être le modèle pour une unité politique de celle-ci qu'elle rend elle-même impossible une véritable unité *religieuse* des Européens. Le christianisme ecclésial, paulinien, judaïcise comme nouvelle « Alliance », à travers la médiation alors nécessaire d'une Église réconciliatrice, le lien à tort supposé détruit entre Dieu et l'homme, alors que l'amour religieux dissipe immédiatement l'illusion selon laquelle l'homme pourrait réellement se séparer de Dieu[2]. L'instauration du christianisme véritable, encore à venir, n'exige aucunement la politisation *idéale*, « spirituelle », dans l'Église, du vrai lien religieux. La politisation *réelle* de la chrétienté dans une unité européenne est tout autant récusée par Fichte : le projet d'une telle unité, c'est-à-dire, en fait, de la monarchie universelle, qui se satisfait de la politique de l'équilibre européen, procède bien d'un esprit de domination égoïste et, conséquemment, du refus, de la part d'une nation, de reconnaître la différence des autres.

C'est le nationalisme, et non pas le lien national, originairement constitutif des peuples européens[3], que Fichte critique dans le système de l'équilibre consacré en Europe par la perversion paulinienne-ecclésiale de la religion absolue de la vie infinie. L'éloge fichtéen de l'autarcie incitant chaque nation à s'affirmer elle-même dans l'exploitation de toutes ses potentialités ne fait qu'un avec la dénonciation de la soif de domination universelle en laquelle elle s'emploie à nier les autres. Le fichtéanisme souligne que c'est seulement dans la variété de ses manifestations humaines, individuelles et collectives, que la vie divine se célèbre en son infinité[4]. C'est dire que l'unité de l'Europe ne peut être absolument justifiée qu'en tant qu'unité s'*objectivant* dans les formes et institutions, en particulier politiques, les plus *diverses* et

1. *Cf. ibid.*, *GZ*, 13, *SW*, 7, p. 194.
2. *Cf. ibid.*, p. 190.
3. *Cf. ibid.*, 12, p. 180.
4. *Cf. id.*, *DNA*, 13, traduction A. Renaut, p. 333 *sq.*

originales, et par conséquent, qu'en tant qu'*unité* de nature elle-même *subjective* et spirituelle. L'unité de l'Europe ne peut donc être proprement politique, elle doit être de nature culturelle au sens large du terme, voire philosophique-scientifique dans son expression achevée, mais, pour Fichte, fondamentalement religieuse, dans une religion, il est vrai, elle-même purement spirituelle et par là élevée au-dessus des conflits « religieux » qui ont déchiré l'Europe chrétienne elle même.

Dans le hégélianisme, également, la pluralité – elle-même rationnellement nécessaire au niveau de l'objectivité, c'est-à-dire, encore de la naturalité, de l'esprit – des États même les plus rationnels, justifie le rejet de tout État supra-national, en particulier européen. La réalité étatique, qui manifeste pour elle-même, comme telle, son unité supra-sociale, dans la politique extérieure qui la cimente par la guerre, interdit que l'on puisse faire de la recherche de la paix l'objectif politique fondamental que médiatiserait la construction d'une unité politique européenne. Mais même les guerres menées en commun par les Européens, comme dans les Croisades, n'ont pu assurer une unité politique de l'Europe. La réunion, alors purement « éphémère », des nations européennes, déboucha sur leur isolement renforcé, et cet échec politique manifesta que la réunion des Européens ne pouvait être que culturelle : « L'unité qui s'en dégagea fut l'unité de la culture en général »[1], d'une culture qui, en sa vocation universelle, dépasse, quant à son contenu, l'affirmation, non seulement de l'Europe, mais de la mondanéité elle-même, c'est-à-dire de l'esprit objectif dans son ensemble. L'esprit du monde, qui ne se manifeste comme tel à lui-même que dans l'esprit européen, ne le fait que lorsque celui-ci, par exemple dans la nation allemande, se dépasse comme esprit purement objectif, ou se pose de façon supra-mondaine, dans l'art, la religion et – surtout, pour Hegel, qui ne voit pas la religion vraie, luthérienne, intégrer pacifiquement en elle le catholicisme – dans la science philosophique, réconciliation universelle de l'esprit avec lui-même.

C'est pourquoi, au niveau de l'esprit objectif, en sa vérité politique libérée pour elle-même, le système de l'équilibre européen clôt l'histoire universelle. Il ne peut y avoir politiquement de dépassement de cette liaison purement extérieure des États européens : la « société » des nations européennes ne doit même pas, comme Kant le souhaitait, s'évertuer, vainement, à être permanente. Une politique vraiment européenne ne peut viser qu'à rendre possible, dans l'inévitable division

1. Hegel, *WG*, p. 550.

politique, une unité qui soit celle de l'esprit affirmé dans son unité absolue, c'est-à-dire dans son contenu non seulement supra-européen, mais supra-mondain, et par là absolument universel.

Bien plus, puisque l'unité doit être historiquement, politiquement, affirmée dans et comme la multiplicité, la volonté politique, en son achèvement européen, ne peut s'actualiser dans un pur volontarisme. En effet, selon Hegel, l'Europe vraie, chrétienne-germanique, développe la contradiction originelle de sa fondation, celle du sujet sans culture (germanique) et du contenu le plus cultivé (chrétien) : « Il n'y a pas là de paisible développement d'un principe, où l'élément étranger est dans la situation d'un stimulant, mais cet élément hétérogène a été imposé aux hommes comme un poids énorme. C'est là la plus grande des scissions, que l'histoire a à montrer »[1]. Un tel développement « lent et plein de contradiction »[2], par lequel le sujet en sa singularité pure s'affirme en affirmant l'objet en son universalité vraie, c'est-à-dire affirme celui-ci – puisqu'il est son négatif et qu'il s'affirme lui-même – en le niant, et – puisqu'il l'affirme cependant – en se niant lui-même, ce fait de s'affirmer en se niant et de se nier en s'affirmant signifie que le sujet est joué par ce développement qu'il ne peut maîtriser : « On découvre par conséquent qu'individus et peuples regardent ce qui est leur malheur comme leur plus grand bonheur, et, inversement, combattent ce qui est leur bonheur comme leur plus grand malheur. La vérité, en la repoussant, on l'embrasse [en français dans le texte]. L'Europe parvient à la vérité en tant que et pour autant qu'elle l'a repoussée »[3]. L'histoire de l'Europe s'accomplit ainsi, – déclare Hegel – selon « le procédé de la Providence, qui réalise les buts des peuples moyennant leur volonté opposée »[4]. ou encore, on l'a vu, de façon « romantique », en ce sens que « ce qui se produit en vue de tel ou tel but se produit inconsciemment, semble se faire comme quelque chose de contingent »[5]. La liberté européenne s'actualise dans et comme l'assomption de la nécessité extérieure ou de la contingence. Cet empirisme qui vaut dans la production rationnelle de l'Idée de l'État rationnel, européen, au cours de l'histoire *universelle*, vaut *a fortiori* dans la réalisation historique simplement *empirique* de cette Idée une fois conçue. Mais on sait bien que la raison hégélienne à sa cime n'est qu'à s'aliéner dans

1. *Ibid.*, p. 787.
2. *Ibid.*, p. 797.
3. *Ibid.*, p. 757.
4. *Ibid.*
5. *Ibid.*, p. 760.

la reconnaissance, non plus naïve, mais absolument justifiée, de l'empirie. En ce sens aussi, la politique européenne ne peut se définir par le volontarisme obstiné d'une « construction » de l'Europe. Le hégélianisme couronne ainsi la philosophie allemande de l'Europe en niant et le contenu et la forme d'une telle entreprise.

Il nous est apparu que cette philosophie, essentiellement dans le post-kantisme, a fondé en ses principes l'exaltation d'une Europe qu'on s'est employé à définir, en des caractères souvent empruntés à la philosophie qui les justifiait, comme pouvant et devant constituer *telle* unité politique, et, d'abord, *une* unité politique. Mais il nous a semblé tout autant que la fondation philosophique des principes de la pensée théorique et pratique proposée, tout au long du XIXe siècle allemand, de l'Europe politique, condamnait le projet de celle-ci. La philosophie kantienne et post-kantienne juge en effet irrationnelle l'affirmation d'une unité politique européenne : ou bien l'unité de l'Europe est vraiment européenne, mais alors elle ne peut être proprement politique, ou bien elle veut être proprement politique, mais alors elle ne peut plus être vraiment européenne. Car l'esprit de l'Europe, qui est d'accomplir l'esprit et d'en rappeler constamment au monde les exigences, qui se récapitulent dans l'affirmation d'une vie universelle, ne peut se réaliser dans l'élément *séparateur* de l'objectivité politique, donc comme un esprit excluant d'autres esprits, sans compromettre son rôle de témoin efficace de l'universel. L'Europe doit être politiquement telle qu'elle puisse témoigner de la vérité méta-politique ou, au sens large du mot : culturelle, de l'existence, et cela interdit, selon l'idéalisme allemand, son unification proprement politique. Quoi qu'on puisse penser de l'idée de l'impossibilité de *réaliser* les États européens en une communauté politique institutionnellement structurée, celle de l'*irrationalité* d'une telle organisation offre à la réflexion actuelle, même et surtout des « Européens » les plus convaincus et les plus résolus, de graves et précieuses considérations sur la vocation spirituelle éminente de l'Europe, une vocation à sauvegarder absolument même si l'on croit pouvoir et devoir œuvrer à une construction politique du continent.

CHAPITRE XIV

PHILOSOPHIE DE L'HISTOIRE MONDIALE

Dans l'idéalisme allemand inauguré par Kant, la philosophie se constitue comme science en intégrant dans sa réflexion en soi systématique, comme un moment essentiel de celle-ci, une philosophie de l'histoire. Que la philosophie se redéfinisse ainsi de telle sorte qu'elle ne soit ce qu'elle est qu'en étant, d'abord aussi, puis surtout, et, pour finir, exclusivement, en sa vérité, une philosophie de l'histoire, ce n'est pas là l'un des moindres aspects de la grande révolution qu'elle opère alors. Le savoir qu'elle prend d'elle-même comme liée intimement, en son existence et en son essence, à l'histoire réelle, politique, bouleversée par la grande expérience de l'époque, celle de la Révolution française et de ses suites, lui impose bien de concrétiser sa nécessaire conscience réflexive d'elle-même comme une philosophie de l'histoire. Si la philosophie se sait comme étant à tel point dans l'histoire qu'elle est l'histoire se sachant philosophiquement, elle doit assurément, en tant que savoir critique d'elle-même, vouloir saisir comme objet cette histoire qu'elle sait être son sujet; le savoir philosophique ne peut, certes, pleinement s'affirmer en se sachant inséré dans l'histoire qu'en insérant l'histoire dans lui-même. Mais encore a-t-il fallu que ce qui était ainsi nécessaire fût d'abord possible, plus précisément que l'idée même d'une philosophie de l'histoire fût philosophiquement possible selon l'idée même que la philosophie se faisait désormais d'elle-même comme d'un discours, par sa systématicité, scientifique, sur son objet lui-même alors compris de façon telle qu'il pût accueillir l'histoire au cœur de lui-même.

Il convient donc de rappeler d'abord les conditions épistémiques qui ont rendu possible la constitution de la nouvelle philosophie comme philosophie se particularisant, au sein de la tradition philosophique occidentale, par et dans une philosophie de l'histoire. Puis de vérifier ce lien essentiel de l'idéalisme allemand et de la philosophie de l'histoire dans le développement parallèle, lorsqu'on passe de Kant à Hegel, d'une part de la réalisation du principe de cet idéalisme, et, d'autre part, de l'investissement de plus en plus manifeste de son contenu par la pensée de l'historicité de l'être. Enfin dans une sorte de contre-épreuve, d'évoquer son auto-négation schellingienne dans le renversement intime du sens de l'expression « philosophie de l'histoire » : c'est bien toujours ainsi que se désigne alors une philosophie dont la « positivité » revendiquée consiste cependant pour elle à ne plus nier la réalité de l'histoire totalement reprise dans l'idéalité d'une philosophie absolue, mais, au contraire, à se réaliser elle-même en se remplissant de la révélation de l'histoire absolue.

C'est la pensée théologique qui, d'abord chez Saint Augustin puis, plus tard, chez Bossuet, identifie la différence mondaine, sans cesse produite par le jeu apparent des libertés humaines en interaction, dans un sens renvoyant, par son unité déterminée, au dessein du Dieu unique créateur et providentiel révélé religieusement, et constituant alors un tel jeu en contenu dicible d'une histoire universelle. L'objet et le sujet du discours théologique sur cette histoire universelle ne sont donc pas l'humanité prise en sa raison immanente, dont l'universalisme n'a dès lors ici qu'une signification encore simplement *formelle*. C'est seulement par rétrospection que l'on peut parler alors de « philosophie de l'histoire » : l'émancipation rationnelle de la philosophie moderne s'effectue bien, chez Descartes, dans l'abstraction philosophique de l'histoire. – C'est le rationalisme leibnizien qui s'approprie, en le justifiant philosophiquement, le *contenu* de l'affirmation du sens divin de l'histoire des hommes. Leibniz comprend bien la liberté des actions humaines comme le déploiement d'une loi ou nécessité immanente à celles-ci. Cependant, une telle légalité n'est transparente qu'à Dieu seul, qui applique son entendement infini à sa volonté ainsi raisonnée du meilleur : le philosophe comprend que l'homme, et donc lui-même, ne peut comprendre la rationalité affirmée du contenu historique. Celui-ci est bien dit rationnel en son principe divin par la raison philosophique, laquelle, pourtant, ignore le contenu d'une telle rationalité. Le philosophe dit assurément qu'une philosophie de l'histoire est possible en soi, mais il dit en même temps que, puisqu'elle n'est réalisable que par l'infini calculateur divin, il ne peut dire lui-même réellement une telle philosophie. A sa cime, le rationalisme classique ne comporte pas, comme contenu effectif, de philosophie de l'histoire.

La raison en son effectivité prend possession progressivement de l'histoire au XVIIIe siècle, en la rapportant directement, en son dire comme en son faire, à son sujet immanent : le genre humain. Désormais, l'origine, le but et l'activité téléologique qui les médiatise sont définis, quant au contenu et quant à la méthode, en termes humains ; cela, même si un tel humanisme se donne encore fréquemment, mais dans un geste formel, une consécration théologique. Cependant, un tel développement, illustré, selon des modalités fort diverses, par Montesquieu, Voltaire, Rousseau, Herder, Condorcet..., n'insère pas le contenu de ce qui est parfois désigné comme une « philosophie de l'histoire », et dont l'unité procède seulement de la cohérence subjective de la libre réflexion du *philosophe*, dans une *philosophie* globale dont le contenu total, donc auto-suffisant, s'identifierait à lui-même selon une nécessité objective dans ses différences ou déterminations originairement systématisées. Ainsi, l'effectuation humaniste du contenu philosophique de l'histoire universelle s'opère en dehors de la forme systématique selon laquelle s'était dite la philosophie affirmant la possibilité idéale d'une philosophie de l'histoire. Un philosopher immanent sur l'histoire ne pouvait, en son caractère partiel niant l'exigence totalisante de la philosophie, réaliser l'idée transcendante, qui s'y était affirmée, d'une philosophie de l'histoire.

La possibilité d'un discours rationnel à la fois total et pleinement immanent – par là absolument philosophique – requérait la position, au principe de son contenu, pratique et théorique, nécessairement humain, même en sa visée transcendante, de la raison elle-même. Celle-ci seule, en son pouvoir universalisant, peut conférer un sens total, ainsi nécessairement générique, aux déterminations du savoir et de l'agir. Mais l'identité à soi de la raison, dont la philosophie systématique est la conscience ou la subjectivité accomplie, exigeait par là-même la totalisation de son usage théorique, qui lui fait poser le monde objectif de la nécessité, et de son usage pratique, qui lui fait affirmer le sujet comme libre. Or, une telle totalisation consiste, de la part de la subjectivité, à lier subjectivement l'objectivité et la subjectivité, à réunir dans l'élément de l'acte l'être et l'acte, à assumer librement le rapport de la nécessité à la liberté. La philosophie comprend dès lors la possibilité originaire de l'agir objectif, de l'action dans le monde, puisque, en celui-ci, celle-là n'a, au fond, rapport qu'à elle-même : la liberté, en sa puissance supérieure où elle s'accomplit comme liberté, a nécessairement prise sur sa puissance inférieure, où elle se pose simplement comme nécessité. Mais l'histoire, en tant qu'agir objectif générique, liant la subjectivité la plus universelle à l'objectivité la plus résistante pour chaque sujet : celle des autres sujets, c'est bien à son niveau que le rationalisme immanent de la philosophie se voulant pleinement scientifique devait confirmer de la façon la plus significative son propre principe. L'idéalisme allemand, élaborant un tel rationalisme, devait nécessairement faire place, en son contenu, et de façon essentielle, à une véritable et stricte philosophie de l'histoire. Kant ouvre la voie.

L'intérêt philosophique de Kant pour l'histoire est précoce et durable, mais ses réflexions philosophantes sur l'histoire se déposent dans de simples opuscules, tels l'*Idée d'une histoire universelle dans une perspective cosmopolitique* (1784), *En vue de la paix perpétuelle* (1795) et *Le conflit des Facultés* (1798), et, par conséquent, semblent s'ajouter marginalement au contenu systématique de sa philosophie *stricto sensu*, fondée dans les trois grandes *Critiques*. Comme si la philosophie de l'histoire n'avait pas la même dignité philosophique que la philosophie de la connaissance et la philosophie morale, voire même que la philosophie de la téléologie naturelle ou de la simple vie en général ! Pourtant, en clôturant la *Critique de la raison pure* par une « histoire de la raison pure », même si cette raison maîtrise l'histoire où elle se fait apparaître, et, plus encore, en immergeant une telle histoire idéale dans le milieu réel de l'histoire générale, socio-politico-culturelle – qu'on songe à la Préface de l'ouvrage de 1781 ! –, immersion qu'explique le parallélisme ordinairement exploité entre la séquence : absolutisme, anarchie, constitution, et la séquence : dogmatisme, scepticisme, critique, Kant loge bien l'affirmation de l'histoire dans l'affirmation de soi de la philosophie elle-même. De fait, la raison métaphysique révolutionnée par Kant, en ses plus strictes exigences, traite de l'histoire, non seulement en sa forme – l'historicité de l'existence humaine –, mais aussi en son contenu proprement historique.

Le devenir actif de l'homme – qui doit *acquérir* son être, même en ses déterminations *a priori* – ne peut se présenter comme une histoire qu'à travers son universalisation extérieure ou objective commandée par la raison pratique juridique. Or, puisque l'État est le moyen nécessaire de la réalisation non simplement précaire ou « provisoire », mais assurée ou « péremptoire », par là adéquate, du droit qui exige, en effet, d'être, c'est le commandement du droit public accompli comme droit cosmopolitique qui fait postuler la possibilité de la traduction de sa norme dans un but alors réalisable par un processus téléologique à lire ainsi dans et comme l'histoire universelle. Cette totalisation de l'existence extérieure objective de l'humanité alors historiquement destinée au but que fixe l'impératif juridico-politique ne peut, certes, être le contenu d'une affirmation théorique véritablement objective. Pour Kant, on le sait, l'intuition requise par l'objectivation théorique d'un concept ne peut donner qu'un contenu divers, non identique à soi dans sa totalité. Le jugement téléologique – à la différence du jugement causal – ne peut jamais en tant que tel « constituer » théoriquement son contenu en un objet. Mais, en tant qu'il totalise le devenir *humain* en une histoire, il est assuré dogmatiquement par son ancrage pratique dans la morale, en sa spécification juridique. Ainsi, le caractère nécessairement dogmatique de la philosophie réalisant, en sa prudence critique, son intention scientifique, requiert bien l'insertion en sa partie pratique objective de la philosophie de l'histoire par là promue doctrinalement. Cette philosophie de l'histoire proclame, certes, dans son résultat, la réunion de la législation théorique de la nature et de la législation pratique de la liberté, et son contenu *garantit* donc naturellement la libre affirmation de la raison pratique juridico-politique, quant à la possibilité de réaliser ce qu'elle commande objectivement. Mais, loin que cette récapitulation synthétisante du contenu de la philosophie kantienne – faisant écho à la *Critique du jugement* – en livre le fondement, elle est, en son origine, bien plutôt *fondée*, dans la structuration hiérarchique du discours rationnel, sur la philosophie pratique. Seul l'homme de bien, encore chez le philosophe, peut trouver un sens à l'histoire, de même que Dieu ne peut gouverner providentiellement le monde qu'en tant qu'il est d'abord le législateur des esprits.

Ainsi statutairement subordonnée au sein de la doctrine de Kant, la philosophie de l'histoire soumet aussi, quant à son contenu, le développement historique lui-même, le vouloir des agents de celui-ci au vouloir du droit en tant que droit. Le vouloir proprement historique ne réconcilie en lui-même, gage de son succès, la liberté qui rend la nécessité novatrice et la nécessité qui rend la liberté efficace, qu'autant qu'il subordonne la préoccupation réaliste de la seconde à l'obéissance à la norme où s'avère la première. La téléologie historique, expression comme nature (contenu de la théorie) de la liberté (contenu de la pratique) fait s'affirmer naturellement la raison universelle, fondamentalement pratique, à titre de sujet de l'histoire, dans l'« espèce » humaine, à titre de moteur de l'histoire, dans cette traduction sensible – en tant que telle diverse, différente, opposée à elle-même – de l'exigence universaliste qu'est l'« insociable sociabilité », et, à titre de but de l'histoire, dans l'universalisation extérieure de l'existence qu'est la culture, dont le foyer réel est le droit réalisé par l'État et, en sa plénitude, par l'État républicain. Une telle affirmation naturelle de la raison pratique, c'est-à-dire la négation naturelle de la nature, l'auto-négation du négatif de la raison, garantit à ce point le pouvoir impliqué par le devoir juridico-politique que même un peuple de démons en viendrait à comprendre la nécessité d'une république, contenu absolu de la liberté pratique extérieure. Cependant, si la « grande artiste Nature » apparaît de la sorte comme faisant produire par son mécanisme téléologiquement régulé la liberté véritable, à savoir l'autonomie morale, il ne s'agit bien là que d'un phénomène de la causalité principielle agissante dans l'histoire. Si l'histoire mobilise la nécessité naturelle se retournant contre elle-même dans le surgissement de la liberté extérieure, juridico-politique, cette complicité instrumentale de la nature présuppose l'auto-affirmation du maître d'œuvre, la libre affirmation de la liberté. Comme nous l'avons déjà souligné, pour le kantisme, qui n'a rien d'un hégélianisme (mal) anticipé, l'auto-négation du négatif ne saurait constituer par elle-même la position du positif, qui, tel son en-soi, en fait bien plutôt sa présupposition phénoménale.

Un peuple de démons (à supposer, d'ailleurs, qu'il soit possible !) peut bien reconnaître – car c'est vrai – que le régime le plus utile à l'intérêt bien compris est la république, mais c'est la république qui assure la satisfaction de cet intérêt, non l'inverse ! La république ne peut vraiment être que si elle est voulue pour elle-même, et non pas niée par chacun dans son essence publique en étant rabaissée à un simple moyen de l'égoïsme calculateur. Les « Appendices » du texte *En vue de la paix perpétuelle* soulignent que la conciliation du bien moral et de l'efficacité politique, du respect du droit et du désir du bonheur requiert, au plus loin de la mise en œuvre d'une morale *politique*, qui fait manquer, en son opportunisme partisan, aussi bien le succès que la justice, la pratique d'une politique *morale :* en se soumettant à l'idéal du droit dont l'universalisme fait converger les énergies individuelles, une telle politique se gagne les forces lui permettant de réaliser la paix comme milieu général du bonheur. L'histoire ne progresse dans l'instauration d'un ordre cosmopolitique des peuples, qui définit son contenu essentiel, qu'autant que ce progrès immanent est, à chaque étape de lui-même, porté par le vouloir trans-historique du droit. La raison n'agit effectivement au sein de l'histoire que dans la mesure où son affirmation de soi est, par son sens, supra-historique ; elle n'œuvre historiquement qu'en se faisant, dans l'histoire, non historique. Bien loin que l'affirmation de la raison soit historique, c'est donc l'affirmation de l'histoire qui est rationnelle. La philosophie kantienne de l'histoire soumet ainsi l'historicité de ce qui s'affirme en celle-ci à la rationalité dont la philosophie pratique explicite l'affirmation absolue. En son développement théologique même, la philosophie pratique de l'histoire s'explique la possibilité de l'unité, pensée en cette dernière, du règne de la nature et du règne de la liberté, à travers la postulation d'un Dieu qui reflète en son idée le rejet kantien d'une immersion absolue de la liberté (morale) dans la nécessité (historique), puisque ce Dieu n'est pas pensé en lui-même, en son absoluité divine, comme un Dieu réellement incarné. Le sensible, au plus, schématise ou symbolise la raison, il ne l'est pas. Le dualisme qui affecte en son contexte intérieur originaire la raison humaine, raison finie, limite encore sa manifestation terminale extérieure dans et comme l'histoire, et, par conséquent, l'accueil philosophique de celle-ci; ce qui fait la limite du rationalisme fait bien aussi celle de sa philosophie de l'histoire.

La distinction originaire du sensible et du rationnel interdit à celui-ci de se développer de façon immanente en celui-là et, par là, de le sauver dans sa diversité et particularité même, alors rendue digne de constituer un contenu essentiel du discours philosophique. C'est pourquoi la philosophie de l'histoire, qui pense l'unité du contenu universel de la raison pratique et du contenu particulier de la vie empirique du genre humain, ne retient guère de celle-ci que la manifestation de la présence en l'homme du sens moral (par exemple dans l'événement de l'approbation enthousiaste générale de la Révolution française, qui fait bien augurer de l'avenir), donnée trans-historique de l'histoire. Elle ne propose pas une lecture précise de la rationalisation progressive, à même son effectuation empirique, de l'histoire. La philosophie kantienne de l'histoire, à laquelle son statut subordonné assigne comme lieu doctrinal une simple « Addition », ne peut que confirmer un tel sort en n'offrant à celle-ci qu'un contenu général historiquement très pauvre. Les choses vont changer avec Fichte.

Le rationalisme fichtéen, qui se dit originellement la pensée de soi de cette inouïe intensification de l'histoire qu'est la Révolution française, accueille largement en ses déductions nécessaires le contenu du devenir historique; non pas, assurément, pour exalter de façon conservatrice ou réactionnaire son dépôt passé, mais pour libérer son accomplissement futur nécessaire. Témoigneront d'une telle consécration accentuée de l'histoire par la raison pratique les *Traits fondamentaux du temps présent* et les *Discours à la nation allemande*. Fichte ne se contentera pas d'y philosopher sur l'historicité en général, mais proposera alors des analyses spéculatives sur la naissance moyen-orientale de l'histoire, le rôle de Rome, l'incarnation politique du christianisme, la tendance européenne à la monarchie universelle, etc. Non seulement, donc, il exposera les conditions métaphysiques de la possibilité de toute histoire, mais il déduira le plan universel de toute l'histoire et les cinq étapes nécessaires de son cours, futur comme passé, en ressaisissant synthétiquement l'esprit de chacune d'elles. Ainsi, le *corpus* fichtéen renferme une philosophie de l'histoire déjà déterminée en son contenu historique. Or, que la raison puisse, de la sorte, en en comprenant la nécessité, établir *a priori* ce dont l'empirie historique a attesté, atteste ou attestera l'existence, signifie qu'elle se conçoit elle-même, en sa finitude humaine, comme étant néanmoins l'unité d'elle-même et de l'empirie – démultipliée par l'histoire – que, chez Kant, elle reléguait hors d'elle-même comme son Autre absolu.

Cet Autre devient, dès la première philosophie de Fichte, un simple Non-*Moi*, posé comme tel par l'auto-négation d'une raison qui, en l'être fini, ne se présente plus comme un agir transcendant, normatif, sur un Autre qu'elle, mais comme un agir sur soi, une auto-activité immanente objectivant immédiatement sa norme en des fins ou, concrètement parlant, intégrant aussitôt en sa praticité les synthèses téléologiques du travail, de la culture et – comme de leur milieu global – de l'histoire. La conception de la raison comme auto-activité insère alors dans la norme la réalisation même de celle-ci et les conditions empiriques, par conséquent d'abord historiques, de cette réalisation. C'est pourquoi l'histoire échappe au simple « art de la nature » : la raison requiert que l'homme l'affirme librement, et l'histoire est précisément cette libération progressive de la réalisation de la raison. L'histoire de la raison est donc elle-même rationnelle, à tel point que l'affirmation de l'histoire est aussi catégorique que l'affirmation de la raison elle-même : la philosophie de l'histoire n'a plus à être reléguée dans une « Addition », elle est en elle-même digne de figurer dans le corps du texte spéculatif !

En étendant ainsi le pouvoir de la raison finie, concrétisée en synthèse de ce que le kantisme séparait comme la thèse rationnelle – l'identité à soi, l'universalité pure – et l'antithèse empirique – le divers, le différent, le particulier –, la première philosophie de Fichte la rapprochait formellement de la raison divine et rendait par là possible le passage d'une philosophie, au fond, simplement postulée de l'histoire – synthèse factuelle de l'idéal intelligible et du fait sensible jusqu'alors abandonnée à l'agir providentiel de Dieu –, à une philosophie humainement réalisée de l'histoire. C'est une telle philosophie de l'histoire comme révélation même de la raison divine qui est justifiée philosophiquement lorsque Fichte approfondit la philosophie du Moi fini en une philosophie de la vie infinie de Dieu. *L'initiation à la vie bienheureuse* précise, encore de façon « populaire » la justification simplement esquissée, déjà ou bientôt, dans les *Traits fondamentaux du temps présent* et les *Discours à la nation allemande* Alors que le Dieu kantien était défini catégoriquement, en sa rationalité absolue, comme le Dieu législateur, et non pas, dans un discours déjà analogique, comme le Dieu gouverneur providentiel du monde, le Dieu fichtéen *existe* dans son agir mondain tel qu'il *est*, il se révèle en son être même dans son existence mondaine empiriquement accomplie par l'histoire. C'est son unité éternelle qui se manifeste immédiatement dans le savoir ou la conscience dont la réflexion alors infinie médiatise le temps du monde; l'humanité historique est bien la manifestation de Dieu. Par là, l'histoire en sa différenciation est identifiée à elle-même, rendue nécessaire, par l'être absolument un de Dieu qui existe en elle. C'est ce qui rend possible une rationalisation philosophique de l'histoire dans laquelle le philosophe, sans avoir à s'appuyer sur l'histoire empiriquement révélée, déduit le sens général et les grandes étapes du processus historique. Celles-ci sont aussi nécessaires – et d'une nécessité transparente au savoir – qu'est nécessaire l'existence de Dieu, dont l'être absolu, et absolument identique à soi, s'identifie son existence.

Pourtant, la philosophie de l'histoire, selon Fichte, n'épuise pas le contenu de l'*histoire*, et cette limitation quant au contenu traduit une limitation même de son statut comme *philosophie*, sa relativisation au sein d'un discours philosophique qui s'achève en posant sa propre limitation par rapport à son objet, l'absolu lui-même, l'être divin pourtant proclamé comme seul objet possible de tout savoir. La philosophie dit bien ce qui est nécessaire pour qu'une histoire soit possible, c'est-à-dire pour que Dieu, qui existe nécessairement s'il existe, existe historiquement, pour que son identité absolue soit différenciée ou déterminée dans une histoire. Mais que cette différence de l'identité, par là identique à elle-même ou universelle, soit réalisée selon telle ou telle détermination *mondaine* (que l'histoire commence au Moyen-Orient...), c'est là ce qui excède toute philosophie de l'histoire. La différence, en tant même qu'elle est prise dans le processus de son identification, excède l'identité, même conçue comme se différenciant immédiatement. Ou, puisque l'historique est un mode de la différenciation même de l'identique, alors que la philosophie exprime la raison originairement identique à elle-même, ce qui est proprement historique dans l'histoire échappe à ce qu'elle a de véritablement rationnel, c'est-à-dire de métaphysique ou philosophique, et ne peut être offert qu'à l'expérience. D'où, d'ailleurs, une certaine dévalorisation, par

Fichte, de l'historique, de ce qui est seulement historique par rapport au métaphysique; songeons, par exemple, à l'exaltation du peuple allemand resté fidèle à sa détermination originaire, au détriment des peuples séduits par la différence dans le flux de l'histoire! Certes, le Moi fini ne peut actualiser en lui la vie divine une qu'en assumant sa singularité historique, mais c'est son unité trans-historique avec celle-là qu'il doit aspirer à vivre à travers celle-ci.

Cependant, si Dieu, en son *être*, est son existence ou son savoir, cette identité ne se *sait* – puisque le savoir est différenciation – qu'en se niant dans une différence en lui insurmontable; c'est pourquoi l'homme, même philosophant, dont le lieu absolu est le savoir, ne peut qu'affirmer, sans la comprendre, une telle identité. Le savoir sait *qu'*il y a une telle identité, non *comment* elle est. De l'intérieur du savoir, on ne peut savoir la différenciation de l'être absolu comme auto-différenciation de son identité dans le savoir. Le fait du savoir – du monde et de l'histoire – est su comme nécessaire parce qu'il est et que seule est l'identité à soi absolue de l'être divin, mais le savoir ne peut se saisir génétiquement à partir de ce dont il est le savoir. Ne pouvant savoir l'identité – prototypique – absolue de l'être dont il est le savoir et de lui-même en son statut de savoir, le savoir ne peut, en conséquence, saisir dans son contenu l'identité qui ferait comprendre le passage, en lui, de sa détermination identique ou universelle à ses déterminations particulières : le philosophe – notamment de l'histoire – est alors renvoyé à l'histoire ou à l'empirie en tant que telle. C'est pourquoi la raison ne peut comprendre que la possibilité des déterminations générales de l'histoire, non l'effectivité de leur particularisation historique. L'histoire est divine, mais elle n'est pas, comme telle, pour elle-même, Dieu en son être. La philosophie de l'histoire accomplit, chez Fichte, positivement la philosophie, mais l'accomplissement absolu du savoir philosophique consiste, pour celui-ci, à se nier lui-même afin de se laisser porter, dans l'amour religieux, par l'unité, toujours en deçà du savoir, de l'être et de l'existence, de Dieu et de l'histoire. Les limites, reculées, du rationalisme de Fichte sont bien celles, toujours présentes chez lui, de la philosophie de l'histoire.

L'affirmation ultime de la philosophie hégélienne est que la philosophie elle-même, en tant que pleine auto-position de la raison, est l'absolu. Or, une telle philosophie pour elle-même absolue consacre en son sein la philosophie de l'histoire comme un savoir absolu de son objet; elle l'égale ainsi, quant à sa valeur formelle de vérité, et pour la première fois dans l'histoire de la philosophie, aux autres parties de celle-ci. Le hégélianisme est bien la promotion rationnelle accomplie de l'histoire. Il est inutile de rappeler que les premières réflexions de Hegel ont porté sur le destin historique de la politique et de la religion, et que sa spéculation s'est constituée dans l'entrecroisement de ces deux propositions : la raison est dans l'histoire, et l'histoire est dans la raison, si bien que l'histoire en tant que telle rend possible une philosophie de l'histoire, tout comme la philosophie est par essence histoire de la philosophie.

C'est bien, à propos, d'abord, de la philosophie de l'esprit, et de l'esprit objectivé historiquement, qu'est énoncée la célèbre équation du rationnel et de l'effectif. Le lien de la raison et de l'histoire n'est plus simplement postulé pratiquement comme chez Kant, ni non plus, comme chez Fichte, consacré formellement comme nécessaire par une raison théorique préalablement instruite empiriquement de l'empirie, historiquement de l'historicité, mais incapable de saisir à partir de l'identité à soi rationnelle de l'être sa différenciation existentielle se développant en histoire. Car la raison hégélienne se fait *comme telle*, donc rationnellement, en et par son identité à soi, différence d'avec soi ou réalisation de soi ; l'invention par Hegel du dialectique *stricto sensu* supprime l'hiatus établi par le savoir fichtéen entre les deux premiers principes de l'auto-position et de l'auto-négation du Moi, et maintenu par lui entre l'être et l'existence, Dieu et son Verbe, le métaphysique et l'historique. Alors, l'identité rationnelle de la raison identique à soi – divine – et de la différence raisonnable – humaine – permet à celle-ci de pénétrer, en son exercice philosophique autonome, l'auto-différenciation mondaine historique de Dieu, cela de son identité principielle à ses déterminations particulières, voire singulières quand l'événement engage tout un monde, ensemble arrachées à la factuellité d'une révélation. Hegel peut alors élaborer, au cœur de la spéculation, une monumentale philosophie de l'histoire, totale et détaillée, identique à elle-même en ses singularités décisives, bref : pleinement compréhensible ou concevable.

Toute la philosophie hégélienne rend concevable une telle concevabilité de l'histoire philosophique, qui repose sur le caractère lui-même concevable ou conceptuel de son contenu objectif ou réel, c'est-à-dire sur l'auto-différenciation immanente à celui-ci, en tant que l'opération par laquelle l'identité à soi constitutive du sens de ce contenu se fait être dans et par les différences qui le réalisent. C'est que le sens comme tel est déjà en lui-même auto-différenciation, ainsi que le démontre la « Science de la logique », première partie du tout encyclopédique de la philosophie ; que l'être pur se conçoive comme développement, c'est là l'expression spéculative de ce que la représentation religieuse parvenue à sa vérité dans la théologie chrétienne figurait comme cette « histoire éternelle de Dieu » qu'est la vie trinitaire. Puisque le vrai sujet de l'histoire est ainsi Dieu lui-même, c'est-à-dire, conceptuellement, le sens ou la raison, on comprend que l'histoire, en toute sa différence, variation ou novation, ait un sens redéployable par la raison philosophante. Mais la différenciation interne au sens identique à lui-même s'achève nécessairement, avec la totalisation de ce sens, par sa différenciation d'avec sa totalité et son exposition comme multiplicité sensible, réelle, des différences. C'est à partir de celles-ci que ce qui s'est exposé en elles, l'identité totale du sens, se reconstruit réellement. La réalité, extériorité, différence immédiate de la nature ne pouvant réaliser en tant que telle l'identité intérieure du sens de ce qui est, ce sens doit se réaliser dans l'auto-négation de cette réalité qu'est son intériorisation spirituelle. Alors, dans le dépassement de la première nature en la seconde nature, spirituelle, réalisée historiquement, les acteurs singuliers de l'histoire vont faire se totaliser pratiquement en chacun d'eux, par leur comportement de plus en plus universel, leur milieu mondain où ils se retrouvent de plus en plus chez eux, c'est-à-dire libres. La libération objective progressive des hommes, en laquelle consiste bien, selon Hegel, le sens même de l'histoire, est donc la réalisation croissante, à l'intérieur d'eux-mêmes et à travers les « esprits-des-peuples » identifiant leur communauté, d'un « esprit-du-monde » dont est souligné l'immanence vécue à chaque conscience humaine.

Si, cependant, Hegel qualifie même les « individus mondialement historiques » d'« instruments » mobilisés alors par une téléologie ainsi saisie d'une façon extérieure, transcendante, théologique, c'est pour indiquer que la réconciliation, affirmée par la philosophie de l'histoire, entre le sujet universel et les sujets singuliers de celle-ci, est, au niveau de l'existence historique où s'achève l'esprit objectif, encore seulement objective, substantielle, par là opaque à elle-même, non pas aussi subjective et présente à elle-même dans le vrai chez-soi de la liberté. Le sujet de la philosophie de l'histoire comprend que le sujet de l'histoire ne peut comprendre véritablement ce qu'il fait, et qu'il ne peut, d'ailleurs, réellement faire que par cette limitation, cette « passion », nécessaire à toute action efficace dans le milieu, par essence particulier ou différencié, de l'esprit objectif. Mais cette différence entre le sujet et l'objet de la philosophie de l'histoire interdit à celle-ci d'accomplir absolument le savoir absolu.

Certes, l'histoire est en soi totalement maîtrisée par la raison : elle s'identifie à elle-même, fait retour en soi, dans son infinie différence même, puisque le matériau irréductiblement contingent, « positif », qu'elle hérite de sa présupposition naturelle ne l'empêche pas de se boucler en elle-même en réalisant son but dans son terme ; ce qui est insignifiant, par conséquent non proprement historique, dans l'histoire ne compromet aucunement le triomphe historique de la raison. Mais la rationalité accomplie de l'histoire, en tant qu'objective, ne peut être la rationalité absolue : l'esprit-du-monde, cime de l'esprit objectif, ne traduit pas son unité objectivement en instituant un État mondial ; l'objectivité (différence) de l'esprit objectif nie sa spiritualité (identité), et c'est pourquoi l'*esprit* du monde ne s'affirme que pour se nier comme simple esprit du monde et se dépasser en l'esprit absolu[1]. L'esprit absolu, qui est, en son centre, religion, constitue ainsi à ce point la réalité de l'esprit-du-monde que le centre même de l'histoire universelle est l'événement – totalement transcendant par rapport à son attente pourtant la plus immanente – du surgissement sensible du contenu fondamental de la religion, l'unité de Dieu et de l'homme accomplie dans l'Incarnation christique (« le gond autour duquel tourne l'histoire du monde »[2]). L'histoire est unifiée en elle-même par l'événement – à son niveau, « positif » par son contenu – de l'affirmation du contenu de la religion absolue – par là, à ce niveau, absolument révélée. La raison proprement historique est, de la sorte, insérée entre deux types de positivité. La raison philosophant sur cette raison historique ainsi limitée la sauve alors en affirmant en elle la présence agissante du contenu religieux : si la religion ne peut – donc ne doit pas vouloir – *déterminer* l'histoire proprement dite, originaire, sociopolitique, elle la *conditionne* en son être en lui fournissant le socle identitaire supposé par son développement sensé, c'est-à-dire vraiment historique : pas de révolution sans réformation ! Et ce pouvoir mondain qu'elle possède en tant que conscience absolue du monde vient de ce qu'elle est la conscience même de l'absolu, lequel sauve le monde historique créé par lui de la positivité et du mal, et, par là, confirme en elle-même la conscience historique.

Mais, si le lien, seulement vécu par les agents historiques, de l'universel et du singulier, est bien confirmé dans la représentation religieuse, une telle objectivation idéale de la pratique historique ne fait que projeter en l'unité divine de Dieu et de l'homme l'extériorité

1. *Cf.* Hegel, *ENC*, III. *Ph. E*, éd. 1830, § 552, traduction B. Bourgeois p. 332 *sq.*
2. *Id.*, *WG*, p. 722.

ou la différence caractéristique de la relation propre à l'histoire (le récit). Certes, le temps, achevé en tant qu'histoire, est la réalité, le lieu sensible de l'esprit, et il annule, en chaque élément d'elle-même – l'instant –, la multiplicité que la nature, essentiellement spatiale, laisse coexister. Cependant, l'esprit n'est totalement présent à lui-même, chez soi dans lui-même, libre, qu'en saisissant la raison – ou le concept – de tout ce qui est, non plus comme temps, mais comme concept ou comme raison; ce savoir de soi adéquat de la raison est la philosophie, qui justifie tous ses objets en les comprenant comme des auto-réalisations de l'identité rationnelle. Il en va ainsi pour la religion et, à travers elle, pour l'histoire : « L'histoire n'obtient que dans la pensée la forme moyennant laquelle elle a son intérêt absolu pour l'esprit »[1]. Parce que l'équation du rationnel et du réel, accomplie historiquement, est, dans l'idéalisme hégélien, portée par le moment rationnel lui-même, la philosophie s'y sait capable de reconstruire par elle-même, selon un rationalisme libéré de tout historicisme, le contenu dont elle sait qu'il lui a été fourni par l'expérience, d'abord historique, au sein de laquelle elle est née. L'histoire est rationnelle, mais la raison n'*est* pas pure histoire, elle *a* seulement celle-là comme présupposition maîtrisée par elle.

Si l'idéalisme allemand s'achève positivement, avec Hegel, par une telle affirmation de la maîtrise rationnelle de l'histoire, il s'achève négativement dans l'inversion schellingienne de cette affirmation. La dernière philosophie de Schelling oppose bien à la rationalisation divine de l'histoire humaine la soumission de la raison humaine à l'histoire divine. Il faut relativiser l'esprit rationaliste absolutisé par la « philosophie négative » de Hegel, dont la dialectique logique libère progressivement l'étant de ses déterminations (mondaines) finies, pour le poser finalement comme l'existence exigée nécessairement par le concept indéterminé de l'être parfait, divin; et faire prévaloir, dans l'accomplissement de la pensée alors avérée en sa réalité, l'« esprit historique », caractéristique, selon Schelling, de sa philosophie tout entière. Certes, un tel esprit nourrit de part en part sa « philosophie positive » développée dans *Les âges du monde*, puis dans la *Philosophie de la mythologie*, et enfin dans la *Philosophie de la révélation* : la philosophie n'atteint son but, celui même de la raison qui ne s'intéresse qu'à la conception de la réalité *existante*, qu'en accueillant

1. *Id.*, *Ph. R*, II, 2, p. 197.

initialement l'être en sa factuellité absolue, dans une expérience qui échappe à toutes les déterminations simplement idéales de cette raison. Mais la volonté de Schelling de relier, structurellement comme temporellement, sa philosophie négative antérieure à sa nouvelle philosophie, totalement positive, lui fait souligner rétrospectivement dans la première des germes de la seconde, alors que, à ses yeux, la philosophie hégélienne est toujours négative, même quand elle se prétend positive. Il est vrai que, par exemple, il modère, dans le *Système de l'idéalisme transcendantal*, la rationalité de l'histoire en réduisant la liberté qui s'y déploie au simple libre arbitre : « La liberté arbitraire est la déesse de l'histoire »[1]. Alors que Hegel insiste sur la fin de l'histoire comme libération rationnelle de l'humanité, Schelling accentue son enracinement dans l'irrationalité du libre arbitre. Mais c'est sa philosophie positive qui s'emploiera à faire partout triompher l'esprit historique de la rationalité.

Elle part du fait absolu où s'offre, avant toute actualisation de la puissance infinie de la pensée se mouvant en ses possibilités conceptuelles, l'existant pur et simple. C'est là le *prius* auquel la philosophie renouvelée rattache un *posterius* qui est le sujet de cette existence nécessaire et qui, en tant que tel, la maîtrise en s'en libérant dans la création d'une autre existence, celle du monde contingent. Que l'être pur de l'existant, qui est sans essence, ait pour sujet, maître ou « Seigneur », Dieu, c'est là un lien non essentiel ou nécessaire, mais de fait, et qui exprime un libre faire ou agir. La raison encore à l'œuvre dans la philosophie positive ne peut donner un contenu réel à son discours, pour elle désormais simplement formel ou négatif, qu'en vérifiant l'effectivité des conséquences qu'elle tire d'un tel lien supposé par elle. Ces conséquences d'un libre agir divin, si éloigné de la nécessité purement rationnelle d'un « processus » ou d'un « automouvement » de l'être (pseudo-divin), constituent l'*histoire* de la simple manifestation et révélation du vrai Dieu. C'est le fait lui-même historiquement offert et accueilli de la révélation de Dieu comme histoire qui démontre seul la vérité de la philosophie positive ; celle-ci peut et doit simplement, en tant que philosophie, rendre concevable une telle révélation. Le contenu essentiel de cette révélation est l'« histoire supérieure », originairement et finalement « supra-historique », du Dieu qui se fait tel – en son auto-position théogonique – qu'il puisse se faire honneur à travers le monde où il se manifeste

1. Schelling, *System des transzendentalen Idealismus, SW*, 2, éd. Schröter, p. 589.

mythologiquement avant de se révéler comme se révélant dans l'Incarnation christique. C'est cette histoire du Dieu se faisant homme, histoire divine qui s'humanise, histoire intérieure qui s'extériorise, qui fournit à la raison redressée en raison du réel, au sein de la philosophie positive, son contenu vrai.

En déclarant que « la résurrection du Christ est le fait décisif de cette… histoire supérieure »[1], qui donne son sens à l'histoire extérieure, Schelling semble reprendre le thème hégélien de la centralité christique de l'histoire mondiale. Cependant, tandis que Hegel, qui affirme l'identité principiellement *rationnelle* de la raison et de l'effectivité, conçoit à même l'effectivité la plus effective, celle de l'histoire socio-politique, extérieure, la réalisation historique la plus concrète du christianisme, Schelling, pour qui l'histoire par excellence – celle de l'activité la plus libre, donc l'activité divine intérieure – troue comme un éclair l'histoire extérieure des hommes, l'histoire au fond la plus historique, s'intéresse surtout à l'histoire humaine qui se veut aussi divine, celle de l'Église, sans, d'ailleurs, l'expliquer rationnellement en son historicité déterminée. La philosophie, plus rationnelle, de Hegel est ainsi, dans son *contenu*, plus historique que celle de Schelling. Mais c'est qu'elle est plus historique aussi et d'abord quant au *statut* qu'elle assigne à l'histoire dans la démarche philosophique. Quoi qu'en dise Schelling, la raison hégélienne reconnaît bien qu'elle n'a pu s'actualiser historiquement comme raison qu'au terme d'un processus lancé par la *perception* même du Christ en tant qu'homme qui se disait Dieu; elle se sait bien, telle, principiellement, qu'en son identité à soi, elle se fait elle-même la différence d'avec elle-même qui se concrétise dans l'être historique. Au contraire, la raison schellingienne, qui, éclairée sur elle-même dans la philosophie positive, se refuse toute portée ontologique en s'opposant la révélation historique de l'être, prétend cependant pouvoir concevoir le contenu de celle-ci; l'affirmation limitante et relativisante de la philosophie négative dans le contexte intégrateur de la philosophie positive, d'abord soucieuse de l'existence de l'étant, maintient pourtant la juridiction de la raison identitaire sur l'essence de celui-ci. La différence de la positivité n'est comprise que par cette raison philosophante cependant fixée à son identité.

La dissociation du jugement essentiel et du jugement existentiel – dont Schelling sait gré à Kant – exprime, dans sa philosophie

1. *Id.*, *Philosophie de la Révélation*, Livre III, Leçon XXXII, traduction dirigée par J.F. Courtine et J.F. Marquet, Paris, PUF, 1994, p. 238.

post-hégélienne, une réaction contre leur réconciliation conceptuelle chez Hegel. La libération de l'histoire d'avec la raison dévalorisée par rapport à elle ne semble alors guère pouvoir menacer la promotion, portée à sa cime dans le hégélianisme, de l'équation de la raison et de l'histoire établie par l'idéalisme allemand. La philosophie de l'histoire qui a fait époque avec celui-ci rencontrera – au moins provisoirement – son destin quand l'histoire sera arrachée à la philosophie par le matérialisme marxiste et, en son empiricité, érigée en sujet absolu de ce qui ne se voudra plus que sa propre théorie.

CHAPITRE XV

DE L'AGIR À L'ACTION

On a dit que deux influences essentielles s'étaient exercées sur la philosophie de l'idéalisme allemand : celle de Descartes pour son moment théorique et celle de Rousseau pour son moment pratique. Cependant, si Descartes et Rousseau ont réellement libéré, l'un le penser, l'autre l'agir, le premier maintient, dans le domaine de la subjectivité connaissante, la souveraineté d'un absolu divin créateur des vérités, tandis que le second proclame la souveraineté absolue de l'homme dans le champ de l'action objective, celui de la vie politique. C'est bien Rousseau qui, selon Hegel, a, le premier, fait de la liberté humaine l'absolu. Et l'on peut bien considérer qu'une telle élévation de l'homme dans la sphère, devenue si prégnante au XVIIIe siècle, de l'entreprise politique, a dû contribuer à le faire saisir, par Kant et ses successeurs, même là où sa libération méthodique l'ordonnait encore à la réception du vrai, c'est-à-dire dans le domaine cognitif, comme un sujet construisant activement sa représentation. La présence insistante de la métaphore politique dans la philosophie transcendantale kantienne de la raison théorique ne révèle-t-elle pas un tel lien originaire entre la révolution politique qui se préparait dans les esprits et la révolution copernicienne de toute la philosophie, qui substitua à une métaphysique de l'objet et de la nécessité une métaphysique du sujet et de la liberté ? La nouvelle philosophie s'est bien, de façon intensifiée, elle-même pensée dans une métaphilosophie de la philosophie comme liée intimement à la politique. Ce qui s'exprime encore chez Kant dans le langage de la métaphore s'accusera, chez Fichte, dans la déclaration d'un seul et même esprit présidant aussi bien à la Révolution de 1789 qu'à sa propre philosophie transcendantale, et s'accomplira, chez Hegel, dans l'articulation hiérarchisée de la réalisation de l'action politique où s'objective l'esprit et de la maîtrise spéculative de soi où il s'absolutise. Or, ce mouvement de reconnaissance progressive, par la philosophie qui fait de l'absolu un agir, et comme de son sol nourricier original, de l'action la plus exaltante pour le sujet célébrant sa liberté, l'action politique par laquelle il transforme l'objet le plus résistant, le monde solidarisant des autres sujets, est précisément aussi un mouvement de reconquête progressive, à partir de l'esprit ressaisi comme agir abstrait, de cette action concrète ou totale dont la prégnance lui a fait philosophiquement consacrer celui-là. C'est pourquoi on peut bien lire, sur ce point, le passage de Kant à Hegel, moyennant le moment fichtéen, comme le passage d'une philosophie universelle de l'agir à une philosophie spécifique de l'action.

Il n'y a pas, chez Kant, de philosophie spécifique de l'action, parce que, pour lui, l'action n'est pas un événement spécifique. Tout événement, en effet, doit l'objectivité de sa présence phénoménale à son insertion dynamique dans un réseau causal d'événements alors constitués en moments – aussi bien causes qu'effets – d'une unique causalité universelle faisant du « monde » une « nature ». Mon appréhension, toujours successive, des phénomènes ne les distingue en sa subjectivité comme objectifs qu'en les fixant dans un processus causal où chacun exerce aussi bien sur celui qui le suit sa causalité qu'il subit la causalité de celui qui le précède, où il est tout à la fois le sujet et l'objet d'une action, celle-ci étant la causalité d'une cause elle-même causée: « Chaque action [*Handlung*] prise comme phénomène, pour autant qu'elle produit un événement, est elle-même un événement ou un donné arrivant qui présuppose un autre état où l'on rencontrerait la cause... Ainsi, toutes les actions des causes naturelles sont, dans la suite du temps, elles-mêmes à leur tour des effets qui présupposent aussi bien leurs causes dans la série du temps »[1]. Une telle action ou causalité naturelle est bien posée, comme constitutive de l'objet, par la spontanéité intellectuelle, l'entendement du sujet; mais celui-ci est, par cette action transcendantale originaire, un acteur qui ne se lit pourtant pas comme tel en elle.

L'action – en son sens d'originarité non niée en son existence – n'est telle pour elle-même dans un sujet alors conscient de lui-même comme auteur [*Urheber*] de sa causalité ainsi libre, elle n'est par là un véritable acte [*Tat*], qu'autant qu'elle se pose comme radicalement

1. Kant, *KRV*, I, II, 2, 2, 2, *KW*, III, p. 369.

indépendante de la causalité naturelle ou sensible par son caractère rationnel d'action obligatoire : « on appelle *acte* une action pour autant qu'elle est soumise à des lois de l'obligation, donc aussi pour autant qu'en elle le sujet est considéré selon la liberté de son arbitre »[1]. L'action proprement dite, strictement telle, active, libre, qui libère son sujet de la concaténation naturelle, requiert donc plus que la simple totalisation organique de l'être naturel se donnant à la réflexion comme étant, en chaque élément de son contenu, à la fois cause et effet de lui-même. D'ailleurs, cette causalité organique ou finalisée n'est bien que pour un sujet extérieur à elle et dont une telle manière de considérer la nature exprime seulement la régulation nécessaire de l'expérience intellectuelle de celle-ci par la raison; il n'y a là que l'anticipation théorique subjective de l'imposition pratique ou morale d'une objectivité nouvelle, rationnelle, à la nature déjà objectivée par l'entendement. L'acte vraiment tel, objectivement non naturel, qui relève en cela de l'art et, comme un faire [*facere*, *tun*], se distingue de la simple et trop générale action ou effectuation [*Wirken*, *agere*], l'acte dont le résultat est une œuvre [*opus*, *Werk*] et non seulement un effet [*Wirkung*], est « la production par liberté, c'est-à-dire par un arbitre qui pose au fondement de ses actions la raison »[2].

Kant rappelle ici que l'arbitre libre – eu égard à la liaison naturelle des phénomènes moyennant l'entendement – n'est bien que l'expression elle-même phénoménale de la liberté comme autonomie pratique dont l'admission est requise par le commandement de la loi morale. L'affirmation de l'action accomplie dans l'acte exprimant une liberté inauguratrice est ainsi principiellement une affirmation du contenu absolument impératif de la loi morale, donc l'affirmation elle-même originairement impérative d'un contenu qui, non conditionné théoriquement, est proprement et strictement pratique. Une telle détermination restrictive du pratique exclut de celui-ci la simple mise en œuvre, seulement technique, d'un contenu théorique, c'est-à-dire énonçant la légalité naturelle. L'action n'est un acte que par ce qui, en elle, n'a pas trait à la simple application d'une relation causale naturelle théoriquement connaissable, mais exprime le principe supra-naturel, par là immédiatement pratique, imposant donc la conscience de la liberté qui en fait précisément, aux yeux de son auteur, un acte. Voilà pourquoi la philosophie pratique de Kant est une philosophie

1. *Id*, *Metaphysik der Sitten* [*Métaphysique des mœurs*], Einleitung [Introduction], IV, *KW*, VI, p. 223.

2. *Id*, *KU*, § 43, *KW*, V, p. 303.

normative de l'agir, non pas une philosophie théorique de l'action en tant que processus empirique de réalisation d'un but comme tel formellement intellectuel, dont la position se vit dans la conscience du libre arbitre, en un effet matériel sensible par là conforme à la légalité naturelle.

D'où le paradoxe suivant. Lorsque Kant traite de l'agir théorique, agir pour le philosophe transcendantal qui s'est arraché révolutionnairement à la longue tradition réaliste, mais non pour lui-même, qui se vise, bien plutôt, comme l'assimilation subjective à l'objet, il analyse, au moins partiellement et provisoirement (ainsi dans la première édition de la *Critique de la raison pure*, plus soucieuse de la « déduction subjective » des catégories), la réalisation de cet agir dans une action constituant le phénomène lui-même en objet. Les médiations de cette constitution théorique de l'objet : la schématisation sensible des concepts objectivants de l'entendement, la régulation rationnelle de cette activité objectivante, organisent en une action s'absorbant dans la réception du réel un agir qui ne peut s'y objectiver lui-même en tant que tel. En revanche, lorsqu'il s'agit de l'action pleinement telle pour elle-même, c'est-à-dire de l'acte assumé comme tel, ou du pratique au sens fort du terme, l'attention kantienne ne se porte pas sur les conditions et les moments de la traduction naturelle de la liberté, c'est-à-dire de l'acte vécu comme acte par son auteur ; le kantisme ne propose pas une théorie de l'action s'assumant en tant que telle. Plus encore que dans le domaine théorique – où la question de la justification l'emporte déjà, comme toujours, chez Kant, sur celle de l'explication de la connaissance (la « déduction objective » des catégories, sur leur « déduction subjective »), la préoccupation du penseur est, dans la philosophie pratique, de justifier l'agir, non de l'expliquer. Aussi, la philosophie pratique de Kant s'exprime-t-elle à l'impératif, non à l'indicatif. Elle n'est pas la *théorie* de l'action comme passage de l'idéal à la réalité, de la liberté à la nature, de ce qu'affirme la théorie à ce qu'affirme la pratique : la relation du pratique au théorique, celle du primat du premier sur le second, ne peut être elle-même qu'une relation *pratique*.

La *Critique de la raison pure* (dans l'analyse de la solution de la troisième Idée cosmologique) et la *Critique de la raison pratique* (dans l'examen critique de l'analytique de la raison pure pratique) établissent bien selon une telle orientation la conciliation de l'affirmation de la liberté comme causalité intelligible de l'être en soi (caractère intelligible) et de celle de la nécessité naturelle comme causalité sensible du phénomène (caractère empirique). Elles présentent la seconde comme le phénomène empirique de la première, qui en est le fondement transcendantal. Or, la possibilité théorique d'une telle affirmation non contradictoire et de la liberté et de la nature, ces deux moments constitutifs de l'action en tant qu'acte véritable, est réalisée pratiquement pour autant que la législation morale nous enjoint de penser qu'elle doit pouvoir influencer, sur le sol commun de leurs effets, la législation naturelle, dont elle est cependant séparée par un « abîme incommensurable »[1] pour nous, êtres raisonnables *et* sensibles, c'est-à-dire finis. La raison pratique nous commande de penser que cela même qui est une action naturelle peut être aussi un acte libre – en quoi nous voyons l'action proprement humaine –, sans que la raison spéculative puisse nous faire comprendre comment la liberté se fait nécessité, comment l'acte devient une action. Nous ne parviendrons jamais à discerner comment celles des « causes naturelles » qui possèdent un « pouvoir seulement intelligible »[2] procédant de la raison (pratique) peuvent exercer leur causalité libre dans le phénomène, en pleine conformité avec les lois objectivantes de la causalité naturelle. C'est pourquoi, lorsqu'on s'emploie à dégager, dans le réseau complexe de la causalité naturelle, la causalité propre de cette cause naturelle qu'est, en son existence phénoménale, la cause intelligible ou libre, on fait nécessairement abstraction de ce en quoi elle s'affirme comme libre. Si l'on doit comprendre l'homme comme être libre et comme être naturel, on ne peut le comprendre comme libre en tant que naturel ou comme naturel en tant que libre, c'est-à-dire comme liberté se naturalisant, comme auteur d'une action.

Lors même que Kant traite de l'objectivation effective de la raison pratique, c'est-à-dire de la réalisation politique du droit dans l'histoire, il souligne l'inconnaissabilité – on parle alors de « destin » – des lois de l'action par laquelle, pour le spectateur raisonnable soumis au commandement moral, le cours nécessaire des choses humaines est gouverné providentiellement par la liberté absolue de Dieu. Une telle Idée, pratiquement nécessaire, est théoriquement transcendante. Ici aussi, Kant affirme que les exigences de la liberté et les contraintes de la nature sont conciliables au point que celles-ci, d'elles-mêmes, réaliseraient celles-là (un peuple de démons en viendrait au républicanisme), mais juge contradictoire l'appariement des principes si

1. *Ibid.*, Einleitung [Introduction], § II, p. 175.
2. *Id.*, *KRV*, II, II, 2, 2, 2, *KW*, III, p. 370.

hétérogènes de la liberté et de la nécessité[1], dont l'action véritable se présente comme la réunion positive.

Que l'action comme naturalisation de la liberté soit ainsi incompréhensible en son essence (visée), si son existence est, elle, théoriquement pensable et pratiquement réelle, cela entraîne alors son exclusion, par une stricte pensée de Dieu, comme prédicat de l'agir divin lui-même. Car un tel agir divin ne peut se naturaliser, se phénoménaliser ou se sensibiliser, c'est-à-dire se temporaliser et spatialiser en une action. « Ce serait une contradiction que de dire que Dieu est un créateur de phénomènes »[2], il ne peut créer en son agir que ces choses en soi ou ces noumènes que sont les êtres pensants, dont les phénomènes ne sont que la représentation; Dieu, en son agir infini, ne peut se finitiser en une action proprement dite. C'est la raison pour laquelle, selon Kant[3], le Dieu « créateur » est essentiellement le Dieu législateur, l'intelligible posant l'intelligible (l'universalité de la loi); le Dieu gouverneur, simple « conservateur » d'une nature ou d'un monde dans le rapport auquel il se sensibilise et par là s'humanise (la conservation implique la durée, le temps), n'est tel que pour un discours analogique et symbolique[4], proprement anthropomorphique en ce qu'il attribue à Dieu ce qui n'est plus strictement une création, mais déjà une action. Bref, l'agir divin, absolu, vrai, n'est pas une action. Philosophie de l'agir, le kantisme n'est pas, même s'il parle de son objet, une philosophie de l'action.

Tout au contraire, Fichte veut penser l'agir comme action. Il insère ce en quoi Kant voyait l'Autre de l'agir unificateur, le divers sensible dont l'action mobilise naturellement la présence, au sein de l'agir lui-même. La résistance naturelle – impliquée par l'action – à l'agir de la liberté est désormais intégrée par celui-ci comme auto-négation ou auto-limitation de lui-même lui permettant de se poser pleinement pour lui-même, dans le Moi fini de l'homme. La liberté est, *comme telle*, naturalisation ou sensibilisation de l'activité, liberté s'affirmant dans la nature par là-même reconnue comme essentielle à elle, qui se fait ainsi libération réelle. La première *Doctrine de la science* fonde toutes

1. *Id.*, *ZEF*, *KW*, VIII, p. 361 *sq.*

2. *Id.*, *Kritik der praktischen Vernunft* [*Critique de la raison pratique*], I, 2, 3, *KW*, V, p. 101.

3. *Cf. id.*, *Über das Misslingen aller philosophischen Versuche in der Theodizee*, *KW*, VIII, p. 257.

4. *Cf. id.*, *Prolegomena…*, § 57 et 58.

ses propositions ayant pour objet la science, le savoir ou la conscience donnant sens à tout être, sur la composition, noyau du Moi réel (exprimé dans le troisième principe), de sa position de lui-même comme absolue identité à soi (premier principe) et de son opposition à lui-même génératrice du Non-Moi, germe du divers naturel (deuxième principe) : le Moi (Moi=Moi) n'*est* tel que comme l'*effort* de l'identification de la différence, de la libération de la nature, une différence naturelle d'abord reconnue comme intimement liée à l'identité spirituelle. La raison n'est pas la seule universalité opposée normativement à la singularité, mais l'universalisation même de la singularité, la rationalisation de l'empirique : il est essentiel à la raison qui a sens pour nous, dont nous pouvons parler, de se réaliser.

Dépassant ainsi le kantisme, en logeant la nature dans la liberté, comme un moment essentiel de l'affirmation de celle-ci, Fichte inclut alors dans les exigences de la position pratique du Moi, notamment du devoir éthique, les modalités de l'agir efficace sur les conditions empiriques naturelles de la libération. Bien loin d'opposer, comme Kant, la moralisation à la civilisation, il fait de la seconde, culture et travail, un contenu de la première. L'individualité empirique, le corps, le milieu physique, la propriété, le contexte social, l'histoire doivent être l'objet de la plus grande attention de l'agent éthique. La doctrine éthique s'intéresse autant que la doctrine du droit à l'applicabilité naturelle du principe de la moralité. Certes, la nature n'est qu'un instrument de l'esprit, mais c'est à ce titre même qu'elle doit être travaillée et cultivée en vue de la réalisation supra-naturelle de celui-là. Parce que, ainsi, l'agir le plus spirituel ne peut faire abstraction de l'action la plus naturelle, Fichte s'interroge sur ce que Kant excluait du champ de la réflexion rationnelle, le contenu même du lien entre le caractère intelligible et le caractère sensible de l'homme.

Si c'est l'action la plus concrète, la plus déterminée matériellement, qui est, de la sorte, prescrite par l'agir suprême qu'est l'agir éthique, on comprend que celui-ci se prescrive à lui-même de la façon la plus déterminée, la plus circonstanciée, la plus individualisée : « Accomplis à tout moment ta destinée »[1] ; une destination qui s'annonce à chacun dans le sentiment le plus singulier de lui-même : « Agis d'après ta conscience »[2]. L'énonciation d'un tel principe n'est en rien une invite à se confier immédiatement, paresseusement, à l'immédiateté du sentiment du devoir. Car le devoir, qui se sait absolument déterminé en tant

1. Fichte, *SE*, § 12, traduction P. Naulin, *op.cit.*, p. 144.
2. *Ibid.*, p. 150.

que devoir, prescrit toujours la connaissance nécessairement déterminée, en cela médiatisée, laborieusement acquise, de la situation naturellement déterminée dont il est le corrélat négatif. Il est précisément ce qui justifie, comme une condition de sa mise en pratique, l'activité théorique elle-même. Le Moi, qui est en son moment fondamental premier la réflexivité de l'action, l'action sur soi, la *causa sui*, constitutive de son être, fait (*Tat*) ou être qui est l'identité à soi d'un faire ou d'un agir (*Handeln*), c'est-à-dire ce que Fichte appelle bien une *Tathandlung*, s'accomplit concrètement dans l'action morale conférant l'être à toute ses conditions exprimées dans le résultat de l'agir total, théorique et pratique, du Moi.

Or, si l'agir au principe de toute conscience et de tout contenu de la conscience n'est tel que comme l'action en laquelle il se sensibilise ou se naturalise, se trouve établie non seulement la possibilité pratiquement exigée de l'*affirmation* de l'action, mais la possibilité théoriquement (spéculativement) démontrée de l'*action* elle-même. La subordination ainsi *théorique* du théorique au pratique fait comprendre que la situation trouvée là dont l'agir est la négation peut être effectivement maîtrisée par celui-ci, puisqu'elle est elle-même le dépôt objectif d'un agir antérieur, et que l'agir, unifiant, n'est tel que comme agir lui-même concrètement un ou total. Fichte déduit bien rationnellement, dans la doctrine du droit et dans la doctrine de l'éthique, comme conditions de l'agir sur soi qu'est le Moi pour lui-même – le Moi qui dit « moi » –, le corps propre, la première nature, physique, et la seconde nature, culturelle, du droit et de la vie socio-politique. L'objet, non seulement en général ou en son concept, mais en sa détermination sensible, est l'objectivation du moment antithétique du Moi synthétique de l'effort, lui-même empiriquement déterminé en sa saisie morale, accomplie, de lui-même. N'est pour moi que ce qui requiert, pour s'actualiser à plein, la liberté constitutive du Moi : « Le seul fondement possible et ultime de toute connaissance est mon devoir »[1]. L'être naturel – premier ou second – qui se récapitule en son sens dynamique originaire dans la tendance naturelle est donc la présupposition de soi de la liberté, qui s'affirme elle-même comme son propre but dans le devoir, et c'est pourquoi l'effectuation naturelle du devoir est *a priori* possible : « l'impossible n'est jamais un devoir et le devoir n'est jamais impossible »[2].

1. *Ibid.*, § 15, p. 166.
2. *Ibid.*, § 17, p. 199.

Le vouloir libre, dont le corps et la nature extérieure, mais aussi les autres vouloirs libres, conditionnent l'actualisation – ce qui leur vaut leur réalité – s'exprime alors naturellement en eux, qui ne peuvent lui résister qu'autant que lui-même s'oppose à lui-même et nie empiriquement, ponctuellement, car il est libre, son pouvoir transcendantal universel. Puisque, en chaque Moi, en tant qu'il est d'abord en lui-même cette identité à soi universelle de la raison dont l'individualité empirique – être ce Moi-ci – n'est qu'une détermination posée par elle pour exister réellement, c'est bien la raison en général, existant concrètement dans et comme la communauté des êtres raisonnables, qui construit le monde dans lequel ceux-ci peuvent toujours s'accorder, les défaillances empiriques contingentes ne peuvent rendre impossible l'action générale par laquelle la liberté se réalise dans le monde sensible. Aussi, l'histoire peut-elle et doit-elle être saisie comme une libre rationalisation progressive, par l'humanité, de son milieu de vie [1]. Une telle conception, elle-même rationnelle, de l'histoire, vérifiée en ses déductions par les faits empiriquement recueillis, en comprend donc théoriquement, spéculativement, le *processus* même en ses moments nécessaires, processus qui est l'action la plus concrète qui soit, celle de la communauté humaine, au lieu de se contenter, comme chez Kant, d'affirmer, dans la conscience de sa portée simplement pratique, *que* l'histoire est rationnelle en sa destination, tout en demeurant un obscur destin dans son déroulement. Chez Fichte, la raison spéculative s'annexe ainsi l'action totale par laquelle l'agir libre constitutif de l'esprit se réalise dans le monde en son effectivité empirique. Telles sont les raisons pour lesquelles la philosophie fichtéenne peut être qualifiée de philosophie de l'action.

Toutefois, un premier tempérament s'impose. L'action la plus adéquate à son essence, celle qui exprime l'agir le moins limité dans son contenu à travers son insertion empirique naturelle, c'est-à-dire l'action éthique, ne se mesure pas elle-même par son succès empirique. Le vouloir éthique est bien celui d'une réalisation singulière, mobilisant le sujet en son être sensible le plus déterminé, de la raison universelle; mais, dans la mesure où le milieu d'une telle réalisation est constitué originairement par d'autres sujets libres dans lesquels cette raison n'est pas nécessairement obéie ou s'exprime dans des exigences singularisées diversement, la divergence des vouloirs peut rendre vaine l'action de tel ou tel d'entre eux. La possibilité transcendan-

1. *Cf. id.*, *GZ*, 1, *SW*, 7, p. 7 *sq.*

talement justifiée de l'action en général peut n'être pas réalisée empiriquement. Ce qui, pourtant, n'annule aucunement la valeur éthique d'une action particulière; l'action a bien été éthiquement positive en tant qu'elle a été voulue comme cette action particulière, même si elle a échoué en sa réalité empirique. C'est bien toujours l'agir qui fait la valeur de l'action en laquelle il a exigé de se déployer; c'est le vouloir de l'action concrète, non l'effectuation réussie de celle-ci, qui accomplit le contenu de la philosophie pratique.

Dans *La destination de l'homme*, Fichte insiste ainsi sur le fait que la responsabilité éthique ne s'attache pas à l'action en laquelle, dans le monde sensible, se transforme le vouloir : ce n'est pas cette action que j'ai d'abord voulue, mais la volonté d'une telle action[1]. Assurément, toute volonté étant celle d'une action réelle, un échec sensible m'impose de recommencer, mais par elle-même ma volonté a des effets dans le monde purement spirituel, éternel, donc toujours déjà – pour parler temporellement ! – présent dans quelque monde sensible que ce soit; et cela, en tant qu'elle fait se réaliser en lui le but absolu de l'indépendance totale de la raison une. L'agent par excellence, l'agent éthique, doit vouloir agir efficacement dans le monde sensible existant, mais c'est au sens éthique de ce vouloir qu'il doit s'attacher, non à son résultat effectif immédiat : « Dès que le commandement, sortant de ma personne, entre dans le monde, je n'ai plus à me préoccuper, car, dès ce moment, il est pris en main par la volonté éternelle… Il ne doit pas me venir à l'idée de vouloir gouverner le monde à sa place, d'écouter la voix de ma sagacité bornée au lieu d'écouter sa voix dans ma conscience, et de mettre le plan unilatéral d'un individu à courte vue à la place de son plan, qui s'étend sur le tout »[2]. *L'initiation à la vie bienheureuse* reprend le même thème en traitant de l'agir créateur caractéristique de la moralité supérieure et de son accomplissement religieux : l'extériorisation de l'agir moral et religieux, elle-même moralement et religieusement impérative, dépend de toutes les libertés en interaction, ce qui fait qu'elle ne peut être voulue de façon absolue et que son échec n'est pas celui de l'action en son sens vrai, à savoir de l'action réelle en tant que voulue et non pas en tant que réalisée. Bref, la philosophie fichtéenne célèbre, et s'efforce donc de penser, l'agir comme action, mais comme une action qui ne remplit pas sa visée spécifique, celle d'être une transformation effective du monde sensible.

1. *Id.*, *Die Bestimmung des Menschen* [*La destination de l'homme*] – *BM* –, *SW*, 2, p. 283 *sq.*
2. *Ibid.*, p. 310.

Or, l'homme qui agit véritablement, qui assume toutes les exigences de l'action, ne peut que se soucier de la réalisation de son vouloir dans le milieu réel des autres vouloirs. Sa préoccupation est de mobiliser par son action singulière, conformément à la propre téléologie de celle-ci, l'action universelle résultant de tous les vouloirs. Une telle convergence universelle des actions empiriques des libres individus est constitutive du processus historique : une philosophie de l'action ne peut être qu'une philosophie ayant pour objet essentiel d'elle-même l'histoire, s'employant à la comprendre à partir d'elle-même, à son propre niveau. Ce n'est pas le cas du fichtéanisme. Lorsque Fichte traite de l'histoire – par exemple dans *Les traits fondamentaux du temps présent* –, il expose la loi anhistorique du développement de la raison dans la communauté des esprits créés, mais n'entreprend pas de nouer entre eux les faits que recueille l'historien par une relation immanente à eux[1]. Ce qui est proprement historique n'est pas conçu. Une explication rationnelle ne peut se déployer que jusqu'au point où commence vraiment l'histoire, à savoir dans la rencontre du «*peuple-norme* [*Normalvolk*]», en soi absolument rationnel, et des peuples barbares. Certes, la philosophie rapporte bien les manifestations historiques de l'humanité à la raison infinie de Dieu, mais sans pouvoir, inversement, les engendrer à partir de celle-ci en leur contenu qui procède de la phénoménalisation inconcevable de l'essence divine, tant est infranchissable l'hiatus entre l'Être et son apparaître. L'accord, au principe de l'histoire, entre les actions des diverses libertés humaines échappe au concept, dans la mesure où il résulte de la volonté une et infinie de Dieu, qui agit au cœur de nous-mêmes, mais en étant voilé originairement en son essence par son apparaître constitutif de ces libertés. L'action historique est la vie phénoménale de Dieu, mais la multiplicité de cette vie n'étant pas le développement même de la raison infinie, qui «crée» seulement la raison finie comme lieu de déploiement du monde, une telle action historique ne pourrait s'expliquer qu'au niveau de cette raison finie; mais le lien qu'elle tisse entre les multiples libertés est, dans son contenu déterminé, absolument mystérieux : «cette... action réciproque d'être libres, déjà dans ce monde-ci, est, selon les lois de la nature et de la pensée, entièrement inconcevable»[2].

Le philosophe, qui prouve qu'il y a une raison *de* l'histoire, sait qu'il ne peut saisir la raison *dans* l'histoire : la volonté divine qui,

1. *Cf. id.*, *GZ*, 9, *SW*, 7, p. 139-141.
2. *Cf. id.*, *BM*, *SW*, 2, p. 301.

comme leur source une, médiatise les libertés humaines en leur interaction, ne peut être saisie dans sa phénoménalisation comme leur réunion immanente génératrice de l'histoire. Sur ce point, Kant n'est pas dépassé. Aussi bien, Fichte ne s'intéresse-t-il pas au problème de la possibilité de l'action (en sa réalisation proprement historique) comme action. Ce problème est celui de la possibilité, pour chaque action individuelle, de revêtir une signification et portée universelle, mondiale. Il ne s'agit plus d'affirmer et comprendre la singularisation empirique de la raison pratique universelle (l'agir idéal devenant une action singulière), mais l'universalisation empirique – telle est en fait l'histoire –, dans un « esprit du monde », de l'action empirique individuelle (l'action singulière devenant une action universelle réelle). Or, lorsque Fichte évoque des « héros » de l'histoire, il pense aux grands *créateurs* de l'art, de la science, de la morale ou de la religion, c'est-à-dire de la vie idéale de l'humanité, non pas aux grands *acteurs* de la vie réelle de celle-ci. Aucun grand nom de héros proprement historique n'est cité dans *Les traits fondamentaux du temps présent*. Il est vrai que Fichte enlève même son individualité – « l'homme sans nom » – à son grand contemporain, ce Napoléon à travers l'exemple privilégié duquel devait s'illustrer la grande philosophie de l'action élaborée par Hegel !

Le hégélianisme propose une véritable philosophie de l'action en découvrant dans celle-ci, objectivation, naturalisation ou sensibilisation de l'agir, c'est-à-dire dans l'esprit objectif ou dans la nature spirituelle – la seconde nature qu'est le « droit » en son accomplissement historique –, une raison que la philosophie de l'histoire, n'opposant plus alors le philosophique et l'historique, peut ressaisir en son contenu déterminé, dans la progression nécessaire de ses grandes étapes. Cela, parce qu'il ne fait plus de l'élément naturel ou sensible, comme chez Kant, l'Autre de la raison, ni non plus, en les rapprochant comme Fichte, l'altération de cette raison alors scindée par l'« hiatus » séparant en elle sa position de soi et son opposition à soi, ou son essence et son phénomène. Pour Hegel, en effet, la nature sensible est, bien plutôt, un moment constant constitutif de la raison en son essence rationnelle. Conceptualisation de la représentation chrétienne du Dieu incarné, le rationalisme hégélien définit bien l'absolu en son sens, en son Idée, par l'acte de *s*'aliéner en une nature, confirmation déjà concrète, au terme du processus logique, de son commencement abstrait en tant que renversement immédiat de l'être – l'identité à soi – dans le non-être – la différence d'avec soi – d'un tel absolu. Cette invention du dialectique comme auto-différenciation de l'identité est la prémisse initiale de l'élaboration d'une philosophie de l'action comme aliénation (sensible) de l'agir (présence à soi pratique du sens). Une telle aliénation de l'agir dans l'action est alors plus qu'une exigence formelle attestant le sérieux du premier, dont la législation installe son « domaine » sur le « sol » sensible (Kant), et plus, encore, qu'une exigence matérielle de son dynamisme immanent (Fichte), l'une et l'autre exigence n'absorbant pas dans les vicissitudes – historiques – de l'action le sens et la valeur – éthique – de cet agir; chez Kant et chez Fichte, la philosophie de l'histoire, ce lieu où l'agir ne compte que comme action, s'inscrit bien dans une perspective essentiellement morale (ou éthico-religieuse). Faisant, en revanche, de l'action, qui s'accomplit comme action historique puisque le sens idéal, par là universel en sa visée, de tout agir peut alors se réaliser dans des faits alors eux-mêmes universels, la destination réalisatrice de l'agir, exalté en tant que tel dans l'éthique, Hegel insère toute sa philosophie pratique (celle du droit ou de l'esprit objectif) dans le contexte, où s'avère le sens de tous ses moments, de l'histoire universelle. C'est bien dans l'action (plutôt : *Tat*) historique que l'action (plutôt : *Handlung*) morale, réalité de l'agir moral conçu en sa signification vraie, voit réalisés au-delà d'elle ses réquisits originaires. Significatif est, à cet égard, le premier exemple évoqué par Hegel dans son étude de l'action [*Handlung*], simple extériorisation de la volonté subjective ou morale, abstraction faite de toute universalité objective : cet exemple est celui de la Révolution française ! [1]

Hegel analyse l'action comme catégorie de l'absolu dans le chapitre que l'*Encyclopédie des sciences philosophiques* et les *Principes de la philosophie du droit* (qui en développent un moment) consacrent à la « moralité ». Dans celle-ci, le « sujet », alors présent à lui-même comme tel, objective sa liberté, non plus dans l'être statique de la chose (la propriété, caractéristique du « droit abstrait »), qui la nie réellement tout en lui étant soumise formellement, mais dans l'extériorisation mobile d'une action qui soumette réellement l'objet. Une telle action n'est cependant une objectivation vraiment subjectivante, exaltant la subjectivité au lieu de la laisser s'éteindre dans le simple travail de la chose, que si le monde qu'elle veut maîtriser est le monde des sujets, immédiatement impliqués par elle comme eux-mêmes actifs : « Il s'agit dans ce domaine de produire ou de modifier

1. *Cf.* Hegel, *PPD*, § 115, Rem., traduction R. Derathé, *op. cit.*, p. 156.

l'existence empirique, et cela ne peut se faire sans une relation avec la volonté d'autrui »[1]. Tandis que la propriété présuppose une relation seulement négative à autrui (quand la chose est à l'un, elle n'est pas à l'autre; dans la jouissance et l'exploitation de ma propriété, je ne suis normalement en rapport qu'avec elle), l'action, par essence, impose des relations intersubjectives positives en leur existence, si elles peuvent être, en leur teneur, aussi bien négatives (conflictuelles) que positives (solidarisantes). L'action met bien en jeu des choses, le milieu naturel, mais elle est d'abord par son sens action sur, avec ou contre les autres hommes: « *handeln* », agir, c'est aussi commercer; l'action se fait co-action humaine. Objectivant ainsi le libre agir du sujet essentiellement dans la seconde nature, nature apparemment plus proche de la liberté car constituée par des libertés, mais en fait plus résistante et adverse, puisque ce qui est l'Autre véritable d'une liberté, c'est une autre liberté, l'action aiguise la difficulté de ce à quoi répond, pour le surmonter, toute activité, à savoir de la réconciliation de la singularité agissante avec l'objectivité universelle où elle rencontre son essence.

Le sujet singulier de l'action ne peut réconcilier son existence avec elle-même que s'il se retrouve lui-même, en sa liberté ainsi réalisée, dans l'action à travers laquelle il affronte la vie même du monde. Il ne veut donc reconnaître – et faire reconnaître par les autres sujets animant cette vie – comme ce qui est vraiment sien et dont il est *responsable* dans son action, que ce qui relève de lui-même, de l'action encore intérieure à lui, c'est-à-dire contenue dans son *projet*. Mais l'action [*Tat*] effective excède l'action [*Handlung*] projetée de tout ce que le milieu objectif universel introduit en elle dans l'interaction générale des causes, qui mêle à toutes les autres cette cause particulière qu'est le sujet agissant: « L'action est aussi, en tant que but posé dans l'extériorité, livrée aux forces extérieures. Ces forces extérieures y ajoutent quelque chose qui est entièrement différent de ce qu'elle est pour soi et l'amènent à produire des conséquences lointaines, étrangères »[2]. La différence entre l'action projetée et le monde extérieur présupposé déjà existant lorsque celle-ci est projetée et continuant de se composer en et par lui-même au cours de l'action, n'est guère maîtrisable dans le cas du monde humain. Si le milieu proprement naturel est, pour une large part, le résultat bien connu de sa domination culturelle, moyennant notamment la science et la technique, par contre le monde des libertés

1. *Ibid.*, § 112, Addition, p. 154.
2. *Ibid.*, § 118, p. 157 *sq.*

offre à chaque instant un état incertain et son cours est fort imprévisible : l'action y est fréquemment déjouée et son projet retourné contre lui-même par ses effets réels. Que si le sujet agissant inverse son rapport au monde comme rapport d'un élément particulier au tout des éléments de ce monde, en un rapport où, s'affirmant aussi comme pensant, il englobe dans son *intention* universalisante (définissant tout un état du monde) une multitude d'événements projetés ou non, il éprouve derechef la particularité de son action dans le *bien propre* [*Wohl*] qu'il recherche en elle comme ce qui la motive ; ce bien propre, même généralisé de façon altruiste, reste affecté par la singularité individuelle de sa définition et se heurte, de ce fait, aux intentions des autres sujets. Hegel refuse alors de voir, même dans la pratique morale se soumettant, chez les sujets qui s'identifient les uns aux autres comme sujets originairement pensants et agissant uniquement pour autant qu'ils pensent – comme consciences (morales) [*Gewissen*] –, et qui affirment donc *un seul et même bien* [*das Gute*], la voie permettant à l'action de satisfaire sa quête de réconciliation ; la détermination effective nécessaire de l'action désavoue l'universalisme formellement proclamé dans le particularisme dissimulé, mais bien réel, le plus conflictuel. La destination de l'action subjectivement voulue [*Handlung*] à savoir devenir une action effective [*Tat*] par sa portée universelle (seul est le tout), ne peut se réaliser à son niveau, celui de la moralité.

Mais si, dans la moralité, la non-universalisation de la singularisation agissante fait échouer l'action, l'universalisation effective de cette singularité dans la vie éthique [*Sittlichkeit*] en supprime, inversement, le caractère proprement agissant, et fait donc disparaître l'action. Certes, cette éthicité, faisant d'emblée s'intégrer le Soi singulier dans la communauté – universalité concrète, réelle – dont il se vit comme membre, peut, en son accomplissement, réconcilier l'existence dans la totalité objective de l'État. Mais il n'y a plus guère d'interaction réelle entre des individus dont les actes sont la simple actualisation des rôles organiquement liés auxquels ils sont assignés. Et la réconciliation effective de la singularité et de l'universel se paie, tout autant que de la limitation de l'agir de la première, de celle de l'être du second : il ne saurait, pour Hegel, y avoir un État véritablement universel. Le seul individu apparemment capable d'action véritable, dans l'achèvement positif de la manifestation éthico-politique de l'absolu, est le prince de l'État constitutionnel, seul à décider effectivement dans un choix radical. Mais sa décision n'est active, c'est-à-dire réellement risquée, que pour autant qu'il incarne l'universel totalisé objectivement, donc celui d'un État particulier, limité, et cela au sein d'une relation des États à jamais éclatée et vouée au conflit, même si tous ces États parvenaient à la rationalité; un tel universel éthico-politique est par essence incapable de s'organiser en *une* action à laquelle pourrait s'identifier, pour y gagner un sens plénier, la singularité princière. S'il est donc une action qui, dans le champ de l'objectivation de l'esprit, s'avère telle en réalisant sa destination, c'est-à-dire en réconciliant effectivement le vouloir singulier et la vie universelle du monde, elle ne peut alors se rencontrer que là où celle-ci est unifiée par l'esprit (seule puissance unifiante) s'investissant comme « esprit du monde » dans un monde qui requiert précisément son intérêt parce qu'il n'a pas encore réalisé objectivement, autant que faire se peut, les exigences de la raison universalisante, au cours de ce qui constitue alors l'histoire universelle.

Celle-ci est le lieu privilégié de l'action pleinement réalisée en tant qu'identité de l'action voulue singulièrement et de l'action faite universellement. Les grands individus de l'histoire mondiale (Alexandre, César, Napoléon), chefs politiques n'ayant pas simplement à actualiser paisiblement, tel le prince de l'État constitutionnel, une raison politique déjà achevée, ont d'abord à discerner en quelque sorte instinctivement et à instituer dangereusement, bref, à réaliser en « héros », les exigences universalisantes et unifiantes encore cachées de cette raison; celle-ci agit ainsi en exploitant la condition de toute action réelle, l'énergie passionnée, exclusive et concentrée, par là efficace, de ces héros. Sans pouvoir le concevoir comme des philosophes, les grands hommes ont cependant su et voulu ce qu'il ont fait et qui, parce que c'était l'universel, qui seul a la puissance, pouvait se faire. En eux, l'esprit du monde « agit [*handelt*] »[1], « l'acte de la raison [*die Tat der Vernunft*] »[2] s'accomplit, et ce à travers l'action voulue de la subjectivité la plus individualisée par son « caractère ». Mais une telle action, qui a produit les grands moments de la venue à soi historique de l'esprit, avoue son inadéquation à l'agir infini qu'est celui-ci : en sa dimension singulière, qui la lie à la passion, elle précipite son auteur dans le malheur et la mort précoce, tandis que son apport universel s'efface dans le progrès de l'histoire. Lorsque celle-ci, comme histoire de l'universel, s'achève, l'esprit, en toute sa vitalité, se libère de sa mondanéité pour s'élever à son absoluité. Pour Hegel aussi, par conséquent, comme pour Kant et pour Fichte, l'agir vrai de l'esprit ne

1. *Id.*, *VG*, p. 67.
2. *Ibid.*, p. 29 et 36.

saurait consister dans l'action, toujours prise dans l'élément naturel et sensible, et par là limitée par un pâtir; et ce, même si, chez lui, la négation de cet élément, ainsi toujours assumé spirituellement, est son auto-négation. L'esprit, absolument parlant, *crée*, en se réalisant entièrement dans ce résultat d'une telle auto-négation qu'est l'œuvre d'art, la représentation religieuse, ou le concept philosophique. Et c'est en participant à une telle vie créatrice de l'esprit que l'esprit fini surmonte la finitude qui l'affecte même dans l'action la plus réussie de l'histoire universelle.

Philosophie, non plus de l'être, mais de l'agir, l'idéalisme allemand n'a que progressivement fait place en son sein à une philosophie de l'action comme traduction de l'agir en être, et à une philosophie spécifique de l'action alors dite comme *être* de l'agir, c'est-à-dire à une philosophie *théorique* de l'action. Kant se fixe à une philosophie pratique de l'action. Fichte élabore bien une théorie de l'action, mais dans laquelle l'effectivité réelle déterminée constitutive de celle-ci n'est pas jugée essentielle. Hegel, le premier, développe une véritable théorie de l'action reconnue et étudiée en cette effectivité réelle déterminée dont le lieu privilégié est l'histoire mondiale. Mais, chez lui aussi, l'action, parce qu'elle *présuppose*, pour s'y réaliser en son essence, le milieu sensible, naturel, objectif, nécessaire (même spiritualisé par la culture), ainsi pour elle originellement autre que la liberté subjective se posant idéalement en elle, est marquée par une indépassable finitude dans l'économie générale de l'esprit; l'agir vrai, absolu, est création, non pas action. La raison d'une telle relativisation, par l'idéalisme, de cette action dont il a fait pourtant un thème important de la nouvelle philosophie, réside en ce qu'il la conçoit comme la réalisation d'un *sujet* originaire dans une objectivité présupposée, au surplus constituée par d'autres sujets, c'est-à-dire par l'altérité la plus rugueuse. L'identification du sujet agissant et du milieu mondain éclaté des sujets requiert alors l'unification de ce milieu en un sujet universel idéel qui agit bien à travers le premier, mais dans une action exaltant en celui-ci, son sujet réel, une individualité qui, en même temps, le sépare de celui-là; ici se révèle la finitude même de l'action par excellence. L'action n'*est* que comme totale, mais, dans le monde objectif, le sujet agissant réel ne peut jamais être le sujet total : l'action n'est d'origine, en fait, que comme interaction. Aussi, l'absolutisation de l'action dans les philosophies ou théories post-hégéliennes de la *praxis* a-t-elle eu précisément pour condition la promotion de l'interaction, non plus dès lors considérée comme un simple moment posé de l'action, mais comme l'essence vraie présupposée par elle ; une promotion de l'interaction qui signifie, en vérité, l'abandon de la référence de l'action à un sujet. Mais affirmer une praxis sans auteur, une action sans acteur, n'est-ce pas, en réduisant à un simple processus l'agir qui donne sens à l'action, supprimer, en fait, pour ce qui concerne celle-ci, sinon le mot, du moins la chose ?

CHAPITRE XVI

POLITIQUE ET SPÉCULATION

C'est Bergson qui disait que deux penseurs français avaient profondément influencé l'idéalisme allemand : Descartes, pour la philosophie théorique, et Rousseau, pour la philosophie pratique [1]. Descartes, qui ne développe pas la responsabilité de l'intériorité du « Je pense » disant l'être dans le champ de l'objectivité politique, propose ainsi une philosophie sans philosophie politique (du moins thématisée); Rousseau, qui ne fonde pas sa proclamation politique de la liberté dans une pensée métaphysiquement explicitée du sujet, propose, inversement, une philosophie politique sans philosophie générale lui servant de prémisse. Mais c'est précisément dans la réunion du message cartésien et du message rousseauiste que se construit la pensée d'outre-Rhin, de Kant à Hegel. La pensée qui accède à la vérité en rendant raison de l'être est alors saisie comme une activité créatrice du sens de celui-ci, donc comme libre; et l'agir qui se libère réellement dans l'objectivité circonscrite politiquement se sait désormais adéquat rationnellement à cette dernière, c'est-à-dire susceptible de vérité et, par conséquent, de justification philosophique positive. Dans et pour l'idéalisme allemand, la vérité se libère philosophiquement: la raison, d'abord théorique, se fait subjectivement liberté, tandis que la liberté s'avère politiquement: la liberté, d'abord pratique, se fait objectivement raison.

Mais, dans la réflexivité critique qui l'inaugure, une telle affirmation philosophique de la convergence de la vérité (philosophique) et de la liberté (politique) se sait elle-même à la fois vraie, exprimant une

1. *Cf.* H. Bergson, « La philosophie française », *in : Mélanges*, Paris, PUF, 1972, p. 1159, 1165.

nécessité théoriquement expliquée, et libre, prescrivant un idéal pratiquement justifié. Par ce statut, tout en un, nécessaire et libre – dialectique confirmant la distance *critique* d'avec soi – de l'affirmation philosophique de l'unité de l'unité philosophique libre et de l'unité politique nécessaire de la nécessité et de la liberté, la spéculation allemande reprend de façon nouvelle, dans la médiation dépassant toute *naïveté,* l'affirmation immédiate, par la pensée antique, de l'équation du *philosophein* et du *politeuein* illustrée dans la revendication du « philosophe-roi ». L'identification spéculative immédiate de la pensée et de l'être, au principe de la réunion de la subjectivité (philosophante) et de l'objectivité (politique), ne pouvait guère se développer que dans leur différenciation tout aussi unilatérale. C'est bien celle-ci qui devait triompher, selon Hegel, jusque dans son grand démenti par là seulement apparent : l'empereur philosophe Marc-Aurèle ne fut pas philosophe en tant qu'empereur ni empereur en tant que philosophe. La sagesse moderne – en cela différente de celle qui s'exprime dans la philosophie antique marquée par son origine dans les Sept Sages – se voudra ainsi plus morale que politique, dans sa présupposition générale de la différence entre l'idéalité et la réalité. C'est pourquoi, lorsque la spéculation réflexive de l'idéalisme allemand va penser l'identité de l'être et de la pensée, elle la pensera bien finalement comme une identité fondamentalement *pensée*, en médiatisant ainsi le lien absolument établi de la philosophie et de la politique par la *différence* non moins affirmée, au sein d'une telle identification *subjective* du sujet et de l'objet, entre son mouvement subjectif par là privilégié et son moment objectif corrélativement subordonné. La réconciliation plénière de l'esprit avec lui-même fait bien porter, en fin de compte, l'esprit objectif accompli dans la politique par l'esprit absolu qui culmine dans la philosophie spéculative.

Après avoir analysé l'idéalisme allemand comme philosophie théorique de la relation réelle, factuelle, entre la politique et la philosophie, nous tenterons de dégager sa thèse générale comme philosophie théorico-pratique spéculative de la politique, avant de nous interroger, en considérant alors sa différenciation et, donc, distanciation d'avec lui-même à travers ses grands représentants, sur la signification pratique réelle d'une telle philosophie politique spéculative.

Le constat de Rousseau : « J'avais vu que tout tenait radicalement à la politique »[1] conclut un vaste mouvement d'idées aboutissant, dans la laïcisation générale de l'esprit à l'époque des Lumières, à la substitution de la politique à la religion comme facteur décisif de la vie de l'humanité. La variation par laquelle celle-ci s'élève au-dessus des répétitions naturelles se constitue en une histoire par une unification qui la fait comprendre et qu'on rapporte d'abord à la puissance divine d'un monarque non seulement créateur, mais aussi providentiel, dont les volontés s'accomplissent à travers ses grands lieutenants terrestres. La laïcisation de cette philosophie *religieuse* de l'histoire profane sanctifiée à la Bossuet développe et privilégie ce thème aristocratique en assignant un rôle essentiel, dans le devenir historique de l'humanité, aux grands acteurs de la *culture*, penseurs, savants, législateurs, dont les lumières façonnent les « mœurs » (Voltaire) et déterminent « l'esprit des lois » (Montesquieu). Mais, en Rousseau, le contempteur des Lumières libère, au sein de la culture enfouie sous ses idéalisations artificielles, le dynamisme plus naturel d'une vie *politique* d'abord saisie comme celle des peuples, qu'il définit comme le socle de l'histoire. Tout tient donc pour lui radicalement à la politique entendue comme l'existence historique la plus réelle de l'humanité se déployant en ses déterminations originelles dans le milieu culturel qui va finalement la perdre. Délaissant, certes, ce pessimisme historico-politique de Rousseau, les penseurs allemands qui l'ont médité comme ils ont lu ceux qu'il dénonçait feront, eux aussi, de la politique – dont le devenir sera alors jugé positif – le socle objectif de l'existence humaine en tout son progrès spirituel.

Pour Kant, Fichte, Schelling, Hegel, la vie historico-culturelle est la vie totale d'une être spirituel qui est lui-même un tout. – Les distinctions kantiennes entre les facultés et les capacités de l'esprit, ainsi qu'entre les manifestations qu'elles animent, ont un sens fonctionnel, mais non réel, et c'est pourquoi Kant fait se conditionner l'une par l'autre, dans la culture *lato sensu*, la technique ou culture *stricto sensu*, la civilisation et la moralité. Fichte rapproche encore plus, comme de simples degrés, eux-mêmes médiatisés entre eux par un processus continu, les manifestations d'un Moi libre qui se fait lui-même Moi naturel. Schelling fait de même. Et il est bien inutile de rappeler la totalité que constitue, selon Hegel, l'esprit d'un peuple. – Mais, chez tous, l'un des moments – le même – de la totalité spirituelle est

1. Rousseau, *Confessions*, X.

privilégié comme son moment vecteur, qui fait exister tous les autres notamment en leur cours historique. Ce moment est le moment politique, dont la pleine réalité est constituée par l'État, le seul universel objectivement réel. Pour Kant, l'histoire de l'espèce, milieu dynamique de toute la culture de l'esprit, est essentiellement ordonnée à la réalisation de l'État républicain pacifique, et celui-ci n'existe vraiment – en deçà d'un cosmopolitisme dont la visée ne se réalise au mieux, et toujours de façon précaire, que dans l'alliance européenne des États – que dans un État à chaque fois circonscrit singulièrement. Une constante de la philosophie fichtéenne de la politique est bien l'affirmation que l'histoire de la culture, si elle est bien toujours celle du genre humain, est conditionnée en son progrès réel par l'existence de l'État, et cela, même si cet État est d'abord considéré comme un simple instrument provisoire de l'accomplissement de la vie sociale, puis, finalement, comme le moyen structurel de la vie proprement nationale : le cosmopolitisme, par lequel le genre s'affirme, n'est lui-même possible qu'à travers le patriotisme. Schelling, lui aussi, qui a peu, et non systématiquement, écrit en matière de philosophie politique, déclare pareillement que l'histoire, la chose la plus sacrée qui soit, le « grand miroir de l'esprit du monde »[1], envisagée dans ce qu'elle a de plus historique, a pour objet la formation de l'État[2], « base »[3] de tout développement spirituel. Hegel, enfin, fait culminer un tel thème en répétant qu'il n'y a, au fond, d'histoire que de l'État, lequel est bien « la base et le centre des autres côtés concrets de la vie du peuple…, de l'art, du droit, des mœurs, de la religion, de la science »[4].

De la science, aussi, prise en son sens éminent qui, selon les penseurs allemands, désigne l'achèvement spéculatif de la connaissance totale que veut être la philosophie. S'inaugurant, chez Kant, comme une philosophie philosophant normativement sur elle-même – accomplissement vrai de la pensée de l'objet en tant qu'objectivation du sujet, c'est-à-dire pensée de la pensée – pour se constituer en tant que science absolue, l'idéalisme allemand se fait aussi corrélativement, par opposition, une métaphilosophie explicative réinsérant la philosophie, alors relativisée dans le fait même de son existence, au

1. Schelling, *Leçons sur la méthode des études académiques – MEA –*, trad. J.F. Courtine et J. Rivelaygue, *in : Philosophie de l'Université,* L. Ferry et *alii,* Paris, Payot, 1979, p. 125.

2. *Cf. ibid.*, p. 123 *sq.*

3. *Id., Einleitung in die Philosophie der Mythologie,* [*Introduction à la Philosophie de la mythologie, – E. Ph. M –*, II, – *SW*, 5, p. 733.

4. Hegel, *VG*, p. 124.

sein de la culture politiquement enracinée. L'assomption singulière redoublée d'une pensée philosophante qui se veut le *cogito* du *cogito*, pour réaliser l'idéal de la vérité, reconnaît donc, de la sorte, comme son lieu originel, l'esprit générique ou général immédiatement objectivé dans l'État historiquement relatif. Dans la relation de la philosophie et de la politique qui est l'un de ses premiers objets, la spéculation, de Kant à Hegel, saisit donc son statut antinomique ou dialectique : une telle dialecticité ne pouvait que mobiliser et faire progresser la philosophie de la philosophie rapportée à la politique.

Kant, qui immerge, dans la Préface de la *Critique de la raison pure*, sa réflexion critique au sein de la démarche critique générale de l'époque, essentiellement politique, mettra volontiers en parallèle la séquence politique : absolutisme-anarchie-constitution, et la séquence philosophique : dogmatisme-scepticisme-critique. Il politisera même son discours philosophique : les *Prolégomènes* ne parlent-ils pas de la nature des mathématiques comme de leur « constitution politique »[1] ? Cependant, le parallélisme historique évoqué par Kant est si éloigné de lui faire affirmer la réalité d'un statut politique de la science ou de la philosophie, que son « histoire de la raison » clôturant la *Critique de la raison pure* marque bien plutôt les limites d'un tel parallélisme. L'histoire de la philosophie, spécifiée, en effet, d'abord par la répétition des grands couples antagoniques (sensualisme-intellectualisme, etc.), puis par la révolution kantienne qui instaure d'un coup la vérité critique pacifiant pour toujours la république scientifique, ne peut être considérée comme le simple reflet idéal de l'histoire politique, effective, caractérisée par la réalisation progressive indéfinie de la constitution rationnelle de l'État. Si Fichte fait d'abord traduire par la Révolution française et par sa propre philosophie un seul et même esprit, une telle accentuation du lien entre la politique et la spéculation n'institue pas celle-ci en simple idéalisation de celle-là. Mais le hégélianisme semble bien aller beaucoup plus loin, jusqu'à assigner un statut politique à la philosophie : n'est-ce pas l'auto-négation d'une vie politique vieillissante, déchirée par les guerres et les crises, qui se traduit positivement par l'apparition même de la spéculation ? Le retard crépusculaire de la philosophie par rapport à la journée politique n'exprime-t-il pas l'idéalité pensante comme la simple irréalisation de soi de la vie de l'État ? La philosophie ne serait-elle pas pure idéologie politiquement déterminée ?

1. Kant, *Prolégomena...*, *KW*, IV, p. 272.

En vérité, l'optimisme spéculatif qui prévaut de Kant à Hegel interdit l'absolutisation d'une appréhension aussi purement négative de la philosophie, même avant son instauration comme savoir absolu. La philosophie spéculative sait bien que, si la politique la *conditionne*, elle encore, en sa vérité totale, elle ne *détermine* aucunement, même déjà la philosophie abstraite et fausse d'avant la spéculation scientifique, ni en sa venue à l'existence, ni *a fortiori*, en son contenu essentiel. Sur ce point, Hegel est plus proche du vrai Kant que Kant ne le serait d'un Hegel qu'on se représente parfois de façon bien erronée, lorsqu'il s'agit de la relation de l'auto-négation du négatif à la position du positif, en particulier dans le processus historique. Déjà, chez Kant, dans le cas de l'histoire réelle de la vie politique, le discernement du caractère hyperbolique de l'argument selon lequel un peuple de démons en viendrait à se constituer en république délivre de la réduction de la position du rationnel (du « pratique ») à l'auto-négation du négatif (du « pathologique »), et libère ainsi la compréhension du rôle proprement politique de l'auto-affirmation de l'idéal moral. *A fortiori*, l'histoire idéale de la philosophie se saisit-elle, dans le kantisme, comme faisant à chaque fois reposer l'enchaînement horizontal empirique des manifestations successives de la raison sur le lien intelligible vertical à celle-ci d'un « Je pense » qui la vise toujours aussi directement en son sens absolu, en actualisant ainsi son immanence native totale en lui. Et chez Hegel, qui plonge pourtant beaucoup plus concrètement l'histoire de la philosophie dans l'histoire politique, il n'est pas davantage possible de résorber dans l'auto-négation du négatif, c'est-à-dire dans le « dialectique », le « spéculatif » constitué par la position du positif qu'est la raison en sa vérité : celle-ci se pose bien plutôt à partir de ce qu'elle se présuppose et qui n'actualise son *être* négatif que parce qu'il *la* conditionne. Une telle relation entre l'auto-négation du réel (totalisé dans la politique) et la position de l'idéal (compris dans la philosophie) interdit l'unilatéralité d'une philosophie purement politique, donc idéologisante, de la philosophie. Les malheurs de la vie politique ne peuvent, selon Hegel, déboucher sur la position d'un contenu idéal constitutif d'une philosophie, et non pas sur le pur néant du désespoir, que si la conscience est d'emblée mobilisée par l'idée formelle d'une vérité identique à la liberté, d'une raison faisant s'affirmer spontanément l'homme comme en soi philosophe. La philosophie vient à l'existence sur le tard, dans le contexte, certes, de l'auto-négation de son Autre, mais à l'appel de cette anticipation originaire d'elle-même qu'est la présence agissante, en l'homme, de son essence rationnelle.

Le philosophe, de Kant à Hegel, sait qu'il n'est pas le simple point d'arrivée négatif d'une histoire fondamentalement politique, mais une révolution pensante, en son nécessaire conditionnement, pourtant originale, et une révolution pensante qui ne peut manquer d'être le point de départ d'un nouveau monde politique. Pour Kant, Fichte, Schelling, comme pour Hegel, « si le domaine des idées est révolutionné, la réalité ne peut demeurer telle qu'elle est »[1]; Socrate et Descartes ont bien été des héros de l'histoire du monde ! Il faut donc affirmer que la philosophie conditionne, pour le moins, autant la politique, que la politique conditionne la philosophie. Pour le moins : car c'est encore le philosophe qui affirme un tel conditionnement réciproque entre elles deux, que le politique n'admet guère, comme l'ont éprouvé, plus ou moins, les représentants d'une philosophie qui se rendait suspecte de signifier par le rabaissement du politique son propre hégémonisme. Et il est vrai que, du moins explicitement après Kant, l'idéalisme allemand fait bien porter l'interaction de l'idéalité et de la réalité, du « Je pense » et de la chose, par l'idéalité pensante. C'est ce qui apparaît clairement dans ce que la spéculation expose en tant que *contenu* essentiel vrai de cette politique dont elle a affirmé la relation *formelle* d'existence avec la philosophie. Le discours philosophique sur cette relation factuelle-historique de la philosophie et de la politique renvoie lui-même, chez Kant, Fichte, Schelling et Hegel, comme à ce qui lui donne sens et même existence, au dévoilement vrai de la signification achevée des déterminations de la raison absolue dans un savoir philosophique qui se dit lui-même l'auto-diction spéculative de cette raison ; ce discours sur l'histoire s'intègre bien lui-même, pour s'y récapituler, à l'intérieur de l'édifice rationnel, dans le moment consacré à la politique. Il convient donc d'analyser la philosophie politique de l'idéalisme allemand, comme détermination spéculative d'une politique rationnelle, elle-même alors présentée en sa relation conceptuelle avec l'accomplissement spéculatif de la raison.

L'idéalisme allemand s'élabore à la cime d'une époque dans laquelle la prégnance exceptionnelle de la préoccupation politique – réformiste ou révolutionnaire – se marque notamment dans les premières lectures et recherches, voire publications, de ses grands représentants. Mais la politique devient pour eux bien plus qu'un objet central de leur réflexion lorsque celle-ci se fait spéculative en se

1. Hegel, *Lettre à Niethammer*, du 28 octobre 1808, *in: Correspondance*, trad. J. Carrère, I, Paris, Gallimard, 1962, p. 229.

systématisant. Car une telle spéculation saisit naturellement la politique comme l'objectivité de la subjectivité systématisante qui la constitue. Alors que la pratique morale unifie par ses principes idéaux une diversité qui, originairement intérieure à la personne, faite de simples moments de la réalité une de celle-ci, peut être dissoute sous et par ces principes, la pratique politique rencontre, comme objet de son unification alors seulement organisatrice, une diversité de personnes qui se font reconnaître comme des Uns pleinement réels. L'organisation politique est ainsi l'identification de différences maintenues comme telles, et c'est là l'unité d'un *système*. L'art architectonique que les Anciens saluaient déjà dans la politique est donc, pour l'architectonique de la philosophe nouvelle, qui se veut systématique pour atteindre à la scientificité – qu'elle se plaît d'ailleurs à définir bientôt dans des manifestes de méthodologie programmatique –, une référence naturelle quasi immédiate.

Dès l'intervention kantienne, les comparaisons réciproques abondent. De même que le savoir définit son organisation à travers des métaphores politiques – sa totalisation doit se faire une république scientifique où la concorde et la paix perpétuelle règnent moyennant l'articulation rationnelle des diverses sciences sous la conduite de leur « reine » constitutionnelle que doit être la philosophie –, de même, à l'inverse, on voit dans l'organisation politique à parfaire la traduction du royaume fermement, mais libéralement, réorganisé des idées. La détermination rationnelle de l'État comme un système est générale. Cette systématisation peut concerner essentiellement – ainsi chez Kant – l'organisation entre eux des trois pouvoirs politiques (législatif, exécutif, judiciaire) coordonnés et subordonnés entre eux dans leur indispensable distinction. Elle peut aussi s'étendre – dans le traitement qu'en fait Fichte ou quelques indications plus modérées de Schelling – jusque dans l'organisation de la vie socio-professionnelle ou socio-culturelle. Hegel l'accomplit dans l'organisation la plus compréhensive de l'organisation politique et de l'organisation sociale… Or, l'affirmation par la raison philosophante de la vérité ainsi organique du politique n'ayant guère pu être motivée par la vue de l'État existant alors, foncièrement irrationnel – en l'organicité naturaliste de l'absolutisme d'Ancien régime ou en l'inorganicité raisonneuse de l'anarchie révolutionnaire –, ne peut-on pas penser que sa proposition renvoie, bien plutôt, à la vérité proprement philosophique du système ? Contentons-nous d'évoquer, à ce sujet, quelques-unes des déclarations constantes du philosophe le plus discret sur la politique : c'est bien Schelling qui écrit, dans ses *Leçons sur la méthode des études académiques*, que « la constitution de l'État est une image de la constitution de l'empire des idées [le monarque est l'image de l'absolu, les citoyens des idées, les esclaves des choses] »[1], que l'État « est formé d'après l'archétype du monde des idées »[2], de sorte qu'il constitue le « savoir devenu objectif »[3]; et c'est bien lui qui affirme, dans *La philosophie de la mythologie*, que cet État est un « acte… de la raison devenue pratique »[4], ou, dans la *Philosophie de la révélation*, que « s'il arrivait qu'on retirât de l'État et de la vie politique tout ce qui s'y trouve de métaphysique, ils s'effondreraient… »[5]. Schelling considère, d'ailleurs, que l'État lui-même avoue cette sienne origine spéculative en instituant en son sein, pour s'y sublimer, l'État idéal et spirituel de l'Université[6]; un État académique que, de façon générale, la systématisation philosophique de l'idéalisme allemand, de Kant à Hegel, voulait élever à sa vérité en s'y incarnant. – Or, toute cette application politique de la philosophie accédant, à ses yeux, à la vérité absolue de sa systématisation représentait également une novation radicale par rapport à l'État organique qu'elle se représentait dans l'antiquité, en ce qu'elle y consacrait, comme son principe même, la *liberté* moderne de l'individu.

La politique spéculative de l'idéalisme allemand est bien la systématisation objective de la liberté, de cette liberté dont Hegel fait gloire à Rousseau de l'avoir érigée en absolu. Mais d'une liberté dont le rapport à l'universalité régissant l'État n'est pas la liberté simplement empirique-naturelle qui mobiliserait comme son moyen, dans le milieu négatif de la culture, l'universalité égalisatrice de l'existence opérée dans le contrat social. La liberté dont, sous des modalités diverses, Kant, Fichte, Schelling, Hegel font le principe de la vie politique vraie est identique à l'affirmation de l'universel par un individu qui, en son humanité, n'est pas en sa racine pure sensibilité, mais d'abord raison, de quelque façon que la raison soit conçue. Une telle identification de la liberté à la raison pratique dans le champ de l'extériorité ou objectivité politique signifie l'affirmation réelle de l'individu ou l'affirmation de celui-ci en sa singularité réelle en tant qu'il est au service de l'universalité concrète ou communauté de l'État. Cette affirmation ainsi

1. Schelling, *MEA*, *op. cit.*, p. 86
2. *Ibid.*, p. 104.
3. *Ibid.*
4. *Id.*, *E. Ph. M*, II, *SW*, 5, p. 720.
5. *Id.*, *Philosophie de la Révélation – Ph. R –*, I, trad. J.F. Marquet et J.F. Courtine, *op. cit.*, p. 45.
6. *Cf. id.*, *MEA*, *op. cit.*, p. 104.

objectivée, reconnue publiquement dans l'État, n'est-elle pas alors l'équivalent, dans la communauté politique, de la reconnaissance, dans la république philosophique reconstruite selon les exigences de la science, du penseur dont le « Je pense » manifeste son originalité en animant de son énergie le penser universel ? Car la spéculation est bien la libre invention du système nécessaire du sens universel, aussi éloignée du reniement dogmatique (affirmation non libre d'un universel) que du reniement sceptique (affirmation libre de ce qui n'a rien d'universel) de la philosophie vraie. Kant, Fichte, Schelling et Hegel s'affirment donc aussi en leur réalité de philosophes dans leur affirmation idéale d'un État dont la rationalité forte du concours de ses citoyens promeut la liberté de ceux-ci. Leurs divergences sont, certes, manifestes eu égard à l'origine et à la fondation du rapport de l'État et des individus, mais l'État qu'ils proposent comme requis par la raison est bien toujours, en sa force, celui qui objective la liberté de ses membres. Sur cette liberté politique qui, comme la liberté spéculative, n'est ni simple soumission ou adhésion dogmatique à la nécessité universelle, ni simple arbitraire négateur de la raison, mais affirmation de l'individu par et dans son affirmation de l'universel, Schelling, souvent suspect de dissolution organiciste-romantique de l'individu dans le tout d'un esprit qui ne serait encore qu'une nature, s'exprime en ces termes : « Déjà en soi-même, rien ne peut être conçu comme membre faisant partie d'une véritable totalité s'il n'exerce en elle son action qu'à titre de moyen. Un tel État n'est accompli qu'en proportion de ce que chaque membre particulier – dans la mesure où il est moyen en vue du tout – est en même temps fin en soi. C'est en cela même par quoi le particulier est en soi absolu, qu'il est aussi à son tour dans l'absolu et partie intégrante de celui-ci – et inversement »[1]. Autre façon d'exprimer que totalité systématique et liberté de l'individu ne font qu'un. La philosophie spéculative allemande de la politique peut bien dès lors se caractériser par la fondation absolue de celle-ci dans cette identité pléonastique ainsi absolue de la systématisation de la liberté que constitue le *droit*.

En ses expressions fort diverses, quant au statut et au contenu du droit, l'idéalisme allemand conçoit la politique, au plus loin des visions irrationalistes, notamment romantiques, du tout, comme la réalisation du droit, comme la raison pratique objective ordonnée d'abord à la sauvegarde de la liberté des individus coexistants ou membres de la

1. *Ibid.*, p. 61.

communauté étatique, même si cette sauvegarde n'est possible qu'à travers l'édification d'un droit public ou proprement politique exigeant le sacrifice des individus. Kant fait bien, des règles si idéelles ou irréelles du droit international ou cosmopolitique que la raison impose à la politique réelle-naturelle des États alors susceptibles d'intéresser aussi à cet égard le philosophe, les moyens ultimes d'assurer le droit – liberté et propriété – des individus et, strictement conditionné par ce droit, le bonheur de la paix. L'État kantien a donc pour objet essentiel le respect des droits de l'homme, dont l'affirmation effective institue celui-ci en sujet du droit et de la politique qui le réalise. Fichte reprend une thématique semblable dans le *Fondement du droit naturel*, et si, plus tard, dans les *Discours à la nation allemande* – où il fait de l'État le serviteur de la nation, unité originaire dont procèdent les individus et qui, elle-même, manifeste la vie absolument universelle de Dieu –, il rabaisse le droit politiquement appliqué à un appareil extérieur subordonné, il en maintient pourtant la nécessité élémentaire. Les droits de l'homme ne sont, certes, plus le principe, mais ils demeurent un objectif indispensable de la politique : le huitième Discours réclame ainsi de l'État national régénéré qu'il laisse à la liberté des individus un champ aussi vaste que possible, car c'est en elle que peut se développer la culture supérieure supra-juridique qu'un tel État doit promouvoir moyennant l'éducation nouvelle de ses membres. Quant à l'État hégélien, non davantage fondé sur le principe des droits de l'homme, il en assure cependant le respect réel et, sans rien perdre de sa force, l'accroissant bien plutôt en s'attachant alors plus intimement ses citoyens satisfaits en tant qu'hommes, il libère en son sein une vie sociale où ceux-ci jouissent effectivement et concrètement de leurs droits propres comme individus et, par une telle confirmation objective d'eux-mêmes, se montrent des citoyens en tant que tels aussi soucieux de leurs droits propres que de leurs devoirs. A tous ses niveaux, l'État systématique libérateur proposé par l'idéalisme allemand règle ainsi sa puissance, en ses membres et en leur union, par les règles rationnelles d'un droit dont les réquisits sont encore affirmés à sa cime, dans l'histoire universelle réglée par la raison politique s'élevant au-dessus d'elle-même comme expression mondaine de l'esprit en son actualisation absolue. Un tel État est d'abord, ou aussi, ou encore, dans l'effectivité, un État de droit.

En tant qu'une telle objectivation réelle systématique de la liberté, cet État est bien l'État exigé par une spéculation qui est cette même objectivation, mais idéelle. Aussi, les penseurs allemands ne cessent-ils de souligner la solidarité intime de destin entre l'État et la philosophie dans la libération de la vie. Tous revendiquent de l'État le respect et la promotion de la liberté de penser et de philosopher, comme ce qui l'assure lui-même dans l'existence. Non seulement, en effet, sa structuration objective vraie repose sur la science, comme le rappelle par exemple Fichte dans ses *Dialogues patriotiques*, mais, surtout, le patriotisme lui-même, qui vivifie subjectivement la constitution, a sa confirmation suprême dans la conscience, en tant que telle, absolue de l'absolu qu'est, certes, la religion, mais, absolument parlant, la religion comprise et justifiée, en même temps que la politique, par la science spéculative. Hegel insiste notamment sur cette vertu politique de la spéculation qui, en réconciliant avec elle-même une politique qui tarde à réaliser empiriquement son concept vrai pourtant atteint et désole alors le « vieux cœur » de 1830, et en réconciliant, à cette époque de la fin conçue de l'histoire, une telle politique avec la religion également en retard sur elle-même, assure l'une et l'autre en la vérité que le système spéculatif leur assigne comme lieux de la libération. Mais Schelling avait bien, lui aussi, déclaré qu'« il n'y a qu'à la philosophie que l'État soit redevable d'une liberté inconditionnée »[1]. Nul ne s'étonnera de ce que, également serviteurs de l'État et de la science en tant que serviteurs de l'État scientifique de l'Université, en tant que professeurs de philosophie, Kant, Fichte, Schelling et Hegel rappellent qu'une parfaite reconnaissance réciproque active de l'État et de la philosophie est requise par la pleine affirmation de soi de chacune de ces deux manifestations suprêmes, la réelle et l'idéelle, de la même raison. Songeons, sur ce thème général de la spéculation allemande, aux propos tenus par Hegel lors de l'ouverture de ses cours à Berlin en 1818, et aux termes non moins vibrants de la Préface des *Principes de la philosophie du droit* ! Contre l'irrationalisme alors en vogue, Hegel répète que la haine de l'État et la haine de la philosophie ne font qu'un, et que le combat pour la raison, cime de l'esprit subjectif, se concrétise dans l'indissolubilité de l'engagement résolu en faveur de l'État constitutionnel, cime de l'esprit objectif, et de la philosophie spéculative, cime de l'esprit absolu.

Est-ce à dire que l'idéalisme allemand va jusqu'à consacrer comme l'exigence ultime de la raison dans son accomplissement historique, la réalisation de la prescription originelle de la philosophie, à savoir, que le philosophe et le roi ne doivent eux-mêmes faire qu'un ? La théorie spéculative de la politique s'étend-elle en elle-même jusqu'à se faire la

1. *Ibid.*, p. 106.

théorie de la mise en œuvre politique immédiate d'elle-même, c'est-à-dire par le philosophe même qui la détient? On pressent que ce problème, qui implique un jugement du philosophe sur la portée de la philosophie et sur son propre pouvoir en tant que philosophe, puisse, par la dimension personnelle de cette implication, appeler des réponses variées brisant l'accord général des penseurs allemands sur la détermination spéculative du contenu politique.

Il y a, tout au moins, unanimité sur l'importance qu'il convient d'attribuer à la préoccupation proprement politique dans la démarche spéculative. Objectivement parlant, c'est-à-dire d'après sa place dans le système rationnel des manifestations de l'esprit, la politique n'a rien d'absolu, et la philosophie, qui préside à la construction de ce système, ne peut y réduire son contenu. La philosophie spéculative ne considère la philosophie politique que comme un moment d'elle-même, tout important qu'il soit à ses yeux pour la compréhension de sa propre existence. Pour Kant, dans la philosophie pratique elle-même, l'éthique engage plus profondément l'esprit que le droit appliqué politiquement, qui, tout au plus, conditionne négativement celle-là. Fichte, dans sa première philosophie, souligne semblablement que le but de l'État – qui en est le moyen, certes, indispensable – est d'assurer la liberté de l'individu en dehors et au-dessus de l'État : « l'humanité se distingue de la citoyenneté pour s'élever à la moralité avec une absolue liberté »[1]. Et, tout en maintenant, on le sait, ce rôle de moyen qu'est l'État, il en accentue le caractère subalterne en élevant loin au-dessus de lui la culture supérieure ancrée, à travers la nation, dans la participation religieuse à la vie divine. Schelling abonde dans le même sens en sa philosophie rationnelle relativisée comme moment négatif de sa pensée définitive : si l'État, y déclare-t-il, est bien la « base subsistante », qu'il est criminel de mettre en question, il n'est en rien le principe final de la vie spirituelle, fondamentalement religieuse, et c'est pourquoi sa tâche est de ménager à l'individu une liberté ne consistant certes pas à réagir en lui contre lui, mais à aller au-delà de lui[2]. Et, pour Hegel, l'esprit absolu n'est pas l'esprit mondain – encore seconde *nature* – où se déploie l'État, mais l'esprit pleinement spirituel de l'art, de la religion et de la philosophie. La raison philosophante rabaisse théoriquement la raison pratique, qu'elle dit en sa vérité, à un moment de l'existence qu'elle seule accomplit comme pratique

1. Fichte, *FDN*, II, § 17, trad. A. Renaut, p. 217.
2. *Cf.*, Schelling, *E. Ph. M*, *SW*, 5, p. 728-733.

spéculative. Cependant, cette maîtrise pratique de la théorie du politique se réfléchit-elle dans une théorie de la maîtrise pratique du politique par la pratique spéculative ?

Deux réponses extrêmes émanant des deux personnalités les plus intimement opposées que sont Fichte et Schelling font éclater l'idéalisme allemand. – Fichte, à travers lui-même, attribue directement au philosophe comme tel un rôle politique. Le penseur militant qui offrait ses services à la Révolution française prêchera plus tard aux princes et au peuple la nouvelle politique dans ses *Discours à la nation allemande*, qu'il considérera bien comme l'acte inaugural de cette politique. Certes, il n'exclut pas la voie politique de la réalisation de l'équation platonicienne lorsqu'il écrit ceci dans le *Système de l'éthique* : « Aucun prince ne peut bien gouverner sans participer aux Idées, dit Platon, et c'est précisément ce que nous disons ici » [1], mais, en réalité, il fait bien plutôt sienne la voie philosophique. La *Doctrine de l'État* de 1813 proclame que l'ordre des maîtres en sciences doit désigner en son sein le chef suprême et que c'est l'entendement humain le plus éminent qui doit exercer le commandement [2]. La communauté des savants rassemble les maîtres en sciences et les serviteurs de l'État, les seconds appliquant et concrétisant politiquement les idées des premiers, dont ils ont d'abord fait partie [3]. Une telle identification du politique au penseur repose sur une double équation, proprement fichtéenne en cette vigueur. Celle, d'une part, de la philosophie et de l'éducation – « éducation et philosophie s'interpénètrent » [4] – et celle, d'autre part, de l'éducation et de la politique – « le plan d'éducation et le plan de gouvernement sont une seule et même chose » [5]. Fichte a bien, d'un côté, toujours aimé donner à la « Doctrine de la science », en la traduisant de façon populaire, un style éducatif (« pense-toi toi-même et regarde comment tu le fais ! »...), et, de l'autre côté, fait reposer la régénération de la politique sur celle de l'éducation. L'unité qu'il affirme ainsi entre l'acte spéculatif et l'acte politique s'exprime

1. Fichte, *Le système de l'éthique selon les principes de la doctrine de la science*, trad. P. Naulin, Paris, PUF, 1986, p. 334.

2. *Cf. id.*, *Die Staatslehre, oder über das Verhältnis des Urstaates zum Vernunftreiche* [*La théorie de l'Etat, ou du rapport de l'Etat originaire à l'empire rationnel*] 1813, SW, 4, p. 444 et 452.

3. *Id.*, *Das System der Sittenlehre* [*Le système de l'éthique*] 1812, SW, 11, 1835, p. 174 *sq.*

4. *Id.*, *DNA*, 6, trad. A. Renaut, p. 179.

5. *Id.*, *Politische Fragmente aus den Jahren 1807 und 1813* [*Fragments politiques des années 1807 et 1813*], *SW*, 7, p. 583.

dans l'intégration qu'il opère de la « politique », comme détermination de l'idéal rationnel de l'État exposé dans la Philosophie du droit, comme science du gouvernement de l'État réel conformément aux exigences de l'État rationnel, au sein même de la philosophie spéculative[1]. Mais l'affirmation d'une telle continuité entre la raison philosophante, popularisable par l'éducation générale des membres de la nation, et l'entendement politique, lui-même encore mieux présent dans le peuple que chez les princes, implique l'attribution de l'activité philosophique au peuple lui-même, c'est-à-dire à un sujet dont l'activité essentielle est l'activité politique. Idée *démocratique* de la philosophie en sa vérité de pratique. Fichte se dit bien platonicien, mais en durcissant et révolutionnant le thème royal de la *République* dans l'affirmation du « peuple-philosophe ».

C'est une réponse diamétralement opposée que Schelling apporte à la question soulevée par le slogan de Platon. Pour lui, le philosophe a si peu à gouverner l'État dont il a fixé le statut vrai et, à travers son reflet idéel académique, esquissé le contenu, qu'il appelle, bien plutôt, à se libérer le plus possible de l'activité politique et de ses nécessités subalternes. L'éducation doit se délivrer des préoccupations politiques : il ne faut pas « encombrer » la jeunesse « avec la marche des affaires de l'État »[2]. Puisque la liberté véritable est hors de l'État, celui-ci, éclairé par la raison philosophante sur sa destination limitée, doit d'abord s'employer à « se rendre insensible » et à libérer l'esprit pour sa vie supérieure. Le philosophe convie donc les hommes, les meilleurs des hommes, et d'abord les philosophes, à se libérer intérieurement du souci politique, pour se fortifier en ce qu'il y a de plus spirituel, et faire exister par là dans l'État ce qui – beaucoup mieux qu'une simple constitution – rendra possible, le cas échéant, l'acte civique suprême de la résistance à l'oppression politique. Écoutons Schelling : « Qualifiez-vous de peuple non politique..., parce que vous considérez le loisir, qui libère l'esprit et le cœur pour d'autres choses, comme un bonheur plus grand... Renoncez à l'esprit politique, parce que vous regardez, ainsi qu'Aristote, comme la première exigence à remplir par l'État, celle consistant à ce que du loisir soit procuré aux meilleurs... »[3]. Le loisir, avant tout celui de la contemplation spéculative, pour les meilleurs ! Idée *aristocratique* de la pratique philosophique. Celle-ci est l'art

1. *Cf. id.*, *L'État commercial fermé*, trad. D. Schulthess, Lausanne, L'Âge d'homme, 1980.

2. Schelling, *Ph. R*, I, *op. cit.*, p. 42.

3. *Id.*, *PH. M*, *SW*, 5, p. 731.

suprême qui n'a pas à se corrompre en se liant à la technicité du gouvernement politique, dont le philosophe, en Schelling, a pourtant reconnu l'existence nécessaire comme base, comme simple base, de la vie spirituelle, sans, il est vrai, s'être attaché à en développer la détermination rationnelle. L'« aristotélisme », sur ce point, de Schelling va encore plus loin qu'Aristote dans la distance prise à l'égard de l'équation platonicienne de la *République*.

Les deux extrêmes de l'idéalisme allemand – dont le moyen terme est ainsi brisé – semblent, au contraire, pouvoir se médiatiser l'un avec l'autre dans l'adoption d'une même idée de la pratique philosophique que nous dirions *monarchique*, mais constitutionnelle, et, donc, aussi *républicaine :* avec cette différence que, à propos de Kant, il convient plutôt de parler de *république* monarchique mais, avec Hegel, de *monarchie* républicaine ! Pour l'un et l'autre, *mutatis mutandis*, le geste philosophique ni n'inclut ni n'exclut le geste politique, mais le comprend attentivement comme autre que lui, dans la conscience pourtant aiguë de leur relation si prégnante. La démarche philosophique de justification rationnelle du politique sait – et chez Kant et chez Hegel – qu'elle ne reflète aucunement la production politique factuelle de l'État vrai, dont leur philosophie de l'histoire s'efforce bien de ressaisir le cours en son sens général et passé, mais que l'art politique le plus soucieux des exigences de la raison doit prolonger dans la particularité du présent en se confiant aux choix risqués de l'entendement pratique. Assurément, le philosophe kantien ou hégélien assume résolument son rôle de citoyen en sachant sa valeur rationnelle, mais il sait aussi que la responsabilité de la conduite de l'État, d'une part, requiert des compétences que la démarche philosophique, en tant que telle, ne procure pas, voire même exclut, et, d'autre part, comporte des risques susceptibles de pervertir cette démarche. Le philosophe systématique, en Kant et en Hegel, sait que la maîtrise architectonique du corps des activités humaines ne signifie en rien une compétence technique dans ces activités, sciences ou pratiques, dont la systématisation rationnelle, quant à leurs principes, ne garantit aucunement l'assomption adéquate de leur développement positif par l'entendement ; bien au contraire, ainsi que le montre Hegel, si l'art politique du grand homme de l'histoire mondiale consiste à savoir trancher, choisir, exclure : à développer en contenu universel une action d'abord fixée par la forme limitée, particularisée, d'une « passion », le geste spéculatif est un geste initial d'intégration posant le contenu universel auquel il s'agit ensuite de donner une forme différenciée. Plus négativement, tout comme le souci pensant de l'universel chez un empereur philosophe n'en fait pas un héros politique de l'histoire universelle, la préoccupation prioritaire des moyens chez un philosophe entré en politique pourra obscurcir et pervertir en lui les buts, et, à travers eux, les principes requis par la raison, et refouler l'attention critique à la justification au profit de la recherche du résultat. C'est pourquoi Kant, tout en réclamant, dans l'article secret sur la paix perpétuelle, que le prince, en sa prudence, accepte d'entendre – en libérant la presse – les avis du philosophe relatifs aux principes de la raison qui gouverne aussi le monde, souligne que ce philosophe doit, en sa sagesse, s'interdire, en tant que philosophe, soit d'exercer directement un contre-pouvoir (de propagande anti-gouvernementale), soit d'assumer lui-même une tâche gouvernementale; cela, d'abord pour préserver de la corruption du pouvoir le libre jugement de sa raison. Pour Hegel, si le philosophe doit bien, pour s'accomplir en sa vérité, assumer particulièrement le moment politique de l'existence, le salut de la philosophie et de la politique interdit autant au philosophe de vouloir agir politiquement en tant que tel, c'est-à-dire déterminer la vie politique par d'autres principes que ceux de la raison proprement *politique*, qu'au prince de vouloir intervenir philosophiquement en tant que prince, c'est-à-dire déterminer la philosophie par d'autres principes que ceux de la raison *spéculative*. Il ne faut pas davantage d'État des philosophes que de philosophie d'État. Sur ce point décisif, l'idéalisme allemand fait bien retour en lui-même, de Kant à Hegel, de son alpha à son oméga.

Nous avons examiné les trois réponses différentes de la philosophie spéculative d'outre-Rhin à la question de la relation vraie entre la pratique philosophique et la pratique politique: question ancienne, mais dont la position, au sujet de cette philosophie, a été induite par sa théorie normative spéculative de la politique, et cela sur la base de sa théorie de l'interaction factuelle de la philosophie et de la politique. Ces trois réponses ont été rapportées à trois caractérisations de sens originellement politique de la pratique philosophique, c'est-à-dire de la pratique la plus réelle et la plus référentielle pour le philosophe. N'ira-t-on pas alors penser que la différence des théories spéculatives de la politique, quant aux modes de constitution et de gouvernement propres, différence dont nous avons fait abstraction en nous contentant de dégager les principes communs à Kant, Fichte, Schelling et Hegel relativement à l'essence de la vie politique rationnelle, peut et doit elle-même être rapportée – et du même coup faire rapporter sa base identitaire – à un sens politique de leur pratique philosophique? On sait que, après Hegel, à la justification idéaliste du lien idéel de la raison réelle, politique, et de la raison idéelle, philosophique – alors dénoncée comme simple laïcisation par la spéculation de la fondation théologique de la pensée et de la réalité –, fut opposée l'explication réaliste de ce lien dans une vision politique elle-même matérialisée de la spéculation. Mais on sait aussi ce qu'il est advenu de la pratique socio-politique réalisée qui était à la base d'une telle critique de la philosophie spéculative de la politique et de la relation de celle-ci à celle-là. C'est là l'une des raisons, mais aussi seulement l'une des raisons, qui font regarder la philosophie politique élaborée de Kant à Hegel comme pouvant être, dans une large mesure, encore la nôtre.

CHAPITRE XVII

L'ESPRIT ET LES ESPRITS

Il est remarquable que la relation entre des réalités singulières et leur universel lui-même réel ne les rassemble sous une même désignation que quand leur essence est la plus abstraite ou la plus concrète qui soit. On parle bien, en effet, d'une part, de l'Être et des êtres, d'autre part, de l'Esprit et des esprits, dans une sorte de court-circuit entre l'ontologie et la théologie, rapprochant ainsi ce que Hegel présentait comme le commencement et la fin du savoir, la première et la dernière des sciences de son Encyclopédie. L'entre-deux du savoir ne réconcilie pas semblablement, de façon linguistiquement signifiante, dans le milieu de la réalité, l'universel et ses éléments singuliers. Par exemple, dans la pure nature, on n'appelle pas la Chose le tout des choses ni des mondes les éléments du Monde, et, dans cette seconde nature qu'est l'esprit non pleinement spirituel, l'esprit encore empêtré dans l'objectivité, une Cité n'est pas faite de cités, mais de citoyens. L'identification manifestée de l'universel et des singularités, rendue possible au niveau premier de l'être pris comme tel, dans l'abstraction absolue de sa qualité universelle ainsi également participable par toutes ses occurrences singulières, ne se retrouve bien que lorsque la particularisation de son contenu s'achève et, ainsi totalisée en elle-même en chacune de ses occurrences, ne peut plus que se réfléchir à chaque fois en elle-même en se posant dans un égal « Je suis ». Un tel accomplissement ontologique de l'être dans l'être qui, quel qu'il soit, universel ou particulier, se dit être, définit l'esprit.

Celui-ci est bien devenu présent à lui-même dans la religion chrétienne comme une communauté de l'universel (divin) singularisé et des singularités (humaines) universalisées. Et la première philosophie purement philosophique – par sa démarche rationnelle autonome, obéissant aux principes formels de la raison humaine – qui ait dit ainsi l'esprit fut assurément la philosophie leibnizienne. Le *Discours de métaphysique* présente en effet l'unité « républicaine » des monades spirituelles, qui se gouvernent à la façon de Dieu, c'est-à-dire librement ou souverainement, comme étant elle-même une monade, la monade « monarchique » du plus grand de tous les esprits, qui lui-même, inversement, « s'humanise [et] veut bien souffrir des anthropologies »[1]. La philosophie allemande post-leibnizienne a été la reconquête progressive, dans le régime idéaliste, transcendantal puis spéculatif – c'est-à-dire à même le contenu objectivant le développement de la pensée de soi (*a priori*) du sujet pensant –, de l'esprit se réalisant singulièrement en son universalité, comme communauté des esprits dans l'Esprit. Cette reconquête idéaliste, par la nouvelle métaphysique du sujet, de l'esprit tel que la métaphysique de l'objet l'avait pensé dans sa culmination leibnizienne, s'achève dans la spéculation de Hegel, ce Leibniz en quelque sorte, sur ce point aussi, passé par Kant et par Fichte.

Nous évoquerons d'abord la pensée de soi transcendantale de l'esprit comme pensée qui n'arrive pas à penser pleinement celui-ci comme esprit, à savoir comme se posant dans et par l'identification, d'une part, de l'universalisation des esprits singuliers, qui ne viennent à l'être en tant qu'esprits que dans leur interaction ou communication substantielle, et, d'autre part, de la singularisation de l'esprit universel, qui n'est lui-même esprit qu'en sa subjectivité singularisante. Nous pourrons ensuite mieux faire ressortir l'apport de la philosophie spéculative de Hegel comme auto-fondation proprement spiritualisante de l'esprit.

L'idéalisme transcendantal, qui se donne comme objet la pensée (la subjectivité, l'idéalité) en tant qu'objectivante (transcendantale), intègre par là dans ce qu'il dit vrai son acte même de le dire, dit donc ce qu'il fait, dans une conviction que Fichte fait s'anticiper chez le seul philosophe convaincu de toute l'histoire de la philosophie, le penseur devant et contre lequel Kant, aussi, pensa, ce philosophe de l'être comme esprit ou comme pensée que fut précisément Leibniz. Cependant, ni Kant ni Fichte ne traduisent transcendantalement le contenu spéculatif, sous régime encore réaliste, de la philosophie leibnizienne. Car ils ne fondent pas vraiment de façon pensante l'auto-

1. Leibniz, *Discours de Métaphysique*, § 36, *in: Œuvres choisies*, édition L. Prenant, Paris, Garnier, p. 129.

affirmation de l'esprit comme compénétration présente à elle-même de l'universalité et de la singularité.

Certes, Kant pense la relation, en son sens total, dans la catégorie de « communauté », mais l'objectivité assurée par celle-ci – en tant qu'unité d'entendement d'un divers présupposé – la réduit à une simple « interaction »; la vraie totalité, rationnelle, a, en tant que théorique, une portée seulement « régulatrice », et n'est « constitutive » que comme pratique, impérative, c'est-à-dire comme pur idéal séparant alors l'esprit de lui-même en lui-même.

Ainsi, en son affirmation théorique, l'esprit ne s'apparaît pas à lui-même, même sous le regard du philosophe transcendantal, en faisant se totaliser en lui le moment de son universalité et celui de sa singularité. La conscience de soi originaire, le « Je pense » ne se pense pas dans une réflexion en soi singularisante de la pensée universelle qui le constitue. Il est pour lui-même sans être par lui-même, donné à lui-même dans une proposition empirique. L'esprit ne se fait pas, ne s'engendre pas lui-même en son sens d'esprit, de même qu'il ne fait qu'accueillir, que trouver en lui ses propres déterminations, dont la nécessaire « acquisition » consiste simplement, pour elles, à surgir en leur sens tout prêt à l'occasion de leur application empirique. De la sorte, la singularité de l'esprit fini – le « Je » du « Je pense » – et son universalité – le « penser » de ce « Je pense » – ne sont pas pensées, saisies et actualisées, comme se médiatisant l'une l'autre. L'affirmation de leur unité concrète ou de leur totalité est donc immédiate, ce qui explique que, dans le kantisme, on ne s'interroge pas sur les conditions de possibilité de la conscience de soi théorique, comme conscience pour elle-même d'abord empiriquement singulière d'une rationalité elle-même d'abord définie par la seule universalité. La caractérisation comme pur « fait » de la présence de la raison dans la singularité finie de l'esprit humain interdit alors de considérer autrement que comme un penser simplement analogique et symbolique la singularisation de l'universalité rationnelle visée dans l'« Idéal » d'un esprit divin : l'affirmation théiste, qui spiritualise Dieu, excède bien la rationalité transcendantale. En ce sens, il n'y a pas dans le kantisme, de philosophie purement théorique de l'esprit en tant que tel, dont l'essence relationnelle n'est pas rationnellement maîtrisée.

Une telle insuffisance affecte aussi la philosophie pratique de Kant, même si l'affirmation de l'unité spirituelle de l'universel et du singulier, c'est-à-dire de ce qui s'y trouve désigné comme « personne », est ici une affirmation catégorique, celle de la liberté requise par l'impératif catégorique. Envisagée dans la sphère juridico-politico-historique de la morale, l'imposition de l'universel à la singularité agissante particulière se fait anticiper au sein même de celle-ci, prise en son origine empirique. Mais la transposition spirituelle de l'interaction, portée par le jeu naturel de l'attraction et de la répulsion, qu'est l'« insociable sociabilité » ne saurait fonder une communauté ou république vraie et donc solide. Une telle république ne peut reposer que sur un esprit républicain, lui-même étayé, au fond, par l'affirmation, pour elle-même, de la raison, qui est une affirmation éthique. Or, la communauté éthique en laquelle celle-ci se déploie à son propre niveau ne réalise pas non plus en elle de façon vraiment spiritualisante la relation entre les moments de l'esprit. Chaque singularité libre ne s'affirme pas telle dans et par une affirmation mutuelle libérante des singularités, mais par la présence agissante directe, non médiatisée, donc incompréhensible, en chacune, de la raison pratique universelle. Nulle exemplification singulière de celle-ci, pas même, exprimée dans la consécration de soi religieuse de l'éthique, l'exemplification christique, ne peut médiatiser réellement l'identification pratique de la singularité et de l'universalité de l'esprit, dont elle exploite et présuppose bien plutôt le commandement immédiat.

La réalisation religieuse de la raison pratique dans le Chef divin du « règne des fins » lui en fait de même unifier les membres par cette relation extérieure de l'autorité. En cela, Dieu *est* affirmé comme personne ou esprit, mais n'est pas présenté comme *s*'affirmant lui-même tel : il ne s'engage pas, en son universalité rationnelle, dans la singularité, le Médiateur christique étant d'ailleurs pensé comme le simple schème pratique de la soumission de celle-ci à celle-là. Il est vrai que le Dieu kantien est dit n'avoir affaire, en sa création, qu'à ces êtres en soi, non phénoménaux, que sont les esprits, car toute relation identifie plus ou moins les termes reliés. Mais la différence prédomine sans conteste entre l'Esprit, universel singularisé relativement aux esprits, et ces esprits eux-mêmes, singularités que seule la présence, incompréhensible, en elles comme telles, de l'universel, peut faire s'universaliser, bien loin que joue un rôle décisif l'interaction, finale à l'infini mais non originairement réelle, des esprits singuliers les uns avec les autres. De la sorte, la vie de l'esprit, en tout son être, reste prise dans la loi de la causalité et de son équivalent pratique, c'est-à-dire de l'extériorité, et ne s'exprime donc pas, chez Kant, comme vraiment spirituelle.

Fichte, qui a voulu dégager l'esprit de la philosophie transcendantale inaugurée par Kant, en fait véritablement une philosophie de l'esprit. Cela, en faisant de son propre développement l'auto-développement de l'esprit lui-même, dès lors non plus seulement affirmé comme porteur de l'être, sujet transcendantal, par l'esprit philosophant, mais s'affirmant, se ré-affirmant lui-même comme esprit ou sujet absolument parlant dans le sujet de la philosophie. La séparation kantienne entre l'esprit composant la philosophie et l'esprit présupposé par elle en tant que sujet, en tant que ce qui se pose soi-même, mais seulement posé en elle comme posant l'objet, est surmontée chez Fichte. Dans la philosophie fichtéenne, qui se veut une doctrine de la science ou de la conscience, l'esprit se donne à lui-même activement, et telle est la raison en son sens originaire, au lieu d'être trouvé par le philosophe comme ce qui est donné à lui-même dans une proposition empirique. Et le contenu universel de l'esprit – les déterminations de la raison – se déploie comme requis par cette forme singulière de lui-même qu'est la *Ichheit*, présence à soi active constitutive du Moi.

Auto-fondation systématiquement conceptualisée de la conscience de soi effective finie, la *Doctrine de la science* établit alors que l'universalisation de celle-ci en sa singularité, bien loin de la présupposer déjà existante pour elle-même – comme c'est le cas chez Kant, sous la forme de l'universalisation seulement pédagogique ou morale de la relation des esprits entre eux –, la constitue en tant que telle. C'est par leur incitation réciproque à se traiter comme des Moi que les Moi naissent à eux-mêmes comme tels; Fichte expose ainsi la genèse de l'esprit comme genèse mutuelle des esprits : « le concept de l'homme n'est [...] nullement concept d'un individu, car c'est là quelque chose d'impensable, mais c'est celui d'un genre »[1]. Comme la conscience pratique de soi, la conscience de soi théorique – en son fond pratique – se construit ainsi, en sa singularité de Moi ou d'esprit fini, dans et par son universalisation empirique, c'est-à-dire à travers la genèse strictement corrélative des esprits finis.

Mais il est vrai aussi que l'accomplissement moral de ceux-ci consiste à faire se réaliser en eux et par eux, se voulant alors de simples instruments d'elle, l'universalité rationnelle absolue, l'autonomie de la raison pratique en général, la pensée de l'ordre moral permettant une telle réalisation étant la pensée vraie de Dieu. Un tel rabaissement, par le Moi achevé en tant qu'éthique, du moment de la singularité, une telle auto-négation de lui-même exigée par la réalisation du moment de l'universalité rationnelle, renvoie à l'origine empirique, en cela finie,

1. Fichte, *FDN*, I, § 3, traduction A. Renaut, p. 54 *sq.*

de cette singularité (je ne m'affirme Moi qu'en devant affirmer un Non-Moi). Il est impliqué par l'affirmation que l'esprit fini ne peut que se rapprocher indéfiniment de l'esprit infini ou de la raison absolue; un esprit infini qu'on pense comme ne pouvant, pour sa part, être semblable à la synthèse laborieuse, qui constitue l'esprit en sa finitude, de l'universalité en sa positivité et de la singularité en sa négativité. L'esprit n'est donc pas encore réconcilié en lui-même dans l'actualisation pleinement une de ses deux moments.

Même quand, dans sa philosophie ultérieure, Fichte insère l'esprit fini dans l'esprit infini comme la manifestation, extériorisation ou différenciation de son identité vivante, il ne surmonte pas l'« hiatus » qui sépare l'esprit en son universalité ou identité à soi – l'Esprit – et l'esprit différencié en des singularités – les esprits. Celui-là et ceux-ci, qui le manifestent et qui le médiatisent, dans eux-mêmes, avec sa manifestation naturelle ou mondaine, forment un système dont l'esprit divin assure l'unité par sa propre unité. Or, en présentant ce système où la volonté une de Dieu porte l'interaction des multiples volontés humaines comme « le grand mystère du monde invisible » [1], *La destination de l'homme* souligne l'incommunicabilité, en sa forme, de celle-là à celles-ci, qu'elle fait seule pourtant communiquer entre elles par la communication de son contenu. La forme de la volonté infinie se définit négativement par la forme que son contenu impose de revêtir aux esprits finis, à savoir de se faire de simples « instruments [interchangeables] de la fin de la raison » [2], dans l'intuition de laquelle disparaît la personnalité; en tant que portée par l'esprit infini, l'interaction des esprits finis prend donc le sens d'une résolution de leurs singularités. Ainsi, la réunion intensifiée, par la seconde philosophie de Fichte – qui pose l'esprit divin comme origine substantielle réelle de l'esprit fini, et non plus seulement comme le contenu de la postulation idéale finale de son accomplissement éthique –, des deux pôles, infini et fini, du règne spirituel, se paie, dans le second pôle, d'un effacement du moment de la singularité ou personnalité au profit du moment de l'universalité rationnelle.

Cela parce que, dans le premier pôle, ce moment personnel ne peut qu'être originairement absent: parce qu'elle renvoie à la dimension sensible, finie, de l'esprit, « la personnalité présuppose des limites » [3] et

1. *Id.*, *La destination de l'homme*, III, traduction J.C. Goddard, Paris, Flammarion GF, 1995, p. 207.
2. *Ibid.*, p. 221.
3. *Ibid.*, p. 213.

ne convient donc pas à l'esprit infini. Celui-ci, qui ne peut, tout en étant volonté, dire « moi », reste à jamais incompréhensible à l'esprit fini, qui est Moi pour lui-même en se distinguant d'un « Toi » par lequel il est ce qu'il est; l'esprit fini sent vivre en lui l'esprit infini, mais est incapable, même dans l'intellection philosophique de la vie religieuse, de penser la vitalité qui fait se manifester son principe dans lui-même. Échouant à penser l'esprit infini en tant qu'il se manifeste, extériorise, différencie ou singularise, l'esprit fini qui s'accomplit dans la conception philosophique de la révélation religieuse sépare alors, dans le premier, son être ou son en-soi positif en tant qu'universalité et sa négativité phénoménale en tant que singularité; il ne pense pas que la conscience de sa propre finitude pourrait et devrait bien plutôt lui faire penser cet « hiatus » comme lui-même purement phénoménal et, par conséquent, la singularité comme essentielle à tout esprit.

Mais c'est là hégélianiser ! Car il est revenu à Hegel d'affirmer que, le positif étant négation de lui-même, l'esprit universel infini est par essence le mouvement de se singulariser, ce qui permet en retour à l'esprit fini singulier de s'universaliser réellement. Alors, est assurée la pleine circulation de l'esprit dans ses moments, donc sa concrète actualisation de lui-même. Alors, est aussi rendue possible cette expression elle-même concrète d'une telle actualisation qu'est la philosophie spéculative de l'esprit.

Hegel conçoit l'esprit comme unité absolue, en cela nécessairement pour elle-même, de ses moments opposés : l'universalité et la singularité, l'identité et la différence; l'esprit est ainsi la différenciation, extériorisation, manifestation de lui-même, manifestation pour lui-même, c'est-à-dire manifestation manifestée, manifestation de soi absolue de lui-même. La philosophie hégélienne manifeste elle-même conceptuellement, dans une transparence totale, cette manifestation de soi absolue qu'est l'esprit, soit directement, comme contenu du savoir encyclopédique absolu, soit indirectement, comme contenu de la genèse phénoménologique de la forme de ce savoir absolu dans le savoir naturel. Dans ces deux manifestations spéculatives, phénoménologique et encyclopédique, l'esprit se manifeste selon la même circularité accomplie de ses moments, comme identité de la singularisation de son universalité et de l'universalisation de sa singularité.

Ainsi, *La Phénoménologie de l'esprit* établit que la conscience de soi du sujet humain présent à lui-même comme sujet (libre), et non comme objet (naturel), ne se fait telle qu'à travers la lutte pour la reconnaissance, c'est-à-dire l'interaction de deux consciences de soi.

Celles-ci sont qualitativement différentes, car elles instituent contradictoirement leur rapport à la nature, un rapport négatif chez l'une d'entre elles, la conscience reconnue, et positif, chez l'autre, la conscience reconnaissante; une telle alternative ainsi nécessaire à ce rapport requiert son caractère déjà libre, c'est-à-dire spirituel, car la pression naturelle identique à elle-même ne peut déterminer une réaction à elle qui soit nécessairement contradictoire. L'esprit fini se manifeste donc immédiatement, en cette expression la plus abstraite ou extérieure de lui-même, comme contradiction, comme différence intime d'avec lui-même. Mais, aussitôt, cette singularisation abstraite des esprits exige, pour être elle-même vraiment spirituelle, le dépassement de son contenu d'abord unilatéral. En effet, le libre choix, par le maître, de la liberté, ne se confirme pas objectivement dans une libération laborieuse effective d'avec la nature; et, inversement, le libre choix, par l'esclave, de la non-liberté, annule subjectivement sa libération effective, par le travail, d'avec cette nature. On sait que l'esprit, libre conscience de sa liberté, ne peut alors se réaliser que dans la réunion de la maîtrise et du travail, donc dans le travail maîtrisé ou libre qu'est le travail intellectuel ou pensant. L'esprit n'est bien *esprit* que comme singularité s'universalisant par la pensée ou la raison.

Pourtant, Hegel montre que l'universalisation seulement pensante ou rationnelle de la singularité fixée, en tant que telle, comme son sujet, ne peut réaliser son intention ou sa prétention, et qu'elle renverse bien plutôt celle-ci (à travers, par exemple, les vicissitudes de l'universalisme formel de type kantien) dans la consécration de fait du pur égoïsme et arbitraire naturel. L'esprit n'est vraiment esprit que lorsque – comme l'expose le chapitre VI de *La Phénoménologie de l'esprit* intitulé précisément « L'esprit » – l'universalisation de l'individu singulier est ancrée dans la vie originellement universelle de l'esprit éthico-politico-culturel, que Hegel appellera plus tard l'« esprit objectif ». Or cet « esprit », réellement esprit s'il n'est pas encore absolument esprit, ne se réduit pas, en cette réalité inaugurale, à son moment immédiatement universel, au sujet communautaire encore massif qu'est le « Nous » de la Cité antique. Car il est bien plutôt le processus de sa différenciation déployé dans tout le chapitre en question. D'abord comme particularisation quasi naturelle de cette universalité immédiate, où l'individualité singulière n'est reconnue comme telle que dans la mort et, vivante, fait s'exprimer la cité qu'elle représente en annulant son esprit par l'abandon de ses décisions à la contingence naturelle des oracles et autres auspices. L'esprit ne s'actualise objectivement comme esprit qu'à travers le processus « culturel » de sa différenciation dans les singularités individuelles de plus en plus reconnues au point de vouloir s'ériger elles-mêmes en principe de la communauté politique. Cependant, une telle tentative révolutionnaire (1789) de production d'un esprit réel vraiment universel (cosmopolitique) à partir des esprits libérés en leur singularité échoue. Tout comme échoue la tentative réactionnelle – expressive, en cela, elle encore, de l'esprit objectif – de l'universalisation de soi idéale, morale, de cette singularité s'imaginant, dans la « belle âme », régner sur tout son monde. C'est que, au niveau de l'esprit objectif, c'est-à-dire existant dans l'élément de l'objectivité, objection, opposition ou différence – c'est là sa finitude d'esprit trop humain ! –, l'universalité ne peut être finale parce qu'elle n'est pas originelle : l'universalité substantielle de la Cité grecque est la non-universalité d'une communauté particulière.

A la cime réelle de l'esprit objectif, telle que l'explorera l'Encyclopédie hégélienne dans sa philosophie de l'histoire universelle, l'« esprit du monde » n'existe à chaque fois réellement que comme l'esprit du peuple alors le plus avancé spirituellement, qui lui-même n'existe réellement que dans l'individu incarnant ses exigences et se trouvant par là être un héros de l'histoire mondiale. Mais l'universalisation mondaine de l'esprit, qui est à prendre ainsi dans un sens non pas extensif, mais intensif, vraiment spirituel, n'est pas présente à elle-même spirituellement chez le grand individu de l'histoire du monde. Elle agit en lui, qui, non philosophe, ne sait pas absolument ce qu'il fait, comme à travers un instinct, de manière animale[1]. Pour qu'il y ait donc une unité entre le sens de l'esprit universel et de l'esprit singulier, il faut que celui-ci dépasse et relativise sa particularité objective, constitutive de sa seconde « nature ». Alors, il se rend ainsi transparent, en tant qu'« esprit *pensant* »[2], au sens absolument universel de l'esprit s'élevant lui-même au-dessus de son sens seulement mondain, qui est ainsi rabaissé à une détermination insuffisamment universelle de son essence pleinement universelle. C'est dans l'élément de son objectivité *pensée*, par là dépassée tout comme, d'ailleurs, son corrélatif simplement subjectif, que l'esprit se réalise absolument à travers l'identification de ses deux moments essentiels.

L'esprit absolu, comme lien plénier de l'esprit universel et de l'esprit singulier, est fondamentalement religion, l'art étant en quelque sorte une forme pré-religieuse et la philosophie une forme post-

1. *Cf.* Hegel, *VG*, p. 101.
2. *Id.*, *Enc*, III. *Ph. E*, éd. 1830, § 552, traduction B. Bourgeois, p. 332.

religieuse de la religion. Dans la religion, l'esprit s'affirme explicitement, d'abord comme universel qui se singularise effectivement et comme singularité qui s'universalise non moins effectivement, ensuite comme singularité qui s'universalise effectivement *parce que* l'universel se singularise effectivement. L'esprit universel ou divin, l'Esprit, est tel qu'il peut être dit esprit puisqu'il se dit lui-même en se singularisant : « Je suis celui qui suis ». En sa vérité religieuse, il n'est plus seulement sujet universel sur un mode encore substantiel (*Deus sive natura*) ou comme l'unité neutre (*das Eine*) du spirituel (*das Geistige*). Il est l'Un qui se subjectivise ou personnalise en lui-même (*der Eine*) en se différenciant de ce qu'il réunit alors sous lui – le Seigneur –, et qu'il différencie corrélativement de lui-même et entre soi, à savoir un monde de multiples esprits ; tel est l'apport fondamental du judaïsme, qui saisit bien Dieu « en esprit »[1]. Cependant, Dieu n'est saisi vraiment « comme esprit »[2] que s'il se dit et fait lui-même une singularité ou personnalité pleinement effective en lui par son incarnation comme un esprit singulier fini ; tel est l'apport, lui décisif, donc ultime, du christianisme, singularisation concrète et totale de l'universel divin. Alors seulement peut aboutir, parce que son sujet réel est l'universel lui-même qui s'est fait singularité finie, l'universalisation (comme salut) de celle-ci ou de l'esprit singulier. On voit que la pleine circularité des deux moments de l'esprit ainsi transparent et manifeste à lui-même, par là absolument esprit, n'est telle que portée, comme circularité hiérarchisée, par le mouvement prioritaire du moment universel ou divin. C'est bien parce que Dieu s'humanise que l'homme peut être divinisé; la religion est l'unité, *mais divine*, du divin et de l'humain : « Une religion n'est pas une invention de l'homme, c'est une production de l'agir divin [...] dans celui-ci »[3].

C'est une telle synthèse divine de l'esprit, représentée dans la religion absolue ou vraie du christianisme, que la philosophie achevée dans la spéculation hégélienne doit exprimer conceptuellement, dans la stricte coïncidence alors rendue possible du pensé et du pensant, de l'objet et du sujet du discours sur l'esprit, du contenu universel du sens exposé et de la forme singulière de son exposition. Or, la puissance ainsi libérée de celle-ci, s'opposant à la réceptivité de la conscience religieuse, peut alors inciter à penser que l'expression philosophique de l'actualisation divine de l'unité du divin et de l'humain, représentée

1. *Id.*, *Ph. R*, I, 2, p. 10, note 1.
2. *Ibid.*
3. *Ibid.*, I, 1, p. 44.

dans la religion, en inverse le sens dans l'auto-actualisation *humaine*, chez le philosophe, d'une telle unité. Alors l'esprit, dans sa transparence à soi non plus dite (comme originairement divine) mais se disant (comme spontanément humaine), se saurait tel comme synthèse, par l'esprit – l'un des esprits – en sa singularité, de lui-même avec l'esprit en son universalité – avec l'Esprit. Problème qui reste à examiner et qui peut l'être à partir de considérations sur ce qui, dans la représentation religieuse de l'esprit telle que Hegel la comprend, pourrait sembler, du moins à une certaine interprétation du hégélianisme, lui faire avouer sa propre négation de soi.

La vie de l'esprit étant portée, selon Hegel, par le mouvement, l'activité de son moment universel, identique à soi, positif, et toute activité étant, comme transformation, négativité, l'activité de l'esprit en sa pleine positivité ne peut consister qu'en son *auto-négation*. Et c'est parce que le négatif – l'esprit fini – est la négation de soi du positif, le positif *se* niant, et donc s'affirmant encore dans sa négation et le résultat de celle-ci, le négatif, que celui-ci peut, en se niant, être affirmé comme positif. En se sacrifiant, Dieu assure le salut de l'homme. En mourant, lui qui ne peut mourir, il fait vivre l'homme mortel. C'est bien la négativité de l'esprit infini qui assure la positivité de l'esprit fini, des esprits finis

Ce thème, présent dans la pensée théologique et théosophique allemande depuis le Moyen âge, noue *de l'intérieur* les deux mouvements, singularisant et universalisant, que l'esprit compose hiérarchiquement; et sa reprise conceptuelle par la philosophie hégélienne de la religion renforce encore leur identification *intime*.

Elle fait comprendre que chacun des moments de l'esprit, en se posant lui-même, peut se composer avec l'autre dans l'unité de cet esprit, parce que se poser, pour lui, c'est déjà poser l'autre en lui, c'est-à-dire s'avérer libre, et que la liberté appelle la liberté. L'infini substantiel – le *Deus sive natura – est* son activité, en cela non proprement négatrice, de production de ses accidents singuliers, qui sont par conséquent encore lui-même, par là engloutis dans son universalité; il n'est pas libre de produire et produit des êtres non libres. En revanche, auto-négation de lui-même, le Dieu spirituel n'est pas son être, il l'*a*, le possède, le maîtrise, libre à l'égard de lui, en se posant lui-même; il est libre aussi à l'égard de cette position de lui-même, en tant que position; enfin il est libre à l'égard de lui-même en tant que posé, et donc position d'un autre comme libre à son égard. Une telle libre position, par l'Esprit libre, de lui-même et d'autres esprits, les esprits finis, eux-mêmes libres, est ce que Hegel, conférant un sens conceptuel au mot emprunté à la représentation religieuse, désigne comme la *création*. L'Esprit, libre, est essentiellement créateur des esprits libres, qui se créent aussi les uns les autres dans la communauté qu'ils constituent avec lui. Assurément, la liberté absolue, éternelle, du premier diffère par son statut de la libération progressive, temporelle, des seconds, portée par celle-là. Mais cette différence des statuts n'interdit aucunement l'exercice commun au sein de la communauté créatrice qu'est l'esprit : le Bien est fait (universellement, éternellement) tout autant que et en tant qu'il est à faire (singulièrement, temporellement), et même si le premier côté est le porteur de son unité avec le second.

La création, comme activité constitutive de l'esprit, est réellement accomplie en lui-même en sa manifestation philosophique achevée, tout comme il se la représente idéalement dans sa manifestation religieuse absolue. La pensée spéculative déployée par le philosophe hégélien recueille bien, contemple, l'auto-différenciation immanente du contenu pensé universel de l'être en son sens vrai, qui se récapitule dans et comme le savoir absolu, grâce à l'actualisation de celui-ci comme forme de la singularité pensante. D'un côté, le mouvement du contenu pensé impose sa nécessité à l'activité pensante, mais comme une nécessité dialectique qui fait excéder par l'unité synthétique de toute détermination l'auto-négation des déterminations qu'elle intègre comme ses moments, et qui innove donc sans cesse par rapport à elle-même. De l'autre côté, l'activité pensante doit elle-même, à chaque fois, inventer ou créer, en se libérant d'elle-même, le contenu ou le sens essentiel dont l'existence ou la position est nécessairement prouvée par la contradiction manifestée des significations déjà posées. Ainsi, l'esprit fini (philosophant) s'infinitise dans la libre création du contenu (philosophique) de l'esprit infini, qui, lui-même, est posé nécessairement *in fine* comme une telle libération unitaire de lui-même et de l'esprit fini dans le savoir absolu effectué. Cette infinitisation se confirme de ce que la transparence de l'esprit à lui-même est totale dans sa manifestation spéculative : ici, en effet, les limitations sensibles du sens représenté (dans la religion) sont surmontées, les signes du discours conceptuel s'effaçant devant le sens de ce discours. Pourtant, une telle identification supra-représentative de l'activité conceptuelle pensante, qui est toujours encore vécue par le philosophe comme celle en laquelle se dépasse l'individu singularisé naturellement et culturellement qu'il est, et de l'activité conceptuelle pensée comme le sens totalisant de l'être, ne signifie aucunement que, puisque la première anime la seconde, Hegel rabaisse celle-ci à un simple produit de celle-là. Le hégélianisme s'inscrit en faux, dans son ultime conscience de soi, contre une telle résolution de la dimension « théologique » de l'esprit, réalisé absolument comme spéculation philosophique, dans sa dimension « anthropologique ».

Dans le dernier paragraphe de l'*Encyclopédie des sciences philosophiques*, s'exprime la conscience de soi de la spéculation qui se dit l'achèvement de l'être, l'Idée – l'être en son sens total – réalisée dans et comme la philosophie, l'« Idée de la philosophie »[1], . Or cette « Idée de la philosophie », l'esprit absolu en sa vérité, se dit expressément procéder en soi-même de son moment « absolument universel »[2], qui est « la raison qui se sait »[3], l'Idée logique spiritualisée. Celle-ci ne peut être présente à elle-même, s'apparaître à elle-même, qu'en se scindant en ses deux moments : son moment subjectif, où elle est comme esprit (la singularité philosophante), et son moment objectif, où elle est comme nature (le contenu philosophique universel étalé dans le Livre). Ce qui signifie bien que, pour Hegel, l'esprit absolu, en son sens vrai, actualisé par la spéculation, ne peut procéder originairement de ce qui n'est que son moment subjectif, de l'esprit en sa singularité finie prise abstraitement pour elle-même, de l'individu humain même philosophant, pas plus qu'il ne peut résider totalement dans son moment objectif, récapitulé dans la matérialité figée du Livre (Kojève). Le hégélianisme exclut ainsi par sa lettre totale et ultime toute lecture anthropologiste et toute lecture matérialiste de sa théorie de l'esprit. Pour lui, l'esprit n'est ni dans l'universel mort, sans esprit, du contenu du Livre, ni dans l'esprit seulement singulier de l'écriture ou de la lecture de ce Livre, mais dans l'esprit universel qui fait se dire, en les spiritualisant comme les moments de sa réflexion en soi, de son partage ou de son « jugement de soi »[4], le premier dans le second. L'esprit en son sens absolu se dit bien toujours, chez Hegel, comme la synthèse *universelle* de son universalité et de sa singularité : c'est l'Esprit qui se dit encore et surtout dans la communauté philosophante des esprits.

L'idéalisme allemand se présente comme une philosophie de l'être déterminé, en *tous* ses caractères, en tant qu'il est *pensé* ou pris, compris, dans son idéalité. La philosophie perd alors sa naïveté précritique en s'incluant comme pensée de l'être dans l'être comme être

1. *Id.*, *Enc*, III. *Ph. E*, éd. 1830, § 577, traduction B. Bourgeois, p. 463.
2. *Ibid.*
3. *Ibid.*
4. *Ibid.*

pensé ; elle rend raison de son être même en saisissant et disant tout être, non pas seulement comme être rationnel, mais comme l'acte fait être de la raison qui la constitue. Ainsi, l'esprit se rassemble en lui-même, et se fait par là vraiment esprit, pour autant que l'esprit dont parle le philosophe et celui qui parle en lui s'identifient dans l'acte même de la philosophie ; il est significatif que, dans l'idéalisme allemand, la philosophie devienne une philosophie de l'esprit en devenant en même temps une philosophie de la philosophie. Cependant, cette conception de l'esprit par lui-même dans la philosophie, cette auto-conception philosophante de l'esprit, s'approfondit en totalisant ses différents moments, essentiellement le moment de l'esprit comme sens universel de l'être pensé et son moment comme réflexion singularisée de la pensée de l'être, ou encore : la raison et le Moi. Caractéristique est, à cet égard, la progression dans la manière dont cet idéalisme allemand, chez Kant, puis Fichte, et enfin Hegel, exprime par son auto-désignation à travers l'intitulation privilégiée, à chaque fois, de son œuvre, sa conscience de soi de lui-même. Ainsi, les grands ouvrages de Kant s'appellent des Critiques de la *raison*. Ceux de Fichte se dénomment la Doctrine de la science ou de la *conscience* (il y est d'abord question du *Moi*). Et Hegel écrit très tôt sur l'*esprit* du christianisme et son destin, s'illustre par une Phénoménologie de l'*esprit* et clôt son Encyclopédie par une Philosophie de l'*esprit*. Mais ce développement de la conscience de soi philosophante de l'esprit est toujours celui de la conscience du rapport entre les deux moments inégaux – l'universel et le singulier, le divin et l'humain… – de l'esprit. Il consiste, il est vrai, de Kant à Hegel, dans une intériorisation ou identification croissante de ce rapport, mais qui va de pair – on l'a vu – avec une libération également croissante de ses termes. L'esprit s'y saisit ainsi d'une manière de plus en plus spirituelle, mais à l'opposé de tout spiritualisme lénifiant et mortifère, car l'identification intensifiée de la différenciation elle-même accentuée de l'identité ou universalité et de la différence ou singularité de l'esprit définit, telle que celui-ci se l'est appliquée dans la grande pensée allemande, la vie.

CHAPITRE XVIII

RETOUR SUR L'ORIGINE : LA RECONNAISSANCE SPÉCULATIVE DE DESCARTES

Faisons comme Péguy évoquant Bergson quand il s'agit de Descartes ! Un Bergson parlant de Descartes précisément pour souligner – nous le rappelions il y a un instant – la paternité qui est la sienne, au sein de toute la philosophie moderne, particulièrement eu égard à l'idéalisme allemand : « L'action de penser est première : voilà le *cogito* cartésien. Tout l'idéalisme moderne est sorti de là, en particulier l'idéalisme allemand » [1] A vrai dire, celui-ci n'accorde guère en lui une telle place à l'héritage cartésien, et force est de constater que Descartes n'est pas, et de loin, un interlocuteur privilégié de Kant, Fichte, Schelling et Hegel. Qu'on en juge par la rareté des références à son œuvre chez chacun de ceux-ci ! Si le conflit entre leibniziens et cartésiens est présent dans le texte kantien de 1747 sur « l'estimation vraie des forces vives », l'article de 1763 sur la démonstration de l'existence de Dieu ne s'étend guère sur les preuves cartésiennes. La place faite à Descartes dans la *Critique de la raison pure* est proportionnellement fort réduite : la théorie cartésienne de l'âme, prise à partie dans la réfutation de l'idéalisme problématique, est l'objet de quelques allusions répétitives dans la critique des paralogismes, et la preuve ontologique de l'existence de Dieu encore plus brièvement évoquée dans l'examen de l'Idée théologique. Rien, dans la *Critique de la raison pratique*, sur la morale couronnant l'arbre de la connaissance chez Descartes ; quelques lignes, dans la *Critique du Jugement*, sur la théorie

1. Bergson, « La philosophie française », *in : Mélanges*, *op. cit.*, p. 1159.

des animaux-machines. Si Kant avait Descartes dans sa bibliothèque [1], on n'a même guère à s'interroger sur la lecture que Fichte a pu faire du philosophe français [2], qu'il évoque en passant, à partir de la réfutation kantienne de l'idéalisme problématique, dans la *Recension de l'Enésidème*, et qu'il cite une fois au début de l'*Assise fondamentale de la doctrine de la science*, au sujet du *cogito*. Schelling et Hegel, qui ont pu lire les œuvres de Descartes dans l'édition qu'en publia leur « ami » Victor Cousin, dialoguent un peu plus avec lui, mais dans une plus grande distance que Kant. Le jeune Schelling renvoie au *cogito* dans son écrit *Du Moi*, mais ignore Descartes dans les grandes étapes de la constitution de son rationalisme. La spéculation hégélienne ne s'élabore pas davantage dans un débat avec Descartes; Hegel le cite une fois dans *La Phénoménologie de l'esprit* et dans la *Science de la Logique,* trois fois dans l'*Encyclopédie des sciences philosophiques*, et cela, pour le mobiliser contre d'autres et non pas dans un intérêt direct à lui-même. Bref, l'idéalisme allemand ne s'est manifestement pas constitué dans un quelconque rapport à Descartes.

C'est que le succès même du cartésianisme l'avait fait effacer par ses grands lecteurs : Spinoza, et, surtout, Leibniz qui, aussi par Wolff interposé, régnait en Allemagne et fut bien le plus grand interlocuteur de Kant; c'est celui-ci qui stimula la pensée de Fichte; et c'est face à tous deux que Schelling et Hegel, qui leur ajouta son ancien condisciple du Séminaire de Tübingen, philosophèrent. Cependant, puisque l'idéalisme allemand, comme métaphysique du sujet, et non plus seulement de l'objet, pense la pensée, la philosophie devient avec lui une philosophie de la philosophie, et ce, en tant que, comme expression d'un tel sujet, elle se fait elle-même dans un processus historique. Comment alors ses grands représentants paient-ils, en leur qualité d'historiens de la philosophie, la dette qu'ils auraient envers Descartes ? On doit ici constater que la reconnaissance par eux du rôle joué par lui dans le passé de leur philosophie s'accroît quand décroît la présence, au départ déjà bien modérée, du cartésianisme dans le débat vivant où s'actualise leur réflexion. Ainsi, la brève « Histoire de la raison pure » achevant la *Critique de la raison pure* cite, parmi les Modernes, Leibniz et Wolff, Locke et Hume, mais nullement Descartes. En revanche, Schelling, notamment dans ses cours de

1. *Cf.* Jean Ferrari, « Kant, lecteur de Descartes », communication présentée lors du XXVIe Congrès de l'ASPLF : « L'esprit cartésien » (Paris, Sorbonne, 1996).

2. *Cf.* Alexis Philonenko, « Sur Descartes et Fichte », *in :* « Descartes et l'Allemagne », *Les Etudes philosophiques*, n°2/1985, Paris, PUF, p. 205.

Munich: « Contribution à l'histoire de la philosophie moderne » (1827), puis, plus tard, dans ses leçons berlinoises consacrées à l'« Exposition de la philosophie purement rationnelle », reconnaît l'importance de l'apport cartésien dans le mouvement pensant que lui-même devait clore. Mais qu'il devait clore en dépassant dans la philosophie positive-religieuse la philosophie traditionnelle, négative face au réel car seulement rationnelle, où le rôle de Descartes ne pouvait donc être reconnu qu'à travers un jugement par principe encore négatif. C'est Hegel qui accomplira la pleine reconnaissance de l'intervention de Descartes dans l'histoire de la philosophie en faisant de lui le « héros » de celle-ci en son développement moderne.

Louange exceptionnelle, tempérée néanmoins, en fait, par sa coexistence avec une autre, celle du « héros » de l'histoire de la philosophie antique, ce Socrate auquel Hegel consacre même, dans ses *Cours sur l'histoire de la philosophie*, un exposé deux fois plus long! Ce que, en un bon hégélianisme jugeant qu'en philosophie, c'est le contenu qui compte, on pourra interpréter en considérant que, Socrate n'ayant pas lui-même présenté de système, il y a *a fortiori*, s'agissant de Descartes, « au total peu à dire de sa philosophie »[1]. En vérité, l'héroïsme de Descartes dans l'histoire de la philosophie renvoie, pour Hegel, à ce qui, en elle, est plus proprement historique que philosophique, c'est-à-dire au conditionnement, par l'histoire réelle de la culture en général, l'histoire du monde, de l'histoire idéelle, non absolument historique, de la philosophie. La réticence à l'égard de la philosophie cartésienne demeure ainsi, même chez le penseur qui, au faîte de l'idéalisme allemand, reconnaît sans réserve la dette de l'esprit, en sa réalisation suprême, à l'égard de Descartes. Il convient d'analyser la raison d'un tel jugement, pour le moins, de la sorte, contrasté, de la grande philosophie allemande du sujet sur le penseur français qui avait pourtant si résolument placé la subjectivité philosophante au principe même du contenu philosophique.

Certaines notations critiques à l'adresse de Descartes, particulièrement chez Kant ou Schelling, procèdent de la conscience, tout aussi aiguë chez Hegel, de la différence foncière qui les sépare du premier dans le style même de l'acte de philosopher. Kant, Fichte, Schelling et Hegel sont des philosophes professeurs de philosophie; leur monde immédiat est celui de l'institution scolaire, et lors même qu'il font

1. Hegel, *Vorlesungen über die Geschichte der Philosophie* [*Leçons sur l'histoire de la philosophie*] – *G. Ph* –, *SW*, G, 19, p. 335.

l'éloge du bon sens et sont soucieux de faire droit au « concept cosmique », mondain, de la philosophie, leur justification de celui-ci est souvent tout à fait « scolastique » ! Descartes, lui, philosophe dans le monde réel. En dressant son portrait, Hegel souligne qu'il renonça, à plusieurs reprises, à l'étude des livres et « se jeta dans le monde, dans l'effectivité »[1]. Ce n'est pas dans la monotonie d'une salle de cours, au sein d'un pays d'où l'on ne s'écarte guère, qu'il établit les fondements de sa métaphysique, mais dans les pauses d'une campagne militaire qui l'a conduit en Bavière, l'un des multiples lieux que lui font traverser ses voyages par toute l'Europe. Alors qu'un Fichte dit que la philosophie ne dit rien d'autre que la conscience commune dans le discours le plus techniquement conceptuel qui soit, Hegel – qui n'a guère à lui envier en ce domaine ! – insiste sur « la manière libre et simple, en même temps populaire », dont Descartes expose sa métaphysique, en partant « de la pensée populaire et de propositions absolument simples »[2]. Ce Hegel, qu'on appelait, jeune, déjà, le « vieil homme », sait bien qu'il est resté tel en assumant, tout comme Kant, Fichte et Schelling l'ont fait, le sérieux professoral, et il s'attarde, par contraste, sur la juvénilité conservée par Descartes parvenu à l'âge mûr du philosophe exposant ses pensées : ses écrits – dit-il – ont « quelque chose de populaire et naïf » et leur auteur « se met à l'œuvre d'une façon tout à fait simple et qui est celle de l'enfance »[3]. D'où cette impétuosité du philosophe cavalier et soldat parti d'un si bon pas à la conquête de la vérité, selon les propos de Péguy. Impétuosité que les philosophes professeurs regardent comme cette précipitation même qu'il avait pourtant condamnée ! Dans un texte tardif sur « la source des vérités éternelles », Schelling évoque ainsi la théorie de la création de ces vérités éternelles par laquelle Descartes « trancha » le vieux « nœud » de la relation de la liberté divine et de la vérité nécessaire, « à sa manière, c'est-à-dire en toute hâte »[4]. Le même Schelling rattache d'ailleurs cet élan juvénile à l'esprit révolutionnaire qui lie Descartes, à travers ses séjours et engagements auprès des princes étrangers, néanmoins originellement et intimement à sa nation, prompte, elle aussi, à faire table rase pour repartir à zéro[5]. Pour Hegel, pareillement,

1. *Ibid.*, p. 333.
2. *Ibid.*, p. 331.
3. *Ibid.*, p. 334.
4. Schelling, *Über die Quelle der ewigen Wahrheiten* [*De la source des vérités éternelles*], *SW*, 5, p. 370.
5. *Id.*, *Contribution à l'histoire de la philosophie moderne – CHPM –*, trad. J.F. Marquet, Paris, PUF, 1983, p. 15.

Descartes est bien l'un de ces Français qui « ont la tête près du bonnet »[1] et qui se sont jetés dans la révolution effective, pratique, en poussant à son terme une culture marquée par la révolution cartésienne de la pensée.

Descartes : français ; Kant, Fichte, Schelling, Hegel : allemands. Ceux-ci jugeant celui-là, c'est un peu l'Allemagne philosophante jugeant la philosophie française. Nous sommes à l'orée – avec Kant –, puis au début – avec ses successeurs – d'un siècle, le XIXe siècle, où la philosophie se nationalise et prend conscience, généralement pour l'assumer positivement, de son ancrage politique. Certes, Kant conserve en lui l'attitude cosmopolitique répandue au siècle des Lumières et salue avec enthousiasme l'affirmation de la raison pratique juridique par la France de 1789, même s'il condamne la forme violente d'une telle affirmation. Mais les choses vont changer chez les penseurs allemands. Certains détails sont significatifs. Ainsi, lorsque Kant regrette que Descartes, confondant, dans sa conception de la substance, la relation propre de celle-ci à l'accident avec la relation différente de la cause et de l'effet, ait fâcheusement influencé « le bien-intentionné Spinoza »[2], il n'y mêle assurément aucune considération de nationalité. Tandis que Schelling, dans un écrit de 1811 sur « l'essence de la science allemande » oppose à l'athéisme des penseurs étrangers – anglais et français – la vision religieuse de la nature, typiquement germanique, d'un Spinoza, dont il souligne qu'il est, par l'esprit, allemand[3]. L'expression scientifique précise et patiente de la nature éprouvée comme divine est bien allemande ! Une telle coloration nationaliste aiguise alors la réticence, pour le moins, devant l'audace humaniste du penseur français qui fit parler en sa langue nationale, non pas, justement, la religion – comme cela avait été le cas dans la grande novation allemande de Luther –, mais la philosophie même. Que Kant, Schelling et Hegel aient lu Descartes, ainsi qu'ils le citent, essentiellement en latin et non pas en français, c'est ce qui a pu aussi – en les empêchant de goûter la fraîcheur vivifiante, tonifiante, de l'usage qu'il fait dc la nouvelle langue philosophique – limiter leur réconciliation avec le contenu de son discours, alors abstrait de la forme qui l'animait.

1. Hegel, *WG*, p. 923.

2. Kant, *Leçons sur la théorie philosophique de la religion – TPR –*, trad. W. Fink, Paris, Le livre de poche, LGF, 1993, p. 183.

3. *Cf.* Schelling, *Über das Wesen deutscher Wissenschaft* [*De l'essence de la science allemande*], *SW*, 4, p. 384.

Les philosophes de l'idéalisme allemand, de Kant à Hegel, ont voulu mettre un terme à la philosophie traditionnelle de l'être ou de l'objet, qui faisait taire dogmatiquement, par la vérité absolue reconnue à celui-ci, les exigences proprement subjectives de la certitude confortant la pensée du philosophe dans son identité à soi. La philosophie ne peut affirmer absolument un être qu'en se retrouvant, en son identité à soi, dans cet être alors identifié à lui-même comme être sensé, le sens de l'être, l'être-pensé de l'être mesurant et justifiant dès lors sa position en tant qu'être. Une telle philosophie ne se contente plus d'être une pensée de l'être, une ontologie, elle pense l'être en tant que pensée et a donc pour objet et contenu l'ontologie elle-même, ou l'identité de l'être et de la pensée, c'est-à-dire la vérité. Déterminant les conditions de celle-ci, elle est à même de la produire, au lieu de la recevoir de l'extérieur, dans l'attention immédiate à ce qui a une vérité, au (prétendu) vrai, comme un contenu nécessairement extérieur à lui-même en lui-même et niant par là la pensée en son identité à soi essentielle. Voilà ce qu'outre-Rhin on loue aussi unanimement en Descartes.

Kant, dans ses cours de Logique, célèbre, même si c'est discrètement, « le mérite… que s'acquit Descartes en ne faisant pas peu pour rendre la pensée distincte grâce au critère de vérité qu'il proposa et qu'il mit dans la clarté et l'évidence de la connaissance »[1]. Schelling développe et accentue une telle reconnaissance. Dans ses cours de Munich, il déclare ainsi que « ce qui est grand chez Descartes, c'est son idée générale : ne tenir pour vrai en philosophie que ce qui est connu clairement et distinctement », d'où il suit que, lorsqu'un contenu de la pensée n'est pas clair et distinct par lui seul, il faut le rattacher de façon nécessaire, par « une certaine généalogie » à ce qui doit d'abord être posé comme un « principe »[2]. La philosophie voulant se faire, de la sorte, une auto-création rationnelle, par là une véritable science, de son contenu, s'emploie à libérer la pensée de toute « présupposition », de tout préjugé. C'est bien Descartes, aux yeux de Schelling, qui, faisant sien le principe de la Réforme en l'appliquant à la pensée *stricto sensu*, « a donné la première impulsion à cette science engendrée par la raison elle-même »[3]. Hegel avait déjà semblablement salué en Descartes, radicalisant le principe protestant de la libération de l'intériorité en le

1. Kant, *Logique*, trad. Guillermit, Paris, Vrin, 1966, p. 33.

2. Schelling, *CHPM*, p. 41 *sq.*

3. *Id.*, *Darstellung der reinrationalen Philosophie* [*Exposé de la philosophie purement rationnelle*] – *DRP* –, *SW*, 5, p. 451.

faisant triompher au niveau de la pensée, « cette pointe la plus pure de ce qu'il y a de plus intérieur »[1], le libérateur de la philosophie à l'égard de l'autorité théologique. C'est avec Descartes que la pensée s'ancre en elle-même et fait de son pur rapport d'identité à soi dans le contenu qu'elle pense, c'est-à-dire de la certitude, le critère de la vérité : « Par là – déclare Hegel – la pensée a recouvré son sol véritable, à savoir que la pensée part d'elle-même comme de ce qui est en soi certain, non de quelque chose d'extérieur, non de quelque chose de donné, non d'une autorité, mais purement et simplement de cette liberté qui réside en ceci : "Je pense" »[2].

Mais, aussi vigoureuse est l'approbation du dessein cartésien de libérer la pensée philosophante dans sa construction d'une science, aussi net est le constat de l'échec de Descartes à proposer une pensée unifiée de l'être, à élaborer une connaissance rationnelle ou une science proprement dite de cet être. Un tel échec viendrait, d'une façon générale, de ce que la pensée philosophante de la pensée de l'être, de l'identité de la pensée et de l'être – qui est désormais son objet –, s'efforce d'abord naturellement, naïvement, puisque la *pensée* pensante maîtrise l'identité pensée de la *pensée* et de l'être, de constituer cette identité à partir de son premier moment, celui de la pensée, traité comme dominant. On critique alors dans le cartésianisme cette naïveté non critique qui fait reposer le lien affirmé de la pensée et de l'être, de l'idée et de la réalité, de la subjectivité et de l'objectivité, sur la seule pensée, idéalité ou subjectivité, qui fait absorber la vérité dans la certitude. Ce qui se traduit, quant au contenu, dans la réalisation objective du subjectif : la compréhension de la synthèse de la pensée et de l'être, c'est-à-dire de l'ontologie posée comme le nouvel objet de la pensée philosophique, est oubliée dans la constitution d'une ontologie idéaliste. Kant reproche à Descartes d'identifier le réel au possible, par exemple le physique, qui implique pourtant une existence dont la position objective mobilise l'entendement, au mathématique, contenu de l'intuition pure immédiatement vérifiée par toute intuition empirique (ce qui explique l'erreur de Descartes dans la détermination de la force) ; Descartes lira bien aussi, quand il s'agit du domaine non empirique de la métaphysique, l'existence dans l'essence... Schelling évoque la postérité malebranchienne et berkeleyenne de Descartes à propos de la réalisation, chez celui-ci, de la philosophie de l'être-pensé,

1. Hegel, *G. Ph*, G, 19, p. 328.
2. *Ibid.*, p. 343.

comme une ontologie qui réduit l'être à la pensée[1]. Mais cette pente idéaliste ou subjectiviste est d'abord précisément ce qui affecte la démarche, la forme même, de la philosophie cartésienne et l'empêche de réaliser son intention scientifique. Autant les penseurs allemands louent le projet de Descartes, autant ils critiquent la méthode selon laquelle il entreprend de l'exécuter.

La distinction cartésienne de l'ordre des raisons, renvoyant aux exigences de la subjectivité certaine de soi, et de l'ordre des matières, expression des nécessités de la vérité objective, c'est, en effet, pour ces penseurs, la destruction même de tout ordre. L'ordre, différenciation identifiée, mouvement réglé, sens, fixe par le contenu résistant de l'objet le mouvement de la subjectivité alors proprement pensante et, en même temps, mobilise par celle-ci l'être de l'objet alors pensé. Le subjectivisme de Descartes soumet, par conséquent, le contenu de sa philosophie à l'arbitraire de l'accueil et de l'examen d'une pensée philosophante qui n'intervient pas elle-même comme purement et strictement pensante, la liberté s'étant libérée de la vérité. Le doute juge de la solidité du contenu objectif de la représentation en le soumettant à des questionnements et à des critères extérieurs à lui, définis par les raisons les plus subjectives de son affirmation certaine. Le contenu objectif n'est pas davantage pensé en lui-même à sa sortie de l'épreuve qu'à son entrée dans celle-ci, qu'il traverse tel quel, sauf à être exclu du vrai pour n'avoir pas satisfait aux exigences, relativement à lui, contingentes, de la certitude; la pensée ne le pose donc jamais, mais ne fait que le présupposer. C'est cet arbitraire extérieur et superficiel du doute cartésien qui motive le jugement sévère que portent sur lui aussi bien Hegel, dans les pages bien connues de l'Introduction de *La phénoménologie de l'esprit*, où il lui oppose la dialectique immanente de l'objet, que Schelling qui, dans l'*Exposé de la philosophie purement rationnelle*, regarde son caractère présupposé comme la négation de l'auto-suffisance scientifique cependant recherchée par Descartes[2]. Kant, lui, n'en avait même pas parlé, alors même qu'il situait de façon précise sa critique par rapport au scepticisme de Hume, si présent dans la *Critique de la raison pure* et les *Prolégomènes*.

Ce qui fait condamner le subjectivisme du recours au doute enlève alors au cheminement de celui-ci, c'est-à-dire au cours même de la « méditation » cartésienne, tout caractère ordonné relativement à ce

1. *Cf.* Schelling, *Darstellung des philosophischen Empirismus* [*Exposé de l'empirisme philosophique*], *SW*, 5, p. 279 *sq.*

2. *Cf. id.*, *DPR*, *SW*, 5, p. 451.

dont elle traite, ou proprement scientifique. Schelling insiste sur une telle carence. Par exemple, Descartes introduit l'idée de Dieu dans le contenu de sa philosophie parce que, comme tout homme, il la trouve en lui, et non pas parce qu'elle serait appelée par la présence déjà justifiée, dans ce contenu philosophique, de l'idée de l'âme. Ou encore s'il suspend l'affirmation de l'existence du monde à celle de l'existence divine, c'est en raison, non pas du contenu de l'idée de Dieu, mais du rapport de ce contenu au sujet pensant, pris lui-même comme autre que strictement pensant, donc de la signification pour le sujet, de la signification subjective, de Dieu ; telle est la véracité divine, fondement de l'affirmation philosophante de la réalité du contenu de la représentation du monde, elle aussi trouvée et accueillie par la pensée *lato sensu*, de façon contingente eu égard à ce que celle-ci a déjà strictement pensé au moment d'un tel accueil. Selon Schellling, « toute trace de science se perd complètement »[1] dans le discours de Descartes, où la raison se nie en se traitant elle-même, dans la position de son contenu, de façon purement empirique. Hegel souligne, lui aussi, cet empirisme méthodologique du rationalisme cartésien : « Descartes commence avec le Moi ; puis nous avons, nous trouvons encore d'autres pensées en nous, celle de Dieu ; ensuite il arrive à la nature, etc. »[2]. Les chaînes de raisons n'enchaînent pas.

Mais y-a-t-il même une différence à enchaîner ? Hegel, précisément, ne le pense pas. En fait, la différence ou détermination objective du contenu pensé n'étant pas la raison de son insertion dans le discours philosophique, le cours de celui-ci ne peut être que la répétition, accrochée à un matériau variable non pris en considération ou traité rationnellement, c'est-à-dire philosophiquement, de la même identité rationnelle, demeurant alors purement formelle, de l'être et de la pensée. Le même contenu philosophique est dit ainsi successivement de l'âme, de Dieu, et du monde. Pour Hegel, chez Descartes, c'est toujours la même chose, et voilà pourquoi, au fond, il y a peu à dire de sa philosophie : le principe ne s'est pas développé en une véritable science. Schelling, de manière analogue, impute la non-scientificité du discours cartésien – qui juxtapose les significations substantielles du Moi, de Dieu… – au fait que le philosophe ne pense pas de façon déterminée, selon sa détermination propre, alors abandonnée à la superficialité de la représentation, la notion érigée en principe. Seule la signification en elle-même déterminée – puisqu'un sens n'est tel que

1. *Ibid.*, p. 453
2. Hegel, *G. Ph*, G, 19, p. 617.

par sa relation aux autres dans la totalité qui se signifie elle-même en chacun de ses moments – permet le développement unifié, systématique-scientifique, de la pensée. Mais pour Schelling comme pour Hegel, et de même, déjà pour Kant, la philosophie cartésienne, portée à privilégier, dans l'identité de la pensée et de l'être, de l'idéalité et de la réalité, le premier moment, celui de l'essence, de l'universalité, de l'indétermination, ne pouvait faire se développer ses principes. Leur critique du contenu cartésien consiste donc fondamentalement à faire ressortir la fragilité des deux grands principes cartésiens, posant, l'un, l'être du Moi, premier connu, et l'autre, l'être de Dieu, connu en second, mais comme premier dans l'être.

C'est dans une simple note de la deuxième édition de la *Critique de la raison pure*[1] que Kant s'exprime de la façon la plus nette sur le sens et la portée du *cogito* cartésien. Pour souligner que la proposition « Je pense, donc je suis », loin d'être la conclusion d'un syllogisme attribué, à tort, par lui à Descartes, est une tautologie explicitant simplement ce qui est contenu dans la proposition: « Je pense ». Celle-ci pose la présence à soi, la réflexivité – « Je » – de la spontanéité pensante, qui ne peut s'exercer sans être ou exister pour elle-même, sans être donnée comme un tel être ou exister dans le sens interne où son acte se réfléchit. L'activité, la spontanéité, l'intellectualité qu'est le penser se livre ainsi dans une intuition empirique indéterminée s'exprimant dans la proposition elle-même empirique: « Je pense ». Mais une telle existence donnée à lui-même du « Je pense » n'est, à ce niveau, ni celle d'un Moi déjà déterminé, empiriquement, comme phénomène temporel du sens interne – ce qui impliquerait d'ailleurs, ainsi que le montre la réfutation de l'idéalisme problématique, la présence référentielle de l'intuition déterminée, de l'expérience, d'un objet spatial du sens externe, et, par là, supprimerait le caractère de principe premier de l'affirmation du Moi –, ni celle d'un Moi dont l'être, alors purement intelligible, serait indépendant de son être donné dans l'intuition empirique indéterminée de l'acte pensant. Une telle indétermination de l'être perçu dans le « Je pense » ne permet alors en rien d'ériger le Moi en une substance, comme l'a fait Descartes. Le même enseignement se dégage de la si brève évocation fichtéenne du *cogito*, rapproché du seul premier moment, dépourvu comme tel de toute réalité, du Moi réel fini.

1. *Cf.* Kant, *KRV*, « Des paralogismes de la raison pure », *KW*, III, p. 275 *sq*, note.

C'est beaucoup plus longuement, et à plusieurs reprises, de façon variée, aussi, que Schelling revient sur le caractère non fondé de l'attribution, par Descartes, au Moi pensant, d'un être véritable. Le *cogito* ne peut exprimer que la certitude, *pour moi*, de mon existence en tant qu'existence *pensante*, par là non absolue, du Moi. Mais 1) les choses existent tout autant pour moi en tant que pensées, 2) il y a en moi d'autres déterminations que la pensée, et 3) le penser n'est pas d'abord présent à lui-même comme un « Je pense », mais comme un « ça pense en moi »[1]. De ce fait, un tel penser ainsi présent à lui-même en dehors de toute égoïté n'impose en rien l'affirmation de l'existence du Moi. Il eût fallu, pour cela, montrer que la représentation « Moi », en vertu même de son contenu propre, « en soi », devait être affirmée absolument dans toute pensée de quelque être que ce fût. Ce que Descartes ne fit pas. Bref, si Kant refuse de voir dans le *cogito, ergo sum*, comme Descartes selon lui, un syllogisme, pour cette raison qu'il n'y a pas de différence à identifier, Schelling récuse un tel syllogisme, attribué aussi par lui à Descartes, pour la raison inverse qu'il n'y a pas d'identité entre la considération du *penser* du Moi, dont on part, et celle du *Moi* qui pense, à laquelle on aboutit.

Hegel, meilleur lecteur de Descartes que Kant et Schelling, sait bien que celui-là ne regardait pas le *cogito, ergo sum* comme conclusion d'un syllogisme : « le "donc" n'est pas ici le "donc" du syllogisme, il est seulement le lien, posé, de l'être et de la pensée »[2]. Car Descartes a saisi ce lien, principe de toute spéculation; mais il l'a saisi dans une conscience immédiate, par là non spéculative, de celle-ci. Il n'a pas prouvé une telle identité dans l'immanence anti-syllogistique d'un développement rationnel, en faisant voir que la pensée, comme présence active à soi, médiation avec soi, donc s'annulant elle même, comportait ainsi en elle, il est vrai comme le moment le plus abstrait d'elle-même, cette immédiateté qu'on désigne par l'être. Or la raison qui fait que Descartes n'a pas conçu l'être comme une telle détermination abstraite de la pensée fait également qu'il n'a pu concevoir le Moi comme auto-détermination concrète selon laquelle la pensée, en son être, se pose elle-même. En soi, l'identité de la pensée et de l'être, de la subjectivité et de l'objectivité, s'affirme bien chez Descartes comme une identité pensante ou subjective, puisqu'il en fait le prédicat, originairement, du Moi; mais c'est à travers la représentation extériorisante qui la rapporte, en qualité de prédicat, à ce sujet saisi

1. Schelling, *CHPM*, p. 24.
2. Hegel, *G. Ph*, G, 19, p. 340.

comme un simple substrat dont il faut alors démontrer, d'une manière elle-même extérieure, qu'un tel prédicat lui revient nécessairement. Descartes ne conçoit pas le sujet comme auto-différenciation de lui-même en son prédicat.

C'est bien la même extériorité entre l'identité être-pensée prédiquée du sujet *pensé* par elle et ce sujet pris en lui-même, donc en tant qu'il n'est pas que pensable, qui enlève sa vérité, selon Kant, Schelling et Hegel, à la preuve cartésienne de l'existence de Dieu. Pour Kant, la finitude de la raison humaine rend cette extériorité insurmontable, et le tort de Descartes est de ne pas l'avoir aperçu. On ne peut passer de l'essence d'une chose à son existence que moyennant le remplissement, par une intuition sensible empirique, de la sensibilisation formelle ou schématisation du concept présentant cette essence. Mais le concept total absolu qu'est l'Idéal de la raison pure n'est, à cause de son contenu pourtant comme tel susceptible d'exister absolument, rien moins que schématisable dans la diversité ou partiellité relative constitutive du sensible. On connaît la critique kantienne de la preuve ontologique, notamment cartésienne, « une chose magnifique, certes, si la preuve était bonne ! »[1].

Schelling, critiquant l'argument ontologique de Descartes, va développer ce thème de l'irréductibilité de l'existence à l'essence même parfaite. Certes, Descartes a eu le mérite – en rompant avec l'affirmation traditionnelle, dans la philosophie dominée par la théologie chrétienne, de Dieu comme être singulier d'abord rencontré comme existant, c'est-à-dire non proprement pensable – de le définir par son être-pensé d'essence universelle parfaite : il en a fait ainsi un contenu vraiment philosophique ou rationnel. Mais, lorsqu'il affirme que Dieu existe nécessairement parce qu'il a pour essence la perfection incluant la propriété d'exister, il outrepasse ce qu'il peut prouver, à savoir seulement la manière d'exister (nécessaire) de Dieu, non pas son existence. Au demeurant, la proposition exprimant le prédicat rationnel de Dieu – l'existence nécessaire liée à la perfection – épuise si peu l'être qui est le sien en tant qu'existant que, si Dieu existait selon ce prédicat, c'est-à-dire nécessairement, il n'existerait pas comme l'être libre que nous visons en lui et qui n'est tel qu'en suspendant ou niant son existence nécessaire pour se donner sa véritable existence. Dépassant, à travers même le discours sur Dieu, la négativité de la philosophie rationaliste incapable de rendre compte de l'existence absolue,

1. Kant, *TPR*, p. 66.

et, par là-même, de toutes les existences qu'elle fonde, Schelling va s'élever à la philosophie « positive » en distinguant de « *l'être-l'Etant* » de Dieu *ce qui est* un tel être essentiel ou universel, le sujet singulier d'un tel être. Descartes n'a pas saisi cette différence entre Dieu sujet singulier et libre et le prédicat universel constitué par son essence parfaite. Encore que vouloir prouver Dieu comme l'étant nécessairement existant supposait bien déjà, comme dans un pressentiment, une telle distinction, dont la compréhension et la réconciliation sera la tâche de la science absolue, supra-rationnelle, de l'être.

C'est dans le contexte d'un rationalisme absolu que Hegel souligne, lui, l'inadéquation de la preuve ontologique cartésienne, dont il relativise la critique par Kant, simple auto-critique d'un entendement se maintenant lui-même dans l'identification erronée de la démarche proprement rationnelle à l'entendement ratiocinant du syllogisme. Comme dans le cas du *cogito*, Descartes, selon Hegel, affirme derechef à juste titre en Dieu l'identité rationnelle – en tant qu'elle n'est qu'à se poser elle-même comme une telle différence par là originairement surmontée – de la pensée et de l'être, du sujet et de l'objet. Mais sa preuve n'en est pas une, car elle ne conçoit pas Dieu, traité en simple substrat d'un tel prédicat, comme le mouvement même de s'autodéterminer en celui-ci, s'avérant par là un Soi absolu. Or, Hegel montrera que l'être n'est qu'autant qu'il se fait nécessairement l'Idée, sens conceptuel de la représentation de Dieu, qui elle-même n'est que comme libre position de l'être. Toute l'Encyclopédie hégélienne constituera, de la sorte, la preuve rationnelle, spéculative, de l'existence de Dieu, dont Descartes avait, à travers sa fausse preuve, saisi abstraitement le sens absolu.

En marquant les limites du contenu de la philosophie cartésienne à partir de leurs conceptions et appréciations respectives, entre elles différentes, de la raison que celle-là contribua puissamment à libérer, Schelling et Hegel jugent donc ce contenu en le mettant en perspective avec l'achèvement même de la science philosophique, qu'ils estiment l'un et l'autre représenter. Si le philosopher cartésien, en son style, pour eux subjectiviste, est rejeté, par contre, la philosophie de Descartes, par son contenu suprême : l'identité de la pensée et de l'être réalisée dans le Soi, non seulement anticipait, mais appelait, à leurs yeux, un tel achèvement. Parce que, précisément, l'abstraction ou la différence, l'opposition même selon laquelle ce contenu suprême était représenté le poussait à se dépasser lui-même en direction de son accomplissement.

Si, pour Kant, Descartes ne mérite pas d'être cité dans l'histoire de la raison, si pour lui, le renouveau de la philosophie dans les temps modernes doit, semble-t-il, plus à Bacon, à Leibniz, à Locke, et, assurément à Hume, – si Fichte, se faisant historien philosophe de l'advenir de la raison et de la liberté dans l'humanité, oublie totalement Descartes dans les *Traits caractéristiques du temps présent*, le rationalisme s'achevant concrètement chez Schelling et Hegel sait reconnaître, en sa plus grande distance d'avec son affirmation initiale abstraite par Descartes, le rôle historique de celui-ci. Il est vrai, dans une divergence révélatrice du sens ultime de leurs philosophies respectives.

Pour Schelling, Descartes, qui a donné sa première impulsion au rationalisme moderne, est également celui qui lui a donné sa direction et fixé son destin, y compris vers le post-rationalisme de la philosophie « positive » de l'existence, par l'argument ontologique[1]. Cela, parce qu'il a introduit dans la pensée de Dieu, ainsi rendue antinomique et inquiète, la détermination essentielle, universelle, proprement pensée, de ce Dieu, opposée à sa détermination d'existant singulier, comme tel révélé. Ce fut là « le pas le plus important », le « tournant »[2], dans le devenir de la pensée de Dieu, centre de toute philosophie. Mais la philosophie cartésienne exprime une telle antinomie en l'étant plus qu'en l'ayant ou en la maîtrisant. C'est, d'ailleurs, son sens général que d'en rester à la différence et opposition, trait caractéristique de la philosophie négative qu'est le rationalisme inauguré par Descartes. L'opposition, en Dieu, entre son existence et son essence, sa subjectivité et son objectivité, l'opposition, en l'homme, entre son âme et son corps – que Descartes ne peut surmonter qu'en recourant à l'occasionnalisme, vain report en Dieu de la contradiction –, expriment le déchirement de la culture moderne émancipée de la totalité religieuse. Ce dualisme, nocif en son sens propre, constitue cependant par son site une phase nécessaire de transition entre un monisme irréfléchi et un monisme réfléchi. Mais, pour Schelling, la vertu du négatif lié à toute transition ou médiation est limitée. Il présente bien Descartes comme étiré entre son « avant » religieux, cette Réforme vers laquelle une « poussée obscure » l'entraînait, d'abord négativement, dans le combat bavarois contre elle, puis positivement, dans la fréquentation finale des princesses protestantes[3], et son « après » philosophique, ce Kant qui,

1. *Cf.* Schelling, *CHPM*, p. 26.
2. *Id.*, *DRP*, p. 455.
3. *Ibid.*, p. 446.

plus synthétique dans l'exposition même de la raison, « fut incontestablement plus qu'un second Descartes »[1] ! Descartes : erreur stimulante entre deux vérités ![2]. Pouvait-il être plus pour Schelling, qui voyait dans le rationalisme ouvert par lui une simple parenthèse dans le devenir de la philosophie ?

Hegel, qui absolutise en la raison l'identité réconciliatrice, salue, en revanche, Descartes affirmant l'identité suprême des extrêmes opposés, à savoir l'identité pensante de la pensée et de l'être, non pas comme un simple intermédiaire, mais comme un grand commencement, celui du nouveau monde de la pensée : « Avec Descartes, commence proprement la philosophie des temps modernes... Il est le héros, qui a repris une nouvelle fois les choses entièrement par le commencement »[3]. Assurément, la position révolutionnaire d'un principe s'exalte, d'autant plus qu'il est nouveau, dans son application abstraite aux représentations anciennes disponibles, sans qu'il puisse immédiatement se déterminer de façon *sui generis;* aussi y a-t-il peu à dire de son contenu spécifique. Or, la révolution cartésienne fut sans doute la plus considérable de l'histoire de la philosophie. Socrate avait fourni comme objet au penser le sujet même, l'homme ; mais Descartes fait se réfléchir le penser en lui-même comme sujet : cette auto-position, dans la pensée, de l'essence universelle comme le Soi singulier fut, en philosophie, l'équivalent de l'affirmation religieuse de l'Incarnation[4]. L'idéalisme allemand ne pouvait ainsi, à travers Hegel, rendre un plus bel hommage à Descartes.

1. *Ibid.*, p. 464.

2. *Cf.* J.F. Marquet, « Schelling et Descartes », *in :* « Descartes et l'Allemagne », *Les Etudes philosophiques*, *op. cit.*, p. 240.

3. Hegel, *G. Ph*, G, 19, p. 274 et 331

4. Qu'il nous soit permis de renvoyer à notre étude : « Hegel et Descartes », *in :* « Descartes et l'Allemagne », *Les Etudes philosophiques*, *op. cit.*, p. 232 et suiv, reprise *in : Études hégéliennes : raison et décision*, Paris, PUF, 1992, p. 349 *sq.*

INDICATIONS BIBLIOGRAPHIQUES

La plupart des textes ici publiés sont repris, parfois avec des corrections ou des additions, de diverses publications collectives, parues ou à paraître, en France ou à l'étranger.

1 – « Cogito kantien et cogito fichtéen » : texte d'une conférence prononcée à Poitiers, en octobre 1994 (Colloque sur Fichte, CRDHM), publiée *in* : *Les Cahiers de philosophie : Fichte*, Lille, 1995.

2 – « Anthropologie kantienne et anthropologie hégélienne » : texte d'une conférence prononcée à Dijon, en mai 1996 (Colloque sur Kant, sous le patronage de l'ASPLF), publiée *in* : *L'année 1798 : Kant, Sur l'anthropologie*, direction J. Ferrari, Paris, Vrin, 1997.

3 – « Ou Kant ou Hegel : choisir en philosophie (politique) » : reprise de l'article : « Kant et Hegel » publié *in* : *Philosophie politique*, n° 2 : *Kant*, Paris, PUF, 1992.

4 – « Art de la nature et ruse de la raison » : texte inédit en français, publié en allemand : « Kunst der Natur und List der Vernunft », *in* : *Das Recht der Vernunft : Kant und Hegel, über Denken, Erkennen und Handeln*, direction C. Fricke, P. König, T. Petersen, Stuttgart-Bad Cannstadt, Frommann-Holzboog, 1995.

5 – « Savoir et Foi : réconciliation hégélienne contre conciliation kantienne », publié *in* : *Revue Internationale de Philosophie*, Paris, PUF, 1999, fasc. 4 : *Hegel critique de Kant.*

6 – « L'idée de système » : texte de la conférence « L'idée de système, de Kant à Hegel », prononcée à Paris, en mars 1998 (Colloque organisé par A. Tosel et Y. C. Zarka), à paraître.

7 – « L'organisme vivant » : inédit

8 – « La belle nature » reprise du texte : « L'idéalisme allemand devant la beauté naturelle et l'embellissement de la nature » publié *in* : *Mort du paysage ? Philosophie et esthétique du paysage*, direction F. Dagognet, Seyssel, Éditions Champ Vallon, 1982.

9 – « La culture et l'étranger » : reprise de l'article : « L'étranger dans l'idéalisme allemand » publié *in* : *Philosophie politique*, n° 3 : *L'étranger*, Paris, P.U.F, 1993.

10 – « Les droits de l'homme » : reprise de l'article : « L'idéalisme allemand et les droits de l'homme » publié *in* : *Les études philosophiques*, n° 2 : *Les droits de l'homme*, Paris, P.U.F, 1986.

11 – « Société et État » : texte d'une conférence prononcée au Collège Universitaire Français de Moscou, en février 1993; inédit.

12 – « La nation : révolution et raison » : reprise de la conférence : « L'idée révolutionnaire de la nation et l'idéalisme allemand », prononcée à Poitiers, en avril 1989, Colloque : « La Révolution Française et la Philosophie », dont les Actes ont été publiés par les soins de l'Association des professeurs de philosophie de l'Académie de Poitiers, Imprimerie du CRDP, 1990.

13 – « Philosophie de l'Europe » : extension de l'article : « La philosophie allemande de l'Europe (de Kant à Hegel) », *in* : *Philosophie politique*, n° 1 : *L'Europe*, Paris, P.U.F, 1991.

14 – « Philosophie de l'histoire mondiale » : texte inédit en français, publié en allemand : « Geschichtsphilosophie im deutschen Idealismus », *in* : *Dialektik*, n° 2 : *Weltalter-Schelling im Kontext der Geschichtsphilosophie*, Hambourg, F. Meiner Verlag, 1996.

15 – « De l'agir à l'action » : texte de la conférence : « De Kant à Hegel, ou de l'agir à l'action », prononcée à Paris, en avril 1999, Colloque : « Le statut de la philosophie pratique dans l'idéalisme allemand », organisé par Myriam Bienenstock, à paraître dans le recueil : *Dans quelle mesure la philosophie est pratique : Fichte-Hegel*, direction M. Bienenstock – M. Crampe-Casnabet, ENS Éditions, Fontenay-Saint-Cloud, 2000.

16 – « Politique et spéculation » : reprise de l'article d'hommage à Jacques D'Hondt, publié *in : La philosophie saisie par l'histoire*, direction M. Vadée et J. C. Bourdin, Paris, Éditions Kimé, 1999.

17 – « L'Esprit et les esprits » : texte, inédit en français, d'une conférence prononcée à Santiago du Chili, en octobre 1999 (Colloque : « Conscience de soi, liberté et communauté », organisé par L. Mariano de la Maza, à l'Université pontificale catholique).

18 – « Retour sur l'origine : la reconnaissance spéculative de Descartes » : texte de la conférence prononcée à Hammamet, en mars 1997 (Colloque Descartes).

Nous remercions les responsables des revues et recueils qui ont accueilli initialement les textes ici rassemblés d'avoir aimablement autorisé leur présente publication.

TABLE DES MATIÈRES

ACHEVÉ D'IMPRIMER
EN MARS 2000
PAR L'IMPRIMERIE
DE LA MANUTENTION
A MAYENNE
N° 68-00

Dépôt légal : 1er trimestre 2000